探偵學術集 | 탐정실무·탐정시험·탐정교육

 탐정의 역할과 역량 제고를 위한

탐정 실무 총람

| 편저자 **김종식** |

The working-level
general reports
on the private investigator

探偵學術集 | 탐정실무·탐정시험·탐정교육

탐정실무총람

편저자 : 김종식
펴낸이 : 김종식
펴낸곳 : 한국민간조사학술연구소(kpisl)
등 록 : 제2022-000024호

제1판 1쇄 발행/2020년 11월 30일
제1판 2쇄 발행/2021년 10월 20일
제1판 3쇄 발행/2024년 7월 17일

주 소 : 서울특별시 도봉구 방학로 2길 44, 1층(방학동, 보성빌딩)
전 화 : 02-723-0070

ISBN   979-11-972483-1-3
값 34,000원

잘못된 책은 바꿔 드립니다.
편저자의 허락 없이 이 책의 전부 또는 일부를 무단으로 전재·복제하는 행위는 저작권법 제136조 제1항에 의거 5년 이하의 징역 또는 5천만원 이하의 벌금에 처하게 됩니다.

탐정(업) 관련 정보	한국민간조사학술연구소 02-723-0070 kpislk@naver.com	탐정학술연구개발 탐정학술커리큘럼 탐정업창업컨설팅

探偵學術集 | 탐정실무·탐정시험·탐정교육

탐정 실무 총람

추천사

이인기
전 국회행정안전위원회 위원장(3선)·변호사

'탐정(업) 직업화'에 쏟은 열정과 성과 높이 평가해

미국·영국·일본 등 대개의 선진국은 경찰을 중심으로 '탐정업'과 '경비업'이라는 민간자원이 협업 치안의 양대(兩大) 축(軸)으로 존재한지 오래다. 이를 통해 공적(公的)으로는 경찰권 발동의 한계를 보완하고, 사적(私的)으로는 생활상 의문과 궁금 해소 등 편익을 증진하고 있다.

특히 탐정(업)은 경찰권이 미치지 않는 민사문제 또는 공권(公權)의 개입 여지(餘地)나 그에 의한 서비스의 질이 비교적 낮은 분야에서의 사실관계 파악(문제해결에 유의미한 정보나 단서·증거 등 자료수집)에 널리 활용되고 있는 가운데 '사적 피해원인 파악'이나 '미아·가출인·실종자 찾기' 등에서 그 유용성을 높이 발휘하고 있다.

한참 뒤늦은 감이 있으나 우리나라에서도 탐정업에 물꼬가 트인 것은 다행한 일이라 아니 할 수 없다. 이제 탐정업을 적절히 규율할 관리법 제정과 함께 의뢰자에 대한 탐정(업)의 서비스 품질을 향상하는 일이 남은 과제라 하겠다.

이러한 시점에 탐정들이 실무에서 확신과 자신감을 가질 수 있도록 '올바른 실무, 제대로 된 실무'의 전형(典型)을 제시한 「탐정실무총람」은 한국형 탐정(업)의 위상을 한 단계 더 높이는 초석이 되리라 믿는다. 그간 탐정(업) 관련 학술인프라 구축에 헌신의 노력을 다해온 김종식 소장의 열정을 높이 평가한다.

추천사

박진우
경찰공제회 이사장·전 경찰청 차장·경찰대학장
전 경찰청 수사국장·경남지방경찰청장

探偵制의 본질 이해와 탐정 역량개발에 안성맞춤

국가의 수사력은 한정되어 있을 뿐만 아니라 사적피해보다 공익침해사건에 우선 행사 될 수밖에 없는 것이 현실이다. 따라서 가출인 찾기나 증거 또는 목격자가 없는 사건 등 '공권력의 도움이 상대적으로 미흡한 분야에 대해서는 탐정제도를 통해 보완해 보자'는 논의가 공론화된지 15년만에 탐정(업)이 직업화의 길에 들어섰다.

이제 비로소 '생업으로 시간적 여유가 없거나 전문성 부족'으로 소송 준비 등 문제 해결에 유용한 정보나 단서·증거 등의 자료 수집을 사실상 포기해 왔던 적잖은 사람들이 '탐정이라는 전문인'을 통해 자료를 획득할 수 있는 길이 열린 셈이다.

하지만 탐정의 역할과 역량을 바라보는 대중의 시선은 '기대반·우려반'이다. 탐정(업)이 사실관계 파악(자료수집)분야에서 그 진가(眞價)를 어떤 방법으로 어느 정도 보여 줄 것인지 그 역량을 지켜보자는 분위기다. 실질과 능률을 갖추지 못하고 '무늬만 탐정'이라면 혼란만 초래할 뿐 백해무익이라는 얘기다.

이러한 중요 시기에 경찰의 정보·조사분야에서 오랜 기간 많은 경험을 쌓은 김종식 소장이 법제환경과 실무 그리고 관련 학술을 농축하여 탐정업무 전반을 체계화한 「탐정실무총람」은 한국형 탐정(업)이 나아갈 나침반이자 등대 역할을 할 것으로 기대한다.

추천사

박종구
전 tbs 서울방송 대표
전 서울지방경찰청 정보·보안부장(치안감)

부단한 탐정학술 전문화 노력이 낳은 또 하나의 쾌거

탐정제도 도입이 필요한 이유는 크게 두 가지로 압축해 볼 수 있다. 첫째는 탐정을 필요로 하는 수요 대부분이 '경찰력(警察力)의 부족 때문이 아닌 경찰권(警察權)의 전통적 한계'에서 비롯되고 있다는 점이고, 둘째는 날로 늘어나고 있는 민간의 '사실관계 파악 수요'에 대한 공급 과정을 클린(Clean)화 하자는데 있다할 것이다.

이러한 두 가지 '탐정제 도입 필요성'에 대해 많은 사람들은 '국민 생활의 편익 증진' 차원에서 대체로 공감해 왔으나 일부의 사람들은 '탐정업을 빙자하여 불법·부당을 대행(代行)하려는 사이비 탐정(범죄꾼)'들의 할거 가능성에 우려를 떨치지 못했다.

즉, 탐정업 그 자체에 대한 거부라기 보다 윤리에 둔감하고 학술과 전문성이 맹탕인 '부실·불량 탐정'들의 대두를 더 걱정해 왔다는 얘기다. 탐정(업)의 유용성을 실증적으로 제시할 수 있는 추진력과 통찰력을 갖춘 '걸출한 탐정'의 출현을 굳이 반대할 사람은 없으리라 본다.

이러한 관점에서 볼 때 탐정의 '도덕성 함양'과 '참된 역량' 개발에 필수적인 이론과 기법을 높은 식견과 안목으로 제시한 이 「탐정실무총람」은 탐정(업)에 대한 '불신'을 '기대'로 바꾸는 전기를 마련할 귀중한 문헌이 될 것이라 확신하며 그간 김종식 소장이 보여준 열정과 역량에 신뢰와 찬사를 보낸다.

추천사

하금석
한국특수직능교육재단 이사장
대한민간조사협회 회장·동국대학교 법무대학원 겸임교수

탐정업무의 正道를 제시한 교과서이자 지침서

'탐정업무의 진행 과정을 추적하거나 밀착 감독하는 일은 홍길동의 행적을 쫓는 일보다 어렵다'는 말이 있다. 탐정 활동은 그만큼 다른 사람의 사생활이나 개별법을 침해할 소지가 다른 직업에 비해 높음을 시사하는 얘기라 하겠다.

따라서 오늘날 탐정업무를 수행할 사람은 그 어떤 직종의 사람들보다 양심과 학술이 올바르게 정립된 사람이어야 한다. 재래의 음성적 정보업자들처럼 '탐정업을 나쁜 짓 대행업'으로 전락시키거나 '허풍과 거짓'으로 고객을 현혹 시키려 들면 이제 누구도 그들에게 눈길을 주지 않을 것이다.

우여곡절 끝에 '탐정의 직업화'는 진행되고 있으나 국민들의 탐정(업)에 대한 기대치(期待値)는 예나 지금이나 지극히 미미(微微)한 수준에 머물고 있는 듯 하다. 이러한 모습은 탐정들의 도덕성이나 그들의 실무상 역량(준법성과 전문성)에 대한 믿음을 말하기엔 아직 시기상조라는 의미로 읽힌다.

이렇듯 한국형 탐정(업)이 '뿌리를 내리느냐', '잠시 반짝하고 뒤안길로 사라질 것이냐'를 가름하게 될 중대한 시점에 김종식 소장이 30여년 간의 정보·조사 경험을 바탕으로 내놓은 「탐정실무총람」은 탐정업계가 나아갈 진로를 밝혀 줄 교과서이자 지침서로 기능하게 될 역작(力作)임이 분명하다.

여는글

'맹물탐정'과 '허풍탐정' 고칠 수 있다

탐정의 역할과 역량을 바라보는 대중의 시선은 '기대반·우려반' 시큰둥하다. 탐정(업)에 대한 금지는 해제되고 탐정(업)을 하겠다는 사람은 적지 않은데 탐정업에 불이 붙지 않고 있다는 얘기다. 이렇듯 탐정(업)이 뜨지 못하고 있는 까닭을 어떻게 보아야 할까? '탐정(업)의 유용성을 실증적(實證的)으로 제시할 수 있는 추진력과 통찰력을 갖춘 걸출한 탐정들이 흔치 않기 때문일 것'이라는 분석이 지배적이다.

이를 방증하듯 '무늬만 탐정'인 '허풍탐정'들의 저급(低級)한 탐정역량이 탐정업에 대한 부정적인 이미지를 덧씌우고 있다는 지적이 업계 안팎에서 심심찮게 들린다. 특히 탐정업에 있어 '실무역량'은 '탐정(업)의 존재 가치와 탐정의 체급(體級)을 평가하는 척도'가 된다. 따라서 실무역량이 형편없는 탐정은 의뢰자들로부터 '맹물탐정'·'부실탐정'이라는 이름으로 외면 당하게 될 것임이 틀림없다.

그렇다하여 탐정업을 실무만 단출하게 가르치거나 그렇게 배우려는 졸속한 시도는 자칫 '반풍수 집안 망치는 격'의 위태성을 지니게 된다. 학술과 경험을 전제(농축)하지 않은 실무는 사상누각에 다를 바 없음은 누구나 잘 아는 상식이다. 이런 점을 감안해 볼 때 '어떤 이론과 경험을 어떤 유형의 실무에 어떠한 방법으로 적절히 배분하고 융합·접목시켜야 옳을 것인가?'를 탐구하고 설계하는 일이야말로 학술연구자들의 책무이자 탐정업의 흥망성쇠를 결정짓는 중차대한 요소라 하겠다.

김종식
한국민간조사학술연구소(kpisl) 소장

이와 관련 이 책은 필자가 오랜 세월 경험한 제도권의 정보·수사·조사·감찰실무를 비롯 기자의 취재 요령과 신문·방송의 탐사기획물 등 유사직역이나 인접학문에서 '탐정(업) 실무'에 응용할 만한 것이 있는지? 있다면 어떤 형태로 받아 들임이 옳을지 광범하게 깊이 살폈다. 또한 관·학·언 등 각계의 제언과 '탐정업 현장 실무자들의 건전한 체험'을 높이 평가하고 귀 기울였다.

아울러 이 「탐정실무총람」은 '정도탐정(正道探偵)' 구현을 위해 아무리 '기발한 아이디어'이거나 '놀라운 성과를 거둔 경험'이라 할지라도 불법·부당 또는 사회상규상 용인되지 않는 기법(技法)은 언급 또는 논의를 철저히 배격하였음을 밝혀둔다.

이제 남은 것은 이 책에 뿌려진 작은 씨앗에 여러분들께서 지닌 또 다른 경험을 보태 꽃을 피우고 과실(果實)을 거두는 일이라 하겠다. 여러분들의 '탐정실무'와 '탐정시험', '탐정교육'에 더 큰 성취와 영광이 이어지기를 충심으로 기원한다.

2020년 11월 29일 새벽
편저자 **김 종 식**

차례

추천사
여는 글

제1부 탐정(업)의 정체성 이해

Ⅰ. 탐정(업)의 역사적 근거 ·· 3
Ⅱ. 탐정(업)의 정의와 특질 ·· 5
Ⅲ. 탐정(업)의 역할과 수단 ·· 11
Ⅳ. 탐정(업)의 필요와 효과 ·· 15
Ⅴ. 탐정제도에 대한 오해와 진실 ······································ 20
Ⅵ. 탐정(업)의 가부 근거와 직업윤리 ······························· 22
Ⅶ. 탐정(업)의 법제화 과제 ·· 25

제2부 탐정(업)의 자질과 토대

Ⅰ. 탐정의 자질

1. 「탐정」 그들은 누구인가? ··· 35
2. 탐정, 학력·경력·의지만으로는 1등 못해 ···················· 36
3. 「비공개정보」는 탐정의 몫이 아니다 ·························· 38
4. 이 시대의 「명탐정」은 어떤 탐정일까? ······················ 39
5. '탐정'은 무슨 명찰을 달건 「자료수집전문가」 ··········· 41
6. 탐정업을 원하는 당신의 '탐정역량지수'는? ·············· 42

II. 탐정(업)의 토대

[탐정필수 법일반·探偵必須 法一般]

1. 법의 존재형식과 체계 ··· 45
2. 국민의 권리와 의무 등(헌법 제10조~39조를 중심으로) ········· 48
3. 사생활의 비밀과 자유(프라이버시 보호권, 헌법 제17조) ········ 56
4. 사실의 확정과 법적용의 원칙, 법해석 방법 등 ················ 57
5. 범죄의 성립 3대 요건 ·· 62
6. 「형사소송법」과 「형법」의 대원칙 ····························· 65
7. 형사소송법의 기본구조 ······································· 68
8. 형법상 형의 종류와 경중(형법 제41조~제50조) ················ 69
9. 기소유예와 선고유예·집행유예 ······························· 72
10. 체포의 종류와 영장실질심사제도·구속적부심사제도 ·········· 74
11. 공소시효 ··· 76
12. 「친고죄」와 「반의사불벌죄」의 유형 등 비교 ··················· 80
13. 상소제도와 항고제도 ·· 82
14. 「민사소송법의 대원칙」과 「민법 통칙」 ······················· 83
15. 인(人)과 행위무능력자 ······································· 85
16. 민법상 소멸시효 제도 ······································· 90
17. 민법상 「친족 등」의 정의와 「유효한 유언」 ··················· 93
18. 채무자의 고의적 재산은닉(도피)에 대한 법적 대응 ············ 95
19. 저당권, 근저당권, 질권 ······································ 96
20. 손해배상, 손실보상, 구상권 ·································· 97
21. 변호사와 변호인, 변호인 선임권자와 국선변호인 등 ·········· 98
22. '행정사법'에서 말하는 '사실조사'의 의미 오·남용 심각하다 ··· 99
23. 행정소송과 행정심판 ·· 101
24. 용의자·피의자·피고인의 정의와 그들의 권리 ················ 103
25. 수사 종결의 형식 ·· 104

차례

[정보론·情報論]

1. 정보의 특성 ··· 105
2. 자료·첩보·정보 등 유사용어의 개념과 관계성 ······················ 106
3. 정보의 존재형태와 획득 수단 ·· 107
4. 정보활동의 특성과 한계 ·· 108
5. '정보를 필요로 하는 이유'와 '정보의 3대 가치' ······················ 109
6. 정보수집 활동상 기본 원칙과 방향 설정 ································ 110
7. 첩보(자료)의 타당성 평가 및 오류 진단 ································· 112
8. 자료수집 보고서(정보보고서) 작성요령, 양식 등 ···················· 113
9. [칼럼] 잘못된 情報보다 모르는 게 낫다 ································· 117
10. [칼럼] '사찰'과 '감찰' 그리고 '탐정의 관찰' 본질 혼동 안 돼 ····· 118

[증거론·證據論]

1. 증거의 의미 ··· 119
2. 증거의 종류 ··· 119
3. 증거능력과 증명력 ·· 122
4. 위법수집증거 배제법칙과 예외 등 ··· 123
5. 전문증거의 증거능력 제한과 예외 ··· 125
6. [칼럼] 탐정사무소에서 '증거조사 전문'이라 말하면 우스갯거리 ··· 127

[범죄론·犯罪論]

1. 범죄 원인론 ··· 129
2. 전통적 범죄학으로 본 범죄의 책임과 예방 ···························· 134
3. 피낙인자에 대한 형사정책적 범죄예방론 ······························· 135
4. 최근의 상황적 범죄 예방이론 '셉테드(CPTED) 기법' ············· 135
5. 현대범죄의 양태와 특징 ·· 136
   (1) 묻지마 흉악범죄 ·· 137
   (2) 사이코패스와 소시오패스 그 특징과 전형 ······················· 138

(3) 사이버범죄 ·· 140
　　　(4) 뉴테러리즘(New Terrorism) ······················· 143
　6. 범죄자들의 은어(隱語) ·· 148

제3부　탐정(업) 법제화 추진 및 '탐정활동을 제어하는 여러 개별법' 개관

Ⅰ. 탐정(업) 법제화 추진 상황

　1. 탐정업 관리에 관한 법률안 발의 및 무산 ··············· 155
　2. 제21대 국회 탐정업 관리에 관한 법률안 발의 현황 ········· 159

Ⅱ. 탐정활동을 제어하는 여러 개별법 핵심 포인트

　1. 개인정보보호법 ·· 162
　2. 위치정보의 보호 및 이용 등에 관한 법률 ············· 167
　3. 통신비밀보호법 ·· 168
　4. 정보통신망 이용 및 정보보호 등에 관한 법률 ······· 169
　5. 신용정보의 이용 및 보호에 관한 법률 ·················· 170
　6. 변호사법 ·· 171
　7. 생명윤리 및 안전에 관한 법률 ······························ 172
　8. 부정경쟁방지 및 영업비밀보호에 관한 법률 ·········· 173
　9. 산업기술의 유출방지 및 보호에 관한 법률 ··········· 174
　10. 형법 ·· 175
　11. 민법 ·· 176
　12. 경범죄처벌법 ·· 176
　13. 주민등록법 ·· 176
　14. 법무사법 ··· 176
　15. 행정사법 ··· 176

차례

제4부　상담 및 수임계약

I. 상담

1. 상담의 의의 ··· 181
2. 상담의 특징 ··· 181
3. 상담의 중요성 ·· 182
4. 상담 실패 요인 ·· 183
5. 상담에 임할 탐정이 갖추어야 할 조건 ···················· 184
6. 내담자와 상담 중 탐정의 식견 부족이 표출된 사례 ················ 185

II. 수임이 적정한지에 대한 검토 등

1. 3가지 측면에서의 수임 적정성 검토 ························ 186
2. 수임 적정성 판단 시 동시에 검토(논의) 되어야 할 사항 ·········· 187

III. 수임계약

1. '계약(契約)'이란? ·· 188
2. 계약의 효력 ··· 188
3. 탐정활동 「위임계약」과 「도급계약」 어느 것이 유리할까? ········ 188
4. 탐정업무 의뢰(수임) 시 계약서 작성이 필요한 이유 ················ 189
5. 계약서 양식 및 작성상 유의해야 할 사항 ······················· 189
6. [칼럼] 명탐정, '탐정업무 의뢰 및 수임계약서' 이렇게 쓴다 ··· 194

제5부　탐정업무 시 두루 적용되는 주요 실행 수단

I. 탐문(探問, 探聞)과 탐사

1. 탐문의 개념 ··· 199
2. 탐문의 진가(眞價) ··· 201

3. 탐문의 기법상 유형 ···················· 202
4. 성공적 탐문(자료수집)을 위한 전제 ···················· 203
5. 탐문시 질문·응답법(예시) ···················· 204
6. 탐문의 실시 ···················· 206
7. 탐문(질문)시 특히 유의 할 사항 ···················· 208
8. [칼럼] '탐문(探問)'으로 못 풀 일 세상에 없다! ···················· 209

Ⅱ. 미행(잠복)

1. 미행과 잠복의 개념 ···················· 211
2. 미행과 잠복의 형태 ···················· 213
3. 미행의 수준(輕重) ···················· 213
4. 미행의 준비 ···················· 214
5. 사전정찰 ···················· 214
6. 상황별 미행의 방법(도보, 차량) ···················· 215
7. 장소별 잠복 요령 ···················· 218
8. 미행·잠복 등에 대한 처벌가능성 여부 ···················· 219
9. 스토킹 범죄의 개념과 실태·처벌 등 ···················· 221
10. 사이버 스토킹의 개념과 처벌 및 예방 ···················· 222

Ⅲ. 녹음

1. 통신 및 대화비밀의 보호 ···················· 224
2. 통신비밀보호법 상 '감청'과 '불법감청'의 정의 ···················· 224
3. 탐정업무에서 '녹음이 필요한 이유'와 '녹음이 필요한 경우' ···················· 225
4. 녹음 방법 및 녹취록 작성 ···················· 226
5. 소송에 있어 '몰래한 녹음(비밀녹음)'의 증거능력 유무 ···················· 227
6. 도청의 일반적 유형과 대응책 ···················· 231

Ⅳ. 관찰 묘사와 선면(選面)

1. 관찰 묘사의 개념·원칙·요령 등 ·· 237
   (1) 관찰·묘사의 개념 ·· 237
   (2) 관찰의 원칙 ··· 237
   (3) 묘사의 원칙 ··· 238
   (4) 인물(人物)에 대한 관찰과 묘사 요령 ···························· 238
2. 선면기법의 개념·유형·요령 ·· 239
   (1) '선면'의 개념 ··· 239
   (2) 선면의 유형 ··· 239
   (3) 선면의 요령 ··· 240
   (4) 선면조사 시 유의사항 ·· 240

Ⅴ. 촬영과 초상권

1. 촬영의 목적과 촬영 시 유의사항 등 ································· 241
2. 초상권의 인정 근거·기준·판례 등 ···································· 242
3. 초상권 침해에 대한 처벌(민사상 손해배상) ·························· 243
4. 탐정업에서의 촬영이 '몰카범'으로 오해되면 낭패 ················ 244

Ⅵ. 인터넷 검색은 '제2의 탐문'

1. 인터넷은 '자료(資料)의 바다' ·· 246
2. 인터넷 검색 요령 ··· 246
3. 인터넷 정보의 오류와 함정을 극복하는 지혜 필요 ················ 247
4. 탐정에게 '인터넷 자료'를 공급해주는 '정보서비스회사'도 성업 ···· 247

Ⅶ. 현장관찰과 추리

1. 현장관찰의 개념 등 ·· 248
2. 현장관찰의 진행 및 유의사항 ·· 248
3. 현장자료의 촬영과 효용 ··· 249

4. 현장관찰의 요령 ·· 250
5. 현장자료의 채집·포장 요령 ···························· 251
6. 현장자료의 보존·가치 확보 ··························· 252
7. 지문의 특성·효용·종류 및 '지문현출'과 '지문채취' ········· 253
8. 탐정의 추리 연습 ·· 256
  (1) 추리 방법 ·· 257
  (2) '알리바이'와 '알리바이 조사' 그리고 '알리바이의 종류' ····· 258
  (3) 범죄자 등 프로파일링 ····························· 259
  (4) 추리의 전개 ··· 260

제6부 탐정업무의 전제와 줄거리

Ⅰ. 탐정업무 '시작부터 끝까지' 한눈으로 보는 진행 매뉴얼 ···· 267

Ⅱ. 탐정의 권리와 의무(탐정업 표준화 10대 준칙) ············ 268

Ⅲ.「공익탐정」과「영업탐정」그 이동(異同) 등

1. '영업탐정'과 '공익탐정'의 사안별 결과물 활용 방법 ········ 271
2. '영업탐정'과 '공익탐정' 그 업무의 패턴 ····················· 274

Ⅳ.「명탐정」'실정법은 선택', '조리와 이익형량'은 필수

1. 조리 ··· 275
2. 이익형량 ·· 276
3. '조리'와 '이익형량' 외면하는 탐정은 존재 의미 없다 ········· 277

Ⅴ. 탐정업 관련 일명「8조 금법」에 대한 이해와 응용

1. '성인가출인' 및 '잠적자' 찾기 ···························· 279
2. '개인정보처리자'에서 나온 정보와 '탐문'으로 얻은 정보 ······ 280
3. '계속(繫屬) 중인 형사소송' 관련 자료수집 ················ 280
4. 신용정보법상 채권과 사인간 대차(貸借) 채권 ············· 282

차례

    5. 도청(불법감청) 및 타인간의 대화 녹음 ················· 283
    6. 정보통신망을 이용한 타인의 비밀 침해·도용·누설 ············· 283
    7. '배우자 부정행위' 포착 활동 ······················· 284
    8. 위치 추적기 무단 사용 ·························· 284

Ⅵ. [칼럼] 시민이 탐정을 그리워하는 까닭은? ················ 285

제7부   유형별 탐정실무

Ⅰ. 가출인 등 실종자 찾기

    1. 실종자의 개념과 양태 ·························· 289
    2. 실종자 현황 및 '성인가출인' 문제의 심각성 ············· 290
    3. '실종아동 등' 사람 찾기 관련 법제 ·················· 291
    4. 실종아동 등 조기발견을 위한 4대 중점 시스템 ············ 294
    5. 실종의 유형 분석 ····························· 296
    6. '성인가출인' 및 '잠적자' 등 실종자 찾기의 법적 가능성 ······ 300
    7. 실종자 소재탐지 착안(예시) ······················· 301
    8. [칼럼] '성인가출인 찾기', '이렇게' 하면 뺨 맞을 일 없다 ······ 304

Ⅱ. 배우자 부정행위 파악

    1. 민법상 「배우자」 및 「혼인 등」 ····················· 307
    2. 「배우자 부정행위」의 개념 ························ 309
    3. 재판상 이혼원인 및 이혼 청구권의 소멸 등 ·············· 309
    4. '배우자의 부정행위' 포착 지난(至難)과 탐정업 ············ 310
    5. '배우자 부정행위 포착 자료'는 4가지 쟁점의 승패 요소 ······ 311
    6. 탐정업에서 '부정행위' 자료수집 시 착안사항과 주의사항 ······ 311
    7. [칼럼] '부정행위 포착' 아직 옛 간통 살피듯 애를 먹고 있나요? ···· 314
    8. '이혼소송에서 '유책주의 예외'를 인정한 판례 등 ··········· 316

Ⅲ. 「소송 자료」 등 「각종 자료」 수집 활동

1. 「자료」의 개념 ··· 317
2. 「사실관계 파악 자료」와 「소송자료」에 대한 이해 ················· 318
3. '탐정의 자료수집'과 '변호사의 자료수집' 그 논거와 실상 ······· 319
4. 탐정의 '소송자료 수집활동'을 제어하는 법문과 판례 연구 ····· 320
5. 탐정(업)의 '민·형사 사건 증거수집' 불가능하지 않다 ············ 323
6. '변호사법 제109조'는 70년 前에 제정된 '변호사 만능법' ······· 324
7. [칼럼] 변호사와 탐정업 '자료수집 관련 업무제휴' 긴요 ········· 325

Ⅳ. 세평·소행·행적파악

1. 세평과 소행·행적의 정의 ··· 327
2. 세평과 소행·행적파악의 관계성 ·· 327
3. 세평파악의 중요성 ··· 327
4. 세평(소행·행적) 파악이 필요한 경우 ·································· 328
5. 세평·소행·행적파악 시 착안 시항 ······································· 329
6. 탐정(업)에서 세평수집 시 유의해야 할 법조(法條) ············· 330
7. 기업체 임직원 채용시 탐정에 세평조사 의뢰는 세계적 추세 ···· 331
8. [칼럼] 탐정(업), '세평 수집' 가능 or 불가능, 그 논거는? ········ 332

Ⅴ. 지적재산권 침해 탐지

1. 지적 재산권의 개념 ··· 334
2. 지적 재산권別 보호대상과 권리 존속 기간 ························ 335
3. 지적 재산권別 침해 탐지 착안사항 ····································· 338

Ⅵ. 기업이나 개인의 리스크 관리 및 안전업무 수행

1. '리스크'와 '리스크 관리'의 개념 ·· 340
2. 기업 또는 개인의 '리스크 관리' 수요의 증대 ····················· 340
3. '리스크 관리 업무' 대상 ·· 341
4. 기업 또는 개인에 대한 리스크 관리 요령 ·························· 342

Ⅶ. '도품 및 유실물 찾기'는 전형적인 탐정업무(헌법재판소)

1. 도품 찾기 ··· 343
2. 유실물과 준유실물(습득자의 권리 등) ···················· 343
3. 유실물 관련 '점유이탈물 횡령죄' 및 '절도죄' 판례 ············· 345

Ⅷ. 주요 범죄에 대한 탐정의 관심과 공조

1. 방화 가능성 진단 ··· 346
2. 사체의 현상으로 보는 사망시간과 사인(死因) ········· 355
3. 마약류 남용 및 밀반입·유통 등 탐지 ······················ 363

제8부 수임업무, '결과보고' 및 '평가' 등

Ⅰ. 결과 보고

1. 자료의 취합 ··· 377
2. 보고방식 결정 및 보고 시 유의사항, 보고서 작성(양식) ········· 378
3. 수임료 및 실비 정산 ·· 380

Ⅱ. 평가

1. 탐정업무가 실패로 끝나게 되는 일반적 요인 ·········· 381
2. 자료 폐기 등 최종 보안 점검 ·································· 382

제9부 탐정업무에 접목해 볼 만한 정부 포상제 11선

[칼럼] '포상제'를 '탐정의 연습장'으로 활용하는 지혜 ············ 385

Ⅰ. '공익신고자보호법'에 의한 '공익침해행위' 신고 ············· 387
Ⅱ. 악성 고액체납자 은닉재산 신고 ····································· 391
Ⅲ. 공직선거법 위반 신고 ·· 392

Ⅳ. '전국동시조합장선거' 위반행위 신고 ································ 393
Ⅴ. 공공기관 등 채용 비리 신고 ·· 394
Ⅵ. 불공정 거래(공정거래위반) 신고 ··· 395
Ⅶ. 증권·선물시장에서의 불공정거래행위 신고 ······················ 396
Ⅷ. 보험사기 신고 ·· 397
Ⅸ. 정부 복지·보조금 부정수급 신고 ·· 402
Ⅹ. 불법 사금융 신고 ··· 403
Ⅺ. 불량·부정식품 신고 ··· 405

제10부 | 탐정업 창업·홍보 그리고 '전문탐정'으로 도약

Ⅰ. 창업과 홍보

1. 창업 ·· 409
    (1) 탐정업 창업 '누구나' 할 수 있나요? ······························· 409
    (2) '탐정업 관련 등록자격'이란 것 창업 필수 아냐 ············ 409
    (3) 창업 모델 결정 ··· 410
    (4) 상호 결정 ·· 411
    (5) 사업자 등록 요령(업태 및 종목 등) ······························· 411
2. 홍보 ·· 412
    (1) 홍보(판촉 활동) 착안 사항 ··· 412
    (2) 명함 '품격 있게' 제작하는 요령 ····································· 413

Ⅱ. 분야별 '전문탐정'은 시대적 요청

1. 탐정 '1人1技 갖기(분야별 전문화)' 긴요 ······························· 416
2. [참고] 변호사 전문분야 등록제 ·· 416

첨부. **형법상 주요 죄목별 공소시효** ·· 418

참고문헌 ·· 425

제1부

탐정(업)의 정체성 이해

제1부 탐정(업)의 정체성 이해

I 탐정(업)의 역사적 근거

1. 탐정(업)의 태동

(1) 스스로의 생존과 편익을 위한 자위적(自衛的)탐정 활동은 어느 민족 어느 나라 할 것 없이 그들의 역사와 함께 태동·진화되어 왔으나 이를 돈벌이 목적(먹고 살기위한 수단)으로 타인으로부터 일거리를 받아 역할을 수행한 '수탁적(受託的) 탐정활동 즉, 탐정업(探偵業, 營業探偵)'의 시작은 나라마다 다르다.

(2) 역사적으로 '탐정업'의 시작은 영국이 최초라 보고 있다. 고대(6~11세기) 영국에서는 '민간 차원의 경찰활동(사경비 활동)'이 '공적인 경찰활동(제도적 경찰)'보다 먼저 존재했던 바, 당시 공공의 안녕을 유지하는 제1차적 책임이 경찰이 아닌 각각의 마을(집단안전체제)에 있었다. 이러한 시절에 상인들이 재산범죄 발생시 마을(집단)의 힘을 빌린 처벌보다는 도난당한 재산을 회수하기 위하여 사람을 고용하게 된 것이 '탐정업의 효시(嚆矢)'라 하겠다.

2. 탐정(업)의 성장

(1) 1500~1800년대 영국은 경제적 불안이 지속된 가운데 치안 대처능력 마저 부족하여 사회적 혼란이 가중되자 국왕은 보안관의 무능과 부패를 개혁하기 위하여 지역별로 치안판사직을 신설하였는데, 1748년 런던 보스트리트의 치안판사로 임명된 H.필딩(1707~54) 법관은 '보스트리트러너'라는 지방자치단체에 속한 소수 정예 탐정조직(세계 최초의 공립탐정으로서의 성격을 지님)을 만들어 보안관의 부패와 각종 범죄의 정보 및 증거를 수집케 하여 사회 기강확립에 크게 기여하였다. 이후 '보스트리트러너'는 그 공로를 인정받아 1829년 내무부 장관 로버트 필이 창설한 스코틀랜드야드(런던경찰국)의 치안조직으로 흡수되는 명예를 얻게 되었다.

(2) 프랑스에서는 감옥을 안방처럼 드나들며 50여 차례나 탈옥을 감행한 범죄자인 F. 비도크(1775~1857)가 1810년 같은 감방에 있던 죄수의 고백을 듣고 이를 당국에 알려 경찰 정보

원으로 발탁된 것을 계기로 1811년 사설정보조직을 만들어 활약해오다 1817년 파리 경찰국의 초대 범죄수사과장직까지 얻는 파격적인 대우를 받았으나, 자신의 습성을 버리지 못한 범죄(절도)행위로 1827년 파면이라는 불명예를 얻게 되었다. 그러나 그의 범죄심리분석 능력과 범인검거기법에 감명을 받은 많은 사람들의 응원에 힘입어 1834년 다시 '사설정보사무소'를 차려 탐정으로서의 기질과 명성을 떨친 것이 프랑스에서의 탐정발전에 기틀이 되었다.

▷ 세계적인 문호 위고(Hugo,1802~1885)에게 '장발장', 발자크(Balzac,1799~1850)에게 '보트랭'이라는 작품소재를 제공한 사람이 바로 F. 비도크이다.

(3) 미국에서는 1850년 앨런 핀커톤(1819~84)이 시카고에서 창설한 핀커톤 내셔널 탐정사무소(Pinkerton National Detective Agency, 세계 최초의 탐정기업)를 시발로 '탐정(업)은 사익(私益) 보호는 물론 치안에도 크게 기여한다'는 사회적 공감이 확산되기 시작했다.

▷ 핀커톤은 런던 경찰국의 전신인 스코틀랜드야드에 근무한 아버지의 영향을 받은 스코틀랜드 출신의 이민자로써 남북전쟁 때에는 북군에 속하여 첩보활동과 경호·경비활동에 뛰어난 역량을 발휘하여 한때 링컨 대통령의 경호를 맡기도 했다(링컨이 암살될 당시에는 육군에서 경호를 맡고 있었음). 핀커톤이 '사람의 눈'을 사무소의 마크로 삼은 것이 계기가 되어 미국에서는 'eye' 또는 'private eye'라고 하면 사설탐정으로 통한다.

(4) 세계적으로 탐정업이 단순직업에서 민간보안산업으로 이어지는 동안 초기에는 개인의 불분명한 행적 탐문이나 잃은 물건 찾기 등 그 역할이 단순하고 소극적이였으나 오늘날 탐정(업)은 실종자나 잠적자 찾기·도피(은닉)재산 추적·쟁송(爭訟)에 유용한 단서수집(사실관계파악) 등 사익 구현에 널리 활용되고 있음은 물론 치안의 보완재로 응용되고 있다. 이와 함께 대개의 나라에서는 탐정을 직업화한데 만족하지 않고 탐정을 소재로 한 영화·드라마·소설·애니메이션·오락 게임물 개발 등 탐정문화 창달을 통한 부가가치 창출에 열을 올린지 오래다.

Ⅱ 탐정(업)의 정의와 특질

1. 탐정(업)의 정의

(1) 외 국

대다수 외국의 경우 '탐정(업)'에 대한 사전적(辭典的) 정의는 있으나, 법문(法文)으로는 '탐정'이나 '탐정업'에 대한 정의를 별도로 명시하지 않고, '업무의 역할이나 범위'를 통해 탐정(업)의 법적 정의를 우회적으로 설명하고 있다(미국·영국·프랑스·호주·일본 등).

(예)

1) 일본은 '탐정업 업무의 적정화에 관한 법률(제2조제1항)'을 통해 탐정(업)에 대한 정의를 '타인의 의뢰를 받아 특정인의 소재 또는 행동에 대한 정보로서 당해 의뢰에 관계되는 것을 수집하는 것을 목적으로 면접에 의한 탐문, 미행, 잠복 기타 이들과 유사한 방법에 의해 실지의 조사를 행하고 그 결과를 당해 의뢰인에게 보고하는 업무'라고 정의하고 있다.

2) 영국의 경우 탐정업 직업화의 기초가 된 Private Security Industry Act 2001(시행은 2006)과 '국가직업인증제'를 통해 탐정(업)은 '특정 인물 또는 그의 활동이나 소재에 대한 정보를 얻거나, 재산이 소멸된 상황 혹은 그 원인에 대한 정보를 얻기 위해 행해지는 모든 감시·조회 또는 조사'하는 활동이라 정의하고 있다.

3) 프랑스의 경우 탐정(업)을 직업화한 법규인 'Loi No.83-629 de 12 juilet 1983 Article 20'을 통해 '탐정업은 제3자의 이익을 보호할 목적으로 정보를 수집하고 당해 의뢰인에게 제공하는 사적 조사활동'이라고 표현하고 있다.

(2) 우리나라

1) 사전적 정의

'탐정(探偵)'에 대한 사전적 정의는 두 가지이다. ① '숨겨진 일이나 사건 따위를 추적하여 알아내는 일'을 탐정이라 하기도 하고 ② '숨겨진 일이나 사건 따위를 추적하여 알아내는 사람'을 탐정이라고도 한다.

2) 법률적 정의

우리나라의 경우 탐정(업)의 직업화는 진행되고 있으나 아직 법제화를 이루지는 못한 상태인 관계로 '탐정(업)에 대한 법률적 정의'는 정립되어 있지 않음(2024. 7. 현재)

3) 실무적(학술적) 정의(한국민간조사학술연구소)

□ **탐정(업)의 정의**
문제의 해결이나 조사의 바탕이 되는 유의미한 정보·단서·증거 등 '자료(資料)'를 합당한 방법(탐문과 관찰 등)을 통해 수집·제공하는 일
☞ '사실관계를 파악(Fact Check)'하거나 '사실관계 파악을 돕는 활동'

□ **탐정(업)이 수집코자 하는 「3대 자료」와 그 정의**
☞ '자료(資料)'란 '연구나 조사 등의 바탕이 되는 재료'를 말한다. 특히 탐정(업)이 획득을 추구하는 아래 「3대 자료」는 사실관계 파악 및 실체적 진실 발견 등 문제 해결에 직·간접으로 크게 기여하게 된다.

1. **정보(情報)**: 여기에서 말하는 '정보'란 비교적 '기초적', '단편적', '불규칙적', '미확인 상태'의 부정확한 지식인 '실마리 정보(첩보)'는 물론 '완전한 지식'에 이른 '정보'까지 망라한 '광의의 정보'를 말한다.
2. **단서(端緖)**: '단서'란 어떤 문제를 해결하는 방향으로 이끌어 가는 일의 첫 부분. 즉, 어떤 일을 '풀기 위한 실마리' 또는 '어떤 상황을 반전시킬 결정적 자료(Smoking gun)'가 될 수 있는 것을 말한다.
3. **증거(證據)**: '증거'란 소송법상 사실인정에 사용되는 객관적인 자료를 말한다.

2. 탐정(업)의 특질

탐정 활동은 비권력적 사실행위(事實行爲)라는 점에서 법률행위(法律行爲)나 행정행위(行政行爲)와 구분되고, 권력적 사실행위와도 비교된다. 이에 이 장에서는 탐정 활동이 지니는 특성을 10가지 측면에서 집중 조명해 보기로 한다. 이 「탐정(업) 10대 특성」은 탐정(업)의 본질을 이해하는 학술적 바탕이 된다는 점에서 깊이 있는 학습을 바란다.

(1) 기초활동성

탐정(업)은 문제의 해결이나 조사의 바탕이 되는 유의미한 정보·단서·증거 등 '자료(資料)'를 합당한 탐문과 관찰 등을 통해 획득·제공하는 일(즉, 자료수집을 통한 사실관계 파악 또는 사실관계 파악을 돕는 일)'에 그쳐야 하는 직업이다. 탐정(업)이 자료수집 이상의 단계까지 나아가면 인접직역으로부터 '직역 침해'라는 법적 시비가 야기될 소지가 있다. 예를 들어 탐정이 자신이 수집한 자료를 바탕으로 의뢰자에게 '이렇게 대처하면 이길 수 있다, 그러니 이렇게 저렇게 대응해 보자'는 등의 특정한 행동방책까지 제시하게 되면 자칫 변호사법(제109조, '기타 법률행위')에 저촉될 소지가 있음에 유의해야 한다.

(2) 임의적(비권력적) 행위

탐정은 국민의 권리 또는 의무나 이익에 직접적·구체적 변동을 초래하는 그 어떤 처분도 할 수 없다. 즉, 탐정의 탐문 등 자료수집활동은 권력 없는 임의적(자의적) 행위이므로 국민을 명령·강제할 수 없음은 물론 국민도 이에 따를 한치의 의무도 지니지 않는다. 국민이 탐정의 질문(조사)에 응하느냐, 마느냐의 판단과 결정은 전적으로 시민의 몫(자유)이며, 불응하더라도 어떠한 제재나 불이익을 받지 않는다. 탐정은 어떠한 경우라도 타인의 권익을 침해 할 수 없다는 얘기다.

* 임의적(任意的) 행위=자의적(恣意的) 행위: 어떤 근거나 원칙에 의한 행위가 아니라 오로지 자신의 뜻대로 하는 행위를 말한다.

(3) 사실행위

사실행위(事實行爲)란 일정한 법적효과의 발생을 목적으로 하는 것이 아니라 직접적으로 사실상의 결과만을 가져오는 행위를 말하며, 이러한 사실행위는 또 권력적 사실행위와 비권력적 사실행위로 구분되는데 권력적 사실행위는 당사자에게 수인(受忍)의 의무가 주어지는 것이지만 (압류 등 강제집행이나 주취자 보호와 같은 즉시강제 등), 비권력적 사실행위는 처분성(강제나 명령 등)이 없는 서비스 지향적인 지도나 봉사 형태로 이루어 지기 때문에 구체적인 법적 근거를 요하지 않는다. 권고나 알선, 수난구호, 행정지도, 유실물 관리, 등기부열람, 순찰, 탐문, 관찰 등이 이에 해당한다.

* 처분성(處分性): 공권력의 일방적 행사 또는 부작위(不作爲, 거부)로서 국민의 권리·의무에 직접적이고 구체적인 효과를 가하는 행위(작용)를 말한다.

(4) 비공공재=경합재

'탐정업'은 특정 개별 주체의 이익에 부응한 영리(營利)를 1차 가치로 여기는 비공공재(非公共財)이다. 즉, '탐정업'은 필요한 사람이 필요한 만큼 특별히 활용하는 선택재(選擇財)라는 점에서 공공재(公共財)인 경찰의 서비스 활동과는 비교된다. 또한 경찰의 서비스와 같은 공공재는 언제 어디서든 필요할 때 누구나 경쟁(경합)하지 않더라도 보편적으로 누릴 수 있다는 측면에서 비경합재(非競合財)로 표현되고, 탐정(업)의 경우는 비용을 부담할 능력에 따라 경쟁(경합)적으로 더 많이 활용할 수도 있는 자원이라는 측면에서 경합재(競合財)로 불리기도 한다(자연의 바람이나 공기는 누구나 이용할 수 있는 공공재=비경합재이지만, 수돗물이나 전기는 비용 부담 능력에 따라 사용하는 재화이므로 비공공재=경합재라 표현된다).

* '경찰'은 공공재이자 비경합재이고, '탐정'은 비공공재이자 경합재이다.

(5) 간접조사 원칙

탐정(민간) 차원의 자료수집활동은 비권력적(임의적·자의적) 사실행위이기 때문에 국민은 이에 응하거나 협조할 아무런 의무를 지니지 않는다. 따라서 탐정이 어떤 활동의 대상자를 호출하거나 직접 찾아가 질문하는 행위는 상정(想定) 할 수도 없을 뿐만 아니라 그에 응할 국민이 있을리 만무하다. 탐정은 오로지 스스로의 관찰력과 탐문으로 사실관계 자료를 수집(파악)하여 의뢰자에게 제공하는 간접조사 기능을 수행함이 원칙이다. 다만, 민간의 자발적 협조로 직접조사가 이루어지는 것은 민간의 자유의사에 따른 것이므로 무방하다 할 것이다. 탐정이 특정 대상자를 임의대로 직접조사에 임할 경우 개별법 위반 소지가 있음에 유의해야 한다.

(6) 폐쇄성

일반적으로「행정」은 '공공기관의 정보공개에 관한 법률' 등에 따라 특별히 이 법률에서 정한 것 외에는 국민의 요청이 있을 때에는 공개하는 것이 원칙이다. '공공기관이 보유하고 있는 정보는 국민의 것'이라는 의미이다. 하지만 탐정이 고객으로부터 수임하여 수집한 자료는 원칙적으로 그 누구의 것도 아닌 '오로지 고객(의뢰자)의 것'이다. 수집된 자료의 사용과 처분권은 전적으로 의뢰자에게만 주어진다는 얘기다. 따라서 민간차원의 자료수집활동은 고객의 권익 보호차원에서 '의뢰자가 누구인지는 물론 수집하고자 하는 자료나 내용이 무엇인지 등' 자료수집 관련 일체의 사항을 비공개로 해야 한다.

(7) 고립성

탐정업의 경우 사익(私益)을 주목적으로 활동하는 비공공재라는 점에서 업무에 무원(無援)의 고립성을 지니는 외로운 직업이다. 일부 시민들이 '민중의 지팡이'라 불리는 경찰마저 일반시민과 동일시 하지 않고 '가까이 할 수도 멀리 할 수도 없는 사람(不可近不可遠)'으로 여기는 경향이 있지 않은가? 이렇듯 탐정에 대해서도 기피(忌避)하려거나 경계심을 갖게 됨은 너무나 자연스런 현상 일 것이다. 탐정이 시민의 신뢰와 응원을 획득 할 수 있는 최선의 방법은 평소 확고한 준법과 성실한 자세, 그리고 자기 개발을 통한 서비스품질 향상이라고 본다.

(8) 사생활 평온과의 긴장 관계성

탐정 활동의 수단과 방법은 일반적으로 은밀성을 띤다는 측면에서 볼 때 탐정에 의한 사생활 침해의 우려는 당연한 일일지도 모른다. 바꾸어 말하면 탐정이 실제적으로 특정인의 사생활을 침해하지 않더라도 적잖은 사람들이 '언제 탐정으로부터 사생활이 침해 당할지 모른다'는 막연한 걱정을 지니고 있다는 얘기다('탐정활동과 사생활의 평온 간 긴장관계성'). 따라서 탐정활동 시에는 국가기관의 수사·정보활동에 못지않은 엄격한 합법성은 물론 합리성과 합목적성·타당성·보안성의 견지가 요구되며, 이는 탐정(업)이 시민들의 불신으로부터 살아 남기 위해 스스로 풀어 나가야 할 핵심 과제임을 명심해야 한다. 불법을 동원해서라도 성과를 내려는 과욕주의자는 탐정 부적격자라는 이유가 여기에 있다.

(9) '자료의 수집자'와 '자료의 사용자' 엄격한 분리

탐정업무는 '권력 없이 사실관계를 파악한다'는 측면에서 기자의 취재 활동과 공통점을 지니나,

기자의 취재와 보도는 동일인의 명의와 책임 하에 이루어지는데 반해 탐정업무는 자료(정보) 수집자와 자료(정보) 사용자가 엄격히 분리되는 특징을 갖고 있다. 즉, 기자는 취재와 보도의 주체가 되나 탐정의 임무는 자료수집으로 끝나고 자료(정보)의 사용권은 오로지 의뢰자만이 갖게 된다. 만약 탐정이 의뢰자의 의뢰 사항이나 수집한 자료를 무단으로 사용하게 되면 당연히 민·형사상 문제가 따를 수 있다.

(10) 대상의 광범성과 대인·대물조사 분리의 곤란성

탐정의 업무 대상에는 생활에 수반되는 모든 의문과 궁금한 일이 망라되나(대상의 광범성), 그 객체의 성격에 따라 대인(對人)·대물(對物)·혼합적(混合的)인 것으로 나뉘기도 한다. 하지만 대인·대물·혼합적 사안을 분리하거나 차단하여 사실관계를 파악함이 기술적으로 지난(至難)한 경우가 많다. 이로 대물적 사안이나 혼합적 사안을 조사하는 과정에 필요이상의 대인적 자료에 접근하게 되는 등으로 물의가 야기될 수 있음에 유의해야 한다. 즉 집나간 애완견이나 도난품, 유실물 등을 찾는 일은 대물적 탐정활동에 해당하지만 필요 시 대인적 탐문이나 관찰활동이 수반되는 경우를 배제 할 수 없음이 그런 예이다.

Ⅲ 탐정(업)의 역할과 수단

1. 탐정(업)의 역할

(1) 탐문과 관찰을 주수단(主手段)으로 하는 자료수집 활동(사실관계 파악)

1) 일반적으로 탐정에 대한 얘기가 나오면 크게 '경찰의 수사 활동'을 연상하는 부류와 '기자의 취재 활동'을 떠올리는 부류로 대별(大別)된다. 일견해 볼 때 탐정의 역할을 경찰의 사명에 견주어 보려는 경향이 높아 보인다. 그러나 깊이 들여다보면 탐정의 역할은 경찰보다 기자의 역할과 비슷한 점이 더 많음을 알 수 있다. 기자와 탐정은 궁극 목적은 다르나 활동상 수단과 방법 면에서 거의 흡사하다(아래의 표 '탐정(업)과 취재기자·경찰의 역할 비교' 참조)

2) 일각에서는 소설 또는 드라마 속 심부름센터나 흥신소 등의 '왜곡된 탐정업 행태'를 연상한 나머지 '탐정업의 역할'을 곧 '사생활조사업'으로 치부하는 경향도 있음이 사실이다. 하지만 이는 탐정업을 몰라도 너무 모르는 얘기다. 실제 탐정업에서 사생활조사와 무관하게 성과를 거둘 수 있는 일거리가 8할 정도에 이른다. ① 사적피해의 원인 파악 ② 가출인 및 실종자 생사 또는 소재 파악 ③ 가짜나 모조품 추적 ④ 교통사고야기도주 등 사건·사고 목격자 탐문 ⑤ 도난품이나 분실물 찾기 ⑥ 개인 또는 가정이나 사업장 등에 대한 인적·물적 위해요소파악 ⑦ 가족 및 기업체 임직원 등의 사회적 일탈 등 평판 파악 ⑧쟁송 등 분쟁 해결에 유용한 자료수집 ⑨ 생활상 다양한 의문과 불안 해소에 필요한 사실관계파악 ⑩기타 공익침해신고 등이 그 예이다.

□ 탐정(업)과 취재기자·경찰의 역할 비교

구 분	권원(권력 유무)	역할(1, 수단·방법·임무 등)	역할(2, 궁극의 목적)
탐정	비권력적 수단 (임의적 활동, 영리적 활동)	① 탐문·관찰 등으로 '사실관계파악 활동' (정보·단서·증거 등 자료 수집 활동)' ② 정보의 오류와 함정 극복에 시민의 협조 기대 난망	① 의뢰자(사적) 권익구현에 주력 ② 사회적 이익 도모
취재기자	비권력적 수단 (임의적 활동, 사회적 책무)	① 탐문·관찰·확인·보도·재취재 등 환류 과정을 거치면서 사실관계에 깊숙이 접근(심층 분석 가능) ② 정보의 오류와 함정 극복에 시민의 자발적 호응과 동참 가능	① 국민의 알권리 충족 ② 사회적 이익 추구
경 찰	권력적 수단	① 명령 ② 강제 ③ 범죄의 수사 ▷ 임의수사(원칙적) ▷ 강제수사(예외적)	① 법치주의의 확고한 실현 ② 공공의 안녕과 질서에 대한 위험방지 ③ 형사소송법의 목적 실현 ④ 인권보장과 공공 복지의 조화
경 찰	비권력적 수단	① 서비스 지향 ② 행정지도와 범죄예방에 기여하는 활동	① 개인의 권익 도모에도 기여 ② 순찰, 방범지도, 경찰방문 등
주의	탐정의 활동(탐문과 관찰 등 정보활동)을 '취재'라고 표현하는 것은 역할과 문법상 안 될리 없지만, 탐정의 활동을 '수사'라고 표현하는 것은 틀린 표현이다. '수사'는 수사기관(형사소송법 제195~197조)의 활동을 말한다.		

(2) 탐정은 '비공개 정보를 수단(手段)껏 잘 빼오는 스파이(spy)'와 비교된다.

비공개 정보는 본질적으로 탐정이 들여다 볼 영역이나 몫이 아니다. 탐정(업)의 궁극 목적인 '사실관계 파악'은 다양한 형태로 존재(산재)하고 있는 공개된 정보의 발견과 취합(聚合)이라는 사실행위를 통해 달성되어야 한다는 것이 탐정(업)의 이념이요, 그 학술의 본류(本流)다. 그럼에도 사회 일각에서는 탐정이라 하면 '비공개 정보를 수단껏 잘 빼오는 전문가'로 잘못 인식하고 있는 경우가 적지않다. 탐정은 대립 관계에 있는 국가나 기업 등 일정한 조직체에 침투하여 기밀을 알아내는 스파이(spy)와는 그 존립 근거나 추구하는 가치가 다르다. 따라서 탐정이 비공개 정보에까지 접근하려는 시도는 탐정제도의 근간을 뒤흔드는 무모한 일탈이라 아니할 수 없다.

2. 탐정(업)의 수단

일반적으로 '무늬만 탐정'인 '허풍탐정'이나 '사이비탐정'들에게 탐정업의 수단이 무어냐?고 물으면 대뜸 '도청기' 또는 '위치추적기' 같은 특수 장비를 탐정(업)의 수단이라 말하는 경우도 적지 않다. 하지만 이는 불법 정보업자들이 즐겨 사용하는 경천동지할 도구일 뿐 학술과 법리에 입각한 탐정의 수단과는 별천지의 얘기다. 탐정(업)의 수단은 「조리에 입각한 합당한 수단」이어야 함은 너무나도 당연한 상식의 문제라 하겠다.

(1) 활동 주체의 기능별 수단

탐정의 활동은 일반적으로 찾아 묻는 「탐문」과 보는 활동인 「관찰」, 「합리적 추리」 등 세가지 수단을 요체로 이루어진다.

찾아 묻는 활동(探問)	▷ 여러 사람의 기억과 생각을 단서화, 증거화 하는 활동 여기에서 말하는 탐문(探問) 활동은 '찾아 묻는' 탐문(探聞)이나 '보고 듣는' 견문(見聞), '사물이나 사실을 샅샅이 보고 물어 파악' 한다는 개념의 탐사(探査) 등을 포함한다.
보는 활동 (觀察)	▷ 5관(五官)을 통해 현장(유류물 등)에서 얻은 자료들을 단서화, 증거화 하는 활동 관찰의 중추는 시각·청각·후각·미각·촉각 등 다섯개의 감각기관이다. 이를 '5관(五官)'의 작용이라 한다. * 육감(六感)이란? 6가지 감을 말하는 것이 아니라 6번째의 감(5관 이외의 감)을 칭하는 것으로 '분석적인 사고에 의하지 않고, 직관적(直觀的·直感的)으로 진상을 파악하는 작용'을 말한다. 탐정활동에 있어 대단한 효용성을 지닌다.

합리적 추리 (合理的 推理)	'듣는 활동(탐문)'과 '보는 활동(관찰)'을 양대 축으로 하여 각종 자료를 축적하거나 압축하여 자료와 사안의 관계성 및 그 함의(含意)를 인식하는 활동 ('과학적 지식과 건전한 상식에 의한 추리'를 합리적 추리라 한다)

(2) 자료의 존재형태에 따른 활동상 수단

공개자료 취득 수단	① 탐문(探問, 探聞), 탐사, 견문, 면접, 설문 활용 ② 미행, 잠복, 관찰·묘사·선면, 현장관찰, 알리바이 진위 파악 ③ 세평·소행·행적 등 파악 ④ 녹음, 촬영·녹화 등 채증 ⑤ 정보공개 청구, 인터넷 검색, 문헌 열람 ⑥ 각종인쇄물(신문, 잡지, 단행본, 회보) 및 방송, 유튜브 등 공개 자료 검토 ⑦ 진정, 투서, 민원, 시위, 풍문, 평판, 유언비어, 여론 파악 등 ▷ 예외적으로 협조원 운용

Ⅳ 탐정(업)의 필요와 효과

1. 탐정(업)의 필요

(1) 형사소송구조의 변화(당사자주의 강화)에 따른 증거수집의 중요성 대두

(구)형사소송법은 대륙법계의 '직권주의(職權主義, 법원이 직권으로 증거수집에 나서는 형태)'가 절대우위를 점한 소송구조였으나, 현행 형사소송법은 그에 비해 당사자주의(當事者主義) 성격이 강화되었다. 당사자주의는 피고인에게 검사와 대등한 공방(攻防)의 지위를 인정하는 구조이다. 즉, 증거의 수집과 제출이 검사와 피고인에게 맡겨진 것이다. 이로써 법관은 증거를 중심으로 한 검사와 피고인의 법정공방(法廷攻防)을 제3자적 입장에서 지켜보는 과정을 통해 '편견 없는 판단(공정한 재판)'을 도모하게 된다. 반면 당사자주의에서는 증거 수집력이 열악한 피고인에게는 상대적으로 불이익하여 실체적 진실발견이 왜곡될 수 있는 단점이 있다. 이러한 배경에 기인하여 당사자주의가 강화되어 있는 나라일수록 증거수집에 일조(一助)할 탐정제도가 발달되어 있다(미국·영국·호주 등).

(2) 공권력 의존도(依存度) 과부하(過負荷) 개선

1) 미국·영국·일본 등 대개의 선진국은 경찰을 중심으로 '경비업'과 '탐정업'이라는 민간자원이 협업치안(協業治安)의 양대(兩大) 축(軸)으로 존재한다. 이를 '민간보안산업'이라 칭하기도 한다. 경찰은 이를 활용하여 경찰권 발동의 한계를 보완하고, 개인은 이를 통해 사적(私的) 권익증진을 도모 한다. 즉, '경비업'과 '탐정업'은 치안이나 시민의 안전을 경찰에만 떠맡기거나 경찰이 떠맡는 식의 획일적 치안구조로는 국민들의 안전을 담보하기 어렵다는 경험에서 나온 세계적 협업치안의 전형(典型)이라 하겠다.

2) 우리나라의 경우 공공의 안전과 연관되는 '경비업'은 이미 정착되어 경찰의 경비업무를 상당부분 대체 또는 보완하고 있으나, 가출인 찾기나 사적(私的) 피해의 원인파악 등 일상 생활에서 불안한 일이나 의문스런 일이 생겼을 때 경찰 외에는 달리 찾을 곳이 마땅치 않다는 얘기다. 그러다보니 지극히 개인적인 일까지 경찰에 도움을 요청하거나 고소·고발을 남용하는 관행이 이어지고 있으며, 이는 경찰의 시선과 일손을 뺏는 잡무(雜務) 증대로 이어지는 등 치안서비스의 선택과 집중을 산만하게 하는 요소로 지적되고 있다(아래 표 1, 2 참조).

3) 뿐만아니다, 이제 공권력이 만능(萬能)인 시대는 지나갔다. 부정축재자들의 해외도피재산 추적, 상습고액탈세자들의 은닉재산추적, 범죄수익은닉·가장(假裝)정보수집 등 정부기관(검찰, 국세청 등)의 기존 시스템(몇몇 담당 공무원)만으로 감당해 냄이 부적격스럽거나 비효율적인 일(추적·탐문·미행 등)에는 탐정의 협업이 얼마나 실효적인지 국내외의 사례와 경험이 실증(實證)해 주고 있다(아래 표 3 참조).

〈표 1〉〈'실종자 문제 경찰에만 맡길 수 없다'〉

▷ 경찰청 자료에 의하면 어디서 무엇을 하고 있는지 또 죽었는지 살았는지 조차 알 수 없는 미발견 실종자가 최근 4년간 1만4,700여명에 이른다. 이중 18세 미만의 미성년자는 700여명이고, 성인이 1만4,000여명이다. 문제는 여기에 그치지 않는다. 하루 200여명씩의 새로운 실종자가 발생하고 미발견 실종자가 한해 4,000~5,000여명씩 누적되고 있다. 그러나 실종자 찾기를 예나 지금이나 경찰의 제한된 인력에 기댈 수 밖에 없는게 현실이다. 그 가족들은 속을 까맣게 태우며 발을 동동 구르고 있다.

▷ 실종자가 어디서 무엇을 하고 있는지 확인될 때 까지는 일단 범죄의 객체(피해자)로 간주할 수 밖에 없을 만큼 현실은 불안하다. 특히 저항능력이 없는 아동이나 자기방어 능력이 취약한 여성과 노인의 경우 실종되는 그 순간 부터 말할 수 없는 고통과 여러 위험에 노출될 소지가 큰 만큼 촌각을 다투는 발견과 구조가 필요하다. 한 예로 최근 인천에서만 한해 500여명이 넘는 치매노인이 거리를 헤매다 450여명은 실종 초기에 발견되어 집으로 돌아 왔지만 50여명은 영영 찾지 못하거나 싸늘한 주검으로 발견되었다는 통계도 있다.

(김종식 한국민간조사학술연구소장 조선일보 2014.2.18. 기고 칼럼 중에서)

〈표 2〉〈'고소 공화국 불명예, 이대로 갈건가'〉

▷ 동방예의지국 대한민국이 '고소 공화국'이라니 믿기지 않는다. 지난(2014년) 한 해 경찰에 접수된 우리나라의 고소 건수는 52만7,205건(72만3,223명)으로 일본에 비해 50배가 넘는다. 또 이를 인구 10만명당 피고소인 수로 비교했을 때 일본의 140여배에 달하는 폭발적 수준이다. 더 놀라운 것은 이런 고소·고발로 인해 정작 법정에 선 사람은 연평균 13만8,785건(15만 3,583명)으로 기소율은 고작 20.7%에 그쳤다(2015, 법무부 국감자료). 별 의미 없는 고소·고발이 판을 치고 있다는 얘기다. 이러함에도 고소 건 수는 날이 갈수록 줄기는 커녕 더한 증가 추세에 있으니 실로 안타까운 일이라 아니 할 수 없다. 가히 '고소 남발 공화국'으로 불릴 만하다.

▷ 어쩌다 우리나라에서 이런 사납고 거친 현상이 나날이 더해지고 있을까? 여기에는 여러 원인이 있겠지만 그중 가장 큰 요인은 '시민들이 경찰을 사적 권익실현의 수단으로 남용'하려는 의도에서 비롯되고 있는 것으로 분석되고 있다. 예를 들어 '개인이 입증할 책임이 있는 민사소송 절차에서 자신에게 유리한 증거(단서)를 스스로 수집 할 여건이 되지 않자(생업과 전문성 부족) 민사를 형사 문제인 양 부풀려 경찰에 고소장을 접수한 후 의외로 경찰이 새로운 증거를 발굴해 내면 그것을 민사소송에 활용하려는 술책' 때문인 것으로 파악되고 있다.

(김종식 한국민간조사학술연구소장 헤럴드경제 2016.02.17. 기고 칼럼 중에서)

〈표 3〉〈 국가·공공기관의 해외탐정 이용 관련 例 〉

☐ **예금보험공사** (예보는 왜 해외 탐정을 고용했을까, 국민일보 2015. 9.20.)
- ▷ 예금보험공사는 해외 은닉자산을 찾아내기 위해 2007년 6월 이후 올해 7월까지 140여 차례 해외 탐정들에게 7만6,357달러(약 8,900만원)를 지급
- ▷ 2007년 이후 예보가 찾아낸 해외은닉자산은 5,910만 달러(약 689억원)이며, 이중 회수된 금액은 1,390만 달러로 23.5%에 해당하고, 탐정 고용 수수료는 회수금액 대비 0.5% 수준에 불과함

☐ **국세청** (국세청 '특활비' 20억 삭감 '역외탈세 색출 어떻게?', 머니투데이 2014. 1. 2.)
- ▷ 내국법의 효력이 미치지 않는 국외에서 자국민의 탈세 정보를 알아내려고 해외 탐정을 고용하는 것은 전세계 과세당국의 일반화된 조사기법으로
- ▷ '14년 국세청이 역외탈세와 관련해 추징한 세액은 1조원을 넘을 것으로 관측되고, 이렇게 사상 최고치 실적을 올린 데에는 증빙이 필요없는 특수활동비를 활용해 현지 정보에 밝은 'PI'를 고용, 탈세 정보에 접근했던 것이 크게 작용한 것으로 보임

(자료: 공안행정학회 학술 세미나, '민간조사업 정책', 경찰청 수사국 총경 나영민)

(3) 경찰권(警察權)의 태생적 한계 보완 절실

1) 오늘날 생활 양태는 복잡·다양하게 변하고 있으나 개인의 권리구현 수단은 법적으로나 현실적으로 제한적이어서 그 피해회복이나 입증이 난망한 경우가 적지 않다. 예를 들어 '어제 저녁에 술에 취해 귀가 하던 중 낯선 사람과 가볍게 부딪혔는데 아침에 보니 지갑이 없어졌다', '아내가 돈을 벌어 오겠다고 아기를 친정집에 맡기고 집을 나간 지 여섯 달이 지났으나 소식이 없다', '누군가 집 앞에 세워 둔 자동차의 타이어를 펑크 내고 사라졌다'는 등의 사안은 허다히 발생하고 있다. 그러나 이러한 상황(증거나 목격자가 없는 사안)은 사적(私的)영역으로 볼 소지가 많아 수사본부를 설치 할 건(件)도 아니요, 장기간 수사체제를 갖출 일도 아니다. 즉 공권력만 바라보고 있을 일이 아니라는 얘기다(경찰권 발동의 조건).

2) 또한 과거 형법상 간통죄의 입증 과정에서는 경찰의 도움을 받을 수 있었지만 2015년 2월 26일 간통죄에 대한 헌법재판소의 위헌 결정(2016년 1월 6일 형법에서 간통죄 삭제)에 따라 간통은 범죄가 아닌 배우자 간의 부정행위(不貞行爲, 민사문제)로 전환되면서 이혼 청구 등에 있어 그 입증책임을 전적으로 개인이 지게 됐다. 그러나 많은 사람들이 생업과 전문성 결여의 문제로 배우자의 부정행위 관련 자료(정보나 단서·증거 등)를 직접 찾아 나설 형편에 있지 않아 애를 태운다. 이는 민사상 자료수집에서 고통을 겪는 한 예이다. 세계 어딜 가던 민사 문제는 경찰력이 남아 돈다 할지라도 도움을 줄 수도 받을 수도 없다. 이러한 '경찰권의 전통적(태생적) 한계'를 일찍이 터득한 나라(미국·영국·일본·프랑스·호주 등)에서는 현실적 대안(보완책)으로 '탐정의 역할'을 높이 평가하고 이를 시민들의 생활 편익 도모 수단으로 시스템화 했다(경찰의 민사문제 불개입).

(4) 일자리 창출 및 관련 산업 활성화 등 부가가치 창출

탐정업은 업무의 특성상 20~30대 청년층 미취업자 및 40~50대 조기퇴직자, 부녀자 등 고른 계층의 일자리에 적합하다는 평가와 함께 관련 업계나 학계 등에서는 시행 초기 3만여명(탐정 및 그 보조원과 관련 산업 종사원 등)의 신규 일자리가 생기고, 연 3조원 규모의 직접 매출이 발생할 것으로 내다 보고 있다. 이와 함께 탐정업이 안착되면 탐정을 소재로 한 영화·드라마·소설·애니메이션·오락게임물 등 탐정문화와 그 관련 산업의 활성화로 수조원의 부가가치가 창출되고 상당한 세수 증대 효과를 불러 올 것으로 기대된다.

2. 탐정(업)의 효과

> < 탐정(업) 활성화 時 10대 거양효과(예시) >

(1) 사적 문제 해결이나 의문 또는 궁금해소에 유용한 증거·단서·정보 등 자료의 수집에 전문가의 조력 또는 대행서비스를 받게 됨으로써 개인의 권익 실현과 생활의 편익이 증진된다['민사문제불개입' 등 경찰권(警察權)의 태생적 한계 보완].

(2) 탐정업 등록제 등 법제화를 통해 '음성적 민간조사업자'들에 의한 '재래의 불법·부당한 조사행태'의 차단·해소가 가능하게 되며, 그간 무납세자로 존재해 오던 무등록 탐정들이 납세자로 전환됨에 따른 세수(稅收) 증대 효과를 거둘 수 있다(탐정업에 대한 제도적 관리와 징세).

(3) '탐정 및 그 보조원'과 '관련 산업 종사원' 등 3만여명의 일자리(일거리)와 연 3조원 규모의 탐정시장이 형성될 것으로 기대된다(학계의 전망).

(4) 탐정업이 안착되면 '탐정'과 '탐정학' 등 관련 학술과 실무를 모티브로 한 소설·영화·드라마·만화·오락 등 탐정물(探偵物) 관련 산업 활성화가 기대된다(부가가치 창출).

(5) '사적(私的) 피해 또는 비범죄성(非犯罪性) 사건·사고의 원인 파악이나 해결' 등에 경찰과 협업함으로써 치안만족도 제고와 경찰력의 효율적 운용에 기여한다(실종자 찾기, 원인불명의 개인적 피해원인파악 등).

(6) 150여 대학의 경찰학과나 경호학과 등 공안이나 민간보안산업 관련 학과 학생들에게 미래의 진로에 대한 비전이 된다.

(7) 탐정의 합당한 활동이 확산되면 범인성(犯因性) 환경과 '범죄의 기회'가 위축되는 등 '범죄의 예방'과 '분위기 치안'에 직·간접으로 기여한다.

(8) 탐정의 존재만으로도 어린이들에게 관찰력과 추리력·탐구력 등 논리적 사고의 소중함을 일깨우는 계기가 된다.

(9) 묻지마 범죄나 불법촬영(몰래카메라), 테러 등 사적(私的) 문제가 아닌 '사회적 문제'에 있어 공권력의 한계를 보완하는 참여와 기여 등 그 역할을 기대할 수 있다.

(10) 국가의 비용으로 오랜 기간의 교육·훈련과 실무를 통해 정보·조사분야 등에서 많은 경험과 교훈을 쌓았으나 퇴직이라는 이유만으로 그 전문성이 사장(死藏)되고 있는 은퇴자 재활용 도모(저비용·고효율의 자원)

Ⅴ. 탐정제도에 대한 오해와 진실

1. 탐정(업)이 직업화되면 '사생활 침해가 만연할 것'이라는 우려

(1) 사실 탐정의 일탈을 제어할 수 있는 법제도적 장치는 한두 가지가 아니다. 개인정보보호법, 정보통신망법, 통신비밀보호법, 위치정보법, 변호사법 등 20여개의 개별법이 탐정활동을 제어하는 기능을 지니고 있다. 실제 이러한 법률 만으로도 탐정(업)의 일탈을 통제함에 부족함이 없다는 게 일본 등 탐정업 선진국들의 자신감이자 경험론이다. 거기에 탐정(업)을 직접 규율할 탐정업 관리에 관한 법률이 제정되면 법제 미비를 사유로 하는 '사생활 침해 우려'는 불식되기에 충분하리라 본다. 어떤 제도이건 순기능만 갖거나 처음부터 완벽을 담보 하긴 어렵다. 취약한 부분은 보완하면 될 일이다.

(2) 한국을 제외한 OECD 35개 회원국과 EU 28개 회원국 등 대다수 선진국에서는 인구 100만명당 평균 320명의 탐정이 전문직업인으로 활동 중이다. 용인시 정도의 도시에 320명, 서울만한 지역에 3,200명의 탐정이 시민의 애로를 돕고 있다는 얘기다. 특히 탐정업을 신고제로 운용하고 있는 일본의 경우, 인구대비 세계적으로 가장 많은 6만여명의 사설탐정이 등록되어 있는데, 이들이 수임하는 건수는 연간 250만건에 이른다. 이는 탐정 1인이 연간 42건을 처리하는 적잖은 일이다. 하지만 '탐정 때문에 사생활이 불편해 못살겠다'는 불만은 '가뭄에 콩 나듯' 그리 흔치 않다한다. 우리도 '긍정의 힘'을 보일 때라 여겨진다.

2. '탐정을 직업화하느니 경찰을 늘리는 게 낫다'는 주장

탐정을 찾는 수요는 '경찰력(警察力)의 부족' 때문이 아니라 '경찰권(警察權)의 태생적 한계' 때문에 발생하는 경우가 대부분이다. 즉 경찰에 도움을 청하거나 경찰이 도움을 주려해도 민사관계 불간섭 원칙 등 '경찰권 발동의 조건과 한계'라는 벽에 부딪히는 경우가 허다하다. 따라서 실종자 찾기 등 일부 분야 외에는 경찰의 수를 지금보다 몇 배 더 늘리거나 경찰력이 넘쳐나도 탐정을 갈구하는 수요는 줄어 들리 만무하다. 또한 사설탐정은 필요한 사람이 자신의 비용으로 활용하는 선택재인데 그런 분야에 까지 국가가 국민의 세금으로 경찰을 늘려 서비스 하라는 것은 탐정을 비공공재로 보지 않고 경찰의 역할 일부를 대신하는 대체재(공공재)로 본 논리의 오류라 여겨진다.

3. 탐정의 직업화로 '정보의 부익부·빈익빈 현상'이 심화될 것이라는 우려

물론 사안(事案)에 따라 변호사를 여럿 선임하는 경우가 있듯 형편에 따라 복수(複數)의 탐정을 활용하는 현상이 전혀 없을 것으로 보긴 어렵다. 그러나 분명한 것은 탐정에게 사실관계파악(자료수집)을 의뢰하는 비용이 변호사를 통한 자료(단서)수집 비용보다 높지 않게 형성될 것이라는 점에 이론(異論)을 제기하는 사람은 없다. 이러한 사실은 사선(私選) 변호사 선임이 버거운 서민들에게 '자료(단서 또는 정보나 증거)'에 접근 할 기회를 넓혀주는 '징검다리'나 '사다리'로서의 기능을 하게 될 것이 틀림없어 보인다.

즉, 탐정은 법률전문가인 변호사에 비해 발로 뛰는 현장업무 등에는 보다 유연하게 임할 수 있다는 측면을 감안해 볼 때 탐정이 행하는 자료수집 업무는 그야말로 '저비용·고효율'의 서비스가 되는 셈이다. 이러한 가성비(價性比)는 오히려 서민들에게 변호사 선임 여부에 따른 빈부간 위화감을 감쇄(減殺)시키는 효과를 거둘수 있을 것으로 기대된다.

4. '탐정업은 검·경의 전관비리를 조장하게 될 것'이라는 우려

(1) 전관비리는 법조 등의 일부 고위직 전관을 중심으로 저질러진 경우가 대부분이며, 경찰 등의 중하위직 전관비리는 옛말이 된지 오래다. 그들은 잠시 어울리는 일 조차 꺼리고 있다. 혹 일부 전관(前官)이 전 직장을 기웃거리며 이런저런 자료를 얻어 보려 후배들에게 우정을 내세우며 접근을 시도하는 경우도 있으나, 이는 전관의 '짝사랑'에 그칠 뿐이다.

(2) 전관이 오면 '졸던 직원도 급히 수화기를 들고 전화 통화 중인 시늉을 하거나 화장실에 간다며 자리를 뜬다'는 것이 오늘날 전·현직간 분위기임을 알 만한 사람들은 다 안다. 자칫 짧은 생각에 개인식별정보나 민감정보 어느 것 하나라도 흘려 보내면 생명같은 직장을 잃게 됨은 물론 개인정보보호법에 따라 5년 이하의 징역 또는 5천만원 이하의 벌금에 처해지는 엄중함이 따른다. 그들의 인격과 공직관을 믿어 의심치 않는다.

VI. 탐정(업)의 가부 근거와 직업윤리

1. 탐정(업)의 가부 근거

탐정(업)의 가부 근거를 논함에는 판례의 입장과 통설, 학설, 소수 의견 등이 있으나 이 장에서는 판례의 입장과 통설을 기준으로 그 법제 환경의 변화를 살펴 본다.

(1) '개별법을 침해하지 않는 탐정업 불가능 하지 않다' 는 헌법재판소의 판시

헌법재판소는 '신용정보의 이용 및 보호에 관한 법률 제40조(탐정 호칭 사용 및 탐정업무 금지)가 직업 선택의 자유를 침해하고 있으니 위헌임을 선고해 달라'는 헌법 소원 사건 심판을 통해 '탐정업의 업무영역에 속하지만 금지되지 않는 업무를 수행하는 것은 불가능하지 않다'고 판시했다(2018.6.28.). 이는 그동안 신용정보법 제40조 해석과 관련하여 '탐정업 영역에 속하는 일체의 업무가 금지되느냐, 아니면 사생활 등 개별법을 침해하는 탐정업무만 금지되느냐'를 두고 필요 이상의 혼란을 야기했던 제각각의 판례와 행정해석, 학설, 업계의 주장 등에 법해석상 기준을 제시한 판시로 평가되고 있다.

(2) '탐정업 관련 민간자격 등록' 수리(경찰청 및 한국직업능력개발원)

'자격기본법'에 따라 '타법을 침해하지 않는 탐정업을 민간차원에서 직업화 하겠다'는 한국직업능력개발원을 경유한 한국민간조사학술연구소 등 8개 단체(11건)의 민간자격 등록신청을 전격 수리(受理)했다(2019.6.17). 이는 '개별법을 침해하지 않는 탐정업 그 자체는 금지의 대상으로 삼을 이유가 없음'을 명료히 한 주무관청(경찰청)의 공식적인 대외 의사표시였다는 점에서 그 의미가 크다.

(3) 신용정보법상 탐정(업) 관련 금지 조항 개폐

'신용정보법 제40조'의 '특정인의 소재나 연락처를 알아내는 일 금지(4호)'와 '탐정 명칭 사용 금지(5호)' 조항이 2020년 8월 5일부터는 '특정 신용정보회사 등(제15조)'에만 적용되고 자연인(탐정 등 일반인)은 그 적용 대상에서 제외됐다(금지의 해제). 이로 '탐정(업)을 금지한다'는 법문이나 법리는 대한민국 법전 어디에서도 찾아 볼 수 없게 됐다.

(4) 탐정(업)의 '보편적 직업화' 활발한 진행

탐정(업) 관련 헌법재판소의 판시와 주무부처인 경찰청의 명료한 행정해석, 신용정보법상 탐정(업) 관련 금지의 해제 등 일련의 '탐정업 존립 근거 정립' 과정을 거치면서 그동안 법적 확신 부족 등으로 '엉거주춤'해 있던 탐정업이 새롭게 대중의 관심을 받으며 그 직업화가 진행 중에 있다(직업화와 법제화는 별개의 개념으로 법제화되지 않았다하여 직업화가 불가능한 것이 아님).

2. 탐정(업)의 직업윤리

(1) 탐정업은 대개가 '비공개 상태'로 진행되는 특질상 탐정이 어디서 무슨 일을 하고 있는지 추적하거나 관리하기가 어렵다는 점에서 어떤 업(業)보다 직업윤리가 강조된다. 특히 '지금의 탐정(업) 직업화는 그들을 직접 규율할 기본법이 마련되어 있지 않은 상태에서 진행되고 있다'는 점에서 탐정(업)의 일탈을 우려하는 목소리가 더 높다.

(2) 이에 탐정(업)의 직업윤리 확립과 업태의 건전성 유지에 초점을 맞춘 '자율 준법 5대 원칙'을 제시해 본다. ① '사생활 조사 거부(사적영역 불가침), ② 개별법 위반행위 회피(개인정보보호법 등 개별법 준수), ③ 침익적 활동 거절(타인의 권리나 이익을 저해하는 행위 수임 사절), ④ 활동상 수단의 표준화(탐문과 합당한 관찰, 합리적 추리 외의 수단·방법 자제), ⑤ 자료보안의 생활화('알아야 할 사람에게만 알려야 한다'는 보안의 원칙 준수) 등 다섯 가지가 그것이며 이는 향후 어떤 형태의 탐정업 관리법이 제정되건 그에 반영될 수 밖에 없는 탐정업의 대원칙이자 정석(定石)이기도 하다.(*표 '업무의 목표 및 자율 준법 5대 원칙' 참조)

(3) 현재 탐정(업)을 직접 규율할 법률이 없다하여 탐정시장이 극도로 무질서해질 것으로 보는 견해도 적지 않다. 이는 일리가 있는 우려임엔 틀림없다. 하지만 탐정(업)의 사생활조사 등 일탈을 제어할 법률이 한 두가지가 아니라는 점에서 그리 큰 걱정거리가 되지 않으리라 본다. ①개인정보보호법 ②위치정보법 ③통신비밀보호법, ④정보통신망법 ⑤형법(비밀침해죄·업무상 비밀누설죄 등), ⑥민법(불법행위에 대한 손해배상), ⑨변호사법(기타 일반의 법률사건 취급금지), ⑩신용정보법(상거래 채권 추심금지), 경범죄처벌법 등 20여개의 개별법이 탐정(업)의 불법·부당 등 일탈을 제어하는 직간접의 장치로 기능하고 있어 탐정시장 장악에 사실상 부족함이 없다는 얘기다. 여기에 탐정업의 질서와 안착을 위한 '(가칭)탐정업 관리에 관한 법률' 등의 제정이 뒤따르게 된다면 제도 불비를 사유로 하는 탐정업 우려는 불식되리라 확신한다.

▷ 탐정(업) 관련 업무는 현재 경찰청(수사국)에서 잠정(暫定) 맡아 처리하고 있다.
(정부조직법상 소관청 미지정, Ⅷ. '탐정(업)의 법제화 과제' 참조).

000 탐정사무소

Ⅰ. 업무의 목표

'문제의 해결'이나 '조사의 바탕'이 되는 '유의미한 정보·단서·증거 등 자료'를 합당하게 획득·제공하는 일(사실관계 파악)

Ⅱ. 자율 준법 5대 원칙

1. 사생활 조사 거부
- 사적영역 불가침

2. 개별법령 위반행위 회피
- 개인정보보호법 등 개별법 준수

3. 침익적 활동 거절
- 타인의 권리나 이익을 저해하는 행위 수임 사절

4. 활동상 수단의 합당화
- 탐문과 합당한 관찰, 합리적 추리 외의 불법적 수단·방법 배제

5. 자료 보안의 생활화
- '알아야 할 사람에게만 알려야 한다'는 보안의 원칙 준수

Ⅶ 탐정(업)의 법제화 과제

비상경제중앙대책본부(본부장 홍남기 경제부총리)는 현재 무규제 자유업 형태로 직업화가 진행되고 있는 탐정업에 대한 '관리주체 지정' 및 '관리방식', '업무의 성격과 범위' 등을 명료히 하는 '법제화'를 통해 탐정업을 명실상부한 신직업으로 육성하겠다는 계획을 두 차례에 걸쳐 밝힌 바 있다(2020.8.13, 2018.12.26).

사실 모든 직업이 법제화 되어야 한다는 법도 없고, 모든 직업을 법제화할 필요도 없다. 법제화 되지 않는다하여 직업화가 불가능한 것은 아니다. 하지만 탐정업무의 경우 대개 '의뢰자의 요청과 탐정업 종사자의 주관적 판단'에 따라 암암리에 이루어지는 특성상 개별법이나 사생활 등 타인의 권익을 침해할 소지가 비교적 높다는 측면에서 탐정업 부적격자의 진입 차단이나 일탈 방지를 도모할 '법제화'가 절실하다하겠다.

이에 필자는 30여년 간의 탐정(업) 관련 학술연구자의 입장에서, 탐정업에 대한 '관리주체 지정' 및 '관리방식'과 그 '업무의 성격·범위' 등을 초기에 제대로 설정하는 문제야말로 한국형 탐정업의 성패를 가르는 관건이 되리라 확신하면서 이를 '탐정업 법제화 4대 과제'라는 인식하에 정·관·학·업·언·일반시민 등 각계 각층의 국민들과 함께 숙고해 보는 기회를 갖고자 한다.

[필자 주] 아래 '법제화 4대 과제' 관련 '문제의 제기와 해법'은 정·관·학계 간에는 물론 탐정업 종사자나 학자들 간에 견해를 달리할 수 있음에 유의 바람.

(1) 탐정업 소관청, '경찰청' VS '법무부' 어느 쪽이 적격일까?

경찰청과 법무부는 17대 국회부터 지금까지 서로 '우리가 탐정업의 소관청이 되어야 한다'는 기싸움을 이어오고 있다. 그간 11건의 '공인탐정' 법안이 발의되었으나 주목 받지 못한 채 흐지부지 무산된 데에는 '소관청 미지정에 따른 추동력 부재'가 큰 원인이었음을 아는 사람들은 다 안다. 작금 경찰청(수사국)이 '탐정(업) 관련 일부의 업무'를 수행하고 있으나 이는 경찰청 스스로가 '탐정업은 경찰 관련 업무'라 자임(自任)하고 잠정적으로 챙겨보고 있는 정도일 뿐 부처간 업무 조정이나 국무회의 결정에 따른 업무 분장이 아니다.

그럼 어느 부처를 탐정(업) 소관청으로 지정함이 옳을까? 경찰청은 "탐정의 주된 업무는 실종자나 가출인 찾기, 도난품이나 분실물 찾기, 인적·물적 위해요소 발견 등 법률행위가 아닌 '사실관계 파악'을 요체로 하고 있다"는 측면과 경찰조직은 탐정(업)의 불법·부당을 일상적으로 포착 그들을 밀착 지도·감독 할 수 있는 전국적 네트워크를 유지하고 있다는 점, 탐정업을 안착시킨 선진국의 경우 대개 경찰이 탐정업을 관리하고 있다는 세계적 경험론 등을 들어 경찰이 탐정업 소관청이 되어야 '실효적 관리·감독'이 가능하다는 입장을 견지하고 있다.

이에 대해 법무부는 '탐정업은 사생활과 인권 등 타인의 법익을 침해 할 소지가 큰 직업'이라는 측면에서 탐정업 공인화 자체에 유보적 입장을 보이는 한편 법제화가 불가피한 경우 '전·현직 개인정보나 사건취급자 간 유착 차단' 등 '제도운용의 투명성 확보'를 위해 관할권을 법무부에 두는 것이 옳다는 입장이다. 이렇듯 두 부처의 '관할권' 집착은 공인탐정법 제정 논의가 공론화 되기 시작한 2005년부터 줄곧 첨예하게 대립하고 있다. 박근혜정부때 부터 국무조정실이 조정에 나섰으나 양측은 한치도 물러섬이 없다. 이 상태로는 문재인정부의 '탐정업 법제화' 추진 역시 물건너 갈 공산이 높아 보인다. '탐정업 소관청' 지정에 국무총리나 국무회의에서의 결단을 촉구한다.

여기에 '탐정(업) 소관청 지정' 기준으로 네 가지를 제시해 본다.

첫째, '탐정업(민간조사업)'이라는 특수한 직업을 지도·감독하는 일에 필요한 다양한 학술을 이해·정합·축적하고 있는지. 둘째, 탐정(업)의 사생활(인권) 등 개별법 침해 방지 및 근절을 위해 어떤 방안을 갖고 있는지. 셋째, 탐정의 일탈을 언제 어디서건 현장에 진출해 규찰하기에 용이한 조직편제와 정보력을 갖추고 있는지. 넷째, 탐정업 유사직역(경호·경비업 등) 및 인접직역(변호사 등)과의 경계 설정 등 중장기적 탐정업 선진화 청사진을 제시할 수 있는지 여부 등이 그것이다. 이를 평가해 보면 탐정(업)이 어느 부처의 업무로 지정됨이 적격일지 그리 어렵지 않게 답을 얻을 수 있으리라 확신한다.

(2) 탐정업 관리 방식, '공인제(선발제)' VS '등록제(신고제)' 어떤 형태가 옳을까?

지금 우리는 몇몇 사람을 선발하여 '공인탐정'이라는 명찰을 달아주는 일보다 '음성적 탐정의 위태성 일소'에 방점을 두는 '등록제(탐정업을 빠짐없이 등록하게 하고 이를 보편적으로 관리하는 체계)'가 더 긴요함을 네 가지 측면에서 말해 두고 싶다.

첫째, 인류의 역사와 함께 날로 진화하고 있는 다양한 형태의 '음성적 탐정'이 '공인제 탐정법 만든다하여 사라질리 만무하다'는 점이다. 미국·호주 등 공인탐정제를 채택하고 있는 나라의 경우에도 비공인탐정들의 음성적 탐정활동(탐정활동의 일반화 현상) 만연으로 공인탐정제 본래의 취지나 공인탐정의 특별함(존재감)이 날로 퇴색하고 있다는 게 대체적인 시각이다.

일본의 경우에도 1880년대부터 2006년 까지 126여년 간 탐정업을 무규제(자유업) 상태로 용인하면서 그 업태를 살펴 본 결과 '탐정업은 남모르게 진행되는 음습한 특성을 지니고 있어 공인(公認)할 대상이 아니라 어느 시대건 관리(적정화)해야 할 대상으로 삼는 것이 옳다'는 결론을 도출, '공인제 탐정법 논의'를 평가절하고 '등록제(탐정업 업무 적정화에 관한 법률)'를 결단한 바 있다.

둘째, 우리가 탐정업 법제화의 일환으로 '공인탐정법(공인탐정)' 제정에 함몰되면 자칫 우스갯거리가 될 수 있음을 말해 두고 싶다. 이유인 즉 '탐정(探偵)'이란 명칭은 영어 'Private Investigator(PI)'를 일본에서 자신들의 풍토에 맞게 한자로 변안하여 자국의 민간조사원(민간조사업)에 대해 붙인 호칭이다. 하지만 '탐정'이란 용어를 만든 그들마저 '탐정(업)은 활동 패턴에 통일성이 없는 존재'로 여겨 '탐정업 업무 적정화에 관한 법률'을 제정하여 탐정(업)을 '적정화의 대상'으로 관리하고 있지 않은가!

그러한 '탐정' 호칭앞에 우리가 생뚱맞게 '공인(公認)'이라는 월계관까지 씌운 '공인탐정법'을 제정하여 대한민국의 법전에 올리려 한다면 그야말로 '망신스러운 일'이 아닐 수 없다. 탐정들에 대한 업무 가이드라인, 교육, 징벌 규정 등 일탈 방지 장치는 공인탐정법이 아닌 탐정업 업무 관리법(탐정업 등록제 법률)을 통해서도 얼마든지 실현이 가능하다. 언젠가 탐정업을 꼭 공인제로 해야 할 일이 있다면 '공인탐정법'이라는 명칭부터 우리의 생활어로 바꾸는 일이 선행되어야 할 것이다.

셋째, '공인탐정법' 제정 추진은 당면한 일자리·일거리 만들기 정책과도 정면으로 배치된다. '개별법을 침해하지 않는 탐정업은 불가능하지 않다'는 헌법재판소의 판시(2018.6) 이후 이어진 경찰청의 행정해석, 신용정보법상 탐정업 관련 금지의 해제 등에 힘입어 이미 탐정업을 전업 또는 겸업이나 부업으로 삼고 있는 종사원의 수가 8,000여명에 이르고 있는데(한국민간조사학술연구소), 이들의 생업을 무시한 채 소수 인원 선발 방식의 공인제 법률을 덜컥 제정할 경우 어떤 혼란이 야기될까?

만약 '공인탐정법'으로 한 해에 500여명의 탐정이 선발될 것을 가정할 경우 하루 아침에 7500여명이 일거리를 잃게 됨은 물론 그간의 투자비용을 날리게 된다. 이들이야 말로 또다시 '음성적 탐정의 길'로 들어 설 수 밖에 없으리라 본다. 이에 반해 '탐정업 업무 관리법(등록제 법률)' 제정으로 탐정업이 보편적 직업으로 안착할 경우 3만여명의 일거리(연 3조원 규모의 시장) 창출이 가능할 것으로 업계와 학계는 내다보고 있다.

넷째, '공인탐정제(공인탐정법에 의한 공인탐정)' 도입은 탐정업이라는 직업을 새롭게 창설하는 개념이기 때문에 '사생활 침해 우려' 등 탐정(업) 반대론자들의 저항이 필연적으로 따르게 됨은 불보 듯 뻔한 일 아닌가! 지난 17대 국회(2005년)부터 8명의 의원이 11건의 '탐정(민간조사원) 공인화 법률' 제정을 추진해 왔으나 대한변호사협회 및 변호사 출신 국회의원 등 각계로부터 '탐정(업)을 공인한다는 게 과연 옳은 일인가?'라는 지적과 반발이 거세게 대두 되었던 점 등을 되새겨 보기 바란다.

하지만 '그간의 판례와 관련법 개정 등 법제 환경의 변화로 이미 보편화된 탐정업을 더 이상 방치 할 수 없다'는 측면에서 경찰청 등 정부가 '탐정업 공인'이 아닌 '탐정업 관리(탐정업 등록)'가 불가피해 졌다는 점을 국민들에게 설득 한다면 누가 무슨 이유로 '탐정업 관리법' 제정을 반대하겠는가? 탐정의 업무범위나 그들에 대한 교육, 징벌규정 등은 '공인탐정법'이 아닌 '탐정업 업무 관리법' 제정으로도 얼마든지 가능하다.

또한 문재인 대통령이 대통령선거 때(2017년 5월) 공약한 '공인탐정제 도입' 방안 역시 '반드시 공인탐정법을 제정하겠다'는 약속이라기보다 치안력 보완과 일자리 창출 등 국민편익을 위해 탐정업을 직업화·법제화하는 방안을 강구하겠다는 의지의 표현으로 읽히는 바, 비상경제중앙대책본부 및 경찰청 등 정부나 탐정업 법제화에 깊은 관심을 보이고 있는 윤재옥 의원·임호선 의원·서범수 의원 등 입법 추진 주체는 17대 국회부터 줄곧 외면 받아온 '공인탐정제' 논의를 재소환 하는 일보다 이미(2018년 6월 헌법재판소의 '개별법을 침해하지 않는 탐정업 가능' 판시 이후) '보편화되기 시작한 탐정업'의 직업화를 내실있게 규율하고 촉진할 '탐정업 업무 관리법(등록제 탐정법)' 제정에 박차를 가하는 일이 순리이자 정도가 될 것임을 확신한다.

(3) 탐정업 업무의 성격, '사실관계파악' VS '사실조사' 어떤 표현이 적정할까?

일반적으로 '사실조사'는 법률에 근거한 특정인이 그 대상을 향해 '직접조사 또는 간접조사'를 병행하는 것으로 이해되고 있으며(세무조사·피의자조사·감찰조사·여론조사기관에 의한 여론조사 등), '사실관계파악'은 누구나 할 수 있는 일로 주로 탐문과 관찰 등으로 특정 사안의 진상 규명에 의미있는 자료를 수집하거나 그 자료를 기초로 상황을 정리하는 것이라 하겠다(사건 목격자 탐문·가출인 생존사실확인·위해요소 포착 등). 사전적(辭典的)으로 보더라도 '조사(調査)란 어떤 일이나 사실 또는 사물의 내용 따위를 명확하게 알기 위하여 자세히 살펴보거나 찾아보는 것'이고, '파악(把握)이란 어떤 대상의 내용이나 본질을 확실하게 이해하여 알아챈다'는 의미를 지니고 있다. 얼핏 유의어로 들리지만 비슷한 말도 아니거니와 대체할 성격의 용어도 아니다.

예를 들어 형사소송법 제37조(판결, 결정, 명령)는 "결정 또는 명령을 함에 필요한 경우에는 '사실을 조사'할 수 있다. 이때 조사는 부원에게 명할 수 있고 다른 지방법원의 판사에게 촉탁할 수 있다"고 규정하고 있으며, 같은 법 제431조(사실조사)에서는 "재심의 청구를 받은 법원은 필요하다고 인정한 때에는 합의부원에게 재심청구의 이유에 대한 '사실조사'를 명하거나 다른 법원 판사에게 이를 촉탁할 수 있다"고 규정해 두고 있다. 또한 주민등록법 제20조(사실조사)도 "시장·군수 또는 구청장은 신고의무자가 이 법에 규정된 기간 내에 신고하지 아니한 때, 규정된 사항의 신고된 내용이 사실과 다르다고 인정할 만한 상당한 이유가 있는 때 등에 그 '사실을 조사'할 수 있다"고 규정하고 있다. 이렇듯 '사실조사'의 오·남용으로부터 국민의 인권을 보호하기 위해 '사실조사를 할 수 있는자'와 '사실조사를 할 수 있는 경우' 등을 엄격하게 법률로 정하고 있음에 유의해야 한다.

일각에서는 탐정업의 정의(업태)를 '사실관계파악'이라고 함은 소극적 업무에 그칠 소지가 있음으로 보다 적극적 서비스를 추동할 '사실조사'로 함이 나을 것 같다는 견해를 내놓기도 한다. 물론 일리가 있는 말이다. 하지만 본질적으로 국민을 명령·강제 할 수 없는 '100퍼센트 민간인 신분'인 탐정에게 '사실조사'를 허용하면 그야말로 권력적 작용인 수사·조사·감사·감찰 등과 뭐가 다를 바 있겠는가? 국회의원의 업무도 국정감사와 국정조사 외에는 대개 '사실조사'가 아닌 '사실관계 파악'아닌가!

17대 국회부터 '사실조사와 사실관계파악 등을 혼합한 업무'를 골자로 하는 일명 공인탐정법, 민간조사업법 등 여러 명칭의 탐정법 제정이 추진되어 왔으나, '아무런 권력없이 임의적 활동을 해야하는 탐정이 어떻게 민간을 대상으로 사실관계를 조사하는 일을 그 업무로 할 수 있느냐'는 지적과 반감 대두로 철회와 폐기가 거듭되어 왔음을 상기해 보기 바란다. 탐정(업)은 학술적·법리적으로 보아 '사실관계를 파악'해주는 서비스업일 뿐 '사실조사'를 행할 권능을 갖지 못하는 업임을 거듭 강조해 둔다.

(4) 탐정업 업무의 범위, '열거주의' VS '개괄주의' 어떤 선택이 실효적일까?

세계적으로 탐정(업)의 업무 범위를 정함에는 '법률로 열거한 일'만 할 수 있게 하는 열거주의(포지티브·Positive)형과 '하지 말라고 금지된 것 외에는 포괄적으로 허용'하는 개괄주의(네거티브·Negative)형으로 대별된다. 최근 우리 사회에서도 탐정(업)의 직업화 진행 및 법제화 논의와 때를 같이하여 '탐정(업)의 업무 범위'를 어떤 모델로 설정함이 옳을지에 의견이 분분하다. 이와 관련 필자는 '탐정업의 업무 범위를 명료하게 획정(劃定)해 두면 탐정의 일탈을 방지할 수 있을 것'이라고 보는 견해(열거주의)의 나이브(naive)함과 그 위태성을 지적해 두고자 한다.

탐정(업)의 업무는 일반적으로 암암리에 진행되는 특성상 '그들이 어디에서 무슨 일을 하고 있는지 누구도 알 수 없다'는 점에 우선 주목해야 한다. 즉, 탐정업무의 진행 과정을 추적하거나 밀착 감독하는 일은 홍길동의 행적을 쫓는 일보다 지난(至難)하다는 얘기다. 이러한 탐정업에서 '탐정들은 획정 되어진 이 일만 해야한다'는 열거주의 법문이 엄수되리라 보는가? 또한 입법기술상 탐정업의 업무를 수십 수백가지로 세분하여 낱낱이 획정할 수 있겠는가? 또 그들의 업무가 획정된 범주 내에서만 이루어지고 있는지 확인 할 인력이나 방도는 있는가?

이런 점에 연유하여 탐정(업)의 업무 대상이나 범위를 획정해 두는 '열거주의 입법'은 '탐정업의 위태성 최소화'라는 본래의 취지와는 달리 그 법률이 공포되는 순간 '있으나 마나한 법률'로 전락될 것임이 불보듯 뻔하다는 게 탐정(업)을 제대로 이해하고 있는 사람들의 대체적 시각이다. 이러한 '탐정업의 특질'을 감안하여 일본·영국·프랑스 등 탐정제를 안착시킨 대부분의 선진국들은 탐정업의 업무 범위와 관련하여 그 범주를 법률로 열거하는 방식 대신 '최소한 해서는 안될 일(절대적 금지)'만을 제시하고 있는 가운데 광범한 업무 영역을 틈탄 일탈이나 문란행위가 노정되면 개별법(個別法)으로 즉각 대응하는 방식을 취하고 있다.

세계적 탐정 대국으로 불리는 일본의 경우 '탐정업 업무의 범위'를 열거하지 않고 '탐정업 업무의 적정화에 관한 법률 제6조(탐정업무 실시의 원칙)'를 통해 '탐정업은 타인의 사생활 등 권익을 침해하거나 개별법을 위반하여서는 아니된다'는 규정을 업무의 기준이자 업무의 범위로 제시하고 있다. 즉 타인의 권익을 침해하지 아니하거나 개별법에 저촉되지 않는 일은 일단 탐정업의 업무 대상이 될 수 있다는 얘기다. 이러한 개괄적인 업무 범위 제시는 일견 허술하게 보일 수도 있으나 실제 너무나도 명료한 업무 범위의 제시라 하겠다. '불법행위 하지 말고 탐정업 하라'는 얘기다. 얼핏 느슨한 규정 같지만 '불법하면 모두 처벌하겠다'는 확고한 의지와 개별법의 엄중함을 느끼게 하는 법제(法制)이다.

미국의 경우 대개의 주(州)가 외형상 탐정업무의 범위를 명문화하는 열거주의를 취하고 있으나 그 허용 범위가 만능(萬能)에 가까우리 만큼 광범하여 사실상 개괄주의 업무 범위와 다를 바 없다는 게 미국에서 탐정업에 종사하고 있는 우리 교민들의 전언이다. 이에 연유하여 미국 탐정의 업무 범위를 일컬어 '열거주의를 통한 개괄주의의 실현'이라는 평가를 내리기도 함은 개괄주의의 보편화를 시사하는 대목이라 아니할 수 없다.

(김종식 한국민간조사학술연구소장 브레이크뉴스 2020.9.28, 시민일보 2020.9.27., 헤럴드경제 2018.4.11. 기고 칼럼 중에서)

□ 탐정업의 '업무 범위 설정' 관련 두가지 입법 모델

세계적으로 '탐정업의 업무 범위 설정과 관련된 입법형태'는 크게 두 가지로 나뉘고 있다. '네거티브형'과 '포지티브형'이 그것으로 탐정학을 공부하시는 분이나 향후 탐정업에 관심있는 분들께서는 기본적으로 이해해 두기를 바란다.

구분	네거티브(Negative)형	포지티브(Positive)형
탐정의 업무범위	▷ 포괄적(개괄적)인 탐정활동 허용 ▷ 즉, 법률로 '하지 말라'고 특히 정한 것 외에는 개괄적으로 용인되는 형태 ▷ 네거티브형 입법을 규제 완화형 입법이라고도 한다	▷ 법률에서 정한 것에 한해 탐정활동을 허용 ▷ 즉, 법률로 '할 수 있는 것'이라고 열거한 것에 한해 허용되는 형태 ▷ 포지티브형 입법을 규제 강화형 입법이라고도 한다
장점	▷ 폭넓은 서비스와 탐정산업의 발전을 촉진(시민의 욕구에 적극 부응) ▷ 타 직역(他職域)과의 다양한 협업 제고 기대(경찰, 변호사 등)	▷ 탐정업 업태 관리 용이(容易) ▷ 타 직역(他職域)과의 업무 충돌 최소화
단점	▷ 인접직역(隣接職域)과의 업무 경계 마찰 소지 상존(변호사, 신용정보업 등) ▷ 실효적 관리·감독 체계 미구축 시 탐정의 일탈 통제 지난(至難)	▷ 탐정업 업무의 최소화에 기인하여 실효적 생활편익기능 퇴색 ▷ 시민의 욕구 충족 미흡 ▷ 음성적 탐정업 일소 지난(至難)

구분	네거티브(Negative)형	포지티브(Positive)형
해당국	경제협력개발기구(OECD) 35개 회원국과 유럽연합(EU) 28개 회원국 ▷ 일본의 경우 탐정의 업무를 '개인의 사생활을 침해하거나 개별법에서 금하고 있는 사항을 위반하여서는 아니된다'는 법문으로 절대적 금지사항은 제시하고 있으나, 업무의 범위는 별도로 정하지 않고 있다(대표적인 '네거티브형' 업무 모델을 채택하고 있음, '탐정업 업무의 적정화에 관한 법률') ▷ 우리나라도 제21대 국회에서 이명수 의원이 대표발의 한 '탐정업 관리에 관한 법률(안)은 네거티브형 성격을 띠고 있음	▷ 우리나라는 17대국회부터 지금까지 줄곧 포지티브형(규제 강화형, 열거주의) 입법에 관심을 두어 왔음

제2부

탐정(업)의 자질과 토대

제2부 탐정(업)의 자질과 토대

I 탐정의 자질

1.「탐정」그들은 누구인가?

'탐정의 수단·방법은 경찰보다 기자의 활동과 비슷'

일반적으로 탐정에 대한 얘기가 나오면 크게 "범죄를 조사하고 범인을 추적하는 경찰의 수사활동('수사반장'의 최불암)"을 연상하는 부류와, "다양한 분야의 의문에 대한 사실관계를 밝히는 기자의 취재활동('그것이 알고 싶다'의 김상중)"을 떠올리는 부류로 나뉜다. 전자의 경우에는 탐정도 일정한 수사권을 행사하게 된다고 보는 시각이며, 후자의 경우에는 탐정이란 남다르지 않는 민간인 신분하에 임의적으로 사실관계를 파악하는 외로운 존재로 보는 패턴이다. 이런 류의 관점차이에서 부터 탐정제도에 대한 편견이 묻어난다. 이를 일견해 볼 때 수 적으로는 탐정의 본질을 경찰의 역할에 견주어 보려는 경향이 높아 보인다.

하지만 깊이 들여다보면 탐정의 역할은 경찰보다 기자의 역할과 비슷한 점이 더 많다.

기자의 활동은 '국민의 알권리'를 충족시킨다는 공익적 측면이 강한 반면, 탐정의 역할은 '사적 권익구현'에 중점을 둔다는 면에서 그 궁극의 사명은 서로 다르나, 활동의 수단과 방법에서 대부분 닮은 꼴이다. 즉 탐정과 기자는 공히, 탐문과 관찰을 통해 정보의 오류와 함정을 발견(사실관계를 파악)하는 일을 요체로 하고 있다. 또 둘 다 권력작용이 아닌 스스로의 의지에 따른 자의적 활동임에 어떤 국민도 이들의 탐문이나 취재에 응할 의무를 지니지 않는다는 점에서 활동상 공통적 애로와 한계를 지닌다. 이런 특성으로 '무원고립'이라는 속성을 감내할 의지가 없는 사람(타인의 권익을 침해해서라도 성과를 내려는 과욕주의자들)은 탐정이나 기자생활에 있어 부적격자로 치부되어 자연 도태되고 있음은 세계적 현상이다.

한편 경찰과 탐정의 역할을 비교해 보면, 양자는 두루 흡사한 듯 하지만 실제 비슷한 점은 그리 찾아보기 어렵다. 경찰은 필요에 따라 명령·강제와 같은 '권력'과, 서비스 지향적인 '비권력'을 두루 구사하면서 공공의 안녕과 질서유지라는 폭넓은 임무를 수행하는 '공공재'로서의 성격을 지니고 있다. 따라서 경찰권 발동에는 우선순위와 한계라는 제약이 수반되며, 사적인 문제에 대해서는 '민사관계 불간섭 원칙'에 따라 방임 또는 제한적·잠정적 개입에 그치는 경우가 대부분이다. 이렇듯 경찰은 '사적 영역'에서 '일체의 권력없이', '사실관계의 파악'을 위해 '선택재(選擇財)'로 활용되는 탐정과는 그 법적지위나 목적·수단·방법이 완연히 다르다.

그럼에도 불구하고 대개의 사람들이 사립탐정의 활동을 '형사(刑事)'와 더 비슷하다고 느끼는 것은 세계적으로 실종자, 잠적자 등의 소재파악이나 도피자산의 추적, 피해원인확인과 같은 사실관계파악활동에 있어 그 역할이 경찰의 수사력에 필적하고 있음에 연유한 착시라 하겠다. 어느 나라도 탐정에게 수사권을 부여하지 않는다.

(한국민간조사학술연구소장 김종식 서울신문 2015.04.03, 헤럴드경제 2016.09.30. 2016.09.26, 헤럴드경제 2015.11.05. 기고 칼럼 중에서)

2. 탐정, 학력·경력·의지만으로는 1등 못해

「탐정술」보다 인간적 호감도가 명탐정의 척도

'웃는 얼굴에 침 못 뱉는다', '입은 거지는 얻어먹어도 벗은 거지는 못 얻어먹는다', '나의 주장은 짧게, 상대의 얘기는 진지하게 들어라'는 명구(名句)는 동서양의 남녀노소 누구나 수없이 들어 본 얘기일 것이다. 이는 사람의 「첫 인상(印象, increase)」이 '좋은 인간관계'를 열거나 유지하는데 더 없이 중요함을 체득한 우리의 어른들과 현인(賢人)들이 대(代)를 이어가며 전하는 말이다. 누구나 알고 있지만 실행이 제대로 되고 있지 않음을 안타깝게 여긴 유구(悠久)한 메시지이기도 하다.

특히 앞에서 열거한 세 가지 매너(manner)는 아무런 권력없이 생면부지(生面不知)의 많은 사람들을 통해 사실관계(事實關係)를 파악해내야 하는 탐정들의 처세(處世)에는 그 무엇보다 귀한 자산으로 적용 될 것임에 틀림없다.

첫째, 「밝은 미소」

'바람과 함께 사라지다'의 빅터 플레밍 감독은 여주인공을 공개 모집했다. 어떤 젊은 여인이 인터뷰를 받기 위해 먼 곳에서 영화사를 찾아왔는데, 감독은 그녀를 몇 가지 테스트 후 이렇다 할 설명도 없이 퇴짜를 놓았다. 황당한 여인은 내심 큰 실망을 했지만 다른 탈락자와는 달리 의외로 밝은 미소를 지으며 '감독님 감사합니다. 다음 기회에 저에게 맞는 배역이 있을 경우 제게 맡겨 주신다면 저는 잘 해낼 수 있습니다'라고 말한 뒤에 당당히 걸어 나갔다. 바로 그 때 감독은 그녀를 부르면서 '잠깐, 바로 이거야! 타라의 흙을 움켜쥐고 오늘의 태양은 내일도 떠오른다고 부르짖는 오하라 스칼렛 역할은 바로 이 모습이다!' 라고 외치면서 그녀를 주인공으로 선택했다. 〈비비안 리〉의 이야기이다. '사람마다 기분 나쁜 언행을 보이는 데 저라고 웃음이 나오겠느냐', '하루종일 다니며 탐문했지만 실마리가 보이지 않는 데 웃음이 나오겠느냐', '주변 사람들도 시무룩한데 저라고 웃음이 나오겠느냐'라고 생각하는 사람들에게 교훈이 되는 이야기이다. 바쁜 직장인들의 고달픈 삶을 모르는 바는 아니지만 굳은 표정을 짓기 보다는 그럴수록 더 웃어야 한다. 얼굴이 꽃이라면 미소는 좋은 향기와 같아서 마음의 문을 열게 하는 촉매제가 된다.

둘째, 「우호 복장」

현대 사회생활에 있어서 복장은 단순한 옷 이상의 의미를 지닌다. 복장은 자신이 하고 있는 일의 기능을 알리는 수단일 뿐만 아니라 상대방에게 자신의 역량(영향력)을 알리는 메시지(명함)이기도 하다. 이처럼 복장상태에 따라 권위나 신뢰가 달라지는 것을 심리학에서는 '권위의 효과(authority effect)', '스타일 척도(style scale)'라 말하기도 한다. 복장 여하에 따라 상대의 협조를 받을 수도, 또 받지 못 할 수도 있다는 얘기다. 이를 뒷받침할 만한 실험으로,「한 남성에게 한 번은 너저분한 복장을 입게 하고 또 다른 한 번은 깔끔한 정장차림을 입게 하여 신호등이 있는 도로를 가로질러 무단 횡단 하도록 하였다」. 이런 실험에서 보행자들은 지저분하고 산만한 복장을 했을 때 보다 단정한 정장을 차려 입은 때에 덩달아 따라서 건너 가는 것이 3배 이상 높았다. 깔끔하고 신사복을 입은 사람이 어떤 사람인지, 무엇을 하는 사람인지 보행자들은 알지 못하지만 저 사람이 건너기 때문에 괜찮을 것 같아서 따라 왔다는 반응을 보였다. 차림새만으로도 '왠지 믿을 만하다'고 생각이 드는 것이다. 물론 깔끔한 신사복이라 하여 언제나 좋은 것은 아니다. 용모와 복장은 시간과 장소 그리고 상대방의 신분과 환경 등을 감안한 '우호적 표현'이어야 한다.

셋째, 「공감 경청」

말을 잘 하는 사람들은 경청(傾聽) 즉, 듣기를 강조한다. 들을 청(聽) 이란 한자에서도 의미하듯이 임금의 귀가되어 14번을 일심(一心)으로 들어 주는 것이라고 했다. 여러분은 어떠한가? 상대방의 이야기를 자르지 않고 잘 들어 주고 있는가? 전 세계적으로 가장 영향을 많이 주는 여성 방송인이며, 대화의 달인으로 통하는 저명한 방송인 오프라 윈프리(Oprah Winfrey) 쇼에 매일 1400만 명의 미국인들을 불러 모을 수 있는 그녀의 인기비법은 바로 상대방 입장에서 대화하는

'공감경청'이다. 공감경청이란 상대의 얘기를 그냥 끝까지 다 들어 준다는 양적 개념이 아니다. '듣는 게 다 그렇고 그렇지 특별히 달리 듣는 방법이 있는가'라는 반문도 있을 수 있다. 하지만 '경청'에도 분명 그 '질'과 '결'에 다름이 있다. 상대방의 말에 '진실로 공감하고 마음으로 반응하고 있느냐'가 그것이다. 표현 병법은 박수나 끄덕임으로 반응하거나 때로는 '아~, 그래서 그렇게 되셨군요?'와 같은 식으로 상황에 따라서 반응하면 될 것이나, 문제는 마음과 반응의 일체성 여부이다. 건성으로 하는 반응은 상대에게 이질감과 불신을 갖게 한다. '참된 공감경청'은 분명 상대방과의 관계를 원만하고 유연하게 연결해 줄 것으로 믿는다. 사설탐정의 주수단인 '탐문'은 상대방으로부터 많은 얘기를 듣는 '경청활동'임을 특히 강조하고 싶다.

(김종식 한국민간조사학술연구소장 브레이크뉴스 2018.03.01. 기고 칼럼 중에서)

3.「비공개정보」는 탐정의 몫이 아니다

'불법과 반칙 일삼는 과욕주의자는 이미 탐정이기를 포기한 사람이다'

(1) 탐정(민간조사원)은 본래 아무런 권력없는 100퍼센트 민간인 신분으로 어떤 사정(事情)이나 상황(狀況) 등을 법률이나 조리(條理)에 어긋남이 없이 파악하는 일을 하는 사람이다. 즉, 타인의 권익을 저해하지 않는 범위내에서 문제 해결에 유용한 정보나 단서·증거 등의 자료를 '공개된 시장'을 통해 획득하여 의뢰자에게 제공하는 일을 요체로 하는 존재이다. 이는 세계 모든 탐정이 지니는 공통적 본분이요, 사명이기도 하다.

(2) 탐정의 본질이 이러할진데, 아직도 국내의 적잖은 사람들은 소설속 셜록홈즈의 종횡무진과 그의 문제해결 능력을 현실에 이입(移入)한 '셜록홈즈형 탐정'의 출현을 기대하고 있거나, 재래의 음성적 정보업자들이 늘어놓는 경천동지(驚天動地) 할 '음습한 개인기'나 '허황한 무용담' 따위를 탐정업의 전형으로 여기는 경향이 적지 않다. 이러한 그릇된 인식 자체가 그들을 범죄의 길로 들어서게 한다. 내밀한 사생활이나 위치정보·영업비밀 등 비공개 정보는 어떠한 경우라도 탐정의 몫이 아니다.

(3) 비유하자면 탐정 실무의 수단(요령)은 '저절로 벌어진 밤송이에서 떨어져 땅바닥에 뒹굴거나 주변 풀밭에 박힌 밤톨을 발견'하여 주워 모은 뒤 건실한 것을 골라 잘 깎아 먹듯, 접근에 특별한 제한이 없거나 이미 공개되어 있는 정보를 수집하여 이를 취합과정(聚合過程)을 통해 오류와 함정을 발견해내는 정도(기자의 취재수준)에 그치게 된다. 즉 두꺼운 '밤송이로부

터 보호받고 있는 밤톨'과 같은 비공개정보(非公開情報)를 손에 넣기 위한 과욕과 반칙은 이제 용인(容認)되지 않는다.

(4) '비공개 정보'는 본질적으로 민간조사원이 들여다 볼 영역이나 몫이 아니다. 탐정의 목표인 '사실관계 파악'은 다양한 형태로 존재하고 있는 '공개된 정보의 발견과 취합을 통해 달성' 되어야 한다는 것이 민간조사의 이념이요 그 학술의 본류다. 그럼에도 사회 일각에서는 '탐정'이라하면 '비공개 정보를 수단껏 잘 빼오는 전문가'로 잘못 인식하고 있는 경우가 많다. 탐정은 대립 관계에 있는 국가나 기업 등 일정한 조직체에 침투하여 기밀을 알아내는 스파이(spy)나 정보기관원(情報機關員)과는 그 존재근거나 추구하는 가치가 다르다. 스파이의 임무는 생명을 걸어야 하나 탐정의 역할은 양심을 걸어야 한다.

(5) 제임스 울시 전 CIA 국장은 '모든 정보의 95%는 공개된 출처에서, 나머지 5%만이 비밀출처에서 나온다'고 했으며, 경제학자 빌프레드 파레토는 '우리가 일상생활에서 필요로 하는 정보의 80%는 주변에 이미 널려 있다'고 설파한 바 있다. 또한 미국의 저명한 정보전문가 랜슨(Ranson)은 CIA를 비롯한 각국의 대표적인 정보기관이 막대한 예산을 들여 수집해온 첩보를 자체 분석한 결과 수집된 첩보의 약 80% 이상이 이미 공개된 출처에서도 획득 가능한 것이었다는 결론을 내리고 공개정보의 중요성을 특히 강조 하였다.

(6) 이는 공개출처(公開出處)를 경시하고 비공개출처(非公開出處) 들여다보기에 탐닉했던 재래의 민간조사 행태가 얼마나 무지(無知)하고 야욕스러웠는지를 단적으로 설명하고 있는 예일 뿐만 아니라 향후 공개정보(公開情報)를 업무의 요체로 삼아야 하는 민간조사원이 나아갈 길과 그 무한의 가능성을 고무(鼓舞)하는 산교훈이 될 듯하다. '비공개정보는 탐정의 몫이 아님'을 우리 모두가 명료히 인식할 때 탐정(업)은 대중의 진정한 벗이 될 수 있으리라 본다.

(김종식 한국민간조사학술연구소장 브레이크뉴스 2018.04.02. 2016.06.19 서울신문 2015.05.05
헤럴드경제 2014.04.22 시민일보 2016.06.20. 기고 칼럼 중에서)

4. 이 시대의 「명탐정」은 어떤 탐정일까?

'이삭줍기 하듯 절제된 탐정'이 '이 시대의 명탐정'

'명탐정(名探偵)'이라 하면 전통적(傳統的)으로 '사건을 해결하는 솜씨가 뛰어난 탐정(민간조사원)'을 칭하는 말이다. 고대(6~11C) 영국에서 탐정이 처음 태동한 이래 16~19C 탐정업이 대중적으로 그 필요성과 유용성을 평가받기 시작한 성장기(成長期)에 '성과적인 활약을 보인 탐정'에게 주로 붙여진 애칭(愛稱)이다.

이러던 '명탐정'이란 호칭이 언제부터인가 저절로 사라진 것인지, 대중의 평가가 인색(吝嗇)해진 탓인지, '어디에서 명탐정이 나왔다'는 소식을 듣지 못한지 오래다. 즉, 탐정업의 전문화와 직업화 등 탐정문화가 성숙(成熟)해지기 시작한 현대사회에선 도처에서 명탐정이 속출(續出)할 법도 한데, 오히려(의외로) 세계 어디를 가도 '명탐정(名探偵)' 칭호를 듣는 걸출한 탐정이 보이지 않는다.

그 까닭은 날이 갈수록 탐정의 역량(기량)이 퇴보되거나 유능한 인재가 탐정업(민간조사업)에 뛰어들지 않아서가 아니다. 인적자원이나 탐정술(探偵術)에 관한 한 과거 어느 시대보다 우월하다. 그러면 오늘날 이렇다 할 '명탐정'이 출현하지 않는 연유를 어디에서 찾아야 할까? 이 질문에 대한 답을 통해 "현대 탐정의 역할"을 재정립해 보는 계기가 되었으면 한다.

그 답은 결코 멀리 있거나 복잡하지도 않다. 현대사회는 '과학수사의 발달'과 '치안자원의 효율화', '형사사법시스템의 발전', '의회나 법률·언론·종교·시민단체 등의 진실규명작용 확산', '시민의 자구행위적 탐정역량발휘' 등에 기인하여 '사설탐정(민간조사원)의 역할 범주(範疇)'가 자연히 대중의 스포트라이트를 덜 받는 '비경찰(민사) 영역'으로 밀려나 있기 때문이라 하겠다. 즉, 세계적으로 공권력이 제구실을 다하지 못할 때 경찰 곁에서 기량을 발휘하며 빛을 본 존재가 바로 탐정이였으나, 그들은 이제 제자리를 찾아가듯 점점 '사적 문제 조력자'로 패턴이 바뀌고 있다는 얘기다. 상황이 이럴진데 아직 소설속 셜록홈즈의 황당한 종횡무진이나 그 기이한 성과를 탐정의 진가(眞價)이자 변함없는 사명으로 여기면 답이 안나온다.

이렇듯 오늘날 탐정의 역할은 '사적 애로와 의문'을 해소함에 '유용한 자료'를 합당하게 수집하는 '생활 친화적인 일'에 집중 되고 있음에 주목할 때다. '명탐정을 양산하던 대중적인 굵직한 일거리(대형 사건·사고의 해결)'는 이제 더 이상 탐정의 몫이 아니라는 얘기다. 따라서 '세상을 놀라게 할 만한 성과'로 명탐정이라는 소리를 들어 보겠다는 생각은 한낱 꿈으로 끝나거나 탐정이기를 포기하는 치욕스런 결과를 초래할 수도 있음을 말해 두고 싶다.

우리나라의 탐정업도 직업화에 이은 법제화를 통해 머지 않아 전문직업(인)으로 안착하게 될 것이다. 아무쪼록 '시대의 변화를 잘 읽는 탐정', '이삭줍기 하듯 절제된 탐정'이 '이 시대의 명탐정'으로 각광 받게 될 것임을 믿어 의심치 않는다.

(김종식 한국민간조사학술연구소장 브레이크뉴스 2018.06.16. 기고 칼럼)

5. '탐정'은 무슨 명찰을 달건「자료수집전문가」

'자료수집대행사'라는 일곱 글자는 탐정의 또 다른 이름으로 적격

'탐정(探偵)'이란 호칭은 영어 'Private Investigator'를 일본에서 자신들의 환경과 제도에 맞게 한자로 번안한 것이다. 한국이 탐정업(민간조사업)의 직업화를 추진함에 있어 '정보·단서·증거 등 자료 수집'을 사명으로 할 우리의 '민간인'에 대해 일본식 호칭인 '탐정'을 꼭 써야 옳은가? 더군다나 그런 용어를 대한민국의 법명(가칭 공인탐정법)에까지 그대로 인용해 사용하려 함이 적정한가에 대해 숙고해 볼 필요가 있어 보인다.

사전적으로 보더라도 '탐정'이라 함은 '드러나지 않은 사정을 몰래 살펴 알아냄. 또는 그런 일을 하는 사람'으로 정의된다. 즉 '다른 사람의 사생활을 엿보거나 음습한 일을 하는 사람'으로 느끼기에 충분한 어감으로, 탐정물이 아닌 현실 속 직업인의 명칭으로는 저질스럽게 들리기도 한다.

이에 영어 'PI'(약칭)나 이를 일본식으로 번안한 '탐정'을 우리의 정서에 맞게 바꾸어 부를 새로운 명칭 발굴을 제안하고자 한다.

우선 세계적으로 보아 사설탐정(사립탐정)이건 공설탐정(형사)이건, 비공인 탐정이건 공인 탐정이건 어떤 명찰을 달더라도 탐정은 공히 '정보나 단서·증거 등 문제 해결에 유용한 자료를 발견·수집·제공하는 일'을 요체로 하고 있음에 주목할 필요가 있어 보인다. 즉 탐정은 '획득된 자료를 통해 사실관계를 파악하고, 취사선택된 자료로 말하는 존재' 아닌가. 누가 봐도 탐정의 중추적 역할은 의뢰자를 대신하는 '자료수집대행'이라는 점에 공감대가 형성되어 있다.

이를 감안해 탐정을 '자료수집대행사(資料蒐集代行士)'로, 탐정업은 '자료수집대행업'으로 이름 붙이는 것은 어떨까?. '자료수집대행사'라는 일곱 글자엔 그가 무엇을 하는 사람인지에 대한 정체성이 고스란히 드러난다. 우선 실무적으로 보더라도 '자료'란 연구나 조사의 바탕이 되는 정보나 단서·증거 등 기초적 사실을 말하는 것으로 탐정이 지향하는 목적물에 전적으로 부합하는 요소들이다. 특히 이 명칭은 탐정 또는 민간조사원이란 용어에 비해 문법적으로나 탐정학 또는 법리적으로 거부감을 살 만한 요소를 찾기 어렵다.

혹자는 '탐정'이라 불러야 셜록 홈스를 연상시켜 그가 무엇을 하는 사람인지, '탐정법'은 무엇을 규정하고 있는 법인지 얼른 이해하기 좋으니 법명에 '탐정'이라는 용어가 필요하다고 한다. 이도 일리는 있다. 그러나 호칭이 낯설다 하여 이를 가름하지 못할 국민이 아님을 말하고 싶다.

(김종식 한국민간조사학술연구소장 경향신문 2018.03.13. 기고 칼럼 중에서)

6. 탐정업을 원하는 당신의 '탐정역량지수'는?

'나도 탐정이나 해볼까?'가 아닌 '나도 탐정이 될 수 있을까?'를 살펴야

'사적피해 구제'나 '의문의 해소'에 유용한 '자료(단서)'를 수집하여 의뢰자에게 제공해 주는 민간차원의 정보서비스업을 탐정업이라한다. 잠재(潛在)해 있는 자료를 발굴하거나 산재(散在)해 있는 여러 자료 중 '유가치(有價値)한 자료'를 취사선택(取捨選擇)하여 제공하는 일로 상당한 자질과 전문성을 요하는 직업이다.

특히 탐정업은 '사적 권익실현을 요체로 하는 임의적(비권력적) 활동'이란 점에서 대중의 협조를 구하기가 난망(難望)할 뿐만 아니라 개인정보 등 사생활 보호를 위한 여러 개별법의 제약이 많아 누구나 할 수 있는 그리 쉬운 일이 아니다.

우리나라에서도 국회와 경찰청을 중심으로 '탐정업 관리에 관한 법률' 또는 '공인탐정법' 제정이 추진되고 있음과 관련하여 여기저기에서 '나도 탐정이나 해볼까', '만사를 제쳐두고 이제 탐정시험 준비를 해야겠다'는 등의 '묻지마 식' 탐정업 동경(憧憬) 현상이 일고 있음은 또 하나의 사회문제가 되지 않을까 우려스럽다.

이에 한국민간조사학술연구소(kpisl)는 어떤 자질을 어느 정도 지닌 사람이 탐정업을 직업으로 선택해야 옳을 것인지를 분석한 결과를 '탐정역량지수 측정지표'와 '탐정역량지수 평가기준'으로 나누어 대중에게 제시하면서, 이를 적극 활용하여 '탐정은 결코 아무나 성공할 수 없는 직업'임을 새삼 인식하는 계기가 되었으면 한다.

(1) 탐정역량지수 측정지표

☞ 아래의 '탐정역량지수 측정지표'와 '탐정역량지수 평가기준'은 한국민간조사학술연구소가 2010년부터 경찰지망생, 전현직 정보경찰, 탐정 희망자(탐정업 관련 등록자격 취득자) 등 200여명을 대상으로 잠정 모니터링 한 자료에 의해 내부적으로 정립된 것임

제2부 탐정(업)의 자질과 토대

문항	질 문	있다	없다
①	활동 분야에 대한 전문적인 지식(관련 학술 및 법령)과 경험		
②	예리하고 집요한 관찰력		
③	종합적이고 다각적인 추리력과 직감력		
④	자신의 체험과 지식으로는 이해할 수 없는 현상이 있을 수 있음을 인정하는 자세(고정관념 탈피)		
⑤	입수된 자료나 공개되어 있는 사실(또는 의뢰된 내용)을 그대로 인정하지 않는 합리적 의심		
⑥	공리공론을 경계하고 실질과 능률을 중시하는 실사구시의 생활철학		
⑦	입수된 자료를 객관적으로 분석하고 사실대로 보고 할 수 있는 정직성		
⑧	입수된 자료나 상황이 다소 허무맹랑해도 '그럴 수 있다'고 볼 수 있는 상상력		
⑨	다양한 자료 중에서 중요 포인트를 파악하여 이를 세부적으로 전개시킬 수 있는 판단력과 추진력		
⑩	사실관계의 맥락을 유지하고 이면(裏面)을 살피는 치밀성		
⑪	공개자료를 적극 활용할 수 있는 지혜('우리에게 필요한 자료의 80%는 이미 공개되어 있다'는 공개정보의 중요성)		
⑫	보안을 유지하는 능력		
⑬	원만한 대인관계유지와 소소한 일이라도 메모하는 습관		
⑭	사실과 추리를 구별하는 능력		
⑮	자료수집 결과를 의뢰자에게 간단하고 깔끔하게 전달할 수 있는 간결성		
⑯	자료의 오류와 함정을 극복할 수 있는 스스로의 검증과 통제력		

(2) 탐정역량지수 평가기준

'측정지표'의 질문에서 '있다'로 답변된 항목의 수	평 가	비 고
15개~16개	탐정으로서의 자질이 충분하며, 다른 사람의 탐정활동을 관리하거나 관련 학술을 지도할 수 있는 능력을 지님	명탐정 또는 관리자로서의 자질
13개~14개	탐정으로서의 기본적 자질이 우수하며, 여건에 따라 재능과 기량을 발휘할 수 있는 잠재력을 지님	탐정으로서의 역할에 부족함이 없는 중급탐정
10개~12개	탐정활동에 종사함이 부적격 스럽진 않으나 특단의 연구와 열성 없이는 발전 가능성이 제한적임	다양한 형태의 탐정활동을 펼치기엔 다소 미흡한 초급탐정
8개~9개	성과적인 탐정활동을 기대하기엔 난망하나, 난이도가 낮은 탐정활동에 보조적으로 참여 가능	상당기간 부단한 학습이 필요한 초보탐정
6개~7개	탐정으로서의 자질과 조건이 일반인(의뢰인 등)의 수준에도 미치지 못해 역할 수행과 성과 거양 지난(至難)	탐정업 유보대상(무늬만 탐정)
6개 미만	탐정인으로서의 기본적 함량이 절대 미달되어 의뢰인에 대한 탐정으로서의 서비스제공 사실상 불가	탐정업 부적격자

Ⅱ 탐정(업)의 토대

[탐정필수 법일반·探偵必須 法一般]

1. 법의 존재형식과 체계

법은 존재형식과 표현방식에 따라 헌법·법률·명령·자치법규 등의 '성문법'과 관습법·판례법·조리 등의 '불문법'으로 나뉘며, 이러한 법규범의 존재형식을 법원(法源)이라고 한다. 법의 역사는 불문법주의에서 성문법주의로 발전해 왔으며, 오늘날 성문법과 불문법은 각자의 특성으로 공존하면서 상호 보완하는 관계에 있다.

(1) 법원(法源)과 체계

구분	성문법(成文法)		불문법(不文法)	
의미	일정한 입법 절차에 따라 조문의 형식으로 제정된 법		일정한 제정절차를 거치지 않고 문장의 형식을 취하지 않는 법	
종류	헌법	헌법은 국가의 조직·구성 및 작용에 관한 근본법이기 때문에 국가의 모든 법규는 헌법을 기본으로 하여 제정·시행 되어야 하고 다른 법률이나 명령으로써 이를 변경할 수 없는 최고의 법원(法源)이다.	관습법	오랜 기간 동안 계속적으로 반복되어 온 관행(관습)에 대해 사회 구성원들이 법적 확신을 가지게 된 것
	법률	국회가 입법절차에 따라 제정하여 공포·시행되는 법을 말한다 ▷ 헌법에 의해 체결·공포된 조약과 일반적으로 승인된 국제법규는 국내법과 같은효력을 가진다 (헌법 제6조제1항).		

구분	성문법(成文法)		불문법(不文法)	
	명 령	국회나 법률의 위임으로 행정부에서 만드는 법 ▷ 대통령령, 총리령, 부령 등이 그 것이며, '행정입법'이라고도 한다	판례법	동종의 유사한 사건에 있어서 법원이 동일한 취지의 판결을 반복함으로써 재판 규범으로 인정된 법
	조례 (條例)	법률에서 정한 범위 내에서 지방의회가 제정·공포한 자치 법규		
	규 칙	지방자치단체의 장이 제정한 자치 규범	조 리 (條理)	사람의 건전한 상식으로 판단할 수 있는 사물의 법칙이나 인간의 도리 (사회상규 등)
참고	□ 한 눈으로 보는 성문법 체계 　　　　　　　　　　　　　　　　　┌ 법규명령 　　┌ 조례 헌법 ─ 법률 ─ 명령(행정입법) ─┤　　　　 자치법규 ─┤ 　　　　　　　　　　　　　　　　　└ 행정규칙　　　 └ 규칙 □ '명령(행정입법)'은 법규명령과 행정규칙으로 구분된다. ① '법규명령'은 다시 '발령권자에 따라' 대통령령(시행령), 총리령(시행규칙), 부령(시행규칙)으로 나뉘며, 국민에게 구속력이 있다. ② '행정규칙'은 행정조직 내부의 사무처리기준을 정한 것으로 훈령, 예규, 고시 등이 여기에 해당하며 일반적으로 국민에게는 구속력이 없다. □ 지방자치 법규인 조례와 규칙으로는 형벌을 과할 수 없다(행정벌인 과태료 부과는 가능). □ 문법은 성문법의 불비(不備)를 보완하는 기능을 하며, 그 중 조리(條理)는 최후의 보충 법원이 된다. 특히 민사(民事)에 관하여 법률에 규정이 없으면 관습법에 의하고, 관습법이 없으면 조리에 의한다(민법 제1조)			

(2) 공법과 사법, 실체법과 절차법

1) 공법과 사법

공 법	공법(公法, public law)은 국가적, 공익적 문제를 다루는 법으로써 국가와 국민은 비대등적, 타율적 관계에 놓인다(공법은 공권력의 상징이며 국가와 개인간에는 수직적 법률관계가 형성되고 개인의 자치가 인정되지 않음). ▷ 실체법: 헌법, 행정법, 형법, 민법 등, ▷ 절차법: 형사소송법, 민사소송법, 행정소송법 등
사 법	사법(私法, private law)은 개인적, 사익적 문제를 다루는 법으로써 개인과 개인은 대등적, 자율적 관계에 놓인다(사법은 비권력의 상징이며 개인과 개인간에는 횡적 법률관계가 형성되고 개인의 자치가 인정됨). ▷ 민법, 상법 등

▷ 20세기 복지국가시대에 들어서 '인간의 평등과 사회적 조화 실현'을 기치로 공법과 사법이 혼합된 '사회법(社會法 social law)'이라는 개념이 등장하여 오늘날 법의 분류는 공법, 사법, 사회법 등 세 법역(法域)으로 나뉘기도 한다(사회법: 노동법, 경제법, 사회보장법 등).
▷ 6법(六法)이란 : 헌법, 형법, 민법, 상법, 형사소송법, 민사소송법을 말한다.

2) 실체법과 절차법

실체법	실체법(實體法)이란 '권리·의무의 존부(권리·의무의 발생·변경 등)' 또는 '죄와 벌'을 규율한 법으로써 주법(主法)이라고도 한다. ▷ 헌법, 민법, 형법, 행정법 등이 여기에 해당한다.
절차법	절차법(節次法)이란 권리·의무의 '실질적 내용을 실현하는 절차' 또는 '소송 또는 재판 절차'를 정한 법을 말한다. ▷ 민사소송법, 형사소송법, 행정소송법 등이 여기에 해당한다.

2. 국민의 권리와 의무 등(헌법 제10조~39조를 중심으로)

(1) 헌법과 헌법정신

1) 헌법(憲法)

① 헌법은 국민의 기본적 인권을 보장하고 국가의 정치 조직 구성과 정치 작용 원칙을 정하며, 국민과 국가의 관계를 규정한 한 나라의 기본법이요, 그 사회의 최고 상위 규범이다.

② 대한민국의 헌법은 1948년 7월 17일에 제정되었으며, 현재 9차례 개정되었다. 전문과 총강(總綱), 국민의 권리와 의무, 국회, 정부, 법원, 헌법재판소, 선거관리, 지방자치, 경제, 헌법개정의 10장으로 나누어진 전문 130조와 부칙으로 되어 있다.

2) 헌법정신(憲法精神)

① 헌법정신이란 사전적으로나 법적으로 특히 설명된 정의는 없으나, 어느 한 나라의 최고 상위 규범인 헌법이 제시하고, 지향하는 '인간으로서의 존엄과 가치 및 행복을 추구 할 수 있는 권리를 최우선 시하는 정신'을 일컫는다 할 수 있을 것이며, 따라서 국민에 대한 어떤 명령이나 강제도 헌법정신에 기초하지 않으면 정당화 될 수 없다.

② 헌법 전문에서 지향하는 헌법정신은 '유구한 역사와 전통에 빛나는 우리 대한국민은 3·1운동으로 건립된 대한민국임시정부의 법통과 불의에 항거한 4·19민주이념을 계승하고, 조국의 민주개혁과 평화적 통일의 사명에 입각하여 정의·인도와 동포애로써 민족의 단결을 공고히 하고, 모든 사회적 폐습과 불의를 타파하며, 자율과 조화를 바탕으로 자유민주적 기본질서를 더욱 확고히 하여 정치·경제·사회·문화의 모든 영역에 있어서 각인의 기회를 균등히 하고, 능력을 최고도로 발휘하게 하며, 자유와 권리에 따르는 책임과 의무를 완수하게 하여, 안으로는 국민생활의 균등한 향상을 기하고 밖으로는 항구적인 세계평화와 인류공영에 이바지함으로써 우리들과 우리들의 자손의 안전과 자유와 행복을 영원히 확보할 것을 다짐하는 정신'이라 하겠다.

(2) 헌법상 기본권

우리나라 헌법이 정하고 있는 국민의 기본권은 다음과 같으며, 헌법 제37조는 국민의 기본권 보장을 위해 기본권 제한의 원칙과 그 한계를 규정하고 있다.

1) 기본권의 종류

[포괄적 기본권]

"인간으로서의 존엄과 가치 및 행복을 추구 할 수 있는 권리(제10조)"와 "평등권(제11조)"을 말한다.

① 인간으로서의 존엄과 가치는 헌법이 지향하는 최고의 가치로, 모든 기본권에 적용되는 기본적 이념이다.

② 행복추구권이란 물질적 풍요와 정신적 만족을 동시에 추구 할 수 있는 권리로 헌법에 열거되지 않은 기본적 권리를 포함한다(예: 일조권, 성적(性的)자기결정권, 신체 불훼손권 등).

▷ 간통죄의 폐지나 안락사(安樂死)의 찬반 논의도 이러한 차원에서 접근

③ 평등권(제11조)이란 사회에서 불합리한 차별을 받지 않을 권리를 말한다(상대적·비례적 기회의 평등)

[자유권]

공권력으로부터 개인의 자유를 보장받을 권리를 말한다.

① 인격적 자유: 신체의 자유(제12조), 거주·이전의 자유(제14조), 직업선택의 자유(제15조), 주거의 자유(제16조), 사생활보호의자유(제17조), 통신의 자유(제18조)

▷ 신체의 자유(처벌 등의 법률주의, 고문금지 및 진술거부권, 영장제도, 미란다 원칙, 변호인의 조력을 받을 권리, 체포·구속時의 형사피의자 보호, 구속적부심사청구권, 자백의 증거능력 제한, 형벌불소급의 원칙, 일사부재리의 원칙, 연좌제의 폐지, 신속한 공개재판을 받을 권리, 형사보상청구권 등)

② 정신적 자유: 양심의 자유(제19조), 종교의 자유(제20조), 학문과 예술의 자유(제22조)

③ 언론·출판·집회·결사의 자유(제21조)

④ 재산권의 보장(제23조)

[생존권=사회권]

국가에 대해 인간다운 생활의 보장을 적극적으로 요구 할 수 있는 권리를 말한다.

① 교육을 받을 권리(제31조)

② 근로의 권리(제32조)

③ 근로자의 단결권·단체교섭권·단체행동권(노동3권)(제33조)

④ 인간다운 생활을 할 권리(제34조)   ⑤ 환경권(제35조)

⑥ 혼인 및 가족 모성에 관한 권리(제36조)

[청구권]

기본권이 침해되었을 때 그 구제를 국가에 청구할 수 있는 권리를 말한다.

① 청원권(제26조)

② 재판청구권(제27조)

③ 형사보상청구권(제28조)

④ 국가배상청구권(제29조)-손해배상 청구권

⑤ 범죄피해자의 구조 청구권(제30조)

[참정권]

국가의 주권자로서 국가의 정치 과정에 참여 할 수 있는 권리를 말한다.

① 선거권(제24조)

② 공무담임권(피선거권)(제25조)

③ 국민투표권(제130조)

2) 기본권의 제한과 한계

대한민국 헌법 제37조는 기본권 제한의 원칙과 그 한계를 규정하고 있다.

① 기본권 제한의 원칙
국민의 모든 자유와 권리는 국가안전보장·질서유지 또는 공공복리를 위하여 필요한 경우에 한하여 법률로써 제한할 수 있다고 규정하고 있다.

② 기본권 제한의 한계
국가가 국민의 기본권을 제한하는 경우에도 자유와 권리의 본질적인 내용은 침해 할 수 없다고 명시하고 있다

(3) 헌법상 국민의 의무(6대 의무)

1) 국민 개개인은 헌법에 보장된 기본권을 누리는 기본권의 주체이자 국가의 구성원으로서 국가의 유지와 발전을 위해 일정한 공적 책무를 지게 되는데 이를 국민의 의무라 한다[헌법상 국민의 의무는 공의무(公義務)를 말하는 것임].

2) 1948년 제헌 헌법에서는 「교육의 의무」와 「근로의 의무」·「납세의 의무」·「국방의 의무」를 국민의 4대 의무로 정하였으나, 1980년 12월 제정된 제5공화국 헌법에서는 국민의 4대 의무 이외에 「재산권 행사의 공공복리 적합 의무」와 「환경 보전의 의무」가 추가 되었다. 이로써 헌법상 국민의 기본적 의무는 6가지이다.

① 재산권행사의 공공복리 적합 의무
   헌법 제23조제2항 '재산권의 행사는 공공복리에 적합하도록 하여야 한다'

② 교육을 받게 할 의무
   헌법 제31조제2항 '모든 국민은 그 보호하는 자녀에게 적어도 초등교육과 법률이 정하는 교육을 받게 할 의무를 진다'

③ 근로의 의무
   헌법 제32조제2항 '모든 국민은 근로의 의무를 진다. 국가는 근로의 의무의 내용과 조건을 민주주의원칙에 따라 법률로 정한다'

④ 환경보전의 의무
   헌법 제35조제1항 '국민은 환경보전을 위해 노력하여야 한다'라고 함으로써, 개인에 대해서도 환경보전의 의무를 지우고 있음

⑤ 납세의 의무
   헌법 제38조 '모든 국민은 법률이 정하는 바에 의하여 납세의 의무를 진다'

⑥ 국방의 의무
   헌법 제39조제1항 '모든 국민은 법률이 정하는 바에 의하여 국방의 의무를 진다'

(4) 헌법의 제·개정과 통치구조의 변동

1) 헌법의 제·개정

대한민국 최초 헌법 제정 (1948.07.17)	▷ 대한민국 국회가 제헌 ▷ 대통령 중심제(임기 4년, 1회 중임) ▷ 대통령 및 부통령을 국회에서 선출(간접선거) ▷ 탄핵재판소 설치 ▷ 헌법위원회 설치
1차 개헌 (1952.07.07) ~ 9차 개헌(1987.10.29.)	1948년 7월17일 대한민국 헌법이 국회에서 제정된 이래 1952년 7월 7일 1차 개헌이 있었으며('발췌개헌'), 1987년 10월 29일까지 9차례의 개헌이 있었다(9차 개헌의 특징: 대통령 5년 단임 직선제 개헌, 여·야 합의에 의한 문민 헌법).

2) 통치구조의 변동

통치구조의 변동에 따라 공화국(共和國)을 칭하는 순차(順次)가 바뀐다. 따라서 지금까지 헌법 개정은 9차례가 있었으나, 실제 통치구조의 변경은 6차례에 그쳤다는 점에서 현재의 정치체제를 9공화국이라 부르지 않고 6공화국이라 칭한다.

구 분	내 용
1공화국	▷ 대통령 중심제(간선제) ▷ 초대~3대 대통령 이승만
2공화국	▷ 내각책임제(*장면 내각), 간선제 ▷ 4대 대통령 윤보선
3공화국	▷ 대통령 중심제, 직선제 ▷ 5~9대 대통령 박정희
4공화국	▷ 유신체제(대통령 중심제), 간선제 ▷ 10대 대통령 최규하
5공화국	▷ 대통령 중심제, 간선제 ▷ 11~12대 대통령 전두환

구 분	내 용
6공화국	▷ 대통령 중심제, 5년 단임 직선제 · 13대 대통령 노태우 (88-93) · 14대 대통령 김영삼 (93-98) · 15대 대통령 김대중 (98-03) · 16대 대통령 노무현 (03-08) · 17대 대통령 이명박 (08-13) · 18대 대통령 박근혜 (2013.2.25.-2017.3.10. 탄핵) · 19대 대통령 문재인 (2017.5.10.-2022.5.9)

(5) 헌법 개정 절차와 효력

1) 개정 절차

① 제 안

  헌법 개정은 국회 재적의원 과반수 또는 대통령의 발의로 제안된다(제128조제1항).

② 공 고

  제안된 헌법개정안은 대통령이 20일 이상의 기간 이를 공고하여야 한다(제129조).

③ 국회의결

  국회는 헌법개정안이 공고된 날로부터 60일 이내에 의결하여 하며, 국회의 의결은 재적의원이 3분의2 이상의 찬성을 얻어야 한다(제130조제1항).

  ▷ 수정의결은 공고절차에 위배 되므로 허용되지 아니하며, 원안 그대로 가부투표에 회부된다.

  ▷ 표결은 기명투표로서 한다.

④ 국민투표 및 헌법 개정의 확정

  헌법개정안은 국회가 의결한 후 30일 이내에 국민투표에 붙여 국회의원 선거권자 과반수의 투표와 투표자 과반수의 찬성을 얻어야 한다(제130조제2항).

⑤ 공 포

  헌법개정안이 국민투표에 의하여 찬성을 얻은 때에는 헌법 개정은 확정되며, 대통령은 즉시 이를 공포하여야 한다(제130조제3항).

⑥ 발 효

일반적으로 공포 즉시 효력이 발생되나, 공포 후 20일 경과 시 발효설도 있다.

2) 효력

대통령의 임기연장 또는 중임변경을 위한 헌법 개정은 그 헌법 개정 제안 당시의 대통령에 대하여는 효력이 없다(128조②).

(6) 헌법재판소

1) 관장 업무

① 법원의 제청에 의한 법률의 위헌여부 심판

② 탄핵의 심판

③ 정당의 해산 심판

④ 국가기관 상호간, 국가기관과 지방자치단체간 및 지방자치단체 상호간의 권한쟁의에 관한 심판

⑤ 법률이 정하는 헌법소원에 관한 심판

2) 구성, 임기 등

① 헌법재판소는 법관의 자격을 가진 9인의 재판관으로 구성하며, 재판관은 대통령이 임명한다.

② 제2항의 재판관중 3인은 국회에서 선출하는 자를, 3인은 대법원장이 지명하는 자를 임명한다.

③ 헌법재판소의 장은 국회의 동의를 얻어 재판관중에서 대통령이 임명한다.

④ 헌법재판소 재판관의 임기는 6년으로 하며, 법률이 정하는 바에 의하여 연임할 수 있다.

⑤ 헌법재판소 재판관은 정당에 가입하거나 정치에 관여할 수 없다.

⑥ 헌법재판소 재판관은 탄핵 또는 금고 이상의 형의 선고에 의하지 아니하고는 파면되지 아니한다.

3) 결정(심판) 방법

헌법재판소에서 법률의 위헌결정, 탄핵의 결정, 정당해산의 결정 또는 헌법소원에 관한 인용결정을 할 때에는 재판관 6인 이상의 찬성이 있어야 한다.

(4) 헌법소원과 위헌법률심판제청

구 분	개 념	특 징
헌법소원 (憲法訴願)	헌법정신에 부합하지 않는다고 판단되는 법률(또는 공권력)에 의하여 기본권의 침해를 받은 사람이 직접 헌법재판소에 그 구제를 청구하는 제도	① 법률과 절차의 안정성을 확보하고 남용을 막기 위해 헌법소원심판청구를 하기에 앞서 다른 법률에 구제 절차가 있는 경우에는 그 절차를 모두 거친 후에라야 만 헌법 소원을 청구할 수 있게 했다. ② 우리 나라에서는 제6공화국 헌법에서 처음으로 헌법 소원 제도가 도입됐다. ▷ '헌법소원'에 따라 2009년 혼인빙자간음죄 위헌 선고(헌법재판소)
위헌법률 심판제청 (違憲法律 審判提請)	법원에서 재판중인 구체적인 소송사건에서, 그 사건에 적용될 법률이 헌법정신에 부합하는지가 문제되어 법원이 직권으로(혹은 소송당사자의 신청을 받아들여) 법률의 위헌여부를 심판하여 줄 것을 헌법재판소에 제청하는 제도	① 위헌 제청 결정이 내려지면 헌법재판소의 최종 결정이 날 때까지 재판은 중단된다. ② 헌법재판소는 제청된 법률 또는 법률 조항의 위헌 여부만을 결정한다. 다만, 법률 조항의 위헌결정으로 인하여 해당 법률 전부를 시행할 수 없다고 인정될 때에는 그 전부에 대하여 위헌결정을 할 수 있다.(헌법재판소법 제45조) ▷ 위헌법률심판제청에 따라 2015년 간통죄 위헌 선고 (헌법재판소)

3. 사생활의 비밀과 자유(프라이버시 보호권, 헌법 제17조)

(1) '사생활(私生活, privacy)'의 정의

1) 국어 사전적 정의

개인의 사사로운 일상생활

2) 학문적 정의

'개인(person)에게 관계되는 개념'으로 '당사자의 허락 없이 보거나 공개할 수 없는 개인의 비밀에 속하는 사항'을 가리킨다.

3) 일반적 개념

일반적으로 '개인적 생활 또는 비밀'이라는 의미를 갖는다(세계인권선언 제12조에 기초). 즉 '사적 영역'을 사생활로 이해하는 경향이며, 미국에서는 '혼자 있을 권리'를 사생활로 여기기도 한다.

4) 법률적 정의

대한민국 헌법 제17조는 '모든 국민은 사생활의 비밀과 자유를 침해받지 아니한다'라고 천명하고 있다. 이를 '프라이버시 보호권'이라고도 한다. 헌법이나 법률은 어떤 것이 사생활에 해당하는지를 명시적으로 분류하거나 가늠하고 있지는 않지만 판례 등을 통해 헌법 17조(사생활의 비밀과 자유)를 구현하고 있다(*사생활 침해행위 참조).

(2) '사생활 침해(私生活 侵害, invasion of privacy)'의 정의

일반적으로 개인에 관련된 여러 가지 정보들이 다른 사람에 의해 무단으로 노출되거나 악용되는 것을 뜻한다.

(3) 사생활 침해(privacy 침해) 유형

⟨ W. L. Prosser가 제시한 privacy 침해 유형 ⟩

1) 사적인 일에의 침입

개인의 일상적이고 정상적 사생활에 불안이나 불쾌감 등을 유발하는 행위
(미행, 감시, 도청, 뒷조사, 은행계좌추적 등)

2) 사적인 사실의 공개

좋지 못한 사적 사실을 일반에게 알리는 행위
(범죄경력, 복잡한 가족사항, 기형적 신체상태 등)

3) 사생활에 관한 판단 오도

내용의 진실을 왜곡 시켜 개인의 신상에 침해를 주는 행위
(특정인의 사진을 범죄자 리스트에 넣는 행위 등)

4) 사적인 일의 영리적 이용

(특정인의 인격적 이익을 침해하거나 이름을 이용하여 영업상 이익을 취하는 행위 등)

(4) 사생활 침해 관련 판례 등

1) 도청, 무단침입, 밤에 타인의 집에 계속적으로 전화를 하거나 망원경으로 집안 을 관찰 또는 촬영하는 행위, 일조권·조망권 침해, 아파트층간 소음, 드론 촬영, CCTV를 통한 대화 녹음 등은 사생활 침해행위라는 판례가 축적되고 있다.

2) 일기장(日記帳)은 대표적인 사적 영역에 속하는 것으로 쓴 사람이 원하지 않을 경우 헌법 제17조(사생활의 비밀 보장)의 정신에 따라 결코 공개되지 아니한다. 법원(판례)은 일기장에 범행을 자백한 내용이 있을지라도 이를 증거로 사용하는 것을 배척하고 있다.

3) 「개인정보보호법」 제25조제5항은 '영상정보처리기기운영자는 영상정보처리기기의 설치 목적과 다른 목적으로 영상정보처리기기를 임의로 조작하거나 다른 곳을 비춰서는 아니 되며, 녹음기능은 사용할 수 없다'고 규정하고 있는 바 이는 사생활 침해 방지를 위한 입법 예(例)의 하나이다.

4. 사실의 확정과 법적용의 원칙, 법해석 방법 등

이 장에서는 인간 사회에서 발생하는 변화무상한 사건이나 다툼을 어떤 방법과 원칙으로 법에 적용하는 것이 오류와 혼란을 예방할 수 있겠느냐하는 방법론에 대해 살펴보기로 한다.

(1) 사실의 확정

사회 생활에서 발생하는 무수한 사건(사실)을 있는 그대로 인식하는 것이 아니라 어떤 가치(의미)가 있는 사실을 법적으로 인식하는 작용을 사실의 확정이라 한다. 사실의 확정은 입증(立證), 추정(推定), 간주(看做)의 방법에 의하게 되며, 법 적용의 전제(前提)가 된다.

1) 입증(立證)

입증이란 자의적 주장이나 판단이 아니라 객관적 증거에 의한 합리적 의심이 없는 증명을 의미 한다. 법적 분쟁에 있어 사실의 유무에 관하여 가장 명확한 사실의 확정 방법이다. 형사소송에서는 검사가, 민사소송에서는 원고와 피고가 각기 입증(거증)책임을 진다.

2) 추정(推定)

추정이란 불확실한 사실을 반대 증거가 제시될 때까지는 진실한 것으로 인정(편의상 假定)하여 법적 효과를 발생시키는 것으로 반증(反證)으로 언제든지 깨질 수 있다. 예를 들면 민법 제844조의 '부의 친생자의 추정'이 그런 경우이다. 즉, ① 처가 혼인중에 포태한 자는 부의 자로 추정한다 ② 혼인성립의 날로부터 2백일 후 또는 혼인관계 종료의 날로부터 3백일내에 출생한 자는 혼인 중에 포태한 것으로 추정한다고 하였으나 다른 입증자료(반증)에 의해 깨질 수 있다.

3) 간주(看做)

간주는 법적 사실에 대한 증명이 확실히 나타나지 않은 경우라고 하더라도, 기정 사실화 된(일반적인 사실의 개연성이 매우 높은)일에 대해 법적으로 일정한 사실 관계를 확정하는 것을 뜻하며, 추정과 달리 반증으로 깨지지 않는다. 법조문에선 '~으로 본다.'라 규정하며, 의제(擬制)라고도 한다. 실종 선고에 의한 사망의 간주와 성년의제(成年擬制: 민법 제826조의 2 에서는 만 19세 미만의 미성년자도 결혼하게 되면 그 때부터 성년에 달한 것으로 보는 것) 등이 이에 해당한다.

(2) 법적용의 원칙

현대사회는 헌법을 정점으로 수많은 법규가 존재하면서 서로 상·하나 우선 순위에 충돌이 따르거나 법 적용에 오류가 발생하는 등 법적분쟁이나 사적권익구현에 혼돈을 야기하는 경우가 적지 않다. 이러한 법 적용상의 복잡·다양한 논란을 원천적으로 해소하고 다툼이 있을시 적용하기 위해 다음 네가지의 원칙을 정해두고 있다.

1) 「상위법 우선의 원칙」이다. 실정법 체계는 헌법-법률-명령(행정입법)등의 순으로 이루어지며, 상위의 법규는 하위의 법규에 우월하다. 상위의 법규에 위배되는 하위의 법규는 정상적인 효력을 발생하지 않는다(예: 헌법에 위배되는 법률 등은 헌법소원이나 위헌법률심판제청의 대상이 된다)

2) 「신법 우선의 원칙」이다. 특정한 법률이 개정되거나 제정되어 신·구법간에 그 내용상 충돌이 생겼을 때, 신법이 구법에 우선적으로 적용되는 원칙을 뜻한다. 다만, 이 원칙은 신법과 구법이 동일한 형태의 법률일 것을 요구한다. 충돌된 법이 상위법이거나 특별법일 때에는 적용되지 않는다. 또한 신법과 구법은 법의 효력발생 순서를 기준으로 판단되며, 법의 효력발생의 우선순위는 공포시를 기준으로 한다.

3) 「특별법 우선의 원칙」이다. 특정한 사람이나 사물, 행위 또는 특정 지역에 한해서는 특별법이 일반법 보다 우선적으로 적용되는 원칙을 뜻한다. 예를 들어, 상법이나 주택임대차보호법 등은 민법에 대한 특별법이고, 모자보건법(형법의 낙태죄에 대한 특별법), 군형법·국가보안법·특정범죄가중처벌에 관한법률 등은 형법에 대한 특별법이 된다.

4) 「법률 불소급의 원칙」이다. 법률불소급의 원칙은 형법 제1조제1항에서 '범죄의 성립과 처벌은 행위시 법률에 의한다.'고 규정하여 특히 강조하고 있다. 만약 행위시에 존재하지 않던 법률을 소급 제정하여 불이익한 처벌을 하게 된다면 국민들은 불안에 빠지게 되는 등 법적 신뢰 훼손으로 법치국가 실현이 어렵게 된다. 헌법 제13조제2항에서도 모든 국민은 소급입법에 의하여 참정권의 제한을 받거나 재산권을 박탈당하지 아니한다고 천명하고 있다.

(3) 법해석의 방법

어떤 법이 제정 또는 개정 될 때에는 그 당시의 사회적 환경에 맞는 목적이 설정되고 이에 국민적 공감이나 합의가 이루어져 법해석에 이론이 없었으나, 세월이 지남에 따라 생활 언어의 의미나 도덕률, 국민의식의 변화 등 시대상(時代相)의 변화로 그 법문이 지닌 의미에 대한 해석이 분분해지기 마련이며, 이때 '법해석'은 개인의 권리·의무 등 권익에 엄청난 영향을 미치게 된다. 따라서 시간이 경과하거나 환경이 변하더라도 일반적·추상적으로 규정되어 있는 법규(法規)의 의미와 내용을 특정한 사건에 구체적으로 적용하기 위하여 본래의 개념을 명확히 밝히는 논리적·기술적 과정이 필요하며 이를 법해석이라고 한다. 또 이러한 법해석의 방법은 크게 유권해석(有權解釋)과 학리해석(學理解釋)으로 나누어 볼 수 있다.

1) 유권해석(有權解釋)

법을 해석할 권한 있는 기관의 해석을 유권해석이라 하며 이는 공적 구속력을 가진다. 즉 법을 해석할 공적 권한이 있는 국가기관에 의하여 법규범의 의미가 확인 또는 확정되고 설명된다는 점에서 공권적 해석(公權的 解釋)이라고도 한다.

① 입법해석: 입법 기관이 동일 법령 속에 해석 규정을 설정하거나 부속 법령 속에 해석 규정을 설정하는 경우, 법문 중에 예시를 설정하는 경우 등이 있다(민법상 '주소'나 '물건'에 대한 해설 등이 이에 해당한다).

② 사법해석: 구체적인 소송 사건에 법을 적용함에 있어서 법원이 사법권에 근거하여 행하는 법 해석으로 보통 판결의 형식으로 이루어진다는 점에서 재판해석이라고도 하며 법률자체를 구속하지는 않지만 사실상의 구속력을 지닌다.

③ 행정해석: 행정기관이 법을 집행함에 있어서 독자적(자체적)으로 법을 해석하고 그 해석을 기술한 문서를 국민들에게 알리거나 하급 행정관청에 법집행의 기준으로 제시하는 경우이다. 행정해석은 일단 유효하지만 사법해석에 따라 바뀔 수 있다.

▷ 법령해석 요청(법제업무운영규정시행규칙 제22조)
민원인 또는 행정 각부는 법령의 해석에 관하여 독자적 판단이 곤란하거나 의문이 생기면 법제처장에게 다음 각 호의 사항을 구체적으로 명시한 문서로 유권해석을 구하면 된다.
① 질의의 요지
② 법령해석의 대상이 되는 해당 법령의 조문 및 관련 법령
③ 대립되는 의견 및 그 이유
④ 법령 소관 중앙행정기관의 의견 및 그 이유
⑤ 민원인의 의견 및 그 이유
＊ 행정 각부는 법령의 해석에 관하여 독자적 판단이 곤란하거나 의문이 생기면 법제처장에게 유권해석을 구하는 것이 통례로 되어 있다.

2) 학리해석(學理解釋)

입법의 취지나 법문, 그 법을 적용할 구체적 대상(사실) 등에 관하여 어학적 또는 논리적 입장에서 의미를 밝히는 법해석 방법이다. 이는 권한있는 기관의 공권적 해석이 아니므로 무권해석(無權解釋)이라고도 한다.

① 문리해석 : 법령의 문장 및 문구의 의미를 명확히 하는 방법이다(용어 하나하나를 검토·취합하여 법규 전체를 이해·해석하는 방법).

② 논리해석 : 법문(法文)에 나열되어 있는 개개의 문자나 문장의 뜻에 얽매이지 않고 다른 법문과의 관계나 본래의 입법 취지 등을 논리적·종합적으로 살피면서 해석하는 방법이다.

▷ 확장해석(擴張解釋) : 법규상 자구(字句)의 의미를 그 입법취지에 비추어 보통의 일반적인 의미보다 넓게 해석하는 일. 확대해석이라고도 한다.
例) 형법 제 366조(재물손괴등)에서 규정하고 있는 재물 손괴의 구성요건에는 물건의 형태를 파괴한 것 뿐만 아니라, 밥그릇에 방뇨(放尿)하는 것도 해당한다고 보는 경우.

▷ 축소해석(縮小解釋) : 법률의 문언(文言)을 문리(文理)보다 좁게 엄격히 해석하는 일. 축약 또는 제한해석이라고도 한다.
例) 도로교통법 제2조의17에서 '차마란 차와 우마를 말한다'고 하였기 때문에 당나귀나 노새는 차마에 포함되지 않는다고 보는 경우

▷ 반대해석(反對解釋) : 명문으로 규정되지 않은 경우에 규정되어 있는 것과 반대로 해석
例) '차마의 통행 금지'라는 경고문은 차마에 해당하는 것으로 따라서 '사람은 다녀도 된다'는 반대의 취지로 받아들이는 해석.

▷ 물론해석(勿論解釋) : 법문(法文)에 규정된 사항 이외의 사항도 물론 포함되는 것으로 하는 해석, 당연(當然)해석이라고도 한다 (법문에 일정한 사례를 규정하고 있는 경우에 그 이외의 사례에도 사물의 성질상 당연히 인정되는 것.)
例) '이 곳에 담배 꽁초를 버리지 마세요' 라고 했다면 빈 술병은 당연히 버릴 수 없는 곳으로 받아 들여야 한다는 해석

▷ 유추해석(類推解釋) : 유추해석이란 법령에 규정이 없는 사항에 대하여 그와 유사한 사항에 관한 규정을 적용하는 방식
例) 군형법의 상관면전모욕죄의 구성요건은 '상관을 면전에서 모욕하는 것'인데 전화를 통하여 모욕한 것도 면전에서 모욕한 것과 동일하게 처벌해야 한다는 식의 해석

* 형법(제1조, 죄형법정주의)과 세법(헌법 제59조, 조세법률주의)은 유추해석을 명시적으로 금지하고 있다.

3) 의제(擬制)

'의제'란 본질은 같지 않지만(즉, 실체를 달리하는 것이지만) 법률적으로 동일하게 취급하고 동일한 법률 효과를 부여하는 것을 말한다. 민법상 실종선고의 경우 사망이라는 실체가 없는데도 행방불명자는 실종 선고를 함으로써 법률상으로 진정한 사망과 같이 취급되는 경우(민법 제28조)가 여기에 해당하며, 의제는 보통 '…으로 본다'라는 조문의 형식을 취한다.

의제(擬制)를 간주(看做)라고도 하며, 반대의 사실이 증명(反證)되면 언제든지 깨질 수 있는 편의상 가정(假定)인 추정(推定)과는 다르다.

5. 범죄의 성립 3대 요건

범죄는 「구성요건 해당성」·「위법성」·「책임성(유책성)」이라는 세 가지 요건이 충족되어야 성립한다. 즉 '범죄는 구성요건에 해당하는 위법·유책 행위'로 이를 분설하면 아래와 같다.

(1) 범죄는 '구성요건에 해당하는 행위'이어야 한다.

구성요건이라 함은 형법각칙이나 기타 형벌법규에 금지되어 있는 행위의 구성요건에 해당하는 행위를 말한다. 예컨대, 사람을 살해하는 행위를 한 사람은 형법 250조제1항에서 금한 금지규범의 구성요건에 해당하는 행위를 한 것이다. 즉 금지규범(구성요건)에 해당되지 않으면 형법상 범죄가 성립되지 않는다.

(2) 범죄는 '위법성'이 있는 행위여야 한다.

구성요건에 해당하는 행위라도 위법성이 없는 행위는 범죄가 되지 아니한다. 예컨대, 사람을 죽인 사람은 살인죄 구성요건에 해당하지만 사형집행인이 사람을 죽인 경우 '법률에 의거한 행위'이기 때문에 범죄가 되지 아니하고, 정당방위로 사람을 죽인 경우도 살인죄의 구성요건에는 해당하지만 '위법성 조각사유(違法性阻却事由)'이기 때문에 범죄가 되지 아니한다.

(3) 범죄는 '책임성(유책성)'이 있는 행위여야 한다.

위에서 설명한 '구성요건에 해당'하고 '위법한 행위'라 할지라도 책임성(비난 가능성 또는 형벌 적응능력)이 없으면 범죄가 성립 되지 아니한다. 예컨대 사람을 죽인 자가 정당방위와 같은 위법성 조각사유가 없더라도 행위자가 정신이상자이거나 14세 미만의 형사책임이 없는 자인 경우에는 범죄가 성립하지 아니하는 경우이다. 즉 책임성(유책성)에 있어서는 의사능력이나 연령에 따라 책임이 경감되거나 아예 부정되며, 고의·과실여부에 따라 그 책임이 달라진다.

▷ 도덕적·윤리적 일탈은 형법상 범죄의 개념에 해당하지 않는다.

□ '형법총칙'에서 정한 '죄의 성립과 형의 감면'

위에서 살펴 본 '범죄의 성립 3대 요건'을 바탕으로 형법 총칙에서는 '죄의 성립과 형의 감면'을 아래와 같이 정하고 있다(제9조~제14조).

형사미성년자	14세 되지 아니한 자의 행위는 벌하지 아니한다.
심신장애자	① 심신장애로 인하여 사물을 변별할 능력이 없거나 의사를 결정할 능력이 없는 자의 행위는 벌하지 아니한다. ② 심신장애로 인하여 전항의 능력이 미약한 자의 행위는 형을 감경한다. ③ 위험의 발생을 예견하고 자의로 심신장애를 야기한 자의 행위에는 전2항의 규정을 적용하지 아니한다. ▷ 원인에 있어 자유로운 행위(자의로 심신장애를 야기한 자의 행위) 책임능력자의 고의 또는 과실에 의하여 스스로 일시적 심신장애의 상태를 야기시켜서 그 상태를 이용하여 범죄를 실행하는 경우를 말한다. 예를 들어, 명정(酩酊:술에 몹시 취한상태)행위는 그 자체로서는 책임 없는 행위이지만 행위자 자신이 범죄를 범할 목적으로 명정상태를 야기시키는 경우 또는 평소 음주를 하면 난폭해지는 자신의 성격을 잘 알고 있으면서 고의로 과음하는 경우 등 이취(泥醉:술에 몹시 취한상태)중의 범죄에 대해서 형사책임을 부담하게 된다.
농아자	농아자(聾啞者)의 행위는 형을 감경한다(농자란 듣는 능력을 상실한 자이고, 아자란 말하는 능력을 상실한 자를 말한다. 농아자란 듣는 능력과 말하는 능력의 쌍방을 상실한 자를 말한다).
강요된 행위	저항할 수 없는 폭력이나 자기 또는 친족의 생명, 신체에 대한 위해를 방어할 방법이 없는 협박에 의하여 강요된 행위는 벌하지 아니한다.
범 의	죄의 성립요소인 사실을 인식하지 못한 행위는 벌하지 아니한다. 단, 법률에 특별한 규정이 있는 경우에는 예외로 한다.

과 실	정상의 주의를 태만함으로 인하여 죄의 성립요소인 사실을 인식하지 못한 행위는 법률에 특별한 규정이 있는 경우에 한하여 처벌한다.
사실의 착오	① 특별히 중한 죄가 되는 사실을 인식하지 못한 행위는 중한 죄로 벌하지 아니한다 ② 결과로 인하여 형이 중할 죄에 있어서 그 결과의 발생을 예견할 수 없었을 때에는 중한 죄로 벌하지 아니한다. ▷ 사실의 착오(例) ① 구체적 사실의 착오(同價値의 착오): A를 향해 총을 쏘았는데 확인해 보니 B였다 ② 추상적 사실의 착오(異價値의 착오): 맷돼지를 향해 총을 쏘았는데 확인해 보니 사람이었다.
법률의 착오	자기의 행위가 법령에 의하여 죄가 되지 아니하는 것으로 오인한 행위는 그 오인에 정당한 이유가 있는 때에 한하여 벌하지 아니한다.
인과관계	어떤 행위라도 죄의 요소 되는 위험발생에 연결되지 아니한 때에는 그 결과로 인하여 벌하지 아니한다.
부작위범	위험의 발생을 방지할 의무가 있거나 자기의 행위로 인하여 위험발생의 원인을 야기한 자가 그 위험발생을 방지하지 아니한 때에는 그 발생된 결과에 의하여 처벌한다. ▷ 작위범과 부작위범 ① 작위범(作爲犯): 작위에 의하여 범하는 범죄(금지규범에 위반하는 범죄를 말한다). 즉, 부작위 의무(적극적인 신체적 거동을 행해서는 안 될 의무를 어긴 범죄를 말한다. ② 부작위범(不作爲犯): 부작위에 의하여 범하는 범죄(명령규범에 위반하는 범죄를 말한다) 즉 작위 의무(적극적인 신체적 거동을 행하여야 할 의무)를 하지 않은 범죄를 말한다(법령·계약·조리·선행행위 등에 위반하는 범죄는 여기에 해당한다). • 진정부작위범(眞正不作爲犯)은 구성요건이 부작위에 의해서 만 실현될 수 있는 범죄를 말한다(퇴거불응죄, 다중불해산죄 등). • 부진정부작위범(不眞正不作爲犯)은 부작위에 의하여 작위범의 구성요건을 실현하는 경우를 의미한다(부작위에 의한 작위범: 어머니가 유아에게 젖을 주지 아니하여 아사(餓死)시킨 경우

정당행위	법령에 의한 행위 또는 업무로 인한 행위 기타 사회상규에 위배되지 아니하는 행위는 벌하지 아니한다.
정당방위	① 자기 또는 타인의 법익에 대한 현재의 부당한 침해를 방위하기 위한 행위는 상당한 이유가 있는 때에는 벌하지 아니한다. ② 방위행위가 그 정도를 초과한 때에는 정황에 의하여 그 형을 감경 또는 면제할 수 있다. ③ 전항의 경우에 그 행위가 야간 기타 불안스러운 상태하에서 공포, 경악, 흥분 또는 당황으로 인한 때에는 벌하지 아니한다.
긴급피난	① 자기 또는 타인의 법익에 대한 현재의 위난을 피하기 위한 행위는 상당한 이유가 있는 때에는 벌하지 아니한다. ② 위난을 피하지 못할 책임이 있는 자에 대하여는 전항의 규정을 적용하지 아니한다. ③ 전조 제2항과 제3항의 규정은 본조에 준용한다.
자구행위	① 법정절차에 의하여 청구권을 보전하기 불능한 경우에 그 청구권의 실행불능 또는 현저한 실행곤란을 피하기 위한 행위는 상당한 이유가 있는 때에는 벌하지 아니한다. ② 전항의 행위가 그 정도를 초과한 때에는 정황에 의하여 형을 감경 또는 면제할 수 있다.
피해자의 승낙	처분할 수 있는 자의 승낙에 의하여 그 법익을 훼손한 행위는 법률에 특별한 규정이 없는 한 벌하지 아니한다.

6. 「형사소송법」과 「형법」의 대원칙

형사소송법의 대원칙인 증거재판주의(證據裁判主義)와 형법의 대원칙인 죄형법정주의(罪刑法定主義) 그리고 민사소송법의 대원칙인 자유심증주의(自由心證主義)는 언제나 비교 학습을 권합니다.

형사소송법의 대원칙 **증거재판주의**	'증거재판주의'란 다음 세가지를 요체로 하는 재판의 원칙이다 ① 사실의 인정은 증거(證據)에 의하여야 하고, 그 범죄사실의 인정은 '합리적인 의심(合理的인 疑心)'이 없는 정도의 증명(證明)에 이르러야 한다는 원칙이다(형사소송법 제307조) ② 증거의 증명력(證明力)은 법관의 자유판단에 의한다(제308조) ③ 적법한 절차에 따르지 아니하고 수집한 증거는 증거로 할 수 없다(제308조의2, 위법수집증거의 배제)
형법의 대원칙 **죄형법정주의**	죄형법정주의(형법 제1조)는 법률에 의해 죄와 형이 정해져야 한다는 우리 형법의 대원칙으로 다음과 같은 5대원칙을 내용으로 하고 있다. ① 성문법 주의 죄형법정주의상 성문법주의는 '법률이 없으면 범죄도, 형벌도 없다'(Nullum crimen, nulla poena sine praevia lege poenali)는 근대 형법의 기본원리를 반영한 것이다. 범죄와 형벌은 법률로서 명시되어야 한다는 것으로 법률주의라 부르기도 하며, 관습형벌을 인정하지 않는다는 의미의 관습형벌 배제의 원칙이라고도 한다(죄의 성립과 처벌은 행위시의 법률에 의한다: 형법 제1조제1항) ② 소급효(遡及效)금지의 원칙 법의 제·개정 이전에 있었던 죄까지 소급하여 적용하는 것을 인정하지 않는다는 원칙(범죄후 법률의 변경에 의하여 그 행위가 범죄를 구성하지 아니하거나 형이 구법보다 경한 때에는 신법에 의한다: 제1조2항) ③ 명확성의 원칙 '성문법주의'는 죄형법정주의의 형식적 요건으로 볼 수 있는데 비해 '명확성의 원칙'은 죄형법정주의를 구체적으로 실현하는 실질적 요건에 해당한다. 즉, 범죄의 구성요건과 범죄의 결과로서의 형벌의 종류와 범위가 명확히 규정되어 있어야 한다는 의미이다. ④ 유추해석의 금지 유추해석이란 법령에 규정이 없는 사항에 대하여 그와 유사한 사항에 관한 규정을 적용하는 방식으로 일면 합리적이고 논리적인 사고인 것 같지만 자의적해석이 가능하다는 점에서 금지되고 있다. ⑤ 적정성의 원칙 죄형법정주의가 위에서 설명한 여러 원칙에 입각하고 있다하더라도 형법

	자체가 적정성을 잃었다면 죄형법정주의라는 대원칙을 실현할 수 없음을 강조하는 원칙이다. ▷ 적정성을 설명하는 내용으로는 '형벌은 최후의 수단이며, 책임의 정도를 초과하지 않는 범위내에서 부과해야한다', '비인도적 제재의 수단은 배제되어야 한다', '범죄와 형벌 사이에는 적정한 균형이 유지되어야 한다'는 등의 법언이 있다.
민사송송법의 대원칙 **자유심증주의**	① 법원은 변론 전체의 취지와 증거조사의 결과를 참작하여 자유로운 심증으로 사회정의와 형평의 이념에 입각하여 논리와 경험의 법칙에 따라 사실주장이 진실한지 아닌지를 판단한다(민사소송법 제202조, 자유심증주의) ② 소송 절차에서 증거로 채택되기 위해서는 두 가지 조건을 갖추어야 한다. 그 첫째는 '어떤 사람이나 물건이 증거로서의 자격이 있는 것인가'하는 증거능력(증거로서의 자격)의 문제이고, 둘째는 '증거자료가 입증에 필요한 가치의 정도가 어느 정도 인가'하는 증명력(증거로서의 가치)의 문제이다. 형사소송법에서는 원칙적으로 증거능력이 없는 것은 증명력이 있다 할지라도 증거로 채택하지 않는 엄격한 증거재판주의(위법수집증거의 증거능력 배제의 원칙)를 채택하고 있지만, 우리 민법에서는 증거 능력(증거의 자격)에 제한을 두지 않고 있다. 증거 능력이 있는 것인지(있는 것이건) 없는 것인지(없는 것이건) 전적으로 '법관의 판단(논리와 경험법칙)'에 의하게 되는데 이를 자유심증주의(自由心證主義)라 한다. ☞ 민법의 법원(法源) 민사소송법의 대원칙을 학습 할 때에는 '민사에 관하여 법률에 규정이 없으면 관습법에 의하고 관습법이 없으면 조리(條理)에 의한다'는 민법의 법원(法源)을 함께 이해 해두면 도움이 되리라 본다.

7. 형사소송법의 기본구조

(1) 당사자주의와 직권주의

구 분	당사자주의(當事者主義)	직권주의(職權主義)
소송의 주도권	소송의 주도권이 소송당사자(원고와 피고)에게 주어지는 소송형식(영·미계 형사소송구조)	소송에서의 주도적 지위를 법원에 인정하는 소송구조(국가처벌주의를 배경으로 한 대륙법계)
장 점	① 직접 이해관계를 가진 당사자에게 증거를 수집·제출하게 함으로써 보다 많은 증거가 법정에 제출될 수 있다. ② 피고인에게 검사와 대등한 지위를 인정한다. 즉 서로 대립하여 공방을 행할 수 있어 피고인의 방어권 행사가 실질적으로 보장된다. ③ 법원은 제3자적 입장에서 편견 없는 판단을 할 수 있으므로 실체적 진실 발견에 효과적이고 공정한 재판이 가능하게 된다.	직권주의 제도의 본래 이념 역시 실체적 진실발견이다. 합리적 의심이 있는 부분을 선택과 집중하여 조사·심리하는 방법을 취함으로써 소송절차에서 능률과 신속을 기할 수 있다.
단 점	국가형벌권이 당사자의 거래에 의한 민사소송화 될 위험이 있고 증거수집력이 열악한 피고인에게 불이익하여 실체적 진실발견이 왜곡될 수 있다.	법원의 자의나 독단, 몰입을 방지하기 어려우며 피고인의 방어권을 실질적으로 보장하기에 미흡하다.
참 고	소송당사자들이 자신에게 유리한 증거를 많이 확보하기 위해 탐정 등 민간조사 시스템이 활용되기도 한다.	검사나 피고인의 주장 또는 청구에 구애받지 않고 법원이 실체적 진실발견을 위해 직권으로 증거를 수집하는 직권 심리주의

(2) 우리나라 형사소송법의 기본구조

1) 당사자주의와 직권주의의 조화

① 우리나라의 형사소송구조에 대하여 대법원은 당사자주의를 그 기본골격으로 하면서 직권 주의적 규정을 아울러 두고 있는 것으로 보지만(대법1983.3.8., 82도 3248), 헌법재판소는 기본적으로 당사자 주의적 소송구조를 취하고 있는 것으로 보인다(헌재 1995.11.30., 92헌마44).

② 특히 2007.12.21 개정 형사소송법은 영미의 당사자주의 소송구조를 강화하였으나, 직권에 의한 증거조사가 인정이 되고 소송물에 대한 당사자의 처분권을 인정하지 않는 등 직권주의 요소가 많이 남아 있다.

③ 따라서 현행 형사소송법은 개인의 인권을 보장한다는 측면에서 당사자주의 소송구조를 원칙으로 하고, 실체적 진실 발견과 신속·원활한 재판을 위한 직권주의 요소를 절충한 구조를 지니고 있다.

2) 공판중심주의

공판중심주의(公判中心主義)란 재판에서 모든 증거자료를 공판에 집중시켜 공판정에서 형성된 심증만을 토대로 사안의 실체를 심판하는 원칙이다(구 형사소송법은 공판에 앞선 예심을 판사에게 인정하고 있었으나 2007.12.21. 폐지). 이 공판중심주의는 공판정에서의 구두변론주의(형사소송법 37조제1항)와 공개재판(방청 허용)을 근간으로 하고 있다.

8. 형법상 형의 종류와 경중(형법 제41조~제50조)

(1) 형법상 형(형벌)의 종류와 경중

형법상 형의 종류는 9가지이며, 무거운 형으로부터 가벼운 형의 순서는 사형 - 징역 - 금고 - 자격상실 - 자격정지 - 벌금 - 구류 - 과료 - 몰수 順이며, 이를 형의 성격(양태)에 따라 구분하면 생명형, 자유형, 재산형, 명예형으로 나뉜다.

형벌의 종류	내 용
1. 사형	① 사형은 형무소 내에서 교수(絞首)하여 집행한다. ② 우리나라는 군인을 제외하고는 교수형을 사형 방법으로 사용하고 있다.
2. 징 역	징역과 금고는 무기 또는 유기로 하고, 유기는 1개월 이상 30년 이하로 한다. 단, 유기 징역 또는 유기금고에 대하여 형을 가중하는 때에는 50년까지로 한다.
3. 금 고	① 징역은 형무소 내에 구치하여 정역에 복무하게 한다. ② 금고와 구류는 형무소에 구치한다.
4. 자격상실	① 사형, 무기징역 또는 무기금고의 판결을 받은 자는 다음에 기재한 자격을 상실한다. 　㉠ 공무원이 되는 자격 　㉡ 공법상의 선거권과 피선거권 　㉢ 법률로 요건을 정한 공법상의 업무에 관한 자격 　㉣ 법인의 이사, 감사 또는 지배인 기타 법인의 업무에 관한 검사역이나 재산관리인이 되는 자격 ② 유기징역 또는 유기금고의 판결을 받은 자는 그 형의 집행이 종료하거나 면제될 때까지 전항 제1호 내지 제3호에 기재된 자격이 정지된다.
5. 자격정지	① 전조에 기재한 자격의 전부 또는 일부에 대한 정지는 1년 이상 15년 이하로 한다. ② 유기징역 또는 유기금고에 자격정지를 병과한 때에는 징역 또는 금고의 집행을 종료하거나 면제된 날로부터 정지 기간을 기산한다.
6. 벌 금	벌금은 5만원 이상으로 한다. 다만, 감경하는 경우에는 5만원 미만으로 할 수 있다(상한에는 제한 없음)
7. 구 류	구류는 1일 이상 30일 미만으로 한다.
8. 과 료	과료는 2천원 이상 5만원 미만으로 한다.

형벌의 종류	내 용
9. 몰 수	① 범인이외의 자의 소유에 속하지 아니하거나 범죄후 범인이외의 자가 정을 알면서 취득한 다음 기재의 물건은 전부 또는 일부를 몰수할 수 있다. 　㉠ 범죄행위에 제공하였거나 제공하려고 한 물건. 　㉡ 범죄행위로 인하여 생하였거나 이로 인하여 취득한 물건. 　㉢ 전 2호의 대가로 취득한 물건. ② 전항에 기재한 물건을 몰수하기 불능한 때에는 그 가액을 추징한다. ③ 문서, 도화, 전자기록 등 특수매체기록 또는 유가증권의 일부가 몰수에 해당하는 때에는 그 부분을 폐기한다. ④ 몰수는 타형에 부가하여 과한다. 단, 행위자에게 유죄의 재판을 아니할 때에도 몰수의 요건이 있는 때에는 몰수만을 선고할 수 있다(형법 제49조, 몰수의 부가성)

□ 형벌을 양태(성격)에 따라 구분하면 다음과 같다.

① 생명형(生命刑) - 사형
② 자유형(自由刑) - 징역(무기징역, 유기징역), 금고, 구류
③ 재산형(財産刑) - 벌금, 과료, 몰수
④ 명예형(名譽刑) - 자격상실, 자격정지

(2) 과태료와 추징금은 형벌이 아니다

1) 과태료

행정법상의 일정한 의무를 이행하지 않거나 가벼운 벌칙을 위반한 사람에게 국가 또는 지방자치단체가 과하는 재산벌로서 형법상의 벌금이나 과료와는 달리 재판을 거치지 않고 부과되어 납부자에게 전과가 남지 않는다('마스크 착용 행정명령을 지키지 않을 경우에 부과하는 과태료', '실외 공공장소 금연구역 위반 흡연자에 과태료 부과' 등이 그러한 예이며, 이를 행정질서벌이라 부르기도 한다).

2) 추징금

추징은 범죄행위에 관련된 물건을 몰수할 수 없을 경우 그 물건에 상당하는 돈을 대신 받아내는 것이다. 이때 받아내는 돈인 추징금은 범죄 그 자체에 대한 벌(형벌)이 아니라 불법하

게 범죄인이 소유한 물건을 돈으로서 되받아 내는 것이다. 따라서 추징금을 내지 않았다하여 강제로 노역장에 유치되는 경우는 없으며 그 집행 시효가 만료되면 추징금 부가의 효력이 소멸한다. 추징의 시효는 3년이며, 중간에 1원이라도 납부하면 시효는 중지되고 다시 3년씩 연장된다. 즉 수억의 추징을 선고 받았더라도 1원만 납부해도 3년내에 재산 압류 처분 등(검찰의 은닉재산 압류를 위한 민사소송)을 모면하게 된다. 이를 악용하여 비리 범죄자들이 돈을 내지 않는 경우가 적지 않다.

9. 기소유예와 선고유예·집행유예

* 형사소송법상 기소유예(起訴猶豫)와 형법상 선고유예(宣告猶豫)·집행유예(執行猶豫)는 언제나 비교 학습을 권합니다.

구 분	개 념	비 교
기소유예 (형사소송법 제247조)	검사는 다음 사항을 참작하여 소추를 필요로 하지 않을 때 공소를 제기하지 아니 할 수 있다. ① 범인의 연령, 성행, 지능과 환경 ② 피해자에 대한 관계 ③ 범행의 동기, 수단과 결과 ④ 범행후의 정황기소	① 기소유예는 검사의 불기소 처분의 하나로 형사정책적 입장에서 볼 때 합목적적인 사건처리를 기대할 수 있다는 장점이 있는 반면 우리 나라의 경우 검사에게 공소권이 독점되어 있어 정치적으로 처리되기 쉽다는 우려가 있다. ② 이러한 검사의 기소편의주의의 폐단을 시정하기 위해 '검찰청법'은 고소인·고발인에게 검사의 기소유예처분에 대하여, 고등검찰청 또는 검찰총장에 항고 또는 재항고를 할 수 있도록 규정하고 있다
선고유예 (형법 제59조)	범죄의 정도를 참작해 경미한 범행을 한 자에게 일정한 형의 선고를 유예하고 그 기간을 특정한 사고 없이 경과하면 형의 선고를 면하게 하는 제도	① 형의 선고를 유예하여 피고인에게 처벌을 받았다는 인상(烙印)을 주지 않는 것이 사회복귀에 도움이 된다는 특별 예방적 목적을 달성하기 위한 제도이다. ② 형의 선고유예는 1년 이하의 징역이나 금고, 자격정지 또는 벌금의 형을 선고할 경우에 개전(改悛)의 정이 현저하고 자격형 이상의 형을 받은 전과가 없어야 한다(형법 제59조제1항). 선고를 받은 날로부

구 분	개 념	비 교
		터 2년을 경과한 때에는 면소(免訴)된 것으로 간주한다(동법 제60조). 선고유예의 판결을 할 것인가는 법원의 재량에 속한다. 그러나 선고유예도 일종의 유죄판결이므로 범죄사실과 선고할 형을 결정하여야 한다
집행유예 (형법 제62조)	일단 유죄를 인정하여 형을 선고하되, 정상을 참작해 일정한 요건하에 일정한 기간 동안 그 형의 집행을 유예한 후, 유예기간 중 특정한 사고 없이 그 기간을 경과한 때에는 형의 선고의 효력을 상실하게 하는 제도	① 단기 자유형의 집행에 따른 비효율과 폐단을 방지하고 범죄인에게 형의 집행(실형)을 받지 않으면서 스스로 사회에 복귀할 수 있는 길을 열어주겠다는 형사정책적 의지가 반영된 제도이다. ② 집행유예의 요건으로는 ㉠ 3년 이하의 징역이나 금고 또는 500만원 이하의 벌금의 형을 선고할 경우에, ㉡ 정상을 참작할 만한 사유가 있으며, ㉢ 금고 이상의 형의 선고를 받은 사실이 없거나 금고 이상의 형을 선고받았던 경우에는 그 집행을 마친 후 또는 집행이 면제된 후로부터 5년 이상을 경과해야 한다(형법 제62조). 여기서 '금고 이상의 형'에는 실형의 선고뿐만 아니라 집행유예의 선고를 받은 경우도 포함된다. ③ 이러한 요건이 갖추어지면 법원은 재량으로 1년 이상 5년 이하의 범위 내에서 집행유예를 선고할 수 있다. 그러나 집행유예의 선고를 받은 자가 유예기간중 금고 이상의 형의 선고를 받아 그 판결이 확정된 때에는 집행유예의 선고는 그 효력을 잃게 되며(제63조), 유예되었던 형이 집행된다.

10. 체포의 종류와 영장실질심사제도·구속적부심사제도

(1) 체포의 종류

1) 체포영장에 의한 체포(형사소송법 제200조의2)

① 피의자가 죄를 범하였다고 의심할 만한 상당한 이유가 있고, 정당한 이유 없이 제200조의 규정에 의한 출석요구에 응하지 아니하거나 응하지 아니할 우려가 있는 때에는 검사는 관할지방법원판사에게 청구하여 체포영장을 발부받아 피의자를 체포할 수 있고, 사법경찰관은 검사에게 신청하여 검사의 청구로 관할지방법원판사의 체포영장을 발부받아 피의자를 체포할 수 있다. 다만, 다액 50만원 이하의 벌금, 구류 또는 과료에 해당하는 사건에 관하여는 피의자가 일정한 주거가 없는 경우 또는 정당한 이유 없이 제200조의 규정에 의한 출석요구에 응하지 아니한 경우에 한한다.

② 체포한 피의자를 구속하고자 할 때에는 체포한 때부터 48시간이내에 제201조의 규정에 의하여 구속영장을 청구하여야 하고, 그 기간내에 구속영장을 청구하지 아니하는 때에는 피의자를 즉시 석방하여야 한다.

2) 긴급체포(형사소송법 제200조의3)

① 검사 또는 사법경찰관은 피의자가 사형·무기 또는 장기 3년이상의 징역이나 금고에 해당하는 죄를 범하였다고 의심할 만한 상당한 이유가 있고, 다음 각 호의 어느 하나에 해당하는 사유가 있는 경우에 긴급을 요하여 지방법원판사의 체포영장을 받을 수 없는 때에는 그 사유를 알리고 영장없이 피의자를 체포할 수 있다. 이 경우 긴급을 요한다 함은 피의자를 우연히 발견한 경우등과 같이 체포영장을 받을 시간적 여유가 없는 때를 말한다.

▷ 피의자가 증거를 인멸할 염려가 있는 때

▷ 피의자가 도망하거나 도망할 우려가 있는 때

② 검사 또는 사법경찰관이 제200조의3의 규정에 의하여 피의자를 체포한 경우 피의자를 구속하고자 할 때에는 지체 없이 검사는 관할지방법원판사에게 구속영장을 청구하여야 하고, 사법경찰관은 검사에게 신청하여 검사의 청구로 관할지방법원판사에게 구속영장을 청구하여야 한다. 이 경우 구속영장은 피의자를 체포한 때부터 48시간 이내에 청구하여야 하며, 제200조의3제3항에 따른 긴급체포서를 첨부하여야 한다(제200조의4①).

3) 현행범 체포(형사소송법 제211조)

① 범죄의 실행 중이거나 실행의 즉후인 자를 현행범인이라 한다.

② 다음 각 호의 1에 해당하는 자는 현행범인으로 간주한다.

▷ 범인으로 호창되어 추적되고 있는 때

▷ 장물이나 범죄에 사용되었다고 인정함에 충분한 흉기 기타의 물건을 소지하고 있는 때

▷ 신체 또는 의복류에 현저한 증적이 있는 때

▷ 누구임을 물음에 대하여 도망하려 하는 때

③ 현행범인은 누구든지 영장 없이 체포할 수 있다(형사소송법 제212조) 단, 검사 또는 사법경찰관리 아닌 자가 현행범인을 체포한 때에는 즉시 검사 또는 사법경찰관리에게 인도하여야 한다.

④ 현행범인의 체포후의 절차에는 긴급체포에 관한 규정을 준용한다. 즉 이 경우 구속영장은 피의자를 체포한 때부터 48시간 이내에 청구하여야 하며, 제200조의3제3항에 따른 긴급체포서를 첨부하여야 한다.

(2) 영장실질심사제도와 구속적부심사제도

1) 영장실질심사제도(구속전피의자 심문제도)

① 영장실질심사제도(구속전피의자 심문제도)는 구속영장의 청구를 받은 판사가 구속영장의 발부 전에 구속영장의 발부 여부를 결정하기 위하여 피의자를 직접 심문하는 제도이다. 구속영장을 발부함에 있어 검사가 제출한 서류에 의한 형식적 심사가 아니라 구속될 피의자에 대하여 법관에게 직접 변명할 기회를 주는 법적 청문권은 적법절차가 보장되는 영장주의의 실현에 핵심적인 내용이다.

▷ 영장실질심사제도는 구속영장의 청구시에만 인정되고, 체포영장의 청구 시에는 인정되지 않는다.

② 필요적 영장실질심사제도의 도입: (구)형사소송법은 법원이 피의자의 영장실질심사 여부를 재량으로 판단할 수 있도록 되어 있었으나, 이는 피의자의 법관대면권 보장이라는 국제적 규정에 미달되는 규정이라는 비판을 받아왔다. 여기에 개정 형사소송법은 '체포된 피의자에 대하여 구속영장을 청구받은 지방법원판사는 지체없이 피의자를 심문하여야 한다'고 규정하여 필요적 영장실질심사제도를 도입하게 되었다(제201조의2 제1항). 체포되지 않은 피의자의 경우에도 '구인한 후 심문하여야 한다'는 필요적 심문 규정을 두고 있다(제201조의2제2항).

2) 체포·구속적부심사 제도

① 체포·구속적부심사(逮捕·拘束適否審査)제도는 수사기관에 의하여 체포·구속된 피의자에 대하여 법원이 체포·구속된 피의자를 석방시키는 제도이다.

② 청구권의 주체: 체포 또는 구속된 피의자 또는 그 변호인, 법적대리인, 배우자, 직계친족, 형제자매나 가족, 동거인 또는 고용주는 관할법원에 체포 또는 구속의 적부심사를 청구할 수 있다(제214조의2제1항), 동거인은 주민등록부에 등재된 자임을 요하지 않고 사실상 동거하는 자면 족하다. 고용주는 어느 정도 계속적인 고용관계에 있는 자를 포함한다.

③ 법적성질: 법관이 발부한 체포영장·구속영장에 대한 재심(再審) 내지 항고심적(抗告審的) 성격을 가진다. 구속적부심사제도는 수사기관의 인신구조에 대한 사법적 구제제도로서 수사기관의 불법구속을 시정하여 피의자의 인권을 보장하려는 데 그 존재이유가 있다.

11. 공소시효

(1) '공소시효(公訴時效)'란?

1) 범죄 행위가 종료한 후 그 범죄 혐의자의 도피 등으로 인하여 검사가 일정한 기간 동안 공소를 제기하지 못했을 경우에 국가의 소추권(또는 형벌권)이 소멸하는데 이를 공소시효(公訴時效)라 한다(형사소송법 제326조). 공소시효가 만료(일정한 기간이 모두 경과)되면 더 이상 그 범죄자를 처벌할 수 없게 된다.

2) 공소시효 제도는 범행 후(혐의자의 도피 등) 시간의 경과로 증거가 멸실되어 진실발견이 어렵고, 범죄행위에 의해 초래된 법질서의 파괴(피해)가 시간의 경과로 회복되어 가벌성과 형사절차의 필요성이 감소함에 따라 피의자의 안정적인 사회복귀를 도모하기 위한 제도이다.

(2) 공소시효의 기간(형사소송법 제249조~제252조)

1) 공소시효의 기간은 법정형(法定刑)의 경중에 따라 7개 유형으로 정해져 있다.

① 사형에 해당하는 범죄에는 25년

② 무기징역 또는 무기금고에 해당하는 범죄에는 15년

③ 장기 10년 이상의 징역 또는 금고에 해당하는 범죄에는 10년

④ 장기 10년 미만의 징역 또는 금고에 해당하는 범죄에는 7년

⑤ 장기 5년 미만의 징역 또는 금고, 장기 10년 이상의 자격정지 또는 벌금에 해당하는 범죄에는 5년

⑥ 장기 5년 이상의 자격정지에 해당하는 범죄에는 3년

⑦ 장기 5년 미만의 자격정지, 구류, 과료 또는 몰수에 해당하는 범죄에는 1년

2) 공소가 제기된 범죄는 판결의 확정이 없이 공소를 제기한 때로부터 25년을 경과하면 공소시효가 완성된 것으로 본다(형사소송법 제249조제2항).

3) 공소시효의 기산

① 공소시효는 범죄행위종료시가 기산점이 된다(형소법 제252조제1항). 범죄행위 '종료시'는 통상 '결과발생시'와 같은 개념이지만 결과가 발생하지 않는 범죄인 거동범과 미수범의 경우는 '행위시'가 기산점이 된다(대판 1966.10.25., 96도1088).

② 공범의 경우는 공범의 최종행위가 종료한 때부터 전체에 대한 시효기간을 기산한다(형소법 제252조제2항).

(3) 공소시효의 정지

1) 현행법은 공소시효의 정지만을 인정하고 있고 공소시효의 중단은 인정하고 있지 않다. 시효중단의 경우에는 중단하면 중단한 때로부터 다시 새로이 시효의 전체기간이 진행된다. 이에 대하여 시효의 정지는 일시 시효기간의 진행을 정지한다. 즉, 정지의 기간이 종료되면 그때부터 남은 기간이 진행된다.

2) 공소시효가 정지되는 사유

① 공소의 제기
  공소시효는 공소의 제기로 그 진행이 정지된다(법 제253조제1항).

② 범인의 국외도피
  범인이 형사처분을 면할 목적으로 국외에 있는 경우 그 기간 동안 공소시효는 정지된다(법 제253조제3항).

③ 재정신청

재정신청이 있을 때에는 고등법원의 재정결정이 있을 때까지 공소시효의 진행이 정지된다(법 제262조의4제1항). 이는 검사의 부당한 불기소처분으로 인한 공소시효완성을 방지하기 위한 것이다.

④ 대통령이 범한 죄

대통령은 내란 또는 외환의 죄를 범한 경우를 제외하고는 재직중 형사상의 소추를 받지 아니한다(헌법 제84조). 따라서 내란 또는 외환의 죄를 제외하면 대통령이 범한 죄에 대하여는 재직기간 동안 공소시효의 진행이 정지된다(헌법재판소 1995. 1. 20. 94헌마 246 결정).

(4) 공소시효를 적용하지 않는 죄

① 사람을 살해한 범죄(종범은 제외)로 사형에 해당하는 범죄는 공소시효를 적용하지 아니한다(일명 '태완이 법', 253조의 2, 2015.7.31. 신설).

② 13세 미만의 사람 및 신체적인 또는 정신적 장애가 있는 사람을 대상으로 한 강간죄, 강제추행죄, 준강간 및 준강제추행죄, 강간 등 상해·치상죄, 강간 등 살인·치사죄 등의 범죄를 저지른 경우에는 공소시효를 적용하지 아니한다(아동·청소년의 성보호에 관한 법률 제20조 제3항).

③ 형법에 의한 내란·외환의 죄(간첩죄, 여적죄 등)와 군형법에 의한 반란의 죄, 이적의 죄 그리고 「집단살해죄의 방지와 처벌에 관한 협약」에 규정된 집단살해에 해당하는 범죄 등의 공소시효는 1995년에 제정된 '헌정질서파괴범죄의 공소시효 등에 관한 특례법'에 의해 공소시효가 배제되어 있다.

(5) 공소시효의 연장

강간과 추행의 죄는 디엔에이(DNA) 증거 등 그 죄를 증명할 수 있는 과학적인 증거가 있는 때에는 공소시효가 10년 연장된다(성폭력범죄의 처벌 등에 관한 특례법 제21조제2항, 아동·청소년의 성보호에 관한 법률 제20조제2항, 2010.4 신설).

(6) 공소시효와 「탐정업무」

형사소송법상 '공소시효'는 탐정의 자료수집(증거나 단서 정보 등) 업무의 수임이나 착수의 필요성, 업무 진행의 완급(속도) 등을 결정짓게 하는 중요한 요소가 된다.

이미 공소시효의 기간이 완성된 사안인 줄 모르고 소송 준비 차원의 자료수집을 의뢰(수임)하게 되면 의뢰자와 탐정업자 모두가 시간과 비용만 허비하는 우스갯거리가 된다. 특히 공소시효의 기간이 얼마 남지 않은 사안을 멋모르고 느슨하게 의뢰(수임)하게 되면 낭패를 초래하게 될 것임이 뻔하다. 따라서 '탐정'은 자료수집 의뢰인과의 상담 과정에서 공소시효가 언제 만료되는 것인지 사전 검토 후 이를 의뢰인과 공유해야 한다. 하지만 죄목별 공소시효를 일일이 법전을 통해 찾아내는 일이 그리 쉬운 일은 아니다. 이에 이 책에서는 형법상 주요 '범죄별 공소시효의 기간'을 한눈에 파악할 수 있도록 '일람표'로 열거(제시)하였으니 널리 활용 바란다.

☞ **첨부: 형법상 주요 죄목별 공소시효의 기간 일람표(이 책 후미에 수록)**

12. 「친고죄」와 「반의사불벌죄」의 유형 등 비교

(1) 「친고죄」와 「반의사불벌죄」의 정의·유형 등 비교

구분	의의	유형등	해당범죄
친고죄 (親告罪) (형소법 제327조)	① 고소권자의 고소가 있어야 공소제기가 가능한 범죄(공소제기로 오히려 피해자에게 불이익이 되는 경우의 범죄) ② 성범죄는 원래 친고죄였지만 2013년6월19일 친고죄 조항이 폐지되어 별도의 고소절차 없이도 검사가 공소를 제기할 수 있다.	[절대적 친고죄] 신분과 관계없이 범죄 사실 그 자체가 친고죄에 해당(범죄기준)	업무상 비밀누설죄, 모욕죄, 비밀침해죄, 사자명예훼손죄 등
		[상대적 친고죄] 범인과 피해자간 특수한 신분관계가 있는 경우에만 친고죄가 성립(신분기준) ▷「친족상도례(親族相盜例)」가 적용되는 범죄	강도죄와 손괴죄를 제외한 「친족간 재산죄」는 친족의 고소가 있는 경우에만 공소를 제기할 수 있다 (친족간 절도·횡령·배임·사기·장물·권리행사방해죄 등)
반의사 불벌죄 (反意思 不罰罪) (형소법 제327조 제6호)	피해자의 의사와 관계없이 공소를 제기할 수 있으나 피해자가 처벌을 원하지 않는다고 하면 처벌할 수 없는 죄(공소기각)	처벌을 원하는 의사표시의 철회는 제1심 판결전까지 해야하고 고소를 취하·취소하면 다시 같은 죄로 고소할 수 없다	폭행, 존속폭행, 협박, 존속협박, 명예훼손죄, 과실치상죄, 국가원수나 외국사절에 대한 폭행·협박·모욕·명예훼손죄, 공인중개사업무의 비밀준수위반, 출판물에 의한 명예훼손죄 등

(2) 친고죄 및 반의사불벌죄의 수사상 특징

1) 친고죄란 형사소송법상 고소가 있어야 논하는 범죄로써 고소자체가 수사의 단서로써 뿐만 아니라 소송조건이 된다.

2) 친고죄는 고소가 없어도 수사는 개시할 수 있으나 검사는 공소를 제기할 수는 없다. 고소가 없어도 고소의 가능성이 있을 때에는 임의수사, 강제수사를 불문하고 수사가 허용된다(제한적 허용설, 대판 1995.5.24., 94도252)

3) 친고죄의 고소기간은 범인을 알게 된 날로부터 6월이다(제230조제1항), 친고죄의 고소 취소는 1심 판결 전까지 해야 한다.

4) 성범죄는 원래 친고죄였지만 2013년6월19일 친고죄 조항이 폐지되어 별도의 고소절차 없이도 검사가 공소를 제기할 수 있다

5) 친고죄는 고소할 자가 없는 경우에 이해관계인의 신청이 있으면 검사는 10일 이내에 고소할 수 있는 자를 지정하여야 한다.

6) **친족상도례(親族相盜例)**

   강도죄와 손괴죄를 제외한 재산죄(절도, 횡령, 배임, 사기, 장물, 권리행사 방해죄 등)에 대하여 친족(親族)간에는 가족적 정의(情誼)를 고려하여 범죄는 성립하지만 형을 면제하거나 고소가 있어야 논할 수 있다는 것으로써(상대적 친고죄), '국가권력은 가능한 한 문지방을 넘어서는 안 된다'는 취지에서 인정된 특례(아래 관련 법조 참조)

   ▷ **친족간의 범행과 고소 관련 법조(형법 제328조)**

   ① 직계혈족, 배우자, 동거친족, 동거가족 또는 그 배우자간의 강도죄와 손괴죄를 제외한 재산죄(제323조의 죄)는 그 형을 면제한다.

   ② 제1항이외의 친족간에 강도죄와 손괴죄를 제외한 재산죄(제323조의 죄)를 범한 때에는 고소가 있어야 공소를 제기할 수 있다.

   ③ 전2항의 신분관계가 없는 공범에 대하여는 전2항을 적용하지 아니한다.

13. 상소제도와 항고제도

상소제도(재판의 3심제)를 두는 주된 목적은 '오판(誤判)시정', '소송당사자의 이익보호', '법령의 적용과 해석 통일'에 있다. 우리나라는 비교적 넓게 상소를 허용하고 있는데 현행 형사소송법과 민사소송법이 인정하고 있는 상소의 방법으로는 항소(抗訴)와 상고(上告)가 있다. 또 이와는 별개로 법원의 '결정'이나 '명령'에 불복하여 상급법원에 재심을 청구하는 항고(抗告)와 재항고(再抗告)제도도 있다.

(1) 상소제도

상소(上訴)란 '미확정의 종국재판'에 대하여 상급법원에 구제를 구하는 불복 신청제도를 말하며 이에는 '항소'와 '상고'가 있다.

항소(抗訴)	① 항소란 제1심 판결에 불복하여 제2심 법원에 상소(구제를 청구)하는 것을 말한다. 즉, 단독판사의 1심 판결사건은 지방법원 합의부에, 지방법원 합의부 판결사건은 고등법원에 항소 할 수 있다. ② 항소를 함에는 항소장을 원심법원에 제출하여야 한다(제359조), 항소의 제기기간은 형사소송의 경우 7일로 하며(제358조), 민사소송의 경우는 송달된 날로부터 2주이내 이다. 항소기일이 지나면 선고는 확정된다.
상고(上告)	① 상고란 제2심 판결에 불복하여 제3심(대법원)에 상소(구제를 청구)하는 것을 말하는데 상고심은 원칙적으로 법률적용의 당·부당을 심리·판단하는 법률심이다. 만약 제1심에서 법령해석에 관한 중요한 사항에 대하여 잘못이 있는 경우에는 2심(항소)을 거치지 않고 바로 대법원에 상고 할 수 있으며 이를 비약상고(제372조)라 한다. ② 상고 기간은 판결문을 송달 받은 날로부터 2주 이내이다.

(2) 항고제도

법원의 '결정'이나 '명령'에 불복하여 상급법원에 재심을 청구하는 것을 '항고'라 한다.

항고(抗告)와 재항고(再抗告)	① 항고는 결정이나 명령에 대한 상소인 점에서 종국판결에 대한 상소인 항소나 상고와 구별된다. 즉, '판결형식의 재판'에 대해서는 원심판결(1심) – 항소(2심) – 상고(3심)의 3심제이고, '결정'이나 '명령' 형식에 의한 재판에 대해서는 원결정·명령(1심) – 항고(2심) – 재항고(3심)의 3심제이다. ② '판결'과 '결정·명령'의 차이점은 판결은 중요한 재판이고, 결정과 명령은 조금 덜 중요한 재판이라는 재판 형식이다. ③ 항고를 함에는 항고장을 원심법원에 제출하여야 한다(제405조). 즉시항고 기간은 형사소송은 3일, 민사소송의 경우는 7일이다. 보통항고는 기간의 제한이 없으므로 언제든지 할 수 있다.

14. 「민사소송법의 대원칙」과 「민법 통칙」

(1) 민사송송법의 대원칙 : 자유심증주의(自由心證主義)

1) 민사소송법은 '자유심증주의(自由心證主義)'를 대원칙으로 하고 있다. 법원은 변론 전체의 취지와 증거조사의 결과를 참작하여 자유로운 심증으로 사회정의와 형평의 이념에 입각하여 논리와 경험의 법칙에 따라 사실주장이 진실한지 아닌지를 판단한다(민사소송법 제202조, 자유심증주의)

2) 소송 절차에서 증거로 채택되기 위해서는 두가지 조건을 갖추어야 한다. 그 첫째는 '어떤 사람이나 물건이 증거로서의 자격이 있는 것인가'하는 증거능력(증거로서의 자격)의 문제이고, 둘째는 '증거자료가 입증에 필요한 가치의 정도가 어느 정도 인가'하는 증명력(증거로서의 가치)의 문제이다. 형사소송법에서는 원칙적으로 증거능력이 없는 것은 증명력이 있다 할 지라도 증거로 채택하지 않는 엄격한 증거재판주의(위법수집증거의 증거능력 배제의 원칙)를 채택하고 있지만, 우리 민법에서는 증거 능력(증거의 자격)에 제한을 두지 않고 있다. 증거능력이 있는 것인지(있는 것이건) 없는 것인지(없는 것이건) 전적으로 '법관의 판단(논리와 경험법칙)'에 의하게 되는데 이를 자유심증주의(自由心證主義)라 한다.

例) 상대방 모르게 비밀로 녹음한 녹음테이트를 위법으로 수집된 증거라는 이유만으로 증거능력이 없다고 단정 할 수 없다(대법원1981.4.14 선고, 80다 2314판결).

(2) 민법 통칙

1) 민법의 법원(法源)

민사에 관하여 법률에 규정이 없으면 관습법에 의하고 관습법이 없으면 조리(條理)에 의한다(제1조).

2) 신의성실(信義誠實)

① 권리의 행사와 의무의 이행은 신의에 좇아 성실히 하여야 한다(제2조제1항).

② 권리는 남용하지 못한다(제2조제2항).

3) 현대 민법의 기본원리

① 신의성실의 원칙(제2조제1항)

② 권리남용의 금지(제2조제2항)

③ 모든 사람에게 법인격을 인정(제3조)

④ 사유재산권 보장(제211조)

⑤ 사적 자치 인정(제103조, 제105조)

⑥ 과실책임의 원칙(제750조)

⑦ 자유와 평등에 입각한 공공복리(사회질서, 거래안전)

15. 인(人)과 행위무능력자

(1) 인(人)

1) 권리능력의 존속기간

사람은 생존한 동안 권리와 의무의 주체가 된다(제3조)

[권리능력]

의사능력	자기행위의 의미와 결과를 정상적으로 판단 할 수 있는 사적 자치능력(정신능력) 예) 3~4세 되는 어린아이, 심하게 술취한 명정자, 아편중독자, 항거할 수 없는 강박을 갖고 있는 자 등은 의사능력이 없다.
행위능력	단독으로 확정적인 유효한 법률행위를 할 수 있는 자격 또는 지위(민법상 '능력'의 일반적인 개념) 예) 미성년자, 피성년 후견인, 피한정 후견인 등을 행위무능력자라 한다.
책임능력	자기행위의 결과를 변식(辨識)할 수 있는 정신능력(판단능력). 즉 과실책임능력 – 의사능력을 책임이라는 면에서 본 개념 예) 형사 미성년자, 심신상실자와 농아자 등은 책임능력이 없다.

[참고] 권력, 권리, 권한, 권능, 권원 비교

권력 (權力)	남을 자신의 뜻대로 복종 시키거나 지배할 수 있는 공인된 권리와 힘
권리 (權利)	어떤 일을 주체적으로 자유롭게 처리하거나 타인에 대하여 당연히 주장하고 요구할 수 있는 자격이나 힘. 특정의 이익을 주장하거나 누리기 위해 그의 의사를 관철할 수 있는 법률상의 능력(알권리, 기본권 등)

권한 (權限)	사람이나 기관이 보유하여 행사할 수 있는 권리나 권력의 범위(대리인의 대리권, 대통령의 임용권 등)
권능 (權能)	법률상 인정되고 있는 능력을 말하며, 권한, 직권, 권리와 가까운 의미로 사용된다. 권한이나 권리라는 용어보다 비교적 융통성이 많으며, 능력의 범위나 한계보다는 그 내용이나 작용에 중점을 두는 용어(소유권을 바탕으로 한 사용. 수익, 처분 등)
권원 (權原)	어떤 법률행위 또는 사실행위를 하는 것을 정당화하는 법률상의 원인(근거)을 말한다. 민사법에서 소유권자에 대하여 질권, 지상권, 임차권 등을 가지는 자의 법률관계를 나타내는 경우의 용어

2) 출생과 사망

[출생의 시기]

① 민법상 사람의 출생시기는 태아가 모체로부터 전부 노출된 때로 본다(전부노출설).

  * 형법에서는 진통이 시작되면 출생으로 보는 진통설(분만개시설)을 채택하고 있음

② 태아의 법적 보호를 위하여 불법행위에 기한 손해배상청구(민법 제762조), 재산상속(민법 제1000조제3항) 등과 같이 개별적으로 특별규정을 두어 이미 출생한 것으로 보는 경우를 제외하고는, 우리 민법의 해석상 사람의 출생시기는 태아가 모체로부터 전부 노출된 때를 기준으로 삼는 것이 타당하다(서울고법 2007.3.15 선고, 2006나56833, 판결).

③ 출생의 사실은 '가족관계의 등록 등에 관한법률'에 따라 출생후 1월 이내에 신고하여야 하나 이는 '가족관계의 등록 등에 관한법률'의 목적에 부응하는 신고일 뿐 민법상 권리능력은 그와는 별개(別個)로 출생이라는 사실에 기하여 실체적으로 취득 된다.

[사망의 시점]

사람의 사망시점을 언제로 볼것인가에 관하여 심장(맥박)정지설, 호흡정지설, 뇌사설 등이 대립하고 있으나, 이중 '심장(맥박)정지설'이 통설이다. 즉 심장이 기능을 멈추고 맥박이 정지된 때이다. 그러나 근래 장기이식술의 보급 등 의료기술의 발달로 어느 시점을 사망의 시각으로 볼

것인가 하는 문제는 법학 뿐만 아니라 의학과 윤리적으로도 논의되고 있다(*의료계 일각 에서는 장기 이식(활용)을 위해 뇌사를 사망시기로 보아야 한다고 주장).

① 심장과 맥박이 정지하는 '자연적 사망'만이 권리능력의 상실사유이다. 즉, 시체가 발견된 경우를 뜻한다.
② 시신은 발견되지 않았지만, 사망의 개연성이 높은 경우에 법적으로 사망 처리하는 실종선고나 인정사망의 경우 '법적 사망'이므로, 권리능력을 상실하지는 않는다(자연적 사망↔법적 사망).
③ 뇌사는 민법상의 사망에 포함되지 않는다. 뇌사자(뇌사상태에서 장기를 기증하는 자가)가 민법상 사망으로 간주되는 시기는 뇌사자의 몸에서 장기를 적출한 때이다.

3) 태아의 권리능력

우리 민법 제3조(권리능력의 존속기간)는 '사람은 생존한 동안 권리와 의무의 주체가 된다'고 하여, 모든 자연인은 출생한 때로부터 권리능력을 취득하는 것으로 되어있다. 이에 따라 모체 내에서 아직 출생하지 않은 상태의 태아의 경우 권리능력이 없게 되나, 상속이나 손해배상 청구 등에서 불리한 경우를 최소화하기 위하여 같은 민법에서 태아가 출생한 경우를 생각하여 그의 이익을 보호하는 일부 규정을 두고 있다.

[민법상 태아 관련 법조(法條)]

① 제762조(손해배상청구권에 있어서의 태아의 지위)에서 '태아는 손해배상의 청구권에 관하여는 이미 출생한 것으로 본다'.
② 제1000조(상속의 순위)제3항에서 '태아는 상속순위에 관하여는 이미 출생한 것으로 본다'
③ 제1001조(대습상속) '태아는 상속순위에 관하여 이미 출생한 것으로 본다'의 규정에 의하여 상속인이 될 직계비속 또는 형제자매가 상속개시전에 사망하거나 결격자가 된 경우에 그 직계비속이 있는 때에는 그 직계비속이 사망하거나 결격된 자의 순위에 갈음하여 상속인이 된다.

[태아의 법률상 지위 관련 학설과 판례]

민법상 일부 규정에서 '태아는 이미 출생한 것으로 본다'는 것은 '태아로 있는 동안 어떻게 법률상 권리능력을 취득, 행사하게 할 것인가'에 대한 문제를 제기하게 되는 바. 이에 대한 학설이 갈리고 있다.

▷ 정지조건(인격소급설): 태아로 있는 동안 권리능력을 취득하지 못하고, 출생시에 소급하여 권능을 취득하는 것으로 하자는 학설로 판례가 지지하고 있다.

▷ 해제조건설(제한적인격설): 태아로 있는 동안에 상속권 등 개별적인 사항들에 대하여 이미 권리능력을 취득하되, 사산의 경우 소급하여 소멸하는 것으로 보자는 학설.

〈例 1. 피상속인이 직계존속과 임신중인 배우자를 두고 사망했을 경우〉

① 정지 조건설에 따르면 직계존속과 배우자가 상속을 받게되고, 태아가 살아서 출생할 경우 비로소 직계존속의 상속분은 출생한 비속에게 이전되게 된다. 실정법상 권리보호에 대한 미비점을 들어 판례가 지지하고 있다.

② 해제조건설에 따르면 배우자와 태아가 상속을 받게되고 사산의 경우 태아의 상속분이 직계존속에게 이전되게 된다. 의료기술의 발달에 따라 오늘날 다수설로서 지지 되고 있다. 이러한 학설의 대립은 태아의 보호에 중점을 두느냐 또는 직계존속이나 배우자 등의 보호에 중점을 두느냐의 차이라고 할 수 있다(판례는 정지조건설의 입장을 취하고 있음).

〈例 2. 임신 중인 A는 B가 운전하는 자동차에 치여 심하게 다쳤으며, 이사고로 A의 태아가 유산되었다면?〉

① A는 B에게 손해배상을 청구 할 수 있다.

② A가 청구 할 수있는 손해배상의 범위에는 정신적 피해도 포함된다.

③ 민법상 출생의 시기는 전부노출설(완전노출설)이지만, 민법상 태아의 경우 불법행위에 기한 손해배상의 청구권에 관하여는 이미 출생한 것으로 본다.

(2) 행위무능력자

1) 미성년자

사람은 19세로 성년에 이르게 된다. 즉 19세에 달하지 않는 자(19세 미만)는 미성년자이다(민법 제4조, 성년).

▷ 미성년자라도 혼인한 때는 성년자로 본다(민법 제826조의 2).

[미성년자의 능력]

① 미성년자가 법률행위를 함에는 법정대리인의 동의를 얻어야 한다. 그러나 권리만을 얻거나 의무만을 면하는 행위는 그러하지 아니하다(민법상 성년기: 만 19세로 성년이 된다).

② 전항의 규정에 위반한 행위는 취소할 수 있다.

③ 법정대리인이 범위를 정하여 처분을 허락한 재산은 미성년자가 임의로 처분할 수 있다(처분을 허락한 재산).

④ 법정대리인은 미성년자가 아직 법률행위를 하기 전에는 동의와 허락을 취소할 수 있다(동의와 허락의 취소).

⑤ 미성년자가 법정대리인으로부터 허락을 얻은 특정한 영업에 관하여는 성년자와 동일한 행위능력이 있다(영업의 허락) - 법정대리인은 전항의 허락을 취소 또는 제한할 수 있다. 그러나 선의의 제3자에게 대항하지 못한다.

2) 성년후견인제도에 따른 「피성년후견인」 및 「피한정후견인」

① 성년후견인제도(成年後見人制度)란 자신의 힘으로 의사결정이나 사무처리를 할 능력이 부족한 성년자에게 법률 지원을 돕는 제도를 말한다. 그동안에는 금치산, 한정치산자 제도가 있었지만 2013년 7월 1일부터 이를 폐지하고 성년후견인제도를 시행하고 있다. 성년후견인 제도는 본인, 친족, 검사 등의 청구에 의해 후견인을 선임하는데 선정된 후견인은 피후견인의 법률행위를 대신하고 재산을 관리할 수 있으며 피후견인이 결정하기 어려운 경우에 재활, 의료, 교육 등의 신상에 관련된 부분에서도 대리권을 가지고 있으며 이 권한은 법원으로부터 부여 받고 있다(상세 설명 생략, 민법 제9조 및 제10조 참조).

② 우리나라에서 성년후견인제도를 이용할 수 있는 사람들은 노령, 질병, 장애 등의 이유로 정신적으로 제약을 가진 사람들로서 치매노인, 정신장애인, 발달장애인 등이 해당되며 인구가 고령화 되면서 그 규모는 지속적으로 증가할 것으로 예상되고 있다.

16. 민법상 소멸시효 제도

(1) 소멸시효(消滅時效)의 의의

일정기간 권리자의 권리 불행사(不行使)로 그 권리가 소멸되는 것을 소멸시효라 한다. 즉, 권리자가 권리를 행사할 수 있었음에도 불구하고 권리를 행사하지 않은 사실상태가 일정기간 계속된 경우에 그 권리의 소멸을 정한 것을 소멸시효제도라 한다.

(2) 채권 소멸시효 기간

1) 채권은 10년간 행사하지 아니하면 소멸시효가 완성한다(제162조제1항).
2) 채권 및 소유권 이외의 재산권은 20년간 행사하지 아니하면 소멸시효가 완성한다(제162조제2항).

▷ 민법(民法)은 채권소멸시효기간을 10년, 3년, 1년으로 구분하여 규정하고 있다. 한편 상법(商法)에서는 상행위로 생긴 채권의 시효소멸기간을 5년으로 하고 있으나, 다른 법령에서 이보다 단기의 소멸시효기간을 정하고 있을 때에는 그에 따른다고 규정하고 있음.

채권소멸시효기간	10년 (민법 제162조)	채권은 10년간 행사하지 않으면 소멸시효가 완성한다. ▷ 소멸시효기간이 5년, 3년, 1년에 해당하는 것은 그에 따름
	5년 (상법 제64조)	① 상행위로 인한 채권은 본법에 다른 규정이 없는 때에는 5년간 행사하지 아니하면 소멸시효가 완성한다. ② 단 다른 법령에서 이보다 단기의 소멸시효기간을 정하고 있을 때에는 그에 따른다(예; 음식료나 여관비 등은 상행위 채권이지만 민법에서 소멸시효기간을 1년으로 규정하고 있어 그 채권소멸시효기간을 1년으로 한다.) ③ 또한 생산자 및 상인이 판매한 생산물 및 상품의 대가 등도 상행위에 해당하나 민법에서 소멸시효기간을 3년으로 규정하고 있어 그 소멸 시효기간은 3년으로 한다. ▷ 근로기준법의 적용을 받는 임금채권의 시효기간도 3년이다.

3년 (민법 제163조)	① 이자, 부양료, 급료, 사용료 기타 1년 이내의 기간으로 정한 금전 또는 물건의 지급을 목적으로 한 채권 ② 의사, 조산사, 간호사 및 약사의 치료, 근로 및 조제에 관한 채권 ③ 도급받은 자, 기사 기타 공사의 설계 또는 감독에 종사하는 자의 공사에 관한 채권 ④ 변호사, 변리사, 공증인, 공인회계사 및 법무사에 대한 직무상 보관한 서류의 반환을 청구하는 채권 ⑤ 변호사, 변리사, 공증인, 공인회계사 및 법무사에 대한 직무에 관한 채권 ⑥ 생산자 및 상인이 판매한 생산물 및 상품의 대가 ⑦ 수공업자 및 제조자의 업무에 관한 채권
1년 (민법 제164조)	① 여관, 음식점, 대석, 오락장의 숙박료, 음식료, 대석료, 입장료, 소비물의 대가 및 체당금의 채권 ② 의복, 침구, 장구 기타 동산의 사용료의 채권 ③ 노역인, 연예인의 임금 및 그에 공급한 물건의 대금채권 ④ 학생 및 수업자의 교육, 의식 및 유숙에 관한 교주, 숙주, 교사의 채권 ▷ 체당금(替當金): 남이 할 일을 대신 맡아 하고 그를 위해 우선 지급해 주는 돈(예: 부동산 중개업자가 매수인의 등기비용을 우선 납부하는 것, 근로복지공단이 사업주를 대신하여 체불임금을 우선 지급해 주는 돈 등)

(3) 판결 등에 의하여 확정된 채권의 소멸시효

1) 판결에 의하여 확정된 채권은 단기의 소멸시효에 해당 한 것이라도 그 소멸시효는 10년으로 한다(제165조제1항).

2) 파산절차에 의하여 확정된 채권 및 재판상의 화해, 조정기타 판결과 동일한 효력이 있는 것에 의하여 확정된 채권도 전항과 같다(제165조제2항).

3) 전 2항의 규정은 판결확정당시에 변제기가 도래하지 아니한 채권에 적용하지 아니한다.

  ▷ 여기서 '판결'이라 함은 판결은 있었으나 아직 확정되지 않은 '가집행선고부 판결'은 해당되지 않으며, 기판력(旣判力)이 있는 확정판결을 말한다.

(4) 소멸시효의 기산점

1) 소멸시효는 권리를 행사할 수 있는 때부터 진행한다.

2) 부작위를 목적으로 하는 채권의 소멸시효는 위반행위를 한 때부터 진행한다.

3) 소멸시효의 기산점은 권리를 행사할 수 있음에도 불구하고 권리를 행사하지 않을 때부터 기산되기 때문에 '권리를 행사할 수 없을 때'에는 소멸시효가 당연히 진행되지 않는다. 여기에서 말하는 '권리행사를 할 수 없을 때'란 이행기 미도래나 조건이 미성취된 '정지조건부 권리'와 같이 법률상 행사할 수 없을 때만을 의미한다. 따라서 권리자의 법률지식 부족이나 권리존재부지(權利存在不知) 등 개인적 사정이나 채무자의 부재(債務者의不在) 등과 같은 사실상 행사할 수 없는 경우에는 소멸시효가 진행된다.

(5) 소멸시효의 중단사유

소멸시효는 청구와 압류 또는 가압류·가처분과 승인에 의해 중단된다.

1) 청 구
   ① 재판상청구·파산절차 참가·지급명령신청
   ② 화해신청·화의 절차의 참가·최고
   ③ 강제집행절차에서의 배상 요구 등으로 소멸시효는 중단된다.

2) 압류 또는 가압류·가처분
   압류·가압류·가처분 절차의 신청 또는 법원의 결정으로 당연히 시효중단의 효력이 발생하는 것은 아니고, 동 절차의 집행이 있어야 시효 중단의 효력이 발생한다(판례).

3) 승 인
   채무가가 채권자에 대하여 '채권자의 권리(즉, 채무)'의 존재를 인지(認知)하고 있다는 뜻을 표시하는 것으로 시효중단의 사유가 되는 것을 말한다.

17. 민법상 「친족 등」의 정의와 「유효한 유언」

(1) 「친족 등」의 정의

친족의 정의	배우자, 혈족 및 인척을 친족으로 한다(제767조).
혈족의 정의	자기의 직계존속과 직계비속을 직계혈족이라하고 자기의 형제자매와 형제자매의 직계비속, 직계존속의 형제자매 및 그 형제자매의 직계 비속을 방계혈족이라 한다(제768조).
인척의 정의	혈족의 배우자, 배우자의 혈족, 배우자의 혈족의 배우자를 인척으로 한다(제769조).
친족의 범위	친족관계로 인한 법률상 효력은 이법 또는 다른 법률에 특별한 규정이 없는 한 다음 각 호에 해당하는 자에 미친다(제777조). ① 8촌 이내의 혈족 ② 4촌 이내의 인척 ③ 배우자
가족의 범위	다음의 자는 가족으로 한다(제729조). ① 배우자, 직계혈족 및 형제자매 ② 직계혈족의 배우자, 배우자의 직계혈족 및 배우자의 형제자매(②항은 생계를 같이 하는 경우에 한함)

(2) 유언의 방식과 효력

1) 유언의 의의

유언(遺言)이란 죽음에 이르러 말을 남기는 것으로 유언자의 사망과 동시에 일정한 효과를 발생시키는 것을 목적으로 하는 상대방이 없는 단독행위(單獨行爲)를 말한다. 만 17세 이상이면 누구나 가능하다. 유언은 사유재산제도(私有財産制度)에 입각한 재산처분 자유의 한 형태로서 유언에 의하여 재산관계 등 사후의 법률관계까지 지배하는 것을 인정한 것이다.

2) 적법한 유언

유언을 한 사람이 사망하고 나서 다른 사람이 유언장을 거짓으로 만들거나 유언장의 내용을 변경하는 등을 방지하기 위해 우리 민법 제1065조 내지 제1070조에서는 '일정한 방식'을 갖춘 것만을 적법한 유언으로 인정하고 있다.

단, 만17세에 달하지 못한 자는 유언을 하지 못한다(민법 제1061조)

① 자필증서에 의한 유언

자신이 유언의 내용과 이름, 연월일 등을 직접 적은 후 도장을 찍은 경우(제1066조)

② 녹음에 의한 유언

유언하는 사람이 유언의 내용과 성명, 연월일 등을 말하고, 이에 참여한 증인이 유언의 정확함과 이름을 말하여 녹음한 경우(제1067)

③ 공정 증서에 의한 유언

증인 2명이 참여한 상태에서 공증인 앞에서 유언하고 공증인이 이를 필기, 낭독하여 유언하는 사람과 증인이 그 정확함을 인정한 후 각자 서명을 하거나 도장을 찍은 경우(제1068조)

④ 비밀 증서에 의한 유언

유언의 내용을 기입한 증서를 봉투에 넣어 2명 이상의 증인에게 제출하여 유언과 자신의 유언서임을 표시한 후 그 봉투 표면에 제출 연월일을 기재하고, 유언하는 사람과 증인이 각자 서명하거나 도장을 찍은 다음 법언이나 공증인에게 확정 일자를 받은 경우(제1069조)

⑤ 구수증서(口授證書)에 의한 유언

2명 이상의 증인을 참여시키고, 그 중 1명에게 유언을 받아 적게 한 후 각자 서명하거나 도장을 찍은 다음 법원에 검인을 신청한 경우(제1070조)

3) 선·후 유언의 효력

김씨의 아버지는 한달 전 아내에게 모든 재산을 주겠다고 쓴 유언장과는 다르게 큰 아들에게 모든 재산을 주겠다는 내용의 유언을 최종적으로 남기고 사망했다. 만약 마지막의 유언이 법적으로 유효한 유언이라면 김씨의 아버지가 한 달 전에 남긴 유언의 효력은 어떻게 될까요? 아니 어느 유언을 따르는 것이 옳을까요?

① 유언을 한 사람은 유언을 한 후라도 살아있는 동안에는 언제든지 특별한 이유가 없어도 자유롭게 유언 내용의 전부 또는 일부를 취소하거나 변경 할 수 있다(제 1108조).

② 여러 개의 유언이 내용상 서로 맞지 않는 경우에는 보다 최근에 한 유언의 내용에 따르게 되어있다(제1109조).

18. 채무자의 고의적 재산은닉(도피)에 대한 법적 대응

[필자 주] '신용정보의 이용 및 보호에 관한 법률'상 '채권추심업무'란 채권자의 위임을 받아 채무자에 대한 재산조사, 변제의 촉구 또는 채무자로부터의 변제금 수령을 행사하는 행위를 말한다. 이를 깊이 들여다 보면 신용정보법에서 말하는 채권은 상법에 따른 상행위(상거래)로 인한 금전채권 및 다른 법률에서 신용정보업자에게 채권추심의 위탁을 허용한 채권을 말한다. 따라서 상법상 채권이 아닌 채권(사인간 금전임차로 인한 채권채무 등)과 관련하여 채권자의 위임을 받아 탐정이 그 권리 행사에 필요한 '재산의 은닉 또는 이전(移轉) 여부'를 파악하거나 변제금을 수령하는 등의 활동은 신용정보법상 '채권추심'과는 별개의 문제임을 전제로 채무자의 고의적 재산은닉(도피)에 대한 법적 대응 문제를 살펴보기 바란다.

(1) 채권자 대위권(債權者代位權)

채권자가 자기의 채권을 보전하기 위하여 그의 채무자에게 속하는 권리를 행사할 수 있는 권리를 말한다(민법 제404조). 즉, 자력 없는 채무자가 제3채무자에 대해 채권을 가지고 있음에도 이를 행사하지 않을 경우 채권자가 채무자의 권리를 행사하는 것을 말한다.

예) 채무자의 일반재산이 채무자의 전(全)채무에 부족함에도 불구하고, 채무자가 자기의 대금을 회수하지 않을 때 채권자가 이를 대신하여 수금할 수 있는 권리 등이다.

(2) 채권자취소권(債權者取消權)

채권자를 해(害)함을 알면서 행한 채무자의 법률행위에 대하여 그 취소 및 원상회복을 법원에 청구할 수 있는 채권자의 권리를 말한다(민법 제406조). 사해행위취소권(詐害行爲取消權)또는 폐파소권(廢罷訴權)이라고도 한다.

예) 채무자의 현(現)재산이 채무자의 전(全)채무보다 부족함에도 불구하고 제3자에게 부동산을 매우 싸게 매도하거나 증여 또는 채무를 면제해주는 경우에 채권자가 이런 행위에 대한 취소(원상회복)를 법원에 청구할 수 있는 권리이다.

(3) 형법상 강제집행면탈죄(强制執行免脫罪)

강제집행을 면할 목적으로 재산을 은닉, 손괴, 허위양도 또는 허위의 채무를 부담하여 채권자를 해한 자는 3년 이하의 징역 또는 1천만원 이하의 벌금에 처한다(형법 제327조).

예) 채무자인 피고인이 채권자 甲의 가압류집행을 면탈할 목적으로 제3채무자 乙에 대한 채권을 丙에게 허위양도하였다고 하여 강제집행면탈로 기소된 사안에서, 가압류결정 정본이 乙에게 송달되기 전에 채권을 허위로 양도하였다면 강제집행면탈죄가 성립한다고 판시했다(대법원2012.6.28. 선고,2012도3999판결).

19. 저당권, 근저당권, 질권

담보물권	저당권 (抵當權)	① 저당권은 담보물권의 하나로 채권자가 채무자 또는 제3자(물상보증인)의 채무담보로서 제공한 부동산 또는 부동산물권(지상권·전세권)을 실제 인도(이전)받지 않고 관념상(법률적)으로만 지배하고 있다가 채무의 변제가 없는 때에 목적물(채무의 담보로 제공한 부동산)로부터 다른 채권자보다 자기채권의 우선변제를 받는 권리를 말한다(민법 제356조). ② 저당권에서의 담보채권금액은 현재에 확정된 금액이다. 즉, 빌리는 금액이 확정되어 있다. ③ 저당권과 근저당권은 반드시 등기하는 절차를 필요로 하며, 동일한 부동산에 대해 여러 개의 저당권이 설정된 경우, 그 순위는 등기 설정의 순위에 따른다.
	근저당권 (根抵當權)	① 근저당권은 저당권의 하나로 채권자와 채무자의 계속적 거래계약 등에 의해 발생·변동하는 불특정 채권을 일정액의 한도에서 담보하는 저당권을 말한다(제357조). ② 근저당권에서의 담보채권은 장래에 증·감, 변동할 수 있는 불특정 채권으로, 근저당권 설정시에는 '채권최고액'이라는 것이 존재한다. 채권 최고액으로 정한 범위 내에서는 자유롭게 돈을 빌릴 수 있다는 얘기다. ③ 근저당권 설정시 필요한 '채권최고액'은 목적 부동산으로부터 우선 변제받을 수 있는 최고 한도액이며, 채권의 안전한 확보를 위해 실제 채무자가 빌린 금액이 아니라 '변동 가능한 범위'의 130~150% 수준으로 설정한다.

질권(質權)	질권이란 담보물권의 하나로 채무자 또는 제3자(물상보증인)로부터 받는 목적물을 채무의 변제시까지 유치(보관)하고 있다가, 변제가 없을 때에는 그 목적물을 환가하여 우선변제를 받을 수 있는 권리(담보물권)를 말한다(제329~344조). 질권 설정이 가능한 것은 동산과 양도할 수 있는 권리(채권·주식·특허권 등)이다. ▷ 부동산으로 저당권 설정은 가능하나, 질권 설정은 안된다.

20. 손해배상, 손실보상, 구상권

손해배상 (損害賠償)	위법행위(채무불이행이나 불법행위 등)로 다른 사람에게 손해를 끼친 때에 그 손해를 금전적으로 메워 손해가 없는 것과 같게 하는 것을 말한다. (예: 참새를 잡기위해 돌을 던진 것이 다른 사람의 유리창을 파손 한 경우)
손실보상 (損失補償)	국가나 공공 단체 등이 법률적으로는 정당한 공권력을 행사하였으나 결과적으로 특정인에게 재산상의 손실을 가한 경우, 그 손실에 대해 행하는 금전적으로 메워 주는 것을 말한다. (예: 도로 개설에 따른 철거 가옥 보상)
구상권 (求償權)	남을 대신하여 채무를 변제한 사람이 다른 연대 채무자나 주된 채무자에 대하여 가지는 상환 청구권 (예: 공무원이 고의나 과실로 국민에게 피해를 입힌 경우 국가가 우선 그 피해를 금전적으로 메워 주고 후에 잘못을 행한 공무원에게 그 금전을 물어내게 하는 것)

21. 변호사와 변호인, 변호인 선임권자와 국선변호인 등

(1) 변호사와 변호인

1) 변호사

변호사는 당사자와 그 밖의 관계인의 위임이나 국가·지방자치단체와 그 밖의 공공기관의 위촉 등에 의하여 소송에 관한 행위 및 행정처분의 청구에 관한 대리행위와 일반 법률 사무를 하는 것을 그 직무로 한다(변호사법 제3조).

□ 변호사의 자격과 변호사 수 등

① 사법시험에 합격하여 사법연수원의 과정을 마친 자(*2017년 12월 31일 사법시험은 폐지되었다)
② 판사나 검사의 자격이 있는 자
③ 법학전문대학원(로스쿨)을 졸업하고 변호사 시험에 합격하여 그 자격을 취득한 자(*법학전문대학원 석사학위 취득자 또는 법학과목 35학점 이상 이수자는 변호사시험에 응시 할 수 있다.
④ 2020년 10월 현재 전국에 25개 로스쿨이 있으며, 방송통신대학교 로스쿨 도입도 추진 중이다.
⑤ 우리나라 변호사 수는 2020년 10월 기준 29,700여명이다.

2) 변호인

[역할·자격·지위 등]

① '피고인 또는 피의자의 방어권을 보충하기 위하여 선임된 보조자'를 변호인이라 한다.
② 변호인은 변호사 중에서 선임하여야 한다.
  단, 대법원 이외의 법원(1심과 2심)은 특별한 사정이 있으면 변호사 아닌 자를 변호인으로 선임함을 허가할 수 있다(형사소송법 제31조).
③ 변호인은 소송의 주체가 아니라 피고인의 보조자이다(즉, 소송관계인이다).

> ☞ **'탐정도 변호인이 될 수 있다'**
> ▷ 변호인은 변호사 중에서 선임하여야 한다. 단, 대법원 이외의 법원은 특별한 사정이 있으면 변호사 아닌 자를 변호인으로 선임함을 허가할 수 있다 (형사소송법 제31조, 변호인의 자격과 특별변호인).
> ▷ 대한민국에서 어느 탐정이 탐정업계 제1호 특별변호인이 될지 향후 대한민국 탐정들의 활약이 기대 된다.

(2) 변호인 선임권자와 국선변호인

1) 변호인 선임권자

① 피고인 또는 피의자는 변호인을 선임할 수 있으며, 피고인 또는 피의자의 법정대리인, 배우자, 직계친족과 형제자매는 독립하여 변호인을 선임할 수 있다.

② 공소제기전의 변호인 선임은 제1심에도 그 효력이 있다.

2) 국선변호인

① 다음 각 호의 어느 하나에 해당하는 경우에 변호인이 없는 때에는 법원은 직권으로 변호인을 선정하여야 한다(형사소송법 제33조).

▷ 피고인이 구속된 때

▷ 피고인이 미성년자인 때

▷ 피고인이 70세 이상인 때

▷ 피고인이 농아자인 때

▷ 피고인이 심신장애의 의심이 있는 때

▷ 피고인이 사형, 무기 또는 단기 3년 이상의 징역이나 금고에 해당하는 사건으로 기소된 때

② 법원은 피고인이 빈곤 그 밖의 사유로 변호인을 선임할 수 없는 경우에 피고인의 청구가 있는 때에는 변호인을 선정하여야 한다.

③ 법원은 피고인의 연령·지능 및 교육 정도 등을 참작하여 권리보호를 위하여 필요하다고 인정하는 때에는 피고인의 명시적 의사에 반하지 아니하는 범위 안에서 변호인을 선정하여야 한다.

22. '행정사법'에서 말하는 '사실조사'의 의미 오·남용 심각하다

'행정사가 온갖 사실조사 다 할 수 있다면 행정사가 대한민국 최고의 권력기관이라는 얘기이다. 더 이상의 자의적 해석은 코미디'

1) 행정사법 제2조제1항제7호는 '법령에 따라 위탁받은 사무의 사실조사 및 확인'을 행정사의 업무로 정하고 있다. 하지만 이 법문에서 말하는 '위탁받은 사무'에 대한 정의를 이해하거나

해석함에 있어 행정사 간에는 물론 행정사와 인접직역 간 해석이 분분한 등 '행정사업에 있어 사실조사 가능의 근거와 그 범위'를 놓고 논란이 끊이지 않고 있어 견해를 밝혀 본다(관계 법령 검토 및 주무부처의 행정해석과 법학자들의 견해 종합).

2) 결론부터 말하자면 '행정사는 사실조사가 가능하다, 그러나 행정사가 사실조사를 할 수 있는 경우는 현행법(행정사법)상 단 한가지의 경우 밖에 없다. 그 외에 행정사가 사실관계를 살펴 문제점 등을 도출하는 경우가 있다 하더라도 이는 법률상 '사실조사'가 아닌 일반적인 '사실관계파악'이라 표현됨이 적격해 보인다.

3) 그럼 여기에서 행정사법 제2조제1항제7호에서 정한 '법령에 따라 위탁받은 사무의 사실조사 및 확인'의 의미와 범위를 살펴보자. 이 법문 중 '법령에 따라'에서 '법령'이란 행정사법(령)을 의미하는 것이 아니라 타법(다른 개별법)을 의미하는 것이며, '법령에 따라 위탁받은 사무'란 행정사법(령)에 따라 수임한 사무가 아닌 다른 개별법(령)에 따라 위탁받은 사무를 말하는 것으로 해석함이 옳을 것이다.

4) 이를 전제해 볼 때 '법령에 따라 위탁받은 사무의 사실조사 및 확인' 업무에 해당하는 것은 주민등록법 제29조(열람 또는 등·초본의 교부) 제2항제6호에 따라 채권, 채무관계 등 정당한 이해관계가 있는 사람(주민등록법 시행령 제47조제4항, 별표2 에서 정한 사람)이 타인의 주민등록 등·초본을 열람 또는 교부를 신청시 일반행정사가 '이해관계 사실확인서(주민등록법 시행규칙 제13조제1,2항 및 별지 11,12)'를 발급해 주는 경우가 유일한 사례라 할 것이다.

5) 이렇듯 행정사법상 '사실조사 업무'는 실제 행정사의 업무 중 1~2%안팎 정도에 불과하다 할 것임에도 적잖은 행정사들은 '사실조사야 말로 행정사법이 부여한 행정사의 주된 업무'라 표현하고 있음은 사실관계를 미처 파악하지 못하고 있거나 그릇되게 말하고 있는 것이 아닌가 싶다.

6) 그럼 여기서 법률상 '사실조사'가 일반적으로 사용되어서는 안 될 용어임을 예시적으로 소개해 본다.

▷ 형사소송법 제37조(판결, 결정, 명령)는 "결정 또는 명령을 함에 필요한 경우에는 '사실을 조사' 할 수 있다. 이때 조사는 부원에게 명할 수 있고 다른 지방법원의 판사에게 촉탁할 수 있다"고 규정하고 있으며,

▷ 같은 법 제431조(사실조사)에서는 "재심의 청구를 받은 법원은 필요하다고 인정한 때에는 합의부원에게 재심청구의 이유에 대한 '사실조사'를 명하거나 다른 법원판사에게 이를 촉탁할 수 있다"고 규정해 두고 있다.

▷ 또한 주민등록법 제20조(사실조사)는 "시장·군수 또는 구청장은 신고의무자가 이 법에 규정된 기간 내에 신고하지 아니한 때, 규정된 사항의 신고된 내용이 사실과 다르다고 인정할 만한 상당한 이유가 있는 때 등에 그 '사실을 조사' 할 수 있다"고 규정하고 있다.

7) 이렇듯 '사실조사'의 오·남용으로부터 국민의 권익을 보호하기 위해 '사실조사를 할 수 있는 자'와 '사실조사를 할 수 있는 경우' 등은 법률로 엄격히 정하고 있다. 이제 '사실조사'와 '사실관계 파악'이라는 두 용어 간 혼동이 불식되기를 기대한다.

▷ 탐정(업) 활동의 목적을 표현함에 있어서도, 탐정업을 뒷받침하는 법률 제정을 통해 '탐정(업)은 사실조사를 할 수 있다'는 명시적 법문을 두지 않는 한 탐정이 사실관계를 알아보는 일체의 행위는 '사실조사'가 아닌 '사실관계 파악'으로 이해하고 그렇게 표현함이 합당할 것이다.

(김종식 한국민간조사학술연구소장 브레이크뉴스 2020.8.19. 기고 칼럼 중에서)

23. 행정소송과 행정심판

행정소송 (行政訴訟)	(1) '행정소송'이란 행정청의 '위법'한 행정처분을 법원에서 정식으로 다투는 소송절차이다. 행정소송은 행정쟁송이라는 점에서 행정심판과 같지만, '위법성'만을 쟁송으로 한다는 점과 법원에서 정식의 소송절차로 진행되어야 한다는 점에서 행정심판과 구별된다. 행정소송은 법률에 특별한 규정이 없는 한 처분을 행한 행정청을 피고로 하여 제기한다. ▷ 각종 세금의 부과처분에 대한 취소소송, 운전면허취소·정지처분에 대한 취소소송 등이 그것이다. ▷ 행정소송에서는 처분청의 '위법성'만을 심사의 대상으로 하나, 행정심판에서는 처분청의 '위법'은 물론 '부당'까지 심사의 대상으로 하고 있다는 점에서 대별된다. (2) 종전에는 행정소송을 제기하려면 반드시 먼저 행정심판을 거치도록 되어 있었으나, 1998년 3월 1일 시행된 개정 행정소송법에 따라 원칙적으로 당해 법률에 다른 규정이 있는 경우를 제외하고는 행정심판 제기 유·무 및 전·후에 관계없이 행정소송을 제기할 수 있다. 행정소송 1심법원은 행정법원(독립된 행정법원이 없는 경우 관할지방법원 행정부)이며, 1심 판결에 불복할 시 고등법원에 항소, 대법원에 상고가 가능하다(3심제).

	(3) 행정소송의 심리는 민사소송과는 달리 사실의 주장과 증거를 제출하는 책임을 당사자에게만 지우지 않고 법원이 직권으로도 증거조사를 할 수 있으며, 당사자가 주장하지 아니 하는 사실에 관하여도 판단할 수 있다. 행정소송의 대상이 공익에 관계되는 사항이기 때문에 이와 같이 예외적으로 직권주의를 채택하고 있는 것이다.
행정심판 (행정심판)	(1) '행정심판'이란 행정청의 '위법·부당한 처분이나 부작위'로 인하여 피해를 입은 국민을 위한 권리구제 절차이다(행정심판법). 행정심판은 변호사, 대학교수 등으로 구성된 독립된 심판기관인 행정심판위원회에서 심판한다는 점에서 사법기관인 법원이 심판기관이 되는 행정소송과는 구별되고, 행정소송에 비해 신속하게 분쟁을 해결할 수 있고, 비용이 들지 않는 장점이 있다. ▷ 운전면허 정지·취소처분 구제, 영업정지·과징금 부과처분 구제 등이 그것이다. (2) 심판 청구는 행정처분(처분 또는 부작위)을 행한 행정청 또는 그 상급 행정기관에 제기한다(원칙적으로 처분청의 직근 상급행정기관이 '재결청'이 되며, 처분청이 '피청구인'이 된다). 행정심판의 결과는 일반 민원처리나 고충처리와 달리 관계 행정관청을 구속하는 법적인 효과가 있다. (3) 행정심판은 처분이 있음을 알게 된 날부터 90일 이내에, 처분이 있었던 날부터 180일 이내에 청구하여야 한다(예외 있음). (4) 중앙행정기관(각 부·처·청 등), 특별시, 광역시·도, 중앙행정기관 소속 특별지방행정기관(지방경찰청, 지방병무청, 지방식품의약품안전처, 지방환경청, 지방고용노동청 등)의 처분 또는 부작위에 대한 심판청구사건은 '중앙행정심판위원회(위원장 국민권익위원회 부위원장)'에서 관할한다. (5) 행정심판은 '이의신청'과도 유사한 점이 있으나 행정심판은 원칙적으로 처분청의 직근 상급행정기관이 재결청(裁決廳)이 되는데 반하여, 이의신청(異議申請)은 위법 또는 부당한 처분 등으로 권익을 침해당한 자가 당해 처분청에 그 취소나 변경을 신청하는 일이라는 점에서 비교된다.

24. 용의자·피의자·피고인의 정의와 그들의 권리

구 분	용의자(容疑者)	피의자(被疑者)	피고인(被告人)
의 의	공식 수사대상이 되기 전(수사개시전)에 범죄혐의를 받고 내사중인 자(용의자=피내사자)	범죄혐의를 받고 수사의 대상이 되어 사건부에 등재된 자로서 공소제기 이전의 자	공소가 제기된 이후의 자
권 리	용의자는 아직 형사소송법상의 제약을 받고 있는 자가 아니기 때문에 형사소송법상의 권리를 주장할 주체가 아니다	[피의자에게만 인정되는 권리] ▷ 체포·구속적부심사청구권 ▷ 영장실질심사제도(구속전 피의자심문제도) ▷ 보증금납입조건부 피의자 석방제도 ▷ 피의자에게도 보석은 인정되지만 보석청구권은 인정되지 않는다(보증금납입조건부 피의자 석방제도를 신설). ▷ 피의자에게는 피의자신문조서 열람 외에는 타서류 열람 등사권이 없다.	[피고인에게만 인정되는 권리] ▷ 기피신청권 ▷ 국선변호인제도 ▷ 보석청구권 ▷ 공판(소송)서류열람·등사권 ▷ 최후진술권
		[피의자·피고인에게 공통적으로 인정되는 권리] ▷ 변호인 선임권(형소법 제30조) ▷ 변호인선임의뢰권(형소법 제90조) ▷ 진술거부권(형소법 제244조의3, 형사소송규칙 제127조) ▷ 접견교통권(형소법 제34조) ▷ 증거보전청구권(형소법 제184조) ▷ 구속취소청구권(형소법 제93조, 제209조) ▷ 압수·수색·검증영장집행에의 참여권 　(형소법 제121조, 제219조) ▷ 형사상 보상청구권(헌법 제28조)	

25. 수사 종결의 형식

수사의 종결이란 공소제기 또는 불기소 처분을 결심(결정)할 수 있을 정도로 피의 사건이 해명되었을 때 검사가 수사절차를 종료하는 것을 말한다.

구분			내용
공소제기			수사결과 범죄의 객관적 혐의가 충분하고 소송조건을 구비하여 유죄판결을 받을 수 있다고 인정할 때에 검사는 공소를 제기한다(형소법 제246조).
불기소 처분	협의의 불기소 처분	혐의 없음	피의사건에 관하여 공소를 제기함에 충분한 객관적 혐의가 없는 경우
		죄가 안됨	① 피의자가 형사미성년자 또는 심신상실자인 경우 ② 위법성이나 책임성조각사유가 존재하는 경우 ③ 법률상 범죄성립이 조각되는 경우
		공소권 없음	소송조건의 결여나 형이 면제되는 경우(공소시효의 완성, 피의자 사망, 친족상도례, 고소 취소된 친고죄, 사면, 법인의 해산 등)
		각 하	① 고소권자가 아닌 자가 고소한 경우 ② 고소·고발사건에서 혐의 없음, 죄가 안됨. 공소권 없음의 사유에 해당함이 명백한 경우
	기소유예		피의사실이 인정되고 소송조건이 구비되었으나 범인의 연령, 성행(性行), 지능, 환경, 범행의 동기, 수단과 결과, 범행 후의 정상 등을 참작하여 공소를 제기하지 않는 경우이다(형소법 제247조제1항).
	기소중지		피의자의 소재불명이나 고소인 또는 중요한 참고인의 소재불명 등의 사유로 수사를 종결할 수 없을 경우에 수사를 일시적으로 중지하는 검사의 수사중지처분이다(검찰사건사무규칙 제73조, 제74조).
	참고인 중지		고소인이나 고발인 등의 소재가 파악되지 않은 경우
	공소보류		국가보안법 위반의 죄를 범한 자에 대하여 형법 제51조의 사항을 참작하여 공소제기를 보류할 수 있으며, 공소보류를 받은 자가 공소의 제기 없이 2년을 경과하면 소추할 수 없다(국가보안법 제20조제1항).

[정보론·情報論]

1. 정보의 특성

정보(情報, Intelligence)는 다음과 같은 요소에 충실할 때 그 유용성과 가치가 높게 평가되며, 이러한 요소를 '정보의 특성'이라고 한다. 특히 정보의 「정확성」과 「적시성」·「완전성」은 정보의 가치를 평가하는 요체라는 점에서 이를 정보의 3요소라 한다.

정확성	자료나 정보는 사용자가 어떤 결심이나 행동방침을 결정하는 중요한 요소가 되므로 객관적으로 평가된 지식이어야 한다.
적시성	자료나 정보는 사용자가 필요로 하는 시기에 제공되어야 한다. ▷ 즉시성(卽時性)이 아닌 적시성(適時性)임에 유의
완전성	자료(정보)는 주제와 그 내용이 일치해야 하며, 관련된 모든 사항이 포함되어야 한다(단, 자료나 정보의 완전성은 절대적인 완전성을 의미하는 것은 아님).
적실성	자료나 정보로서의 가치를 갖기 위해서는 사용권자의 의사결정에 반드시 필요한 내용을 제공해야 한다.
비이전성	무형의 자료(정보)는 타인에게 전달해도 본인에게 그 가치가 그대로 남는다.
정보제공의 빈도	자료(정보) 제공의 빈도(頻度)가 높은 것일 수록 사용자에게 도움이 큰 것이므로 수집과 관리에 신중을 기해야 한다.
무한가치성	자료(정보)는 그 내용이 단 한 가지라 할 지라도 필요한 사람이면 누구에게나 가치가 있다.
신용가치성	같은 자료(정보)라도 출처의 신뢰도가 높을수록 그 정보의 가치는 높다고 할 수 있다.
누적효과성	자료(정보)는 생산, 축적되면 될수록 그 가치가 커진다.
필요성	'알아야 할 사람에게만 알려야 한다'는 원칙, 즉 '누구에게 필요한 자료인가', '누가 알아야 할 정보인가'에 대한 문제이다. ▷ A에게 보고 해야 할 자료나 정보를 B에게 보고 하였다면 필요성이 결여된 것으로 무용지물의 자료가 되거나 보안성의 문제가 발생한다.
변화성	일반적으로 정보사용자의 지위가 높으면 정보의 가치가 상승하고, 시간의 흐름에 따라 정보의 가치는 감쇄되는 변화를 맞게 된다.
독립성	배타적으로 독립된 자료가 더 큰 가치를 지니는 경우가 많으며 이는 대부분 비밀로 관리된다(비공개정보의 가치성).

2. 자료·첩보·정보 등 유사용어의 개념과 관계성

「자료」와 「첩보」그리고 「정보」는 '저수지의 물(자료)'과 '바가지에 담은 물(첩보)' 그리고 '먹게 된 물(정보)'과 같은 밀접한 관계에 있어 굳이 구분하지 않고 '자료'를 '정보'라 하거나 '정보나 단서·증거 등을 망라'하여 그냥 '자료'라 부르기도 한다. 즉 '저수지의 물'도 물이요, '바가지에 담긴 물'도 물이고, '먹게 된 물'도 물이니 이 모두를 그냥 '물'이라 칭하는 격이다. 이는 옳고 그름의 문제가 아닌 자료의 용도와 부르는 사람의 표현상 편의에서 비롯된 혼용으로 이해함이 옳을 것이다. 하지만 정보활동을 탐정업무의 요체로 하는 탐정(업)에서 그 정의와 표현을 오용함은 자칫 스스로의 업무나 의뢰자와의 소통과정에 오류를 낳을 수 있음에 유의해야 한다.

유사 용어	정 의 (개념)
자료(資料) Data	▷ 넓은 의미의 자료 유용성이나 가치를 불문한 '삼라만상의 모든 것'을 말한다. ▷ 좁은 의미의 자료, 일반적·사전적 의미의 자료 연구나 조사 등의 바탕이 되는 재료를 말한다(학술자료, 보도자료, 정책자료, 소송자료 등). ▷ 정보학적 개념의 자료 아직 평가되어 있지 않은 단순한 여러 사실이나 기호, 신호 등 소재(素材)를 말한다. ▷ '자료(data)'를 곧 '첩보'나 '정보'로 칭하거나 '정보의 원자료(原資料, raw data)' 또는 '기초적 사실'이라 부르기도 한다. 영문에서 'data'란 증명·판단·결정 등을 위한 자료(정보)를 의미한다. ▷ '자료'는 일반적으로 첩보나 정보의 前단계이므로 첩보나 정보보다 범주(範疇)가 훨씬 넓다. 즉, 자료의 시장이 가장 넓다.
첩보(諜報) Information	▷ 정보학적 관점에서 본 첩보목적을 가지고 의도적으로 수집된 자료를 말한다. ▷ '첩보'는 정보의 前단계로 비교적 '기초적', '단편적', '불규칙적', '미확인 상태'의 부정확한 지식으로 다소 조잡한 경우가 많다(풍문, 루머 등) ▷ 아직 분석이나 평가 등의 정보처리과정을 거치지 않은 것이라는 점에서 '生 정보' 또는 '1차 정보'라 하기도 한다.
정보(情報) Intelligence	▷ 정보란 '자료(data)'나 '1차 정보(첩보)'를 평가·분석·종합·해석하여 만든 '완전한 지식'을 말하며, '2차 정보', '가공정보'라고도 한다. ▷ 정보는 입수된 첩보를 특정의 목적이나 문제해결에 도움이 되도록 처리 및 가공함으로써 이용가치를 부가시킨 것으로, 특정 상황에서 가장 적합한 행동을 선택할 수 있는 판단의 기준이 된다.

3. 정보의 존재형태와 획득 수단

▷ 아래의 표 '공개자료 취득수단'은 탐정의 자료수집활동에 널리 응용되고 있는 수단임
▷ 아래의 '비공개 수단'은 정보론적 예시일 뿐 탐정의 자료수집활동에는 적용이 금지되거나 제한적으로 응용된다(협조원 제한적 운용).

공개자료 취득수단	① 탐문(探問, 探聞), 탐사, 견문, 면접, 설문 활용 ② 미행, 잠복, 관찰·묘사·선면, 현장관찰, 알리바이 파악 등 ③ 세평·소행·행적 등 ④ 녹음, 촬영·녹화 등 채증 ⑤ 정보공개청구, 인터넷 검색, 문헌 열람 ⑥ 각종인쇄물(신문, 잡지, 단행본, 회보) 및 방송, 유튜브 등 공개 자료 검토 ⑦ 진정, 투서, 민원, 시위, 풍문, 평판,		
비공개자료 취득수단	인간정보 (Humint, 휴민트)	휴민트(Humint)란 사람(Human)과 정보(Intelligence)를 합성한 말로 합법·불법에 상관없이 사람을 통해 수집한 정보를 뜻한다. '인간정보는 자료(첩보)수집의 시작이자 끝'이라 할 수 있을 정도로 중요하고 결정적 수단인 반면 첩보의 신뢰성(과장, 왜곡, 조작 등) 검증이 곤란한 단점이 있다. 스파이(spy)의 첩보활동이 그 대표적인 例이다. ▷ 탐정(업)에 있어서는 위에 열거된 공개수단에 의한 자료수집활동을 원칙으로 하되 예외적으로 인간정보(협조원) 활용	
	기술정보 (Techint, 테킨트)	영상정보 (Imint, 이민트)	레이더, 항공사진, 적외선 센서 등 전략목표 영상탐지(시각적 정보) * 걸프전 때 미국의 족집게 공습
		신호정보 (Sigint, 시진트)	전파 및 전자적 신호 탐지(통신정보) * 일본의 전파(신호) 탐지로 소련 KAL858기 격추 사실 시인

〈'공개출처의 정보'와 '비공개출처의 정보' 수집 관련 장단점〉

▷ 정보의 이론적 측면에서 볼 때 공개출처(공개된 정보)는 수집상 시간과 비용이 절약되고 객관성과 신뢰성은 높으나 비교적 중요도가 떨어진다.
▷ 비공개출처는 조작되지 않은 첩보를 얻을 수 있는 장점은 있으나 개인의 프라이버시나 공공의 안녕 등을 위해 여러 개별법으로 접근(획득)이 금지되어 있음에 특히 유의하여야 한다(법률로 보호 받고 있는 비공개정보는 탐정의 몫이 아님).

4. 정보활동의 특성과 한계

(1) 정보활동의 특성

정보활동의 특성은 탐정의 10대 특성과 동일(이 책 '1부 탐정(업)의 정의와 특질' 참조)

1) 기초활동성

사실관계를 파악 또는 유추하는 기초적 활동이다.

2) 사실행위성

타인의 권리 또는 이익에 직접적, 구체적 변동을 초래하는 처분 등의 행정행위가 아니기 때문에 정보활동 자체는 시비의 대상이 될 여지가 없다(단 정보활동 과정에 타인에게 손해를 끼쳤을 경우에는 손해배상 등의 문제가 따른다).

3) 비권력성

타인의 자유 또는 권리를 침해하는 권력적 작용이 아니라 임의수단에 의한 비권력작용이다.

4) 대상의 광범성

다양한 대인, 대물, 혼합적 사안을 대상으로 하고 있다.

(2) 탐정의 정보활동 상 한계

1) 법규상 한계

탐정은 탐정업무를 직접 규율하는 법률과 다른 개별법에서 금지한 정보를 수집 하여서는 아니된다.

2) 조리상 한계(일반 법원칙상 한계)

① 필요성

정보활동이 범죄예방이나 피해구제의 단서 발견을 위해 어느 정도 필요한가를 고려해야 한다.

② 상당성

정보활동의 수단이 필요성과 관련해서 과연 상당한 것인가를 고려해야 한다.

③ 타당성

정보활동의 수단이 사회통념상 타당한 것인가를 고려해야 한다.

5. '정보를 필요로 하는 이유'와 '정보의 3대 가치'

'정보'는 누가 언제 어떤 목적으로 사용하느냐에 따라 그 가치가 달라지기 마련이다. 하지만 전통적인 '정보론'에서는 '정보를 필요로 하는 이유'와 '정보의 가치'를 아래와 같이 설명하고 있다.

(1) 정보를 필요로 하는 이유

1) 정보는 불확실성을 해소할 수 있는 근거가 되기 때문이다.

2) 정보는 당면문제를 해결해 줄 수 있는 기준이 되기 때문이다.

3) 정보는 미래를 예측할 수 있는 기초가 되기 때문이다.

(2) 정보의 3대 가치

1) 개인적 가치

정보 취득의 수단과 취득 정보의 이용·관리의 방법에 따라 '개인의 비중(역할)'이 달라진다는 것으로 개인적으로 소유한 정보가 그 소유자에게 미치는 가치를 나타내는 소유효용을 말한다. 정보화 사회에서는 재물을 많이 소유한 자보다 좋은 정보를 많이 보유한 자가 지배세력이 된다('정보는 국력이다'는 말이 지닌 의미).

2) 사회적(공공적) 가치

정보는 본질적으로 '사회구성원이면 누구나 이용' 할 수 있는 공적 자원으로서의 성격을 지닌다는 의미이다(공공기관이 보유하고 있는 정보는 공공기관의 것이 아니라 국민의 것이라는 개념하에 '공공기관의 정보공개에 관한 법률'이 제정되어 있다).

3) 경제적(상업적) 가치

정보는 아무리 사용해도 감가상각(減價償却)이 되지 않으며, 정보자체가 '재화적 가치'를 지니거나 경제적 손익에 지대한 영향을 미친다는 의미이다(기업에 대한 정보, 증권정보, 투자관련 정보 등은 그 자체가 경제적 가치를 지닌 정보이다).

6. 정보수집 활동상 기본 원칙과 방향 설정

(1) 정보수집 활동 시 심득사항

1) 기법상 측면

① 신뢰성 있고 유용한 출처로부터의 첩보수집(신빙성 있는 출처개척)

② 입수한 첩보의 신뢰성 평가를 위한 이중출처 개척(출처의 다원화)

③ 중요도가 높은 것부터 우선적으로 수집(가치 있는 첩보 우선수집)

④ 수집할 첩보가 의뢰자의 행동방책에 도움이 되는 것인지 여부 판단(적실성)

⑤ 정보사용자의 사용시기에 부합하는 수집(적시성)

⑥ 가까운 곳부터 찾는 습관(공개첩보의 중요성)

⑦ 한 번 개척한 출처는 절대로 잃지 않는 관심(情報源의 관리)

⑧ 대상을 미리 연구하고 접근하는 사전탐구(사전지식의 함양)

2) 정신적 측면

① 준법정신을 갖는다(합법성, 합리성, 타당성 등).

② 목적의식을 갖는다(내가 '이 정보를 왜 수집하려 하는가?').

③ 정보의 배경을 분석한다(더 깊숙하게 파악).

④ 다각적이고 종합적인 시각을 갖도록 한다(잠자리의 눈처럼 복안을 가지고 '그럴 수 있다'는 자세로 종합적인 검토를 행한다).

⑤ 공개정보도 중시한다.

⑥ 선입관 없이 객관적으로 바라본다(내가 배우고 알고 있는 지식만으로 이해하려는 고정관념을 버려라).

⑦ 우선순위를 정한다.

⑧ 출처가 명확하더라도 반드시 확인해야 한다.

⑨ 보안을 유지하는 능력이 필요하다.

⑩ 사실과 추리를 구별하는 능력이 필요하다.

(2) 정보수집 실행 원칙

1) 정보활동 목적 설정	세상은 넓고 자료는 많다. 자료를 수집하다 보면 '더 좋은 정보', '욕심이 나는 정보' 등 새로운 자료가 속출한다. 이런 상황에서 수집 활동이 방만해지면 자료의 탐색 범위와 기한이 무한으로 늘어나게 되고, 수집 자료가 산만하여 정리가 난이해지는 등 소기의 목적과 목표 달성에 차질을 초래하게 된다.
2) 정보활동 범위	
3) 정보활동 기한 설정	
4) 자료의 실시간 정리	
5) 자료의 진위 분석	

(3) 정보활동의 방향 설정

자료(정보, 단서, 증거類)가 거의 없는 상태에서의 탐정활동은 주로 횡적으로 이루어지고, 일정한 자료가 확보된 경우의 탐정활동은 종적으로 이루어지는 경우가 대부분이다. 즉, 어느 시기까지 횡적활동을 펼칠 것인지 또는 사안별로 횡적활동과 종적활동을 어떻게 배분 할 것인지를 정하는 것은 탐정업무의 성취도와 직결된다.

구 분	횡적(橫的) 활동	종적(縱的) 활동
특 징	① 사안(事案)의 윤곽이 드러나지 않은 경우의 탐정활동이다(전방위적 활동). ② 기초자료수집을 위한 활동이다. ③ 깊이 보다 폭을 넓혀가는 활동이다.	① 사안(事案)의 윤곽이 어느 정도 드러난 경우의 탐정활동이다(선택적 활동). ② 수집된 특정자료에 의한 활동이다. ③ 폭보다 깊이 파고들어가는 활동이다.
장 점	사안의 신중한 판단과 자료의 확실성 도모에 기여하는 활동이다.	수집된 특정자료를 바탕으로 집중적인 탐색을 펼치는 활동으로 탐정의 판단력에 따라 신속한 문제 해결을 기대할 수 있다.
단 점	조사가 장기화되어 노력과 비용의 소모가 크다.	한정된 자료에 의한 조사로 오류발생의 가능성이 있음에 유의해야 한다.

7. 첩보(자료)의 타당성 평가 및 오류 진단

(1) 첩보의 타당성 평가

'첩보의 타당성 평가'란 첩보가 '의미있는 정보'로 평가되기 위한 기본적 요건을 지녔는지 여부를 가려보는 것을 말한다.

① 적절성(適切性)	▷ 현재나 장래에 있어 그 자료가 어느 정도로 유용한 것인가? ▷ 적시성이 있는가? ▷ 타 출처에 이미 알려진 것은 아닌가를 가려본다.
② 신뢰성(信賴性)	▷ 적절성이 있다고 판단되면 자료제공자(출처)에 대한 신뢰성을 검토한다. ▷ 출처(제보자)의 능력 및 지식 정도, 훈련과 경험, 수집환경, 과거 업적, 성실성, 입증여부 등이 검토 되어야 한다.
③ 가망성(可望性)	▷ 위의 적절성과 신뢰성을 검토한 다음 내용의 견실성, 상세성, 일반적 경험과 지식에서 본 타당성, 타 출처의 첩보 및 정보와 일치성·연관성 등 '가망성'을 살펴본다. ▷ 출처의 신뢰성과 가망성은 언제나 비례하지 않는다.

(2) 첩보의 오류 진단

1) 출처의 신뢰도와 가망성은 비례하지 않는다

'출처의 신뢰성과 가망성은 반드시 일치하는 것은 아니다'. 정보(자료)의 가치는 공식적으로만 산출될 수 없는 부분이 있기 때문에 정보의 출처가 'A급'이라 하여 가망성도 반드시 'A급'이라고 하여서는 아니 된다. 그 출처가 'C급'이라도 경우에 따라서는 가망성이 매우 높은 'A급'인 경우도 있다.

▷ 예를 들어 성직자의 제보라하여 반드시 가망성이 높은 정보라 할 수 없으며, 노숙자의 제보라하여 언제나 가망성이 없는 것이 아니다. 정보의 수집이나 제공에는 실수나 착오 또는 의도적 가감 등 왜곡이나 오류가 발생할 소지가 상존하고 있기 때문이다.

2) 단일 출처는 신뢰도 부여에 신중을 기하라

첩보의 오류와 함정을 극복하기 위한 방책으로는 출처의 다원화가 긴요하다. 단일 출처로는 그 첩보의 신뢰성 검증이나 확인이 어렵기 때문이다. 미국·영국 등 일부 선진국에서는 정치적·사회적 중요 쟁점이 있을 때 정보의 신뢰성 제고를 위해 국가기관이 사설탐정에게 민심이나 특정정보의 수집을 의뢰하여 비교하기도 한다는 사실은 시사하는 바 크다.

3) 정보 분석자의 자기 검증과 통제가 이루어지고 있는가?

첩보분석자(또는 수집자)의 오해와 편견, 부족한 지식, 편향된 성격이나 성향, 그릇된 관행 등은 직간접·부지불식 간 정보의 생산 순환 과정에 영향을 미쳐 정보의 오류와 함정에 둔감해지기 마련이다. 정보분석자는 자신의 역량과 주관(主觀)을 엄격히 검증하고 통제하는 자세를 지녀야 한다.

4) 과학 장비라 하여 100% 신뢰할 수 없다

첩보수집 시 과학장비를 이용할 경우에도 장비의 고장이나 착오 등에 의하여 그릇된 첩보가 수집될 가능성은 얼마든지 있으므로 정보요원은 입수한 자료에 대하여 항상 종합적으로 검토해 보는 습관을 가져야 하며 자기 자신이 범한 오류는 없는지 평가해 보는 겸허한 자세도 필요하다.

8. 자료수집 보고서(정보보고서) 작성요령, 양식 등

수집된 정보나 단서, 증거 등 자료는 '자료수집보고서' 또는 '정보보고서'라는 명칭으로 의뢰자에게 보고함으로써 탐정 본연의 임무가 완수되었다 하겠다. 이때의 정보보고는 신선도, 정확도, 신속도의 세가지 요건을 구비하여 반드시 의뢰자에게만 보고되어야 한다. 보안상 서면 보고가 적절치 않은 내용은 의뢰자와의 협의 하에 구두 보고로 갈음 할 수 있다.

(1) 정보보고서 작성 시 유의해야 할 원칙

필요성	의뢰자의 의뢰내용에 부합하는 내용이어야 한다.
완전성	관련 있는 사실이 체계 있게 완전히 작성되어야 한다.
적시성	의뢰자의 사용 시기(계약된 보고일)에 보고되어야 한다.
정확성	내용이 '사실에 맞게' 작성되어야 한다.
간결성	보고내용은 간결, 명료해야 한다(수식어나 미사여구 불필요).

(2) 정보보고서 작성시 간결성과 명료성 유지를 위해 선택되는 주요 결어(結語)

판단됨	어떤 징후 (결과)가 나타나거나 상황이 전개될 것이 거의 확실 시 되는 근거(단서)가 있는 경우
예상됨	첩보 등을 분석한 결과 단기적으로 어떤 상황이 전개 될 것이 비교적 확실한 경우
전망됨	과거의 움직임이나 현재의 동향, 미래의 계획 등으로 미루어 장기적으로 활동의 윤곽이 어떠하리라는 예측을 할 경우
추정됨	구체적인 근거가 없이 나타난 상황의 원인, 배경 등을 다소 막연히 추측할 경우
우려됨	구체적인 징후는 없으나 전혀 그 가능성을 배제하기 곤란하여 최소한의 대처(대비)가 필요한 경우
입증됨	자의적 주장이나 판단이 아니라 객관적 증거에 의한 합리적 의심이 없는 증명을 의미 한다. 법적 분쟁에 있어 사실의 유무에 관하여 가장 명확한 사실의 확정 방법이다.
간주됨	법적 사실에 대한 증명이 확실히 나타나지 않은 경우라 하더라도, 기정 사실화 된(일반적인 사실의 개연성이 매우 높은)일에 대해 법적으로 일정한 사실 관계를 확정하는 것을 뜻하며, 추정과 달리 반증으로 깨지지 않는다.
사료됨	단순히 '깊이 생각하여 헤아린다'는 뜻으로, 순화 자료집에 따르면 '사료하다, 사료되다'는 순화 대상어이고, 이에 대한 순화어로 '생각하다, 생각되다'를 제시하고 있다.

(3) 탐정의 자료(정보)수집 활동 보고 방식 및 보고서 양식

1) 탐정업무의 진행(수시) 보고 및 결과 보고 방식

보고 시기별	보고 방식	개 요
진행 과정	비공식 대면 보고	① 질문에 대한 답변, 토의 형태로 직접 전달(보고)한다. ② 의뢰자 및 참여탐정 간 이루어지는 협의 겸 보고 수단이다.
	문자메세지	의뢰자가 회의나 행사 등에 참석하거나 원거리에 체류하여 직접적인 접촉이 용이하지 않은 경우나 사실확인 차원의 단순보고에 활용하는 방식으로 최근 활용도가 매우 높다(휴대폰 문자 메시지 등).

보고 시기별	보고 방식	개 요
	전화	돌발적이고 긴급을 요하는 정보 사항이 있을 때 주로 활용
	일일 활동 보고	매일 24시간에 걸친 제반 활동 상황이나 대상자의 동향 등 변화를 중심으로 전화를 보고하는 방법이다.
최종 결과	서면보고 또는 구두보고	최초 수임 계약에 따라 수시 또는 최종 결과보고를 하되 결과보고 시에도 서면이 아닌 아래 네 가지 방식의 보고방식으로 최종 보고에 가름하기도 한다.

2) 보고서 양식

☞ [필자 주]

① '자료(정보)수집 활동 중간 보고 단계'에서는 서면 보고보다 위에 열거한 '비공식 대면보고' 또는 '문자메시지', '전화', '일일활동보고(전화)' 등이 주로 활용된다. 그렇다하여 '서면 자료 없이 구두 보고로 만 그칠 경우' 언제 무슨 보고를 했는지 혼동이 야기 되거나 의뢰자로부터 보고 결략(부실) 등을 이유로 하는 불만이 제기될 경우 대응이 곤란해 질 수 있음에 특히 유의해야 한다. 따라서 설령 구두 보고에 그치더라도 그 내용을 반드시 보고서 양식으로 서면화하여 부책해 두어야 한다.

② 정보보고는 공직사회건 기업이건 특수한 경우를 제외하고는 '간결성 유지'를 위해 '1면주의(一面主義)'가 보편화 되어 있다. 탐정의 수시 또는 최종 결과 보고도 A4지 한 면(面)을 기준으로 하는 '1면주의'로 그 효용이 충분히 달성될 수 있으리라 본다.

③ 아래 보고서 양식은 자료(정보)수집 활동 중간(수시) 보고용으로 만들어 졌다. 하지만 최종 결과보고용으로 활용하여도 무방하다(최종 결과 보고용 양식은 '제8부 수임업무 결과보고 및 평가'란에 수록되어 있음).

[자료(정보)수집 활동 수시 보고서 양식]

자료(정보)수집 활동 보고서

보고일시 보고회차 보고방법	보고일시	보고일시 기재	보고회차	1차 보고 or 최종보고 등
	보고방법	서면 or 구두 등 표기	연락처	전화보고 시 기재
수신	홍길동			
제목	가출인 OOO의 생사 여부 및 소재파악 활동 보고			
보고자	홍길동 탐정사무소 대표 OOO 또는 탐정 OOO			
내용 (요지)	200자 내외(1면주의)			
첨부	사진 등 증거물이 있을 경우 그 목록을 기재하고 실물은 첨부			
보고 시 의뢰자 추가 요청 사항 등				

한국민간조사학술연구소 고안양식(2020)

9. [칼럼] 잘못된 情報보다 모르는 게 낫다

우리 선조가 남긴 잠언 중에 '반풍수(半風水) 집안 망친다'는 말이 있다. 서투른 재주나 단견을 함부로 내세우다가 도리어 일을 망치는 경우를 비유적으로 이르는 말이다. 즉 '잘못 아는 것보다 모르는 것이 차라리 낫다'는 얘기일 것이다. 이는 오늘날 많은 분야에 적용되는 말이지만 정확성과 완전성, 적시성을 생명으로 하는 국가기관의 정보업무나 개인의 정보생활에 특히 부합되는 경구(警句)로 여겨진다.

경제학자 파레토는 '우리가 일상생활에서 필요로 하는 정보의 80%는 주변에 이미 널려 있다'고 하였다. 이는 우리주변에 수많은 정보가 범람하고 있음을 단적으로 표현한 말이다. 그러나 일반적으로 접근이 가능한 공개정보 중에는 매우 혼란스럽거나 무가치한 것이 많이 섞여 있어 이를 어떻게 선택하고 판단할 것인지가 정보사용의 최대 관건이 되고 있다. 내가 본 것, 내가 들은 것 그 자체를 대단한 정보인 양 과신하다가 망신한 사람의 수가 정보의 득을 본 사람의 수보다 많다. 정보는 '너무 가까이도 하지 말고 너무 멀리도 하지 마라'는 세속의 경험담이 정보의 속성과 형편을 잘 대변해 주고 있다.

정보의 오류와 함정을 극복하기 위해서는 정보의 신뢰성을 높일 이중출처를 활용한다거나 사안별로 '그럴 수 있다'고 볼 수 있는 상상력과 함께 '그럴 수 있느냐'하는 의구심을 균형있게 가질 수 있는 뛰어난 통찰력이 요구된다. 이를 놓고 볼때 최근의 소위 '십상시' 파문은 첩보수집 또는 정보생산 과정에서 유지되어야 할 의구심과 상상력 간의 균형이 깨진 데서 초래된 정보 참사로 보여진다. 미국·영국 등 일부 선진국에서는 정치·사회적 중요 쟁점이 있을때 정보의 균형감각 견지를 위해 국가기관 스스로가 사립탐정에게 민심이나 특정정보의 수집을 의뢰 하기도 한다는 간절함은 우리에게 시사하는 바 크다.

부정확한 정보의 폐해를 꼬집어 세간에는 무정보 상팔자(無情報 上八字)라는 말이 회자되고 있다. 이는 밤길에 네온사인 번쩍이듯 난무하는 과장정보나 허위정보, 역정보, 실기(失期)정보 등 반풍수 같은 정보에 현혹되어 일생동안 모은 재산을 한순간에 날리거나 창창하던 앞길을 망친 사람들이 던지는 뼈아픈 교훈의 말 이다. 차라리 정보가 없었으면 팔자가 좋았을텐데. 차라리 정보를 몰랐으면 편히 살 수 있었을 텐데 하는 후회와 탄식이 그것 이다.

이제 우리 모두에게 필요한 것은 정보의 양(量)이 아니라 질(質)이다. 정보를 탓할 것이 아니라 '잘못 아는 것 보다 모르는 것이 차라리 낫다'는 정보관(情報觀)의 정립이 필요한 시대임을 말하고 싶다.

(김종식 한국민간조사학술연구소장 조선일보 2015.01.06. 기고 칼럼)

10. [칼럼] '사찰'과 '감찰' 그리고 '탐정의 관찰' 본질 혼동 안 돼

우리 사회에서는 '사찰'과 '감찰' 그리고 '탐정의 관찰(정보활동)' 등을 놓고 그 정의와 범위 등 '개념 논쟁'을 벌이는 경우가 심심찮게 이어지고 있으나, 대중을 공감(납득)케 하는 명료한 논리는 그리 눈에 띄지 않는다. 이에 필자가 20여년 간의 치안정보 실무와 25여년에 걸친 정보 관련 학술 연구 등을 통해 경험했거나 판례 등을 통해 정합해 본 '사찰'과 '감찰' 그리고 '탐정의 관찰'이 지니는 본래적 의미를 아래와 같이 요약하여 탐정 등 대중의 이해를 돕고자 한다.

첫째, '사찰(査察)'이 무언가? 실무적으로 '사찰'이란 ①'정보를 수집하거나 배포 할 수 있는 특수한 권능을 지닌 기관(구성원)'이, ②'특정인(민간인 또는 공직자 불문)에 대하여', ③'불이익 또는 활동상 제약을 줄 요량(料量)'으로, ④'조리상 용인(容認)되지 않는 수단·방법'을 동원, ⑤'그의 언동 등 생활상태를 살피는 활동'을 말한다(대판 1998.7.24.선고96다 42789 및 정보실무적 개념 등 종합). 이러한 사찰은 일반적으로 감찰권이 미치지 않는 민간이나 선출직 공직자 등을 대상으로 행해지는 경우가 대부분이었으며, 민주 사회에서는 단호히 배척되어야 하는 공권력 남용 사례 중 하나이다. 이렇듯 사찰은 민주사회에서 용납 될 수 없는 일임에는 틀림없으나, '사찰'이라고 규정할 구성요건 해당성(가벌성)을 판단하기가 그리 쉬운 일이 아니라는 점에서 '사찰'이라는 용어의 오·남용 역시 자제(自制)되어야 한다.

둘째, '감찰(監察)'의 개념을 보자. '감찰'은 특별권력관계에 있는 조직 또는 그 소속원의 규율과 행동을 규찰하는 일을 칭하는 말이다. 공무원의 위법이나 비위 사실에 대한 자체 조사 및 수사 의뢰 또는 징계 처분 등이 그것이다. 행정기관의 사무와 공무원의 직무 감찰 등을 담당하는 대표적 기구로 헌법기관인 감사원이 있으나, 홀로 모든 공무원의 직무를 두루 살피기에는 역부족이다. 이로 행정부의 수반인 대통령은 행정부 공무원에 대한 감찰권을, 국회의장은 입법부 공무원에 대한 감찰권을, 대법원장은 사법부 공무원에 대하여 감찰권을 갖는(또는 그 소속 하부 기관에 위임하는) 관할권 중심의 감찰제가 정착되어 있다.

셋째, '탐정의 관찰'과 같은 '민간에 의한 특정인 관찰'은 어떤 의미를 지니는 것일까? 우선 '탐정의 관찰 행위'는 권력을 바탕으로 하지 않는 임의적(비권력적) 행위라는 점에서 권력이나 권한을 배경으로 이루어지는 사찰이나 감찰과는 확연히 구분된다. 또한 사찰은 그 자체가 불법행위로 원천 금지의 대상이고, 감찰은 법률이 정한 범위 내에서 허용되는 것인데 비해 '탐정의 관찰(정보활동)'은 법률이 획일적으로 규율할 대상이 아니라는 점에서 비교된다. 예를 들어 탐정의 관찰활동으로 어떤 범죄가 예방되거나 범인이 검거 되면 그 선행이 표창의 대상이 되는가하면 '지나친 관찰'로 개인정보 등 사생활이 침해되거나 타인에게 불안감이나 불쾌감을 주는 행위를 하면 개별법으로 규제되기도 한다.

(김종식 한국민간조사학술연구소장 브레이크뉴스 2018.12.24. 기고 칼럼 중에서)

[증거론·證據論]

1. 증거의 의미

증거(證據, evidence)란 소송법상 사실인정에 사용되는 객관적인 자료를 말한다. 또 이 증거를 바탕으로 사실관계 존부에 대해 법관이 심증을 형성하거나 소송관계인이 법관으로 하여금 심증을 형성하게 하는 것을 증명(證明)이라 한다.

2. 증거의 종류

증거의 종류는 일반적으로 '증거방법과 증거자료', '직접증거와 간접증거', '인증과 물증·서증', '본증(本證)과 반증(反證)', '진술증거와 비진술증거', '실질증거와 보조증거' 등으로 구분되나 이 장에서는 '증거방법과 증거자료', '직접증거와 간접증거', '본증과 반증', '실질증거와 보조증거'에 대해 요점적으로 살펴보기로 한다.

(1) 증거방법과 증거조사, 증거자료

형사소송법상 '증거'라 할 때 일반적으로 '증거방법(證據方法)'과 '증거자료(證據資料)'를 포함하는 개념으로 사용되고 있다. '증거방법'으로부터 '증거자료'를 획득하는 절차를 '증거조사'라 하고, '증거조사'를 통해 알게 된 내용을 '증거자료'라 한다.

1) 증거 방법
　증거조사의 대상(수단)을 말한다. 즉, 증거로 사용되는 유형물 자체를 의미한다.
　(예) 피고인, 증인, 감정인, 증거물, 증거서류 등

2) 증거 조사
　'증거방법'으로부터 '증거자료'를 획득하는 절차를 '증거조사'라 한다.

3) 증거 자료
　증거방법으로부터 증거자료를 획득하는 절차를 증거조사라 하고, 증거조사를 통해 알게 된 내용을 증거자료라 한다. 즉 증거방법을 조사하여 알게 된 내용을 말한다.
　(예) 피고인의 자백, 증인의 증언, 감정인의 감정결과, 서증(書證)의 의미 등

(2) 직접증거와 간접증거

직접증거 (直接證據)	직접증거란 요증사실(要證事實, 당사자의 입증을 필요로 하는 사실)의 증명에 직접 사용되는 증거를 말한다. (예) 범죄사실을 직접 목격한 증인의 증언, 피고인의 자백, 공문서위조죄의 위조문서, 통화위조에 있어 위조통화, 무고죄에 있어 무고문서 등
간접증거 (間接證據)	간접증거란 요증사실(범죄사실)을 간접적으로 추측케 하는 증거를 말하며, '정황증거(情況證據)' 라고도 한다. (예) 범행현장에 있는 지문으로 그가 범죄현장에 있었다는 것은 증명 할 수 있으나 범죄행위를 하였다는 요증사실은 입증 할 수 없다.

▷ '자유심증주의' 하에서 법관은 반드시 직접증거에 의해서가 아니라 간접증거에 의하여도 사실을 인정할 수 있기 때문에 직접증거와 간접증거 간 증명력의 우열은 없다.

▷ 범죄가 점점 지능화·교묘화 됨에 따라 오늘날 형사재판에서는 직접증거보다 간접증거의 활용비중이 더 커지고 있다.

(3) 본증과 반증

본증 (本證)	형사상 거증책임(擧證責任, 입증책임)은 원칙적으로 검사가 부담 함으로 검사가 제출하는 증거는 대부분 본증이라고 할 수 있다(법관에게 확신을 심어 줄 수 있는 만큼의 신뢰성을 충족시켜야 하며 대개는 입증책임을 진 자의 주장이 여기에 해당한다).
반증 (反證)	본증에 의하여 증명될 사실의 존재를 부정하기 위하여 원칙적으로 피고인이 제출하는 증거를 말한다(법관에게 의심을 품게 할 정도면 충분하고, 보통 반증은 상대방의 주장을 기각시키는데 이용됨).
거증책임 (擧證責任)의 전환	형사소송법상 거증책임은 원칙적으로 검사가 지므로 검사가 제출하는 증거를 본증, 피고인이 제출하는 증거를 반증이라고 할 수 있다. 그러나 거증책임(입증책임)이 전환되어 피고인이 제출하는 증거가 본증에 해당하는 경우도 있다. ▷ 명예훼손죄에 있어 진실성과 공익성의 거증(입증)책임은 검사가 아닌 피고인이 스스로 해야 함으로 피고인이 제출하는 증거가 본증에 해당한다.

(4) 실질증거와 보조증거

실질증거 (實質證據)	핵심적인 내용을 이루는 사실인 주요사실의 존부를 직·간접적으로 증명하기 위하여 사용되는 증거를 말한다(범행을 목격한 증인의 증언 등).	
보조증거 (補助證據)	실질증거의 증명력이 불충분한 경우에 그 증명력을 다투기 위한 증거를 말하는데 보조증거에는 보강증거와 탄핵증거가 있다.	
	보강증거 (補强證據)	본증의 증명력을 강화(보강)하기 위한 증거로 엄격한 증명을 요한다.
	탄핵증거 (彈劾證據)	증거의 증명력을 감쇄(減殺)시키기 위한 증거로 자유로운 증명으로 족하다(대판 1978.10.31., 78도2292). 탄핵증거의 증명력은 법관의 자유판단에 의하여 결정되므로 자유심증주의를 보강하는 제도이다.

☞ 증명과 소명

[증명]

▷ 증명(證明)이란 법관의 유죄에 관한 심증의 형성은 '합리적인 의심이 없는 정도의 증거로 입증되어야 한다'는 것. 즉 법관이 요증사실의 존재(당사자의 입증)에 대하여 확신을 얻은 상태 또는 법관으로 하여금 확신을 얻게 하기 위해 증거를 제출하는 당사자의 노력을 말한다.

① 엄격한 증명
  증거재판주의 원칙상 범죄사실 등 주요사실의 인정은 '증거능력이 있고 정식의 증거조사를 거친 증거에 의하여야 한다'는 것이다.
  (예)본증의 증명력을 강화하기 위한 보강증거는 엄격한 증명을 요한다.

② 자유로운 증명
  엄격한 증명에 대비되는 개념으로 주요사실 이외의 기타 사실은 '증거능력이 있는 증거에 의하지 않거나 정식의 증거조사에 의하지 아니하고 증명할 수 있다'는 것을 말한다.
  (예) 증거의 증명력을 감쇄(減殺)시키기 위한 탄핵증거는 자유로운 증명으로 족하다.

[소명]

▷ 소명(疏明)이란 당사자가 그 주장하는 사실에 관하여 법관에게 일응 진실한 것 같다는 추측(수긍 또는 대략 납득)이 생기도록 하는 것으로 소송절차상 급속을 요하거나 중요도가 낮은 지엽적인 사항에 허용된다.

① 형사소송절차에 있어 증명은 법관이 하나, 소명은 소명사항을 청구한 당사자가 부담한다.
② 소명은 증명보다 낮은 정도의 심증이다.

3. 증거능력과 증명력

(1) 증거능력(證據能力)

1) 증거능력(證據能力)은 형사소송법상 증거가 엄격한 증명의 자료로 이용될 수 있는 '법률상의 자격'이다. 즉, 공소 범죄사실 등 주요사실의 증명에 사용할 수 있는 '형식적 자격'을 의미한다.

2) 증거의 증거능력 유무는 법관의 자유로운 판단이 허용되지 않으며 법률에 따라서 판단된다. 증거능력이 없는 증거는 사실인정의 자료로서 인정받지 못하고, 공판정에서 증거로서의 제출도 불허된다.

3) 위법수집증거의 배제(형사소송법 제308조의2) : 적법한 절차에 따르지 아니하고 수집한 증거는 증거로 할 수 없다.

4) 형사소송과는 달리 민사소송법에서는 모든 증거방법(증거로 사용되는 모든 유형물)은 원칙적으로 증거능력이 있다.

☐ 증거능력이 없는 경우(예시)

증거능력이 없는 경우 (예시)	헌법정신에 반하여 수집된 증거	① 영장주의 위반
		  영장 없이 압수, 수색, 검증한 경우 등
		② 적정 절차의 위반
		  의사나 성년의 여자를 참여 시키지 않은 여자의 신체 검사 등

	형사소송법 효력 규정에 위반하여 수집 된 증거	진술거부권을 고지하지 않은 상태에서 작성한 피의자신문조서 등

(2) 증명력(證明力)

증명력(證明力)은 어떤 사실을 입증할 수 있는 증거의 '실질적 가치'로서 이는 법관의 자유로운 판단에 일임된다. 따라서 증거가치는 법률적으로 판단하지 않는다.

▷ 증명력을 인정한 경우(예)

상해죄의 피해자가 제출하는 상해진단서는 일반적으로 의사가 당해 피해자의 진술을 토대로 상해의 원인을 파악한 후 의학적 전문지식을 동원하여 관찰·판단한 상해의 부위와 정도 등을 기재한 것으로서 거기에 기재된 상해가 곧 피고인의 범죄행위로 인하여 발생한 것이라는 사실을 직접 증명하는 증거가 되기에 부족한 것이지만, 그 상해에 대한 진단일자 및 상해진단서 작성일자가 상해 발생시점과 시간상으로 근접하고 상해진단서 발급 경위에 특별히 신빙성을 의심할 만한 사정이 없으며 거기에 기재된 상해 부위와 정도가 피해자가 주장하는 상해의 원인 내지 경위와 일치하는 경우에는 그 무렵 피해자가 제3자로부터 폭행을 당하는 등으로 달리 상해를 입을 만한 정황이 발견되거나 의사가 허위로 진단서를 작성한 사실이 밝혀지는 등의 특별한 사정이 없는 한, 그 상해진단서는 피해자의 진술과 더불어 피고인의 상해 사실에 대한 유력한 증거가 되고, 합리적인 근거 없이 그 증명력을 함부로 배척할 수 없다(대판 2007.5.10., 2007도13).

4. 위법수집증거 배제법칙과 예외 등

(1) '위법수집증거(違法蒐集證據)'란?

'어떤 경우의 어떤 것을 위법 수집 증거로 볼 것인가'에 대하여 형사소송법 제308조의2와 제309조는 수사 기관이 피의자를 고문 또는 협박하거나 속여서 얻은 자백 등 적법절차에 따르지 아니하고 수집한 증거는 증거 능력이 없음을 명시하고 있다. 이와 함께 법원의 판례를 통해 '어떤 경우에 위법 수집 증거가 되는가'에 대한 개념과 유형이 축적되고 있다. 수사 기관이 영장주의에 위반하여 압수 수색한 경우의 증거물, 도청이 위법한 경우 그 결과물인 녹음테이프, 함정수사의 방법으로 취득한 압수물, 변호인과의 접견·교통을 불법으로 제한하고 그 기간 중에 얻은 자백, 불법 구속 기간 중에 얻은 자백 등은 모두 위법 수집 증거가 되어 유죄의 증거 능력을 인정하지 않고 있다.

(2) '위법수집증거 배제법칙(違法蒐集證據 排除法則)'이란?

1) 형사소송법 제308조의2는 '적법한 절차에 따르지 아니하고 수집한 증거는 증거로 할 수 없다'고 선언하고 있다. 이는 위법한 절차에 의하여 수집된 증거의 증거능력을 부정하는 원칙으로서, 그 궁극 목적은 수사기관의 불법행위를 차단·억제하여 형사재판에서 적정절차를 담보하려는 데 있다. 우리나라는 2007년 형사소송법 개정을 통해 위법수집증거의 증거능력 배제를 명문화 하였으며, 이후 위법수집증거에 대한 원칙과 예외가 판례를 통해 형성되고 있다.

2) 미국의 경우 연방대법원이 1886년 보이드(boyd)사건에서 이 원칙을 처음으로 선언하고, 1914년 위스(weeks)사건에서 '위법하게 압수된 물건을 증거로 삼는 것은 미국 수정헌법 제4조의 적법절차에 위배된다'고 판시하여 이 원칙을 재확인하였으며 이어 1961년 맵(Mapp) 판결을 통해 '불법수색과 불법압수로 수집한 증거는 피고인에게 불리하게 사용할 수 없다'고 재천명하여 주 단위까지 확산되었다. 이후 선진 각국에서 이 원칙을 적용하고 있으나 그 적용범위와 한계에는 다소 차이가 있다.

▷ **독수독과이론(毒樹毒果理論, Fruit of the poisonous tree)**

'독나무에서 열린 열매는 역시 독이 들어 있다'는 의미이다. 즉 '위법하게 수집된 증거는 독수독과(毒樹毒果)처럼 오염된 것이므로 당연히 증거능력을 부정해야 한다'는 이론이다(불법수집증거의 증거능력을 부정하는 대표적 이론이다)

(3) 위법수집증거 배제법칙의 효과

1) 위법하게 수집한 증거는 원칙적으로 증거능력이 부정된다(단, 예외적인 판례 있음).
2) 피고인이 증거동의를 하더라도 증거능력이 없다(단, 예외적인 판례 있음).
3) 탄핵증거로도 사용할 수 없다(증명력을 감쇄시키기 위한 증거로 사용할 수 없다).

(4) '위법수집증거 배제법칙'은 민·형사소송 모두에 적용되는가?

독수독과이론(毒樹毒果理論)에 충실한 형사소송에서의 증거법칙(證據法則)과는 달리 민사소송에서는 불법수집 증거라 할지라도 그 증거가 실체적 진실에 부합하는 경우라면 효력을 인정하려는 입장을 취하고 있다.

▷ 이혼 소송에서 스파이앱으로 녹음한 통화 내용을 증거로 볼 수 있다고 판단해 아내의 외도 사실을 인정했다. 한편 민사소송과는 별개로 불법 도청한 남편은 통신비밀보호법 위반 혐의로 징역 6월에 집행유예 1년을 선고 받았다(2015.6.16. 전주지법 형사 4단독).

(5) '위법수집증거 배제법칙'은 수사기관 및 일반국민 등 모두에 적용되는가? (학설과 판례의 입장)

1) '위법수집증거 배제법칙'은 권력을 가진 수사기관의 위법수사를 억제하기 위한 것이 목적이므로 사인이 수집한 위법증거에 대해서는 그 적용을 부정하는 것이 옳다는 견해와 사인이 수집한 위법한 증거를 국가가 사용한다는 것은 기본권 침해를 더욱 확대하는 것이므로 위법수집증거 배제법칙 적용을 긍정하여야 한다는 견해가 대립한다(학설).

2) 헌법상 적법절차의 원칙은 사인간(私人間)에도 적용되므로 적용할 수 있다는 긍정설, 형사소송법 제308조의2(위법수집증거의 배제)는 국가기관의 행위만을 대상으로 하므로 적용할 수 없다는 부정설, 형사소추라는 공익과 사생활 보호라는 사익을 비교형량(比較衡量)하여 적법절차의 본질을 침해하는 경우에 적용하자는 이익형량설(利益衡量說) 등이 있으며

3) 최근의 판례는 '형사소추라는 공익과 사생활보호라는 사익을 비교형량(比較衡量)하여 허용 여부를 결정하여야 한다'고 판시하여 이익형량설(利益衡量說)의 입장을 취하고 있다.

5. 전문증거의 증거능력 제한과 예외

(1) 전문증거의 의의

전문증거(傳聞證據, hearsay evidence)란 사실인정의 기초가 되는 경험적 사실을 경험자 자신이 직접법원에 진술하지 않고 다른 형태에 의하여 간접적으로 보고(제출)하는 것을 말한다. 즉 증거조사는 원칙적으로 특정한 사실을 경험하여 알고 있는 자(그가 피고인이면 피고인신문, 또는 피고인 이외의 자라면 증인신문)를 상대로 증거를 조사하여 그 결과 얻어진 진술 또는 증언을 증거로 삼는 것이 원칙이나 이에 따르지 아니하고 다른 방법에 의해 경험사실이 법원에 보고(제출)되는 것을 전문증거라 한다.

(2) 전문증거의 유형

1) 경험자가 자신의 경험사실을 서면에 기재하여 법원에 제출하는 것(진술서).

2) 경험사실을 들은 사람이 전문한 사실을 법원에 진술하는 것(전문진술, 전문증언).

3) 경험사실을 들은 사람이 이를 서면에 기재하여 법원에 제출하는 것(수사기관 작성의 조서, 진술녹취서 등).

□ 직접증거와 전문증거 구별(예)

직접증거	'갑'이 물건을 훔치는 것을 내가 보았습니다.	seesay evidence	본 것을 전하는 증거
전문증거	'갑'이 물건을 훔치는 것을 '을'이 보았다고 들었습니다.	hearsay evidence	들은 것을 전하는 증거 (전문진술, 전문증언, 수사기관 작성의 조서, 진술녹취서 등이 여기에 해당한다)

(3) 전문증거의 증거능력배제와 그 예외

1) 전문증거의 증거능력 배제(전문법칙)

전문증거란 타인으로부터 전해들은 사실을 진술하는 것을 말한다. 즉 즉 전해들은 증거일 뿐이어서 정확성이나 신용성을 담보 할 수없을 뿐만아니라 반대신문에 의하여 평가할 수 없으므로 그 판단을 그르칠 위험성이 있어. 원칙적으로 증거능력을 부정하고 있는 바 이를 '전문법칙(傳聞法則)'이라 한다(형사소송법 제310조의2).

2) 전문법칙의 예외

① 진술을 요하는 자가 사망·질병·외국거주·소재불명 그 밖에 이에 준하는 사유로 인하여 진술할 수 없는 때에는 그 조서 및 그 밖의 서류(피고인 또는 피고인 아닌 자가 작성하였거나 진술한 내용이 포함된 문자·사진·영상 등의 정보로서 컴퓨터용디스크, 그 밖에 이와 비슷한 정보저장매체에 저장된 것을 포함한다)를 증거로 할 수 있다. 다만, 그 진술 또는 작성이 특히 신빙할 수 있는 상태하에서 행하여졌음이 증명된 때에 한한다(제314조, 전문증거라도 예외적으로 증거능력을 부여하는 경우).

② 즉, 전문법칙의 예외를 인정하기 위해서는 '신용성의 정황적 보장'과 '필요성'이 있어야 한다는 것, 이와 함께 당사자의 동의가 있는 경우에도 전문법칙의 적용이 배제된다(형사소송법 제318조). 한편 전문법칙의 예외를 인정받기 위한 거증책임은 증거를 제출한 당사자에게 있다.

③ 여기서 '특히 신빙할 수 있는 상태' 즉 '신용성의 정황적 보장'이 있는 경우란 반대신문에 의한 진실성의 음미를 필요로 하지 않을 정도로 고도의 진실성이 모든 정황에 의하여 보장되어 있는 경우(예: 임종시의 진술)를 말하며, '필요성'이 있는 경우란 원진술자의 사망이나 중병·행방불명·국외체재 등의 특수한 사정으로 인하여 원진술자를 공판정에 출석케 하여 다시 진술케 함이 불가능 또는 현저하게 곤란한 경우 등을 말한다.

6. [칼럼] 탐정사무소에서 '증거조사 전문'이라 말하면 우스갯거리

'증거수집'이라는 자료수집행위와 '증거조사'라는 소송행위 혼동은 부끄러운 일

얼마 전 평소 잘 알고 지내는 한 변호사와 탐정(업)에 대한 얘기를 나눌 기회가 있었다. 그 변호사는 "사생활조사와 무관한 탐정업은 헌법재판소의 판시로 현행법하에서도 보편적 직업으로 창업이 가능해졌음은 그렇다 치더라도 탐정(업)이 '법원만이 할 수 있는 증거조사'를 자신들의 업무라고 버젓이 광고하고 있음은 정말 경천동지할 일 아니냐"라는 지적과 함께 탐정학술을 지도하는 그룹들이나 탐정업종사자들의 학술 수준이 시민들의 눈높이에 미치고 있는지에 의문을 제기 했다.

탐정업 업무 가운데 '증거의 발견 또는 증거수집'이라는 자료획득 활동이 차지하는 비중은 실로 적지 않다. 탐정업무의 대부분이 많건 적건 증거와 관련된 업무라 해도 과언이 아니다. 따라서 탐정업 업무 종사자들의 증거 관련 이론(증거법)에 대한 이해와 응용은 그 어떤 학술에 비해 필수적이라 하겠다. 그러함에도 '증거발견 또는 증거수집'이라는 탐정업에서의 자료수집행위와 '증거조사'라는 법원의 소송행위를 동격(同格)의 행위 또는 유사한 의미로 여기고 있는 일부 탐정업종사자들의 어처구니 없는 인식이나 그런 광고는 탐정업계의 수치라 아니할 수 없다.

한마디로 대한민국에서 증거조사를 할 수 있는 권능은 법원만이 가지고 있다. 즉, 형사소송법상 '증거조사(證據調査)'라 함은 법원이 범죄사실의 존부(存否) 및 양형(量刑)의 사정에 관한 심증을 얻기 위하여 '증거방법(인증, 물증, 서증 등 각종의 증거)'을 조사하여 그 내용을 감득(感得)하는 소송행위를 말한다. 피고인 신문이 끝나고 재판장의 쟁점정리 및 검사와 변호인의 증거관계 등에 대한 진술이 종료되면 증거조사의 단계에 들어가게 된다(형사소송법 제290조, 증거조사).

민사소송의 경우에도 증거조사는 당사자의 증거신청에 따라 법원이 행하는 것이 원칙이며(민사소송법 제289조, 증거의 신청과 조사), 법원은 당사자가 신청한 증거에 의하여 심증을 얻을 수

없거나 그 밖에 필요하다고 인정한 때에는 직권으로 증거조사를 할 수 있다(제292조, 직권에 의한 증거조사). 예외적으로 법원은 관청이나 그 밖의 기관에 조사를 촉탁해 증거조사에 갈음할 수 있다(제294·296조제1항). 또 직권탐지주의를 채택함으로써 당사자의 주장이나 청구에 구속받지 않고 직권으로 증거를 조사할 수 있는 경우도 있다(가사소송법 제17조, 민사조정법 제22조, 행정소송법 제26조, 채무자 회생 및 파산에 관한 법률 제12조제2항).

이렇듯 '증거조사'의 주체는 오로지 법원이다. 그런 '증거조사'를 탐정(업)의 업무라고 설명하거나 광고하면 기절초풍하지 않을 사람 어디 있겠는가! 탐정업에선 '증거조사'가 아닌 '증거발견'이나 '증거수집' 또는 정보와 단서·증거 등을 아우르는 '자료수집'으로 써야 백번 옳다. 자신의 역할과 역량을 '뻥튀기' 해왔던 재래의 허풍스런 민간조사 행태는 이제 더 이상 통하지 않는다. 오늘날 고객은 겉물(수면)로 업체를 평가하지 않고 속물(수중)까지 살피는 혜안을 지니고 있음을 잠시라도 잊어서는 안된다.

(김종식 한국민간조사학술연구소장 브레이크뉴스 2020.02.11. 기고 칼럼 중에서)

[범죄론·犯罪論]

1. 범죄 원인론

(1) 범죄의 정의

1) 형식적 의미의 범죄

'형식적 의미의 범죄'란 어떤행위가 성문법에 규정된 범죄행위의 유형에 부합하고(구성요건 해당성), 그 행위가 법질서에 어긋난다는 평가를 받아야 하고(위법성), 그 행위를 한 사람에 대하여 비난의 가능성(유책성)이 있는 행위를 말한다. 즉 형벌법규에 저촉되는 행위를 '형식적 의미의 범죄'라 한다(협의의 범죄 개념).

2) 실질적 의미의 범죄

'실질적 의미의 범죄'란 형벌법규를 떠나서 조리(條理) 등 일정한 가치 판단에 의할 때, 형벌에 의한 대응이 필요하다고 여겨지는 사회적인 유해성을 지닌 제반 일탈(逸脫) 행위를 말한다. 즉 도덕적·윤리적·법적 일탈 또는 위법을 망라한 개념이다(광의의 범죄 개념).

(2) 범죄의 원인

1) 생물학적 범죄인론

생물학적 범죄원인론은 범죄의 원인을 개인의 타고난 소질과 신체적 특징(체격형) 등에서 찾으려는 이론이다.

① 롬브로조(Cesare Lombroso, 1835년~1909년, 이탈리아의 범죄학자·실증주의학파, 법의학자)는 범죄자들의 신체검사를 통한 실증적 연구를 통해 범죄의 원인을 개인적 소질과 타고난 신체적 특징 등에서 기인한다고 보았다(생래적 범죄인설, 격세유전설, 범죄인 정형설). 그러나 후기에는 그의 제자 Ferri의 영향을 받아 사회적 요인도 범죄의 원인이 될 수 있다고 보았지만, 그것은 간접적 영향을 가질 뿐이라고 주장(범죄학자 Kurella, Sellin, Hooton 등도 롬브로조의 의견에 동조)하였다. 한편 여성범죄는 선천적인 잠재적 소질이 기초로 되어 있으며, 여성범죄가 적은 것은 단지 겉으로 보기에만 그럴 뿐이고 실제로 여성이 저지르는 매춘을 고려한다면 남성범죄를 훨씬 능가한다고 보았다.

② 그 외 Kretschmer는 체질생물학적으로 세장형(細長型), 투사형(鬪士型), 비만형(肥滿型), 발육이상형(發育異狀型)이 범죄형이라고 보았으며, Sheldon은 내배엽형(비만형), 중배엽형(근육형), 외배엽형(세장형) 체형에 범죄자가 많다고 주장했다.

2) 생물학적 범죄인론에 대한 반론

① Goring은 롬브로조의 연구에 대해 대조집단(control group)도 없이 범죄인의 특징을 묘사했다는 방법론적 결함을 지적하고, 10년에 걸쳐 수감된 범죄인 3000명과 대학생 등 일반인 3000명을 대상으로 Lombroso가 제시한 특징을 비교·연구한 결과 수형자 집단의 신장이나 체중이 다소 열등하다는 사실 외에는 롬브로즈의 '생래적 범죄인론'이나 '범죄인 정형설' 등 범죄형 인간론은 근거가 없다는 논거를 제시했다.

② 범죄학자 Bonger도 롬브로조의 말대로라면 영국의 죄수 200여명의 유배로 시작된 호주의 이민사(移民史)로 볼 때 호주는 범죄의 천국이 되어야하지만 오히려 호주의 범죄율이 낮은 현상은 롬브로조의 생래적 범죄인설이나 범죄인 정형설은 비논리적이라고 비판 했다

③ 독일 베르린의 감옥의(監獄醫)였던 Baer는 생래적 범죄인이라고 생각되는 사람 모두에게서 롬브로즈의 주장이 공통적으로 발견되는 것도 아니고, 그 특징은 정상적 사람에서도 발견되므로 통일적인 '범죄인 정형설'을 적용하는 것은 독단이며, 경험론적으로 보더라도 논거가 매우 빈약하다고 반박 했다.

< 롬브로조의 [생래적 범죄인론] >

롬브로조(1835~1909)는 이탈리아 의대출신으로 군의관, 교도관, 교수 등을 거치면서 교도소 수감자들과 일반범죄자들의 신체검사를 하면서 자신이 직접 체험한 통계를 바탕으로 범죄자들은 다음과 같은 특징과 공통점을 갖고 있었다는 '생래적 범죄인론(범죄자는 타고난다는 범죄형 인간론)'을 주장하였다.

1. 신체적 특징

▷ 암살자형은 광대뼈 간격이 넓으며, 다부진 턱과 두꺼운 머리칼, 털이 없는 것이 특징이다.
▷ 폭력범(강력범)형은 이마가 좁은 사람은 거의 찾아보기 어렵고 두개골이 둥글며 손이 길다.
▷ 강간자형은 손가락이 짧고, 이마가 좁으면서 코나 성기 등 특정 신체부위가 비정상적이다.
▷ 방화범은 사지가 길고, 머리가 긴 편이나 작고, 몸이 왜소한 편이다.
▷ 사기꾼형은 넓은 턱과 두드러진 광대뼈, 창백한 표정과 무거운 체중이 특징이다.
▷ 소매치기형은 긴 손과 검은 머리에 체모가 없다는 특징이 있다.

▷ 그 외에 범죄자들은 입술의 돌출, 눈 주변 돌출, 턱뼈와 광대뼈의 이상발달, 늘어진 귀, 튀어나온 이마, 구부러진 코, 부정한 치열, 나이에 비해 많은 주름살, 왼손잡이, 대머리 또는 머리 숱과다, 듬성듬성한 턱수염, 과도한 몸동작 등을 지니고 있다.
▷ 위와 같은 신체적·정신적 특징을 지닌 사람은 선천적으로 범죄인이 될 수 밖에 없다고 하였고, 자신이 체험한 범죄인 총수의 65~70%(후에는 30~40%)에 이른다고 하였다.

2. 정신적 특징

▷ 유창한 화술, 도덕감정의 결여, 감정 폭발성, 성적 충동의 조숙, 과도한 음주와 도박, 복수심과 잔혹성, 무생물의 인격화, 지나친 게으름과 허영심 등의 특징을 지니고 있었다고 하였다.
▷ 오늘날까지 롬브로조의 연구가 높이 평가 받고 있는 이유는 제집단(諸集團)을 활용하지 않았다는 방법론상의 결함과 같은 한계(Goring, Bonger, Baer 등 많은 범죄학자들의 반론)에도 불구하고 범죄를 설명함에 있어서 범죄자의 특성을 실증적으로 관찰하고 연구하고자 시도하였다는 점 때문이다. 특히 그의 생래적 범죄인론 가운데 선천적·신체적 특징에 대한 논리는 많은 반론으로 지지를 잃었으나 정신적 분야의 특징은 탄탄한 지지를 받아 오늘날 범죄심리학으로 이어졌다.

3) 심리학적 범죄원인론

인간이 지닌 원본능(原本能, id, 본능적 충동)의 힘이 자아(自我, ego, 인간 의식의 일부)나 초자연(超自我 super ego, 도덕적 규범)의 통제기능을 능가(凌駕)하게 되면 범죄가 발생한다는 이론

① 지능 이론
지능(知能)이 직접적인 요인은 아니지만 낮은 지능 또는 높은 지능이 간접적으로 비행에 연루되고 있다는 이론

② 항문기 애정 결핍 이론
항문기(肛門期 anal stage, 2~3세)에 욕구충족을 체득하지 못한 사람들이 범죄를 저지르게 된다는 주장

③ 사회학습이론
타인의 범죄나 비행을 보고 이를 학습하는 기제(機制)가 범죄의 원인이 되고 있다는 이론

4) 사회학적 범죄원인론

사회학적 범죄 원인론	내 용
아노미이론	▷ 범죄는 정상적인 인간 본성의 일부이며 범죄는 불가피하다. ▷ 사회규범이 붕괴되어 제대로 작동하지 못하는 상태를 아노미 상태라고 하며 이러한 무규범 상태에서 범죄가 발생한다. ▷ 이 이론은 '뒤르켐이' 창시하고 '머튼'이 체계화하였다.
문화적 전파이론	범죄를 부추기는 가치관으로의 사회화나 범죄에 대한 구조적·문화적 유인에 대한 자기통제의 상실을 범죄원인으로 본다.
생태학 이론	인간사회는 동물계와 같이 본능적 침입과 지배욕이 발현되어 그 경계선상에서 문화적 갈등이 생겨 범죄가 발생한다.
문화적 갈등	생태학적 이론을 발전시킨 이론으로, 본능적 지배와 갈등은 심리적 갈등으로, 심리적 갈등이 다시 범죄의 원인으로 이어진다고 보는 이론이다.
차별적 접촉이론	▷ 범행에 공헌하는 물리적 환경(범행의 기회)을 범죄의 원인으로 본다. ▷ '유유상종(類類相從)'과 밀접한 이론 ㉠ 유흥업소 밀집지역에 범죄가 많이 발생하는 경우, 친구를 잘못사귀어 범죄를 저지르는 경우
사회해체론	빈민지역(Slum지역)은 소득이 낮고 임대입주자가 많은 특징이 있는데 이러한 지역사회는 구성원이 바뀌더라도 범죄발생률이 떨어지지 않는다고 보는 이론이다. ㉠ 경제적 어려움 때문에 빈민가로 이사하였는데 자녀가 비행소년으로 변해가는 경우
사회적 학습이론	▷ 범죄나 비행은 접촉, 참가, 동조 등을 거쳐 배우게 된다는 이론이다. ▷ 까마귀 가는 곳에 백로야 가지마라, 맹모삼천지교(孟母三遷之敎) 등은 학습이론을 경계한데서 나온 말이다.
깨진 유리창 이론 (Broken Window Theory)	기초질서의 중요성을 강조하는 이론으로서 사소한 불법이나 무질서라 할지라도 관용을 베풀어서는 아니 되고, 제때에 확실하게 단속하고 조치해야 한다는 이론이다.

사회학적 범죄 원인론	내용
마르크스 이론 (사회주의 범죄이론)	▷ 빈부격차나 지위고하에 따라 범죄가 야기되며 특히 중요한 범죄는 가진 자들에 의해 많이 범해지고 있으나, 통계상으로는 무산자들에 의해 범죄가 많이 범해지고 있는 것으로 나타나는 현상을 말하는 이론이다. ▷ 소위 '유전무죄 무전유죄(有錢無罪 無錢有罪)'라는 말과 밀접한 이론이다.
중화기술이론	▷ 인간에게 내면화 되어 있는 전통적 관습, 규범, 가치관 등을 중화시킨다는 이론이다. ▷ 자신의 행위에 대한 책임회피, 행위로 인한 피해자나 피해의 부정, 비난자에 대한 비난 등의 현상으로 나타난다. 예) 내가 백화점에서 물건을 훔친 것은 소득이 낮기 때문에 어쩔 수 없는 일이며 내가 물건을 훔쳐도 백화점 사장은 아무런 피해나 어려움이 없다는 생각에서 비롯된 범죄이론이다.
낙인이론 (烙印, Labeling Theory)	▷ 범죄는 낙인 찍는 과정(일탈행위자로 규정하는 과정)에서 생긴 산물로서, 경찰·검찰·법원과 같은 형사사법기관에 의해 내려진다고 보는 이론이다. ▷ Tannenbaum(탄넨바움)과 Lemert(레미트)의 이론으로 사회안에 존재하는 집단간 가치에 따라서 범죄, 비행이 발생한다고 보는 견해이다.
긴장이론	▷ 정상적인 방법으로는 합리적 목표달성이 어려울 때 긴장이 고조되어 범죄나 비행을 저지르게 된다는 이론이다. 예) 불법선거운동, 컨닝 등
사회적 유대이론 (통제이론)	▷ 범죄는 '개인이 사회와의 유대가 끊어졌을 때 발생한다'고 보는 이론으로 사회화의 결속 요소로서 애착, 전념, 참여, 믿음을 제시하였다. ▷ Hirschi의 사회통제이론

2. 전통적 범죄학으로 본 범죄의 책임과 예방

학 파	범죄에 대한 책임 소재	예방법
고전주의 범죄학	▷ 인간은 자유의지를 가진 합리적 존재이기 때문에 범죄행위는 전적으로 개인의 의사와 책임이며, 따라서 국가가 확실하고 신속한 응보(처벌)를 행함으로서 범죄를 예방할 수 있다고 보는 이론(일반예방론) ▷ 사회적 환경에는 관심을 두지 않는 이론 ▷ 대표적인 학자 • Beccaria : '범죄와 형벌'이라는 저서를 통해 '죄형균형론'을 주장 • Bentham : '공리주의'를 주장했으며 '형벌을 통한 범죄의 통제' 이론을 제시했다.	'응보(應報)'가 범죄예방에 가장 효과적인 방법이라고 보는 이론 (억제이론, 응보주의)
실증주의 범죄학	▷ 범죄는 개인의 책임이 아닌 사회의 책임이다. ▷ 범죄자에 대해서는 처벌보다 치료 및 갱생을 통해 사회에 복귀시켜야 한다는 이론(특별예방론) ▷ 범죄자의 행위(개인)보다 범죄자의 속성(환경)에 초점을 둔 이론 ▷ 범죄인에 대한 처벌보다 처우를 강조하는 한편 강력한 처벌보다 처분의 다양화 등 사회적 책임을 강조하였다. ▷ 대표적인 학자 • Lombroso(이탈리아) : '생래적 범죄인론'을 통해 '범죄자는 타고난다'고 하였으며 '범죄학의 아버지'라 불리운다. • Garopalo : '범죄학'을 통해 '자연범'을 발견 • Ferri : '범죄사회학'을 통해 '범죄포화법칙'을 설명	범죄자를 '갱생(更生)'시켜 주는 것이 범죄예방에 가장 효과적인 방법이라고 본 이론 (치료 및 갱생이론)
사회학적 범죄학	▷ 범죄의 원인이 개인에게 있다거나 사회에 있다는 편중된 이론이 아니고, 사회적 환경이 범죄자의 내재적 성향보다 범죄에 더 큰 영향을 끼친다는 이론으로 '사회의 발전'을 범죄예방의 근원적 처방으로 보았다. ▷ 박탈감, 빈부격차, 사회적 차별 등이 범죄에 원인이 된다고 본 이론 ▷ 페리(Ferri)는 실증주의 범죄학자로 분류되기도 하지만 '사회적 범죄자'를 저술한 범죄사회학의 창시자이기도 하다.	'사회의 발전'이 범죄예방에 가장 효과적인 방법이라고 본 이론 (사회발전이론)

3. 피낙인자에 대한 형사정책적 범죄예방론

'피낙인자(被洛人者)'란 일탈행위를 한 자로 규정된 자, 즉 '나는 문제아로 낙인찍혔다', '그는 억울하게도 주정뱅이로 낙인찍혔다' 등의 사람을 말하며, 이러한 낙인자들의 재범을 예방하는데 주효한 형사정책을 '형사정책적 범죄예방론'이라 한다.

대안(대책)의 유형	내 용
비범죄화 (decriminalization)	기존의 범죄목록(실정법) 중에서 더 이상 사회의 위해성이 없는 것으로 평가되는 것은 범죄목록에서 삭제해야 한다는 것(예 혼인빙자간음죄, 간통죄 등 폐지)
전환제도 (diversion program)	가급적 형사처벌보다는 선도나 훈방으로 대체하여 전과자가 양산되지 않도록 한다는 것
비낙인화 (destigmatization)	이미 행해진 낙인이 선도 등에 의해 성과를 거둘 경우에는 본래의 정상적인 지위(상태)로 돌려주는 원상회복(사면·복권 등 명예회복)이 따라야 한다는 것
비시설수용화 (deinstitionalization)	'교도소의 범죄학교화'를 막기 위해 범죄자들을 가능한 집중 수용하지 말고 직업훈련센터나 약물중독치료시설 등을 통해 분산수용 효과를 거두게 하는 것

4. 최근의 상황적 범죄 예방이론 '셉테드(CPTED) 기법'

(1) 상황적 범죄 예방이론

범죄에 대한 위험과 어려움을 높여 범죄기회를 제거하고 범죄이익을 감소시킴으로써 범죄발생을 줄일 수 있다는 예방이론으로 최근의 대표적인 범죄예방이론이다.

(2) 'CPTED(셉테드) 기법'의 개요 및 특징

1) 개요

경찰력에 의한 범죄예방의 한계성을 감안하여 물리적 환경설계를 통해 범죄기회를 원천적으로 차단하고자 하는 범죄예방론을 'CPTED(셉테드) 기법'이라 하며, 이는 오늘날 대표적인 상황적(생태학적) 범죄예방이론으로 평가되고 있다.

▷ CPTED는 crime prevention through environmental design의 약어이다.

2) 특징

① 가시권 확대

건축물설계시 가시권을 최대한 확보하여 범죄위험을 높이고 기회를 감시할 수 있게 한다.

② 접근로 단일화

일정지역에 접근하는 사람들의 접근로나 방식을 일정공간으로 유도함으로써 범죄자에게 심리적 부담을 주는 자연적 접근통제 효과

③ 사적 관리확대

사적(私的)공간에 대한 경계와 관리권 등 영역성을 강화하여 외부인의 무단접근(침입)에 대한 인식을 제고하여 범죄기회를 차단

④ '거리의 눈' 확대

공공장소와 공공시설물을 요소요소에 많이 설치, 이를 이용하는 모든 사람들을 '거리의 눈'으로 활용한 범죄인의 자연적 감시(통제)기능 도모

⑤ CPTED기법의 간접접근방식 확대

CCTV설치, 이면도로나 골목길 방범 등 설치, 개인재물에 대한 식별표시, 정복경찰의 가두순찰강화 등 모두 CPTED기법의 간접접근방식에 해당한다.

5. 현대범죄의 양태와 특징

현대 범죄의 특징으로는 범죄의 기동화와 집단화, 범죄의 잔인성(흉폭화), 아동과 여성을 대상으로 한 범죄의 증가, 이유 없는 살상, 사이코패스·소시오패스 범죄의 다발, 사이버 범죄의 급증, 뉴테러리즘 등 다양한 유형이 있으나, 여기에서는 현대범죄의 대표적 특징에 해당하는 '묻지마 흉악범죄'와 '사이코패스·소시오패스형 범죄', '사이버범죄', '뉴테러리즘' 등에 대해 살펴보기로 한다.

(1) 묻지마 흉악범죄

1) 정 의

소위 '묻지마 흉악범죄'란 인간성과 사회성이 비교적 결여된 사람 중에서 사회에 대한 좌절감이나 상대적 박탈감 등을 느낄 때 그 감정을 통제하지 못해 무차별·무조건적 살상, 인질, 난동, 방화 등으로 분노를 분출하거나 스트레스를 해소하려 하는 형태의 범죄를 말한다. 이는 사이코패스나 소시오패스와는 범죄의 기제(機制)가 다르다.

2) 특 징

① 범죄의 동기가 일방적이다

사회에 대한 좌절감, 상대적 박탈감, 억울함, 소통 부재에서 오는 고립, 분노 등에 따른 복수심, 그릇된 존재감 등이 범죄의 주 동기가 되고 있다. 즉, 자신 스스로를 '모든 사람으로부터 일방적 피해자'라는 극심한 피해의식을 포지한자의 범행인 경우가 대부분이다. 치밀한 계획적 범행보다 우발적·순간적 범행인 경우가 많다

② 저항능력이 없는 아동이나 여성 등 피해자인 경우가 많다.

묻지마 범죄는 목적불명, 대상불명이라는 특징을 지니고 있어 범행 대상 선정에 특별한 고려를 두지 않는 경향이나 저항능력이 없거나 범행이 용이한 아동·여성 등이 피해에 많이 노출되고 있어 피해가 상상을 초월하는 경우가 많다.

③ 예방이 지난(至難)한 범죄이다

범행에 일정한 수법이 없고 언제 어디서건 감정 폭발 시 돌발적, 무차별적으로 이루어 지는 특성상 예방이 지난(至難)하며, 기습적 범행으로 다수에게 치명적 피해를 입히게 된다.

④ 재범성이 높은 범죄이다

대개 개인적 좌절감이나 사회적 박탈감에 젖어 자포자기한 성향자들의 범행이거나 조현병 환자인 경우가 많아 재범성이 높다.

⑤ 모방 등 전이현상을 보이는 범죄이다.

또 어느 한곳에서 묻지마 범죄가 발생하면 다른 지역에서 유사한 환경이나 처지에 있는 사람 등에 의해 유사한 '분풀이 범죄'가 연쇄적으로 발생하는 전이현상을 보이는 경우가 많다.

(2) 사이코패스와 소시오패스 그 특징과 전형

현대 범죄의 대표적인 특징으로 '사이코패스와 소시오패스 범죄'를 빼놓을 수 없다. 이는 탐정(업)에서의 인적 자료수집 또는 특정 사건·사고와 관련된 배경 이해 등 사실관계 파악업무와 무관치 않은 파트다. 이에 탐정업무의 응용능력 함양을 위해 사이코패스 범죄와 소시오패스 범죄의 특징과 전형 등을 요약·비교해 보기로 한다.

1) 사이코패스(Psychopath) 범죄

[사이코패스의 정의]

사이코패스(Psychopath)란 반사회적 인격장애증(정신병질)을 앓고 있는 사람을 가리킨다. 즉 사이코패스는 공감 능력과 죄책감 결여, 행동 통제력 상실, 극단적인 자기 중심성과 기만 등 반사회적 행동을 표출하는데 이러한 정신병질이 평소에는 내부에 잠재되어 있다가 범행 시에만 밖으로 드러나기 때문에 주변 사람들이 알아차리지 못하는 것이 특징이다. * 다른 사람의 고통과 슬픔에 대해 전혀 공감하지 않는 매우 폭력적이고 비열한 인간을 의미한다.

[사이코패스의 전형]

① 다른 사람의 고통을 모르는 체 하는 것이 아니라, 전혀 모른다(★ 소시오패스와 비교되는 가장 큰 특징).
② 일본의 한 심리학자는 그들을 '정장차림을 한 뱀'이라고 표현할 정도로 폭력적이다.
③ 사이코패스는 폭력을 휘두르고 살인을 할 수록 차분해진다.
④ 굉장한 달변가가 많다. 간혹 철학, 문학, 심리학, 지식과장, 허풍, 자기과시 등을 보이나 자세히 보면 앞뒤가 맞지 않는 경우가 많다 (탁월한 구제불능의 거짓말쟁이).
⑤ 자만심이 매우 강하다.
⑥ 극단적인 남성우월주의자(여성혐오주의자)이다.
⑦ 새디스트(Sadist, 가학적 변태 성욕자)가 많다.
⑧ 성도착증이 있다.
⑨ 계획적이고 완전범죄를 꿈꾼다.
⑩ 사이코패스는 철저한 이중적 인격과 위선으로 언동하기 때문에 심지어 가족조차 알아차리지 못하는 경우가 많다.

⑪ 잘 웃지 않으며, 자신의 몸과 자신의 가족은 끔찍이 생각한다.
⑫ 그들은 언뜻 후회를 하거나 죄의식을 느끼는 것처럼 보인다. 그러나 이것은 단지 자신의 위기를 빠져나가기 위한 수단에 불과하다.

2) 소시오패스(Sociopath) 범죄

[소시오패스의 정의]

소시오패스도 반사회적 인격장애증(정신병질)이라고 불리는 성격장애의 한 종류이다. 미국정신의학회의 진단기준(DSM-IV-TR)에 의하면 그들은 다른 사람의 권리를 무시하고 침해하는 행태를 전반적·지속적으로 보이며, 흉악범죄를 저지르면 사회적으로 잘못된 행동임을 알지만 죄책감(양심의 가책)을 갖지 않는 것이 가장 큰 특징이다.

[소시오패스의 전형]

① 다른 사람들의 감정(고통)을 모르는 것이 아니라 무시(모르는 체)하는 것이다(★사이코패스와 비교되는 가장 큰 특징).
② 비교적 성욕, 식욕, 승부욕이 강하며 위험하고 충동적인 일에 흥미를 느낀다.
③ 다른사람의 권리를 무시하는 무책임한 행동 양식을 반복적, 지속적으로 보이며, 수없는 거짓말로 타인에게 피해를 입히고도 양심의 가책을 느끼지 못한다.
④ 사회적, 가정적으로 맡은 역할을 수행하지 못하기 때문에 성실, 정직, 신뢰와는 거리가 멀다.
⑤ 달변의 매력을 갖추어 다른 사람을 매혹시키고 이를 이용하여 착취하기도 한다.
⑥ 대개의 경우 다른 사람이 느끼는 감정에 관심이 없지만, 타인의 고통에서 즐거움을 얻는 가학적인 사람들도 있다.
⑦ 목적달성을 위해 사람을 도구처럼 사용한다.
⑧ 화술이 뛰어나고 거짓말에 능숙해서 자기 성격을 카리스마와 리더십으로 위장한다.
⑨ 친구나 동료 사이에 이간질로 갈등을 일으킨다.
⑩ 개인의 이익을 위해 집단의 위험을 감수한다.
⑪ 분노와 증오, 공격충동과 같은 감정 조절에 매우 뛰어나다. 그들이 느끼는 감정은 단순하고 제한되어 있지만 오히려 이것이 그들에게 이점으로 작용한다.
⑫ 자신의 성공을 위해 모든 것을 희생하고 달려가는 유능한 사람처럼 보인다.

(3) 사이버범죄

1) 사이버범죄의 의의

사이버범죄(cyber crime)란 인터넷과 같이 컴퓨터와 컴퓨터가 서로 네트워크로 연결되어 형성되는 '가상의 공간(사이버 공간)'에서 발생하는 범죄를 말하며, 그 목적에 따라 사이버 테러형과 일반 범죄형으로 분류한다.

2) 사이버범죄의 특징

[범행동기]

① 탐욕적 게임, 유희, 모험, 영리

② 특정인에 대한 원한, 불만, 보복

③ 정치·경제·사회적 여론조작·오도

[행위자]

① 익명 또는 차명이나 가명성

② 비대면성에 따른 죄의식 희박

③ 개인 또는 조직적 가담

④ 가담층이 남녀노소로 확산(10대 청소년들의 '놀이터화')

⑤ 조직내부자와 컴퓨터 전문가 소행

[행위의 특징]

① 사이버 범죄는 대개 일회성으로 끝나지 않고 자동·반복 실행되는 습관성(習慣性)

② 시간과 장소에 구애받지 않으며, 별도의 준비나 비용 없이 행할 수 있는 범행의 용이성(容易性)

③ 사이버범죄는 추적이 어렵고 증거확보가 쉽지않다는 점을 알고 행하는 고의성(故意性)

3) 사이버범죄의 폐해

① 사이버 범죄는 가상의 공간에서 이루어 지는 범죄의 특성상 '정보 발신자의 추적이 어렵고', '실효적인 방어수단도 없으며', '타인의 인격권이나 재산권을 무차별적으로 침해'하고 있으나 치고 빠지기식 증거인멸 등으로 피해회복이 지난(至難).

② 컴퓨터 통신망을 이용하여 정부 기관이나 금융기관, 산업시설, 군사시설의 정보 시스템에 침입하여 정보를 절취하거나 중대한 장애를 발생시킴으로써 사회적 대혼란 초래

3) 사이버범죄의 유형

[특성에 의한 구분]

사이버 테러형 범죄	① 해킹(Hacking): 컴퓨터 시스템의 취약점을 이용하여 불법적으로 접근한 후 자료의 유출, 위·변조 및 삭제, 시스템 장애 및 마비를 유발시키는 장애행위 ② 바이러스 유포: 컴퓨터 바이러스는 자기복제를 하여 전파되면서 시스템에 오동작을 일으키거나 파일을 손상시키는 프로그램 ③ 기타: 메일폭탄, DOS공격 또는 정보통신망 자체를 공격하는 행위 ▷ DOS(Denial of Sevice)공격 : 공격대상컴퓨터에 큰 부하(負荷)를 발생시켜 아무런 서비스를 하지 못하게 하는 행위를 말한다(DOS공격의 목표는 정보를 훔치는 것이 아니라 장비나 네트워크를 무력화시키는데 있다. 특정인 등에게 대량의 전자우편을 발송하여 시스템이 제대로 기능하지 못하도록 하는 수법과 상대방을 괴롭히기 위해 악의적인 내용을 반복적으로 보내는 사이버스토커의 범행수법으로 사용되기도 한다).
일반적인 사이버 범죄	① 사이버스토킹: 인터넷게시판, 대화방, 이메일 등 정보통신망을 이용하여 상대방이 원하지 않는 접속시도 및 욕설·협박 등 메일송신을 지속적으로 하는 행위 ② 사이버 성폭력: 원하지 않는 성적인 언어, 음담패설 등 ③ 사이버 명예훼손·협박: 인터넷 게시판에 타인의 명예를 훼손하는 글이나 사진 등을 게시하거나 전자우편을 통해 악의적인 글을 유포하는 행위 ④ 전자상거래사기: 유령 인터넷 쇼핑몰을 개설해 놓고 구매대금 편취 ⑤ 개인정보유출: 개인정보 자체가 재화로서의 가치를 지니고 있는 점을 이용한 개인정보누설, 제공 등 ⑥ 그 외 인터넷사이버 도박, 인터넷 포르노사이트운영, 소프트웨어 저작권침해 등

[FBI의 컴퓨터범죄 수법 분류]

프로그램 조작에 의한 수법	자료변조 (Data Ciddling)	자료가 최종적으로 컴퓨터에 입력되는 순간에 자료를 절취, 삭제, 변경, 추가하는 방법(컴퓨터 범죄의 일반적인 수법 중에서 가장 단순하고 안전하여 자료준비, 자료운반 등 자료에 접근 가능한 사람들이 주로 이용하는 수법)
	트로이목마 (Trojan Horse)	프로그램 목적을 실행하면서 일부에서 부정한 결과가 나오도록 프로그램 속에 범죄자만이 아는 명령문을 삽입시켜 이용하는 방법
	쌀라미기법 (Salami Techniques)	금융기관의 컴퓨터체계에서 이자계산시 단수 이하의 적은 금액을 특정계좌에 모이게 하는 방법처럼 어떤 일을 정상적으로 수행하면서 관심 밖에 있는 조그마한 이익을 긁어 모으는 수법
	트랩도어(Trap Door)	프로그램 개발과정에서 프로그램 검증을 위해 프로그램을 수정할 수 있는 명령이 끼워 넣어져 있는 것을 삭제하지 않고 범행에 이용
	수퍼잽핑 (Super Zapping)	슈퍼 잽이란 작동이 정지된 컴퓨터가 복구나 재작동 절차에 의하여 해결되지 않을 때 사용하는 만능키와 같은 프로그램인데 이 프로그램의 강력한 힘을 이용하여 부정을 행하는 방법
	시뮬레이션 모델링 (Simulation&Modeling)	컴퓨터를 정상적인 시험이나 시뮬레이션을 하는 것처럼 하면서 실제로는 컴퓨터를 범행도구로 이용하여 부정행위를 자행하는 수법
	부정명령은닉 (Logic Bomb)	프로그램에 어떤 조건을 넣어 주고 그 조건이 충족될 때마다 자동적으로 부정행위가 이루어지도록 하는 방법
프로그램 조작에 의한 수법	전송시 은닉과 위장 (Piggy Backing and Impersonation)	정규의 절차를 거쳐서 사용되고 있는 단말기의 회선을 전환시켜 자격이 없는 단말기에 연결하여 부정하게 컴퓨터를 사용하거나 사용허가를 받지 않은 자가 유자격자를 가장하여 컴퓨터를 부정사용하는 방법

컴퓨터 스파이와 관련된 수법	부정접속(Wire Tapping)	데이터통신회사에 불법적으로 선로를 접속시켜 단말기 등을 연결조작하여 자료를 절취하거나 컴퓨터를 부정사용하는 방법
	스카벤징(Scavenging)	컴퓨터가 작업수행이 완료된 후 체계주변에서 정보를 획득하는 방법(일명 '쓰레기 주워 모으기')
	비동기성의 이용 (Asynchronous Attacks)	컴퓨터 운영체계의 비동기성을 이용하여 범죄를 저지르는 방법

(4) 뉴테러리즘(New Terrorism)

[필자 주]

▷ 오늘날 세계도처에서 끊이지 않고 있는 테러와 그 조직원들의 준동(蠢動)은 21세기 인류의 안전을 위협하는 최대 문제 중 하나로 국제사회가 공동대응책을 모색하고 있으나 공격(테러) 주체의 불명(不明)과 그물망조직 등에 따른 '무력화의 곤란성'으로 예방이나 예고에 실효를 거두지 못하고 있다.

▷ 우리나라는 물론 세계 어느 곳도 테러 위협으로부터 결코 안전지대가 아니다. 특히 예전에는 주로 국가중요시설(하드 타깃)을 공격 대상으로 삼았으나 근래에는 극장, 공연장, 백화점, 공항이나 역, 지하철 등 다중이용시설(소프트 타깃)에 대한 테러를 통해 공포심의 극대화를 기도(2015.11.14 'IS'의 프랑스 파리 연쇄테러 등)하는 등 테러는 시민들의 생활권에 까지 파고 들었다.

▷ 이러한 엄중한 현실속에서 탐정업의 기능이 자칫 불순세력에 악용되지 않도록 테러리즘에 대한 높은 경각심을 유지하는 한편 일상 활동을 통해 테러 관련 정보 등 국가안보위협요소나 국민안전에 취약점이 발견될 경우 그 자료를 국가정보원 또는 경찰에 지체없이 제공하여 국가의 안보와 국민의 안전에도 일익 기여하는 '공익탐정'으로서의 역할을 병행해 나가야 할 것이다.

1) 테러리즘의 개념

[일반적 정의]

'테러리즘(테러, Terrorism, Terror)'이란 주로 정치적, 사상적 목적이나 동기에 기인하여 살인·납치·파괴 등 다양한 방법의 폭력을 행사하거나 위협을 가해 불특정다수인에게 심리적 공포를 조성하는 행위를 말한다.

['국민보호와 공공안전을 위한 테러방지법'상 테러의 정의]

'테러'란 국가·지방자치단체 또는 외국 정부의 권한행사를 방해하거나 의무 없는 일을 하게 할 목적 또는 공중을 협박할 목적으로 하는 다음 각 목의 행위를 말한다(이하 생략).

2) 테러의 유발 동기

동 기	내 용
폭력사상에 기인한 요인	① 18c 프랑스혁명기의 급진적 혁명주의자인 로베스피에르는 테러사용을 공개적으로 선언하여 혁명의 미덕으로 삼았다. 따라서 이 시기에 그와 자코뱅당의 통치기간(1793~94)을 '공포정치시대'라 한다. ② 독일 태생의 미국의 정치철학자인 마르쿠제(Marcuse)는 그의 저서 '위대한 거부'에서 "고도의 선진산업사회에서 인간성 회복을 위한 폭력의 사용은 제3자에 의해서 비판받을 수 없는 신성한 수단이다"라고 주장하여 폭력사용을 정당화 하였다(폭력의 신성설). ③ 프랑스심리학자 파농(Fantz Fanon)은 저서 '대지의 저주받은 자들'에서 피지배층의 자존심을 회복하고 불평등을 시정하는 방법으로는 폭력이 최선이라는 폭력의 불가피성을 강조하였다.
환경적 요인	국가나 민족의 강제합병·분할, 정치적 통제력 상실, 국제협력의 미미 등에서 오는 갈등과 메스미디어의 발달로 테러 대상에 대한 정보입수가 쉬워졌을 뿐만 아니라 테러기술의 전파, 관련정보의 교환, 테러의 선전·선동이 용이하게 된 점 등도 테러를 부추기 한 요인이 되고 있다.

동 기	내 용
심리적 요인	① 개인의 심리적 요인(심리학적, 정신의학적 요인) 　증오심(저주), 울분, 적개심(복수심), 자기도취증, 비인간화 욕구(자신으로부터의 도피욕구), 과시욕, 공격적 동물성, 동물적 맹종성 등 ② 사회심리적 요인 　상대적 박탈감 → 좌절 → 공격으로 이어지는 이른바 '이상과 현실의 괴리(기대와 능력간의 차이)'에서 느끼게 되는 심리적 긴장(상대적 박탈감) 고조 등

3) 뉴테러리즘의 특징

2001.9.11 발생한 세계무역센터 및 펜타곤(미 국방부)에 대한 테러와 2015.11.14 프랑스 파리 연쇄 테러는 뉴테러리즘의 전형(典型)이며, '뉴테러리즘'의 개념은 미 국방부 등의 후원을 받는 미국의 민간연구소 랜드(RAND)에 의해 1999년 정립 되었다.

① 요구조건·공격주체 불명(不明)으로 추적 곤란

② 전쟁수준의 무차별 공격으로 피해가 상상을 초월

③ 그물망 조직으로 무력화 곤란

④ 테러의 긴박성으로 대처시간 부족

⑤ 테러 장비가 따로 없어 방어 지난(至難)

⑥ 대량 살상무기 사용으로 새로운 대처방식 필요

⑦ 언론매체의 발달로 공포의 확산이 용이(容易)

⑧ 사건 대형화로 정치적 부담 증대

⑨ 중산층·인텔리를 충원(充員), 테러의 지능화

⑩ 소프트 타깃 공격으로 공포심 극대화

* 예전에는 주로 국가중요시설(하드 타깃)을 공격 대상으로 삼았으나 근래에는 극장, 공연장, 백화점, 공항이나 역, 지하철 등 다중이용시설에 대한 테러를 통해 공포심을 극대화 기도(2015.11.14 'IS'의 프랑스 파리 연쇄테러 등)

(자료: 국가정보원, 뉴테러리즘의 특징)

4) 테러리스트 색출 착안사항

[테러범의 심리적 성향]

① 기대와 실제 간의 괴리로 좌절감과 상대적 박탈감을 가진 사람

② 자기 자신으로부터 도피하고 싶은 비인간화 욕구를 가진 사람

③ 과시욕이나 영웅심리소유자

④ 과대망상적이며 인내심이 부족하고 성격이 급한 사람

⑤ 자학적이거나 무능력하고 적응력이 부족한 사람

⑥ 평소 무표정하게 꼭 필요한 말만하고 '나홀로' 행동을 잘 하는 사람

⑦ 내성적이거나 대인기피증이 있어 친구가 없고 부부관계 등 가정이 불안정한 사람

[테러범의 행동상 특징]

① 테러범은 마스크나 수염 등으로 얼굴을 가리거나 모자나 선글라스를 착용하는게 일반적이다.

② 자살폭탄 테러범은 복대(腹帶)로 폭탄을 옷 안에 숨기고 있을 가능성이 커 지나치게 허리나 아랫배가 불룩한 사람도 눈 여겨 볼 필요가 있다.

③ 지하철 테러범은 승차권 발급 또는 개찰구 출입시 직원의 눈을 회피하고 갑자기 행선지를 변경하거나 선로(線路) 주변을 서성거리며 사진을 찍고 줄자나 목측 등으로 길이를 재보는 등의 행동을 보인다.

④ 백화점과 지하철 등의 쓰레기통, 화장실 등에 가방이나 봉지를 실수인 척 내려놓고 급히 떠나는 사람이나 경찰 등을 일부러 피하고 갑자기 뛰는 등 이상한 행동을 하는 사람도 주의 대상이다.

⑤ 신용카드나 수표 대신 현금만을 고집하고 국적이나 숙소를 물으면 거부감을 표시하거나 신경질적인 반응을 보이는 것도 테러범들의 일반적 특징이다.

(자료: 서울지방경찰청)

5) 테러범(인질범)과의 협상시 유의사항

[인질 발생시 나타날 수 있는 현상]

리마증후군	**[시간이 지나면서 '인질범이 인질에게 동화'되는 현상]** 1995. 12. 17 페루 수도인 리마 소재 일본 대사관에 투팍아마르 소속의 게릴라가 난입하여 대사관직원 등을 126일 동안 인질로 잡은 사건에서 '인질범이 인질에 동화되어' 인질을 풀어 주게 된 것에서 유래
스톡홀름증후군	**[시간이 지나면서 '인질이 인질범에 동화'되는 현상]** 스웨덴 수도인 스톡홀름에서 은행강도사건 발생시 인질로 잡혀 있던 여인이 인질범과 사랑에 빠져 함께 경찰에 대항하여 싸운 사건에서 유래

[인질범과의 협상시 유의 사항]

① 인질범과의 대화통로는 단일화 한다.

② 범인에 대한 신속하고도 정확한 신상파악이 이루어져 협상과정에서 최대한 활용되어야 한다(국적, 조직, 성향, 범인 개개인에 관한 정보 등).

③ 범인이 이미 저지른 범행에 대한 강박관념을 가볍게 해준다.

④ 범인에게는 부탁받은 것만 제공하고 그렇지 않은 것은 일체 반입하지 않는다.

⑤ 인질범의 여자친구나 가족은 인질범의 감정을 자극하기 쉬우므로 되도록 현장에서 격리시키는 것이 바람직하다.

⑥ 요구사항의 처리는 상호 타협식임과 자신이 일정한 사항을 포기하지 않고는 협상자 측으로부터 아무것도 얻을 수 없다는 점을 주지 시키되 인질범이 내거는 작은 조건이라도 무시하지 않도록 유의해야 한다.

⑦ '절대', '결코', '마지막' 등의 확정적·극단적인 표현이나, '인질', '테러', '범인' 등의 직설적인 표현은 자제한다.

⑧ '예' 또는 '아니오'로 대답할 수 없는 열린 질문을 통해 긴 대화를 유도한다.

⑨ 갈등을 증폭시킬 수 있는 명령은 피한다.

⑩ 협상 시에는 협상의 기법상 일단 인질범들에게 도주로를 확보해주고 이에 대한 체포 대책을 강구하는 것도 검토해 볼 필요가 있다(아주 도주 할 수 있게 풀어 주라는 개념이 아님에 유의).

⑪ 대안을 제시하지 않는다.

⑫ 인질을 교환하거나 인질석방 조건으로 경찰관 또는 수사관 자신이 범인의 인질이 되어서는 안된다.

6. 범죄자들의 은어(隱語)

언어는 생활의 한 단면이요 수단이기도 하다. 사람의 용모로 내면을 평가하기는 어려우나, 언어에는 그 사람의 경험과 의식이 묻어 있기 마련임으로 전력이나 현재의 생활상을 짐작케 한다. 따라서 수사관은 물론 탐정은 일상활동을 통해 사람의 언어를 잘 관찰함으로써 범인발견이나 문제해결에 유용한 단서를 획득할 수 있다.

(1) 마약류 범죄 관련자 및 도박꾼 은어

1) 마약류 범죄자		2) 도박꾼	
본래의 의미	은어(隱語)	본래의 의미	은어(隱語)
필로폰	아이스(Ice)병, 술, 피로회복제, 맥주	도박 개장자	창고장
코카인	콜라	화투패를 나누어 주는 사람	딜러, 앞방, 밀때기, 일꾼
중독자	도라이	단속을 피해 수시로 새로운 장소를 물색하는 사람 (현장보안유지책임)	문방 (문방장, 내방, 외방)
대 마	떡	도박장에서 고리의 금전을 빌려주는 사람	꽁지, 아대꾼
필로폰 밀매 등 취급자	약장사, 가루쟁이	복수	빨래질

1) 마약류 범죄자		2) 도박꾼	
본래의 의미	은어(隱語)	본래의 의미	은어(隱語)
마약 밀반입, 운반책	지게꾼	줄도박에서 선을 잡은 사람(게임의 오너격)	총책, 오야
구매자	바이어	판마다 승자에게 판돈을 배분하고 고리를 떼어 먹는 사람	상치기
고급(양질) 필로폰	크리스탈	도박장 간식 등 서비스	커피장, 재떨이, 주방, 박카스
저질의 필로폰	크랭크	현금대용으로 사용하는 돈표	딱지, 다이, 칩떼기
가짜 필로폰	똥술, 멍텅구리	원하는 대로 끝수를 조작할 수 있는 최고의 경지에 오른 전문도박사	타짜
투약자	쪽장이	여자도객	보살
주사기	연필, 짝대기	호구의 돈을 빨리 따먹고 떼어버리는 것	용달
1회용 주사기에 들어있는 필로폰	한사키	대 타	봇트
검거되었다, 사고났다	고사났다	도 객	손님, 선수
음료수나 맥주 등에 상대방 몰래 집어넣어 마시게 하는 것	몰래봉	도박하러 온 사람의 얼굴 생김새(인상)	탈

(2) 소매치기 은어 및 범죄자들의 일반적 은어

1) 소매치기		2) 범죄자들의 일반적 은어	
본래의 의미	은어(隱語)	본래의 의미	은어(隱語)
소매치기해 온 지갑	깝지	담배	강아지, 구름과자, 모리
지하철	땅굴	별 볼일 없는 사람	개털
길거리 소매치기	바닥식구	하찮은 사람	개구리, 좆밥
소매치기 피해자	애비	남성의 성기	캔커피
소매치기 하기에 좋은 시내버스	학고	체포(구속)	갱꼬
형 사	아저씨, 곰, 짭새, 짜바리	배울만큼 배운 사람이 건달세계에 들어와 똘마니 노릇하는 것	계비똘만이
소매치기 전담형사	회사반	칼	구찌, 날램이
단독 소매치기	독고다이	pc방	물고기방
소매치기 주대상이 되는 부녀자 핸드백	바가지	여자, 처녀, 애인	깔치
소매치기 할 때 핸드백을 찢는 면도칼	필	미성년자	민짜
소매치기들이 범행 모의를 위해 주로 아침에 모이는 곳	박치기	이상없다	망고

1) 소매치기		2) 범죄자들의 일반적 은어	
본래의 의미	은어(隱語)	본래의 의미	은어(隱語)
안창따기를 돕기위해 양복에 서류봉투를 대주는 것	범카	망을보다가 사람들이 온다고 알리는 말	키스, 치치
기계가 지갑을 훔치는 중 발각될 경우 바람이 피해자를 떼어놓기 위해 흉기를 사용하는 것	가지치기	노래방	소음방
소매치기들이 대상을 물색 후 그 주변을 둘러싸는 것	까치집	라이터	딱갈이
소매치기	때끼	대신 징역살이, 명의 대여	바지

제3부

탐정(업) 법제화 추진 및 '탐정활동을 제어하는 여러 개별법' 개관

제3부 탐정(업) 법제화 추진 및 '탐정활동을 제어하는 여러 개별법' 개관

I 탐정(업) 법제화 추진 상황

1. 탐정업 관리에 관한 법률안 발의 및 무산(제17대~제20대 국회까지)

(1) 공인탐정법(안) 및 민간조사업법(안) 등 입법 무산

1) 사실 모든 직업이 법제화 되어야 한다는 법도 없고, 모든 직업을 법제화할 필요도 없다. 법제화 되지 않는다하여 직업화가 불가능한 것은 아니다. 하지만 탐정업무의 경우 대개 '의뢰자의 요청과 탐정업 종사자의 주관적 판단'에 따라 암암리에 이루어지는 특성상 개별법이나 사생활 등 타인의 권익을 침해할 소지가 높다는 측면에서 탐정업 부적격자의 진입 차단이나 일탈 방지를 도모할 '법제화'가 절실하다하겠다. 특히 탐정업의 경우 변호사업과 직역(職域) 침해 여부(변호사법 제109조, '그 밖에 일반의 법률사건' 즉 소송 관련 자료의 수집)를 둘러싼 마찰 소지가 상존하고 있다는 점에서 그 직역 경계를 명료히 하는 등의 '법제화'는 더욱 긴요하다.

2) 우리나라는 17대 국회(2005년)부터 8명의 의원이 '음성적 정보업자들의 불법·부당' 근절에 방점을 둔 11건의 (일명)'탐정법'을 발의하였으나 탐정(업)에 의한 '사생활 침해 우려' 및 '소관청 미지정에 따른 추동력 미흡', '발의된 법안의 법률체계 미비' 등으로 모두 철회 또는 회기 만료로 폐기처분 되는 등의 무산이 거듭되어 왔다.

▷ 21대 국회에 들어와서는 이명수 의원이 2020.11.10 '탐정업 관리에 관한 법률안(2105157)'을 제출하였으며, 현재 국회 행정안전위원회에 계류되어 있다.

3) 한편 문재인 대통령이 치안력 보완과 일자리·일거리 창출 등 국민편익을 위해 대통령선거 때 (2017년 5월) 탐정업 직업화·법제화를 공약한 바 있다는 점에서 많은 사람들은 19대 대통령 임기(2017.5.10~2022.05.09)내에 탐정업의 법제화가 이루어 질 것으로 내다보고 있다.

□ 탐정업 관리에 관한 법률안 발의 및 법제화 무산(제17대 국회~제20대 국회까지)

대표 발의	발의 년월일	법안명	특징(요지)	결 과
하순봉 의원 (한나라당)	제15대 국회 (1999년)에 발의할 계획으로 법안을 마련 하였으나 발의에 이르지 못함	공인탐정에 관한법률안	① '공인탐정'으로 호칭 ② 감독청을 경찰청장으로 함	▷ 정치권 최초의 탐정제도 도입 공론화 ▷ 발의에 이르지는 못함 (발의 무산)
이상배 의원 (한나라당)	2005.9.8	민간조사업법안	① '민간조사원'으로 호칭 ② 감독청을 경찰청장으로 함	제17대 국회 임기 만료로 자동폐기
최재천 의원 (열린 우리당)	2006.3.14. 발의 2006.3.31. 철회 2006.4.5. 재발의	민간조사업법안	① '민간조사원'으로 호칭 ② 감독청을 법무부장관으로 함	제17대 국회 임기 만료로 폐기
이인기 의원 (한나라당)	2008.9.24	경비업법 일부 개정 법률안 (경비업에 민간 조사업 추가)	① '민간조사관'으로 호칭 ③ 감독청을 경찰청장으로 함	제18대 국회 임기 만료로 폐기
성윤환 의원 (한나라당)	2009.2.5	민간조사업법안	① '민간조사원'으로 호칭 ② 감독청을 법무부장관으로 함	2009.2.17. 철회
이한성 의원 (한나라당)	2009.3.30	민간조사업법안	① '민간조사원'으로 호칭 ② 감독청을 법무부장관으로 함	2009.4.6 철회

제3부 탐정(업) 법제화 추진 및 '탐정활동을 제어하는 여러 개별법' 개관

대표 발의	발의 년월일	법안명	특징(요지)	결 과
강성천 의원 (한나라당)	2009.4.10	민간조사업법안	① '민간조사원'으로 호칭 ② 감독청을 법무부장관으로 함	제18대 국회 임기 만료로 자동폐기
윤재옥 의원 (새누리당)	2012. 11.2	민간보안 산업에 관한 법률 (경비업법 전부 개정 법률안)	① '민간조사원'으로 호칭 ② 감독청 감독청을 경찰청장으로 함	2015.11.13 수정법률안 제출로 폐기

송영근 의원 (새누리당)	2013.3.19	민간조사업에 관한 법률	① '민간조사원'으로 호칭
			② 감독청
			  감독청을 법무부 장관으로 함
			  (권한의 일부를 대통령령으로 지방검찰청 검사장에게 위임 가능)
				제19대 국회임기 만료로 폐기

윤재옥 의원 (새누리당)	2015.11.13	민간조사업의 관리에 관한 법률안	① '민간조사원'으로 호칭 ② 업무 네거티브型, 개괄주의 채택 ③ 감독청을 경찰청장으로 함	2016.9.8. 신법안 발의로 폐기
윤재옥 의원 (새누리당)	2016.9.8	공인탐정법안	① '공인탐정'으로 호칭 ② 업무 포지티브型, 열거주의 채택 ③ 감독청을 경찰청장으로 함	제20대 국회 임기 만료로 폐기
이완영 의원 (자유한국당)	2017.7.13	공인탐정 및 공인탐정업에 관한 법률안	① '공인탐정'으로 호칭 ② 업무 네거티브型, 개괄주의 채택 ③ 감독청을 경찰청장으로 함	제20대 국회 임기 만료로 폐기

대표 발의	발의 년월일	법안명	특징(요지)	결 과
이명수 의원 (국민의 힘)	2020.11.10	탐정업 관리에 관한 법률	① '탐정사'로 호칭 ② '경찰청에 등록된 민간자격 (자격기본법에 의거한 등록자격)' 취득자에게 탐정업 허용 ③ 업무 네거티브젤, 개괄주의 채택 ④ 감독청을 경찰청장으로 함	▷ 제21대 국회 '탐정업 관련 첫 법안' ▷ 행정안전위원회 계류 중 (2020.11.11.~)
윤재옥 의원 (국민의 힘)	2020.11.26	탐정업의 관리에 관한 법률	① '공인탐정'으로 호칭 ② 업무 포지티브형젤, 열거주의 채택 ③ 감독청을 경찰청장으로 함	▷ 제21대 국회 '탐정업 관련 두번째 법안' ▷ 행정안전위원회 계류 중 (2020.11.27.~)

2. 제21대 국회 탐정업 관리에 관한 법률안 발의 현황

> **(1) [탐정업 관리에 관한 법률(안) 2105157호] 2020. 11.10 이명수 의원 등 13인 발의
> 현재 행정안전위원회에 계류 中**

[탐정업 관리에 관한 법률(안) 요지]

1) 이 법률은 탐정업에 대하여 필요한 사항을 규정하고 적정한 지도·관리·감독을 통해 업무수행의 적법성을 담보함으로써 국민의 권리보호에 이바지함을 목적으로 함(안 제1조).

2) 탐정업무란 탐정사가 기업이나 개인 등 타인의 의뢰를 받아 계약을 맺고 보수를 받으며, 위법하지 않은 범위 내에서 의뢰받은 사건에 대한 조사 활동을 통하여 사실관계 확인 및 관련정보 등을 수집·분석하여 그 결과를 의뢰인에게 제공하는 업무를 말함(안 제2조제1호).

3) 탐정사가 되려는 사람은 경찰청장이 등록심사·결정하여 등록한 민간자격관리기관에서 실시하는 탐정사 자격시험에 합격하여야 함(안 제6조제1항)

4) 탐정사가 탐정업을 하려면 경찰청장에게 등록하여야 하고, 탐정법인을 설립하려면 경찰청장의 인가를 받아야 하며, 탐정사와 탐정법인은 탐정사협회에 가입하여야 함(안 제10조, 제13조 및 제38조).

5) 탐정업자의 권리·의무로서 의뢰건조사부의 작성·보관, 계약서의 작성 및 교부, 수집·조사의 제한, 손해배상책임, 비밀누설 금지 등에 관한 사항을 규정함(안 제5장).

6) 탐정업자가 업무를 수행함에 있어서 고의 또는 과실로 의뢰인 또는 제3자에게 손해를 끼쳤을 때에는 그 손해를 배상할 책임이 있고, 이를 보장하기 위하여 공제사업에의 가입 또는 보험 가입 등 필요한 조치를 하여야 함(안 제33조).
사. 탐정업자의 자질 향상, 품위 유지 및 윤리경영을 위하여 탐정사협회를 둠(안 제37조).

7) 경찰청장은 탐정업자 및 탐정사협회를 지도·관리·감독하도록 하고, 탐정사의 자격 취소 및 정지, 탐정업자의 등록이나 설립인가의 취소 및 영업정지 처분 등을 할 수 있도록 함(안 제40조부터 제42조까지).

▷ 부칙

제2조(자격 취득에 관한 경과조치) 이 법률 시행일 전의 규정에 따라 경찰청장의 등록심사·결정을 받고 지정된 민간자격 발급기관에서 탐정관련 자격을 취득한 자는 대통령령으로 정한 교육을 이수하고 시험에 합격한 경우에 탐정사 자격을 취득한 것으로 본다.

☞ 이 법안에서 말하는 '경찰청장이 등록심사·결정하여 등록한 민간자격(관리기관)'이란?

여기에 등장하는 '민간자격'이란 자격기본법에 따라 직업능력 개발을 촉진하기 위해 국가 외의 자가 신설하여 관리·운영하는 자격을 말하며, '등록자격'이란 해당 주무부처의 장에게 등록한 민간자격을 말한다. 즉, 민간(법인·단체 등)이 주체가 되어 '탐정업무 관련 자격의 신설'을 목적으로 한국직업능력개발원에 등록을 신청하면 이를 관리하는 주무부처인 경찰청(장)이 우선 그 적격 심사를 하게 되며, 이러한 심사를 거쳐 주무부처의 관리대장에 등록 되어야만 한국직업능력개발원장 명의의 '민간자격등록증'이 교부된다. 이렇게 등록된 자격은 자격 관리·운영기관(민간) 주관 하에 소정의 검정을 거쳐 등록된 자격명으로 자격증이 발급되는 등 그 자격의 직업화를 촉진하게 된다.

(2) [탐정업의 관리에 관한 법률(안) 2105766호] 2020. 11.26 윤재옥 의원 등 10인 발의 현재 행정안전위원회에 계류 中

[탐정업의 관리에 관한 법률(안) 요지]

1) 이 법은 탐정업에 관한 적정한 관리·감독을 통해 국민들에게 양질의 사실조사 서비스를 제공하여 국민의 권익 보호에 이바지하고, 탐정업의 건전한 발전을 도모함을 목적으로 함(안 제1조)

2) "탐정"이란 사람의 생사나 그 소재, 도난 자산 등 물건의 소재, 또는 권리·의무의 기초가 되는 관련 정보와 사실관계의 존부 등을 확인할 정당한 이해관계가 있는 사람이 관련 사실 조사를 의뢰한 경우에 이에 대해 정보를 수집하고 사실을 조사하여 의뢰인에게 제공하는 것을 말함(안 제2조제1호)

3) "공인탐정업자"란 탐정업을 할 목적으로 제11조에 따라 등록된 공인탐정과 제28조에 따라 인가를 받은 공인탐정법인을 말함(안 제2조제4호)

4) 공인탐정의 결격사유, 자격시험, 1차 시험 면제 대상자 및 자격제도 운영위원회를 규정함(안 제5조부터 제8조까지)

5) 공인탐정 자격증의 양도·대여를 금지하고 공인탐정이 아닌 사람은 공인탐정, 탐정 또는 이와 유사한 명칭을 사용하지 못하도록 함(안 제9조 및 제10조)

6) 탐정업을 하려는 자는 경찰청장에게 등록하여야 하고, 개·폐업 또는 휴업할 때에는 신고하도록 함(안 제11조)

7) 공인탐정의 권리·의무로서 부당한 비용 청구 금지, 사건부 작성·보관, 계약내용 서면 교부, 수집·조사의 제한, 등록증 대여 금지, 사무원 채용, 손해배상책임, 비밀의 준수 및 교육의 의무 등을 규정함(안 제13조부터 제26조까지)

8) 공인탐정은 3명 이상으로 구성하여 탐정법인을 설립할 수 있도록 하고, 설립절차 및 업무집행방법 등을 규정함(안 제27조부터 제38조까지)

9) 경찰청장은 공인탐정을 지도·감독할 수 있으며, 자격취소 및 등록취소 등과 경찰청장의 권한의 위임 및 위탁에 관한 사항을 규정함(안 제41조부터 제45조까지)

10) 이 법은 공포 후 1년이 경과한 날부터 시행함(안 부칙 제1조)

II 탐정활동을 제어하는 여러 개별법 핵심 포인트

현재 '탐정업을 직접 규찰할 기본법이 존재하지 않는다'는 점에서 일부의 사람들은 탐정(업)의 무질서나 그에 따른 피해 등을 우려하고 있음이 사실이다. 물론 일리가 있는 걱정임에는 틀림없다. 하지만 대개의 신직업이 선업후법(先業後法, 업이 먼저 선행하고 그 문제점을 도출 후 관련법을 제정하는 패턴)으로 안착하고 있다는 측면에서 볼 때 현단계 '탐정업 기본법' 부재를 심히 우려할 일이 아니라는 견해도 적지 않다. 지금 현재 존재하고 있는 개인정보보호법 등 탐정업 주변의 20여개 개별법만으로도 탐정(업) 일탈 제어에 사실상 부족함이 없다는 얘기다. 개인정보보호법, 위치정보법, 통신비밀보호법, 정보통신망법, 형법(비밀침해죄. 업무상비밀누설죄 등), 민법(불법행위에 대한 손해배상 등), 변호사법(기타 일반의 법률사건 취급 금지), 경범죄처벌법 등이 그것이다(아래 표 참조).

개별법	주요 위반행위와 벌칙(요지) 및 논란
(1) 개인정보보호법	**['개인정보'와 '개인정보처리자']** ▷ 개인정보보호법은 '개인정보의 처리' 및 '보호'에 관한 사항을 정함으로써 개인의 자유와 권리를 보호하고, 나아가 개인의 존엄과 가치를 구현함을 목적으로 한다. ▷ 이 법에서 말하는 '개인정보'란 '살아 있는 개인에 관한 정보'로서 성명, 주민등록번호 및 영상 등을 통하여 개인을 알아볼 수 있는 정보를 말한다(해당 정보만으로는 특정 개인을 알아볼 수 없더라도 다른 정보와 쉽게 결합하여 개인을 알아볼 수 있는 정보를 포함한다). ▷ '개인정보의 처리'란 개인정보의 수집, 생성, 연계, 연동, 기록, 저장, 보유, 가공, 편집, 검색, 출력, 정정(訂正), 복구, 이용, 제공, 공개, 파기(破棄), 그 밖에 이와 유사한 행위를 말한다. ▷ '개인정보처리자'란 '업무를 목적으로 개인정보파일을 운용하기 위하여 스스로 또는 다른 사람을 통하여 개인정보를 처리하는 공공기관, 법인, 단체 및 개인 등'을 말한다. ▷ 사자(死者) 및 기업(企業)이나 단체(團體) 등에 관한 정보는 개인정보에 해당하지 않음

개별법	주요 위반행위와 벌칙(요지) 및 논란
	[개인정보보호법은 '개인정보처리자'를 규율하는 법이다] ▷ 개인정보보호법은 본래 '개인정보처리자'가 수범자(受範者, 법을 지켜야 하는 존재)로 되어 있는 법률이어서 '개인정보처리자'가 아닌 자에 대한 처벌규정은 그리 많지 않다(예: '정보처리자는 OOO을 하여야 한다' 또는 '정보처리자는 OOO을 하여서는 아니된다'는 등) ▷ 탐정 등 순수 민간인(자연인)은 이 법에서 말하는 '개인정보처리자'가 아니기 때문에 사실상 이 법이 규율하고자 하는 1차적(직접) 대상이 아니다. 따라서 이 책에서는 개인정보보호법과 관련하여 탐정(업)이 꼭 유념해야 할 위반행위와 그 벌칙을 골라 학습을 권하기로 했다. **[탐정활동 시 개인정보보호법에 저촉 될 소지가 있는 네가지 위반행위 유형과 벌칙]** 개인정보보호법에서는 수많은 벌칙 조항을 두고 있으나 대다수의 벌칙이 '개인정보처리자' 및 '특수관계인'에 해당하는 벌칙이기 때문에 순수 민간인(탐정 등 자연인)은 그러한 벌칙에 과도한 걱정을 가질 필요가 없다. 개인정보보호법 가운데 탐정활동 시 유념해야 할 위반 행위는 아래 4가지로 압축된다. ① 거짓이나 그 밖의 부정한 수단이나 방법으로 다른 사람이 처리하고 있는 개인정보를 취득한 후 이를 영리 또는 부정한 목적으로 제3자에게 제공한 자와 이를 교사·알선한 자(제70조제2호, 10년 이하의 징역 또는 1억원 이하의 벌금) ▷ 사기나 절도 등의 방법에 의한 개인정보 불법취득이 여기에 해당(탐문에 의한 개인정보 취득은 여기에 해당하지 않음). ② 제59조제2호를 위반하여 업무상 알게 된 개인정보를 누설하거나 권한 없이 다른 사람이 이용하도록 제공한 자 및 그 사정을 알면서도 영리 또는 부정한 목적으로 개인정보를 제공받은 자(제71조제5호, 5년 이하의 징역 또는 5천만원 이하의 벌금) ▷ 평소 좋은 인간관계를 유지해 오고 있는 '개인정보처리자'나 '개인정보를 처리 하였던 자'로부터 정보를 제공 받는 경우가 여기에 해당(주민센터에서 복무하는 공익요원이나, 통신사 직원, 공무원으로 재직하고 있는 친구나 친척 등으로부터 개인정보를 취득한 경우 등).

개별법	주요 위반행위와 벌칙(요지) 및 논란
	③ 개인정보처리자라 할지라도 사상, 신념, 노동조합·정당의 가입·탈퇴, 성생활, 유전자검사 결과로 얻어진 유전정보, 범죄경력자료 등 '민감정보(법 제23조제1항)' 처리는 원칙적으로 금지(정보주체에게 별도 동의를 얻거나, 법령에서 구체적으로 허용된 경우에 한하여 처리 가능, 위반시 벌칙 71조3호에 의거 5년 이하 징역 또는 5천만원 이하 벌금) ▷ 위 법문은 '개인정보처리자'를 수범자로 함. 탐정은 물론 모든 국민은 타인의 민감정보를 수집·이용하여서는 아니된다(본인의 동의를 얻거나 법률에서 구체적으로 허용한 경우에는 처리 가능). ④ 개인정보처리자라 할지라도 주민등록번호, 여권번호, 운전면허번호, 외국인등록번호 등 '고유식별정보(법 제24조제1항)'의 처리는 원칙적으로 금지(정보주체에게 별도 동의를 얻거나, 법령에서 구체적으로 허용된 경우에 한하여 처리 가능, 위반시 벌칙 71조4호에 의거 5년 이하 징역 또는 5천만원 이하 벌금) ▷ 위 법문은 '개인정보처리자'를 수범자로 함. 탐정은 물론 모든 국민은 타인의 민감정보를 수집·이용하여서는 아니된다(본인의 동의를 얻거나 법률에서 구체적으로 허용한 경우에는 처리 가능). ▷ 개인정보보호법은 다양한 유형의 위법행위와 그에 대한 처벌 규정을 두고 있으나, 대다수의 규정이 이 법에 의한 '개인정보처리자'를 수범자('규정을 지켜야 할 의무자')로 정하고 있다. 따라서 탐정이 위에 열거한 유형의 위반행위(벌칙) 외에 '단순한 탐문'으로 개인정보를 수집·이용한 경우 개인정보보호법으로 처벌이 어렵다. 다만 이러한 경우 개인정보 무단 수집·이용에 따른 프라이버시 침해를 사유로 하는 민사상 손해배상의 문제가 따를 수 있음에 유의해야 한다. [개인정보보호법 관련 판례] ▷ '이미 공개된 개인정보는 당사자의 별도 동의가 없더라도 3자에게 유료로 제공할 수 있다(대법원2016.817.선고 2014다235080 판결)'. 이는 '이미 공개된 정보는 정보주체의 동의가 있었다고 객관적으로 인정되는 범위

개별법	주요 위반행위와 벌칙(요지) 및 논란
	내에서 수집·이용·제공 등 처리가 이루어 질 때에는 정보주체의 별도 동의가 불필요하다'는 취지의 판결이다. ▷ 변호사사무실에서 사무장으로 일하는 동생의 부탁을 받고 40대 여성 2명의 차적과 수배내역 등을 몰래 알아봐 준 전직 경찰관에게 징역4월에 집행유예 1년 선고했다. 이는 이 전직 경찰관이 현직에 있을 당시 개인정보를 누설한 책임 ('개인정보처리자'로서의 책임)을 사후에 물은 것이다(인천지법 2017고단8711판결). [논란] **가출한 성인(18세 이상)이나 도피한 불법행위자(잠적한 채무자, 범죄 가해자)의 소재를 파악하여 의뢰자에게 알리는 일이 개인정보보호법에 저촉되는지? 저촉된다면 어떤 법조(法條)를 의율할 것인가?** ① 위와 같은 사안의 경우 2020년 2월4일 신용정보법이 개정(2020년 8월5일 시행)되기 이전에는 동법 제40조제4호 '특정인의 소재 및 연락처를 알아내는 행위 금지' 조문을 통해 통제해 왔으나 법개정으로 이 조항은 '특정된 신용정보업자 외의 사람에게는 적용되지 않음(적용 범위가 신용정보회사 등에만 국한 됨)'에 따라 이제 자연인(신용정보업자가 아닌 탐정 등)이 '특정인의 소재를 알아낸 경우' 어떤 법으로 규제될 것인지에 대해 살펴본다. ② 일부에서는 '특정인의 소재를 파악하여 의뢰자에게 무단으로 제공하는 행위'는 개인정보보호법상 '정보주체의 동의 없는 개인정보 제3자 제공(제17조)'에 해당되어 5년 이하의 징역 또는 5천만원 이하 벌금에 처해질 수 있다고 말하고 있으나, 이 법조(法條)는 물론 개인정보보호법은 일관되게 동법에서 정한 '정보처리자(제2조제5호)'에 의한 개인정보의 무단 수집·이용 등을 규제하고 있는 법이라는 한계를 감안 할 때 이 법에 의한 '정보처리자'가 아닌 자연인(탐정 등)이 탐문으로 '특정인의 소재를 파악'하여 의뢰자에게 정보를 제공하는 행위를 하였을 시 개인정보보호법으로 처벌될 것인가에 대해 의문을 제기하는 견해가 적지 않다. ③ 탐정이 '특정인의 소재를 파악하여 의뢰자에게 제공하는 행위'에 있어 그

개별법	주요 위반행위와 벌칙(요지) 및 논란
	소재를 파악한 과정에서의 불법성 유무(탐문에 국한되었는지 여부), 당사자의 동의(同意) 여부(생사 여부만 알리는 일은 동의 없이도 가능), 소재를 파악하여 의뢰자(보호자 등)에게 알렸을 경우 결과적으로 그 대상에게 피해가 가는지 아니면 실익(實益)이 가는지 여부, 그 '소재 정보'를 악용할 사람에게 제공했는지 보호자의 위치에 있는 가족 등에게 제공 했는지 여부, 그 대상이 자신의 소재를 파악한 탐정에 대해 현재 감사(感謝)하고 있는지 원망(怨望)하고 있는지 여부 및 그 대상의 소재를 동의 없이 알렸을 경우라도 그에 따른 사회적 이익이 그 대상이 누릴 법익(法益)보다 큰 경우 등을 감안하여 가벌성(可罰性)이 논해 질 것인 바. 탐정 활동에 있어 '특정인의 소재를 파악하여 의뢰자에게 제공하는 일'은 실정법에 대한 검토와 함께 조리(條理)에 입각한 이익형량(利益衡量)이 필요하다 하겠다. 실정법 준수도 중요하지만 '조리(사회통념)'의 정신에 입각한 '비교형량(比較衡量)'은 탐정(업)의 존재 가치이자 사명과 직결된다. ▷ 조리(條理)란 '사회상규', '사회통념', '인간으로써의 도리' 등을 의미하며, 이익형량(利益衡量)이란 '어떤 대상 사이의 가치나 이익의 크기를 서로 비교하여 어느 쪽 손을 들어 줄 것인가?를 가린다'는 의미이다. ⑤ 탐정 등 '개인정보보호법상 정보처리자 외의 자'가 특정인의 소재를 '탐문'으로 파악하여 의뢰자에게 제공한 행위가 개인정보보호법 위반으로 고소·고발·입건된 사례는 현재 없으며, 법조 일각에서는 이런 경우 사생활 침해(프라이버시 침해)를 사유로 하는 민사상 손해배상 소송의 대상이 될지언정 형사처벌은 어려울 것이라는 견해를 보이고 있음.

개별법	주요 위반행위와 벌칙(요지) 및 논란
(2) 위치정보의 보호 및 이용 등에 관한 법률	**['위치정보' 및 '개인위치정보']** ▷ 이 법은 위치정보의 유출·오용 및 남용으로부터 사생활의 비밀 등을 보호하고 위치정보의 안전한 이용환경을 조성하여 위치정보의 이용을 활성화함으로써 국민생활의 향상과 공공복리의 증진에 이바지함을 목적으로 한다. ▷ '위치정보'라 함은 이동성이 있는 물건 또는 개인이 특정한 시간에 존재하거나 존재하였던 장소에 관한 정보로서 「전기통신사업법」 제2조제2호 및 제3호에 따른 전기통신설비 및 전기통신회선설비를 이용하여 수집된 것을 말한다. ▷ '개인위치정보'라 함은 특정 개인의 위치정보(위치정보만으로는 특정 개인의 위치를 알 수 없는 경우에도 다른 정보와 용이하게 결합하여 특정 개인의 위치를 알수 있는 것을 포함한다)를 말한다. **[개인위치정보 무단 수집·이용 등 금지]** ① 위치정보사업자 등과 그 종업원이거나 종업원이었던 사람은 직무상 알게 된 위치정보를 누설·변조·훼손 또는 공개하여서는 아니된다(위반시 5년 이하의 징역 또는 5천만원 이하의 벌금, 제39조 벌칙). ② 누구든지 개인위치정보주체의 동의를 받지 아니하고 해당 개인위치정보를 수집·이용 또는 제공하여서는 아니 된다. 다만, 다음 각 호의 어느 하나에 해당하는 경우에는 그러하지 아니하다(위반시 3년 이하의 징역 또는 3천만원 이하의 벌금, 제40조 벌칙) 　▷ '제29조제1항에 따른 긴급구조기관의 긴급구조요청 또는 같은 조 제7항에 따른 경보발송요청이 있는 경우 　▷ '제29조제2항에 따른 경찰관서의 요청이 있는 경우 　▷ ' 다른 법률에 특별한 규정이 있는 경우 ③ '위치추적기' 등으로 개인의 위치정보를 무단으로 수집·이용·제공한 경우 3년 이상의 징역 또는 3000만원 이하의 벌금(법 제40조제4호) ④ 실종이나 자살이 의심되는 사건의 경우 긴급구조기관(소방청·소방본부·소방서)과 경찰관서(경찰청·지방경찰청·경찰서)는 영장 없이 위치추적이 가능하다(위치정보보호법 제29조, 긴급구조를 위한 개인위치정보의 이용).

개별법	주요 위반행위와 벌칙(요지) 및 논란
	이 근거를 악용하여 배우자나 가족, 채권자, 수사 관계자 등이 허위로 실종이나 자살이 의심된다며 긴급구조요청을 하고 이를 통해 잠적자의 위치를 알아내는 경우가 발생하고 있음(긴급구조요청을 허위로 한자는 2천만원 이하의 과태료에 처한다. 제43조 제2항).
(3) 통신비밀보호법	**[통신 및 대화비밀의 보호]** 누구든지 이 법과 형사소송법 또는 군사법원법의 규정에 의하지 아니하고는 우편물의 검열·전기통신의 감청 또는 통신사실확인자료의 제공을 하거나 공개되지 아니한 타인간의 대화를 녹음 또는 청취하지 못한다. 다만, 다음 각호의 경우에는 당해 법률이 정하는 바에 의한다(제3조①항). **[통신비밀보호법상 대화비밀의 보호를 위한 금지행위]** ① 공개되지 않은 타인 간의 대화를 녹음 또는 청취하지 못한다. ▷ 여럿이 모여 대화를 나누고 있을 때 그 대화에 참여한 인원 중 한명이 그 대화를 녹음 하는 건 위법한 행위가 아니다. ▷ 하지만 그 대화에 참여한 자가 아닌 제3자(엿듣기 위해 잠복한 사람 또는 미리 녹음장치를 해두는 경우 등)가 그 대화를 몰래 녹음하면 위법이 된다. ▷ 또한 배우자가 외도를 한 사실을 알고 '이혼 소송을 제기 하고자 그 증거를 찾기 위해' 배우자의 전화 통화 내용을 몰래 녹음하는 행위도 '타인 간의 대화를 녹음하는 행위'이므로 증거능력을 갖지 못한다. 설령 이혼 소송에서 몰래 녹음한 내용이 증거로 인정되는 경우가 있을지라도 몰래 녹음한 통신보호법상 죄책은 면할 수 없다. ② '대화에 참여한 자'라 할지라도 녹음한 내용을 참여자(모두)의 동의 없이 유출하는 행위는 위법한 행위가 된다(최근 하급심의 판례, 민사상 책임). ③ 본인이 직접 불법녹음을 하지 않더라도 제3자로 하여금 특정인의 차량에 녹음장치를 설치하게 하는 등 불법 녹음을 하도록 하였다면 이는 통신비밀보호법상 교사죄에 해당하여 형사처벌 대상이 될 수 있다.

개별법	주요 위반행위와 벌칙(요지) 및 논란
	[주요 위반행위 벌칙] ① 불법감청(도청): 1년 이상 10년 이하의 징역과 5년 이하의 자격정지(법 제16조) ② 불법녹취(비밀녹음): 1년 이상 10년 이하의 징역과 5년 이하의 자격정지(법 제16조) ③ 우편물의 검열 또는 전기통신의 감청을 하거나 공개되지 아니한 타인간의 대화를 녹음 또는 청취하여 알게 된 통신 또는 대화의 내용을 공개하거나 누설한 자(법 제16조)
(4) 정보통신망 이용 및 정보보호 등에 관한 법률	**정보통신망이란?** '정보통신망'이란「전기통신사업법」제2조제2호에 따른 전기통신설비를 이용하거나 전기통신설비와 컴퓨터 및 컴퓨터의 이용기술을 활용하여 정보를 수집·가공·저장·검색·송신 또는 수신하는 정보통신체제를 말한다. **[탐정활동 시 유념해야 할 정보통신망법 침해행위 및 벌칙]** ① 누구든지 정당한 사유 없이 정보통신시스템, 데이터 또는 프로그램 등을 훼손·멸실·변경·위조하거나 그 운용을 방해할 수 있는 프로그램을 전달 또는 유포하여서는 아니 된다(법 제48조제2호). ▷ 도청어플을 다운 받아 타인의 대화내용을 도청·녹음하거나 카카오톡이나 문자 등 대화내용을 훔쳐보는 행위가 이 제48조제2호 위반에 해당한다(위반시 7년 이하의 징역 또는 7,000만원 이하의 벌금, 제70조의2) ② 누구든지 정보통신망에 의하여 처리·보관 또는 전송되는 타인의 정보를 훼손하거나 타인의 비밀을 침해·도용 또는 누설하여서는 아니 된다(제49조·비밀 등의 보호, 위반시 5년 이하의 징역 또는 5천만원 이하의 벌금, 법 제71조제1항제11호) ▷ 타인의 휴대폰이나 이메일, 메신저 등을 훔쳐보는 행위가 이 제49조 위반행위에 해당한다.

개별법	주요 위반행위와 벌칙(요지) 및 논란
	▷ 속칭 '유흥탐정의 행위(컴퓨터에 저장된 특정인의 유흥업소 출입 기록 거래)' 도 이 벌칙에 해당. **[속이는 행위에 의한 정보의 수집금지]** ▷ 누구든지 정보통신망을 통하여 속이는 행위로 다른 사람의 정보를 수집하 거나 다른 사람이 정보를 제공하도록 유인하여서는 아니 된다(제49조의2 제1항, 위반시 2년 이하의 징역 또는 2천만원 이하의 벌금, 법 제73조제7호)
(5) 신용정보의 이용 및 보호에 관한 법률	**[신용정보업 등]** ① 누구든지 이 법에 따른 신용정보업, 본인신용정보관리업, 채권추심업 허가를 받지 아니하고는 신용정보업, 본인신용정보관리업 또는 채권추심업을 하여 서는 아니 된다(제4조, 신용정보업 등의 허가, 허가는 금융위원회 소관이다). ② 신용정보업, 본인신용정보관리업 또는 채권추심업 허가를 받지 아니하고 신용정보업, 본인신용정보관리업 또는 채권추심업을 한 자는 5년 이하의 징역 또는 5천만원 이하의 벌금, 제50조, 벌칙 2항) **[신용정보법 상 '채권추심의 대상이 되는 채권'의 정의]** ▷ 채권추심의 대상이 되는 '채권'이란 「상법」에 따른 상행위로 생긴 금전채 권, 판결 등에 따라 권원(權原)이 인정된 민사채권으로서 대통령령으로 정 하는 채권, 특별법에 따라 설립된 조합·공제조합·금고 및 그 중앙회·연합 회 등의 조합원·회원 등에 대한 대출·보증, 그 밖의 여신 및 보험 업무에 따 른 금전채권 및 다른 법률에서 채권추심회사에 대한 채권추심의 위탁을 허 용한 채권을 말한다(제2조제11호) ▷ '단순히 빌려 준 돈'은 이 법에서 말하는 채권이나 채권추심대상에 해당하 지 아니한다. 따라서 '단순히 빌려 준 돈'에 대하여 탐정이 채권자로부터 위 임장을 받아 빌려 준 돈을 받아 주는 일(변제금·辨濟金 수령)은 불가능하지 않다. 하지만 탐정이 '채권추심업무를 전문으로 한다'는 포괄적인 과대 광고는 아니된다.

개별법	주요 위반행위와 벌칙(요지) 및 논란
(6) 변호사법	**[탐정활동에 있어 유의해야 할 변호사법 관련 조문]** **[변호사법 제109조: 벌칙]** 변호사가 아니면서 금품·향응 또는 그 밖의 이익을 받거나 받을 것을 약속하고 또는 제3자에게 이를 공여하게 하거나 공여하게 할 것을 약속하고 다음 각 목의 사건에 관하여 감정·대리·중재·화해·청탁·법률상담 또는 법률 관계 문서 작성, 그 밖의 법률사무를 취급하거나 이러한 행위를 알선한 자는 7년 이하의 징역 또는 5천만원 이하의 벌금에 처한다. 이 경우 벌금과 징역은 병과(倂科)할 수 있다. ▷ 소송 사건, 비송 사건, 가사 조정 또는 심판 사건 ▷ 행정심판 또는 심사의 청구나 이의신청, 그 밖에 행정기관에 대한 불복신청 사건 ▷ 수사기관에서 취급 중인 수사 사건 ▷ 법령에 따라 설치된 조사기관에서 취급 중인 조사 사건 ▷ 그 밖에 일반의 법률사건 **[탐정업 관련 변호사법 위반 판례(대법원2015.7.9.선고,2014도16204 판결)]** "용역계약을 받은 자가 계속 중이던 소송 또는 진행 중이던 수사와 관련하여 관계자들을 찾아가 진술을 녹취하고 그 녹취내용에 대한 녹취록을 작성하는 등의 사실조사와 자료수집행위를 한 것은 변호사법에서 금지한 '그밖의 법률사무'에 해당한다" ▷ 위 판례가 탐정(업)에서 행하는 소송자료수집 관련 행위 모두를 변호사법위반으로 가름한 것은 아님에 유의 바람 **[논란]** 변호사법은 민사사건, 형사사건, 가사조정 및 심판사건(이혼소송 등) 등의 소송행위나 그에 부수된 행위는 변호사의 전속적(독점) 업무임을 천명하고 있다(변호사법 제109조). 하지만 소송여부를 결심하기 이전(以前)의 단계에서 '변호사와의 상담에 필요한 최소한의 초보적 자료수집'이나 '소송 준비로서의 사실

개별법	주요 위반행위와 벌칙(요지) 및 논란
	관계 파악 목적의 기초적 자료수집'마저 변호사만의 영역이고 탐정 등은 이를 업으로 행할 수 없다는 논리는 과도한 확장해석이라는 이견(異見)이 적지 않다 [*영국이나 미국·프랑스·일본 등 대개의 선진국에서는 '실체적 진실 발견'이 라는 대명제(大命題) 하에 사실관계파악(소송 관련 자료수집)에 있어 탐정과 변호사가 긴밀한 협업체제를 유지하고 있음이 우리에게 시사하는 바는 실로 크다] ① '계속(繫屬) 중인 소송'이란 '형사 사건이 특정한 법원의 재판 대상으로 되어 있는 상태'를 말하는데 민사소송 관련 자료 수집도 위 판례가 적용된다고 보는가? ② 변호사와의 상담에 필요한 기초자료의 수집행위도 변호사법 위반으로 볼 것인가? ③ 고소·고발 등 소송준비 행위 또는 수사를 요청(촉구)하기 위해 필요한 자료의 수집행위(사실관계파악 행위)도 변호사법 위반 행위(법률행위)로 볼 것인가? ▷ '계속(繫屬) 중이던 소송 또는 진행 중이던 수사'와 관련 된 자료가 아닌 형 사소송 준비 단계 및 수사 개시 이전의 단계인 고소나 고발을 위한 자료수 집 또는 민사소송 관련 자료수집에 대한 가벌성 여부에 대해서는 위 판례에 서 언급된 사항이 아니며, 이에 대해서는 이견(異見)과 논란이 존재한다(현 재 이와 같은 논란을 명료히 가름한 판례는 존재하지 않음).
(7) 생명윤리 및 안전에 관한 법률	[검사대상자의 동의 없는 유전자 검사 대행 금지] ▷ 유전자검사기관이 유전자검사에 쓰일 검사대상물을 직접 채취하거나 채취 를 의뢰할 때에는 검사대상물을 채취하기 전에 검사대상자로부터 다음 각 호의 사항에 대하여 서면동의를 받아야 한다. 다만, 장애인의 경우는 그 특 성에 맞게 동의를 구하여야 한다.(생명윤리 및 안전에 관한 법률, 제51조제 1항, 유전자 검사의 동의) ① 유전자검사의 목적 ② 검사대상물의 관리에 관한 사항 ③ 동의의 철회, 검사대상자의 권리 및 정보보호, 그 밖에 보건복지부령으로 정하는 사항

개별법	주요 위반행위와 벌칙(요지) 및 논란
	▷ 위반 시 벌칙 유전자검사에 관한 서면동의를 받지 아니하고 검사대상물을 채취한 자 또는 같은 조 제3항을 위반하여 서면동의서를 첨부하지 아니하거나 개인정보를 보호하기 위한 조치를 하지 아니하고 유전자검사를 의뢰한 자는 1년 이하의 징역 또는 2천만원 이하의 벌금에 처한다(법 제68조 벌칙 11호). ▷ '친자 확인 유전자 검사'는 모근(뿌리)이 붙어있는 머리카락 5~10개 정도면 20만원 정도의 비용으로 사설유전자검사업체에서도 쉽게 시행이 가능하다. 굳이 대학병원이나 종합병원을 찾지 않더라도 검사의 정확도가 높아졌다(면봉, 혈흔, 발대, 담배꽁초, 칫솔 등 다양한 시료가 있으나 모근이 있는 머리카락이 검사에 널리 사용되고 있다). [주의사항] ▷ 유전자 검사를 위해서는 검사대상자의 동의서가 필수적이다. 하지만 대개의 경우 가족 간 검사대상자에게 친족확인 유전자검사를 제의하거나 동의서를 받기가 곤란한 경우가 많다는 점에서 '검사대상자의 동의서'를 생략한 채 용역업자 등에게 '수완 껏(허위의 동의서를 만들어서라도)' 검사를 받아 오도록 대행을 맡기는 사례가 있음에 유의해야 한다.
(8) 부정경쟁방지 및 영업비밀보호에 관한 법률	[부정경쟁행위 방지와 타인의 영업비밀 보호] ▷ 이 법은 국내에 널리 알려진 타인의 상표·상호(商號) 등을 부정하게 사용하는 등의 부정경쟁행위와 타인의 영업비밀을 침해하는 행위를 방지하여 건전한 거래질서를 유지함을 목적으로 한다. ▷ '영업비밀'이란 공공연히 알려져 있지 아니하고 독립된 경제적 가치를 가지는 것으로서, 비밀로 관리된 생산방법, 판매방법, 그 밖에 영업활동에 유용한 기술상 또는 경영상의 정보를 말한다(제2조). [주요 위반행위와 벌칙] ① '영업비밀을 외국에서 사용하거나 외국에서 사용될 것임을 알면서도' 다음 각 호의 어느 하나에 해당하는 행위를 한 자는 15년 이하의 징역 또는 15

개별법	주요 위반행위와 벌칙(요지) 및 논란
	억원 이하의 벌금에 처한다. 다만, 벌금형에 처하는 경우 위반행위로 인한 재산상 이득액의 10배에 해당하는 금액이 15억원을 초과하면 그 재산상 이득액의 2배 이상 10배 이하의 벌금에 처한다(제18조 벌칙). ▷ 영업비밀을 취득·사용하거나 제3자에게 누설하는 행위 ▷ 영업비밀을 지정된 장소 밖으로 무단으로 유출하는 행위 ▷ 영업비밀 보유자로부터 영업비밀을 삭제하거나 반환할 것을 요구받고도 이를 계속 보유하는 행위 ▷ 절취·기망·협박, 그 밖의 부정한 수단으로 영업비밀을 취득하는 행위 ② 제1항 각 호의 어느 하나에 해당하는 행위를 한 자는 10년 이하의 징역 또는 5억원 이하의 벌금에 처한다. 다만, 벌금형에 처하는 경우 위반행위로 인한 재산상 이득액의 10배에 해당하는 금액이 5억원을 초과하면 그 재산상 이득액의 2배 이상 10배 이하의 벌금에 처한다.
(9) 산업기술의 유출방지 및 보호에 관한 법률	**[산업기술과 국가핵심기술 부정한 유출 금지]** ① 이 법은 산업기술의 부정한 유출을 방지하고 산업기술을 보호함으로써 국내산업의 경쟁력을 강화하고 국가의 안전보장과 국민경제의 발전에 이바지함을 목적으로 한다. ▷ '산업기술'이라 함은 제품 또는 용역의 개발·생산·보급 및 사용에 필요한 제반 방법 내지 기술상의 정보 중에서 행정기관의 장이 산업경쟁력 제고나 유출방지 등을 위하여 이 법 또는 다른 법률이나 이 법 또는 다른 법률에서 위임한 명령에 따라 지정·고시·공고·인증하는 기술을 말한다(제2조제1항). ▷ '국가핵심기술'이라 함은 국내외 시장에서 차지하는 기술적·경제적 가치가 높거나 관련 산업의 성장잠재력이 높아 해외로 유출될 경우에 국가의 안전보장 및 국민경제의 발전에 중대한 악영향을 줄 우려가 있는 기술로서 제9조의 규정에 따라 지정된 것을 말한다(제2조제2항).

개별법	주요 위반행위와 벌칙(요지) 및 논란
	[주요 벌칙] ① '국가핵심기술'을 외국에서 사용하거나 사용되게 할 목적으로 제14조제1호부터 제3호까지의 어느 하나에 해당하는 행위를 한 자는 3년 이상의 유기징역에 처한다. 이 경우 15억원 이하의 벌금을 병과한다(제36조제1항). ② 산업기술을 외국에서 사용하거나 사용되게 할 목적으로 제14조 각 호(제4호를 제외한다)의 어느 하나에 해당하는 행위를 한 자(제1항에 해당하는 행위를 한 자는 제외한다)는 15년 이하의 징역 또는 15억원 이하의 벌금에 처한다(제36조제2항).
(10) 형법	**[신체의 자유 및 사생활의 평온 보호 관련법 위반에 유의]** ▷ 신체의 자유 및 사생활의 평온 보호 관련법에는 체포·감금죄(제276조), 비밀침해죄(제316조), 업무상 비밀누설죄(제317조), 주거침입죄(제319조①), 퇴거불응죄(제319조②) 등이 있다. ▷ 이 중 '사람을 체포 또는 감금함으로써 성립하는 체포·감금죄'에 특히 유의해야 한다. 체포·감금죄의 기본적 구성요건은 계속범이다. 야간 또는 2인 이상이 공동하여 체포·감금죄를 범한 때에는 폭력행위 등 처벌에 관한 법률의 적용을 받는다. 5년 이하의 징역 또는 700만원 이하의 벌금에 처한다(미수범도 처벌). ▷ 이와 함께 '봉함 기타 비밀장치한 사람의 편지·문서 또는 도화를 개봉하거나, 봉함 기타 비밀장치한 사람의 편지·문서·도화 또는 전자기록 등 특수매체기록을 기술적 수단을 이용하여 그 내용을 알아냄으로써 성립하는 비밀침해죄'에 유의해야 한다. ▷ 그 외 탐정 활동 시에는 자칫 협박죄, 명예에 관한 죄, 권리행사방해죄, 사기와 공갈죄, 횡령과 배임의 죄에 연루되거나 그와 관련된 오해를 받기 쉬우므로 각별한 주의가 필요하다.

개별법	주요 위반행위와 벌칙(요지) 및 논란
(11) 민법	▷ 의뢰자와의 계약 준수 ▷ 사생활(프라이버시) 침해 등 불법행위에 대한 손해배상 등
(12) 경범죄처벌법	[미행 등] ▷ 불안감조성(제3조제19호): 10만원 이하의 벌금, 구류 또는 과료(科料)의 형으로 처벌한다(교사·방조행위도 처벌). ▷ 지속적 괴롭힘(제3조제41호): 10만원 이하의 벌금, 구류 또는 과료의 형으로 처벌한다(교사·방조행위도 처벌).
(13) 주민등록법	▷ 제29조제2항부터 제4항까지의 규정을 위반하여 거짓이나 그 밖의 부정한 방법으로 다른 사람의 주민등록표를 열람하거나 그 등본 또는 초본을 교부받은 자는 3년 이하의 징역 또는 1천만원 이하의 벌금에 처한다.
(14) 법무사법	[법무사의 업무와 법무사 아닌 자의 법무사 업무 금지 등] ▷ 이 법은 법무사(法務士) 제도를 확립하여 국민의 법률생활의 편익을 도모하고 사법제도(司法制度)의 건전한 발전에 기여함을 목적으로 한다. ▷ 법무사는 다른 사람의 위임을 받아 법 제2조의 업무를 수행한다. ▷ 법무사가 아닌 자가 제2조에 규정된 사무를 업으로 하거나 법무사 또는 이와 비슷한 명칭을 사용한 경우 벌칙 제74조제1항제1호에 의거 3년 이하의 징역 또는 500만원 이하의 벌금에 처한다.
(15) 행정사법	[행정사의 업무, 행정사의 종류, 대한행정사회 등] ① 이 법은 행정사(行政士) 제도를 확립하여 행정과 관련한 국민의 편익을 도모(圖謀)하고 행정제도의 건전한 발전에 이바지함을 목적으로 한다. ② 행정사는 다른 사람의 위임을 받아 법 제2조의 업무를 수행한다. 다만, 다른 법률에 따라 제한된 업무는 할 수 없다.

개별법	주요 위반행위와 벌칙(요지) 및 논란
	③ 행정사는 소관 업무에 따라 일반행정사, 해사행정사 및 외국어번역행정사로 구분하고, 종류별 업무의 범위와 내용은 대통령령으로 정한다(개정 2020.6.9. 시행 2021.6.10.).
	④ 행정사의 품위 향상과 직무의 개선·발전을 도모하기 위하여 '대한행정사회(약칭 '행정사회')를 둔다. 행정사회는 법인으로 하고 행정안전부장관의 인가를 받아 설립등기를 함으로써 성립한다(개정 2020.6.9. 시행 2021.6.10.).
	[행정사 아닌 자의 행정사 업무 금지 및 위반시 벌칙]
	① 행정사가 아닌 사람은 다른 법률에 따라 허용되는 경우를 제외하고는 제2조에 따른 업무를 업(業)으로 하지 못한다(제3조1항, 위반시 벌칙 제36조제1항제1호에 의거 3년 이하의 징역 또는 3천만원 이하의 벌금).
	② 행정사가 아닌 사람은 행정사 또는 이와 비슷한 명칭을 사용하지 못한다(제3조제2항, 위반시 벌칙 제38조제1항제2호에 의거 500만원 이하의 과태료).

제4부

상담 및 수임계약

제4부 상담 및 수임계약

I 상담

'좁은 의미의 상담'은 '탐정(探偵)할 사안(事案)'에 대한 사정(事情)과 상황을 의논하는 초기 단계를 말하나, 넓은 의미의 상담은 최초의 상담 시작에서부터 수임 적정성 검토, 의뢰자와 수임자 간 의뢰(수임) 사항 확정, 자료수집 진행순서 협의를 거쳐 계약을 위한 의뢰자 신원 확인까지(계약 직전 까지)를 상담으로 보고 있다.

1. 상담의 의의

(1) 상담(相談, counseling)이란 '문제를 해결하거나 궁금증을 풀기 위하여 서로 의논하는 것'을 말한다. 즉 상담사(카운슬러)가 내담자(來談者)에게 전문적 지식과 경험을 바탕으로 문제가 되고 있는 어떤 사정이나 상황에 대하여 올바른 인식과 합리적 의사 결정을 내릴 수 있도록 조력하는 활동을 말한다.

(2) 일반적으로 '어떤 분야의 전문가가 고객을 상대로 상세하게 상담하고 도와주는 것'을 의미하는 컨설팅(consulting)이라는 말과 유사용어로 사용된다('컨설팅'하는 사람을 '컨설턴트'라 한다).

2. 상담의 특징

(1) 상담은 '서로 의논'한다는 면에서 전문가의 '의견을 듣는' 자문(諮問)과 비교된다(상호 존중).

(2) 상담사가 내놓는 전문적 지식과 경험은 내담자가 필요로 하는 것이어야 한다(정보의 적실성).

(3) 상담은 자발적으로 공감하거나 변화할 수 있도록 정보를 제공하는데 그쳐야 한다(선택·결정권 존중).

3. 상담의 중요성

"탐정사무소를 찾아 온 고객을 놓치는 일은 최고의 응원자이자 더 없는 후원자가 될 자원을 잃는 셈이다. 제 아무리 훌륭한 경험과 높은 탐정술을 지녔다 할지라도 내 집을 찾아 온 고객을 감동시킬 역량을 갖추지 못했다면 무슨 소용이 있으랴"

(1) 내담자는 상담을 통해 해당 업소의 탐정(업) 관련 학술 수준을 진단한다.

(2) 내담자는 상담을 통해 해당 업소의 실무적 경험과 역량을 측정한다.

(3) 내담자는 상담을 통해 해당 탐정의 인간적 신뢰도를 감지한다.

(3) 내담자는 상담을 통해 문제 해결의 가능성을 탐색한다.

(4) 내담자는 상담을 통해 비용 상한을 내정한다(내담자가 내심 결정해 둔다)

(5) 탐정업무 의뢰가 한번의 상담으로 즉석에서 결정되는 경우는 0%에 가깝다.

(6) 상담을 통해 타업체와 탐정의 역량 및 비용을 비교 후 의뢰 여부를 몇주 몇달 후에 최종 결정하는 경우도 있으므로 의뢰 여부를 속단해서는 안 된다.

☞ **상담하는 척 하면서 착안사항 만 획득해 가는 가짜 고객 주의보!!**

(1) 대부분의 내담자는 한 곳에서만 상담하는 것이 아니라 견적을 볼 듯 여러 업체와 상담한 후 적격 탐정을 골라 그에게 일을 맡기고 있음이 보통이다. 따라서 지금 상담을 위해 나의 면전에 앉은 내담자가 문제 해결을 위해 누구도 만난 적 없이 나와 처음으로 상담 중일 거라는 착각은 금물이다. 그는 지금 10번째의 탐정과 상담 중일지 모른다는 점을 염두에 두어야 한다.

(2) 최근 일부 탐정사무소 종사원들에 의하면 '탐정과의 상담에는 변호사와는 달리 별도의 상담료가 없다'는 점을 악용하여 처음부터 탐정에게 일을 맡길 의사나 능력(비용)도 없으면서 곧바로 일을 맡길 듯 이곳 저곳 비교적 지명도가 높은 탐정사무소를 두루 찾아 다니며 상담하는 척 하면서 많은(신선한) 착안사항만 획득한 후 스스로 탐정활동에 나서는 '파렴치한(破廉恥漢)'이 있다는 정보가 있으니 이에 유의 바람.

4. 상담 실패 요인

(1) 사안에 대한 이해력과 통찰력 부족

'장님 코끼리 만지는 격'이라는 속담이 있다. '코끼리'로 표상되는 '상담 내용의 전체나 핵심'을 보지 못하고 대상을 이루는 한 부분을 전체로 잘못 인식하는 경우를 빗댄 말이다. 이는 이해력과 통찰력이 부족한 사람(탐정)들을 평가하는 말이다. 또 이와 비슷한 경우로 '자다가 봉창 뚜디린다'는 말이 있다. 대화(상담) 도중에 '전혀 관계없는 딴소리를 별안간 불쑥 내놓는 사람(정서가 불안한 생뚱맞은 탐정)'을 일컫는 말이다. 아직 적잖은 탐정들이 상담 경험이나 관련 학술에 능숙치 못해 내담자가 하는 말의 취지나 목적 등을 제대로 알아 듣지 못하고 동문서답(東問西答)하는 경우가 있음은 시급히 개선되어야 할 과제라 하겠다.

(2) 신선한 아이디어 부재

탐정사무소를 찾는 내담자들은 대개 '용한 의사'나 '용한 점집'을 찾는 심정으로 최후의 문제 해결 수단(방법)을 얻기 위해 방문하는 경우가 많다. 법적으로나 행정적으로 또는 상식적으로 쉽게 해결 될 일이라면 굳이 탐정사무실을 찾을 리 없다. 즉, 내담자는 자신이 처한 사정이나 상황을 설명하고 그에 대한 탐정의 묘안(신선한 대안)을 듣고 싶어 찾아 온 것이다. 그러함에도 도리어 탐정이 '바둑 정석 놓 듯' 초보적인 의견을 내놓거나 창의적 아이디어 궁핍을 면하기 위해 내담자의 기존 아이디어에 맹목적으로 동의하는 등 '무능(無能)'함을 보임으로써 내담자로 하여금 발길을 돌리게 하는 경우가 적지 않다.

(3) 내담자의 수준과 경험 과소 평가는 금물

탐정업체를 찾아오는 사람 중에는 누구와도 상의하지 않은 채 탐정사무소를 바로 찾는 경우도 없지 않으나, 내담자 대부분은 당면 문제해결을 위해 여러 사람으로부터 자문을 받거나 관련 서적 탐독 등 오랜 시간을 두고 연구와 숙고를 거듭해 온 경우가 대부분이라 해당분야에 관한한 속칭 '박사급'에 있다고 보아야 한다. 함에도 상담에 임하는 탐정이 이를 미처 간파하지 못하고 자신의 생각이나 경험만이 최상의 것인 양 자만스러운 상담을 펼치면 '그 저급(低級)'함에 실망하고 재차 방문(재상담이나 의뢰 계약)을 포기하게 될 것임이 뻔하다. 2020년 8월 5일 이후 탐정 호칭 사용 가능 등 탐정(업)이 명실상부한 보편적 직업으로 창업·겸업 등이 진행되고 있으나 탐정업에 불이 붙지 않고 있는 이유 가운데 가장 큰 이유가 바로 여기에 있다 하겠다.

5. 상담에 임할 탐정이 갖추어야 할 조건

(1) 태도적 측면

1) 내담자를 과소 평가하지 말 것(또는 지나치게 과대 평가하지 말 것)

2) 당일 또는 즉석에서 의뢰 계약을 하도록 서두르거나 초조함을 보이지 말 것

3) 내방자가 상담에 임하는 탐정의 진성정을 읽을 수 있도록 성실하게 질문·답변 할 것

4) 상담 시에는 반드시 내담자와 상담자 양쪽에 메모지와 필기도구를 두되, 상담 중 '긴 문장이나 장황한 상황'을 그대로 받아 적는 식의 메모는 삼가 할 것(초보자 또는 융통성이나 순발력이 부족한 사람으로 비침).

5) 주요한 내용이나 핵심 포인트는 키워드(key word)만을 메모했다가 상담 중 적절히 상기시키거나 강조한다.

6) 상담 중 녹음은 금물이다. 이는 내담자를 내쫓는 일보다 더한 상담 실패요인이 된다.

7) 인간적 신뢰를 돈독히 할 수 있는 고향, 동문관계, 종교, 취미 등을 상담 중 가볍게 언급하는 것은 좋으나 내담자의 아픈 역사가 될 수 있는 사항은 초기 상담 과정에서는 질문하지 않는 것이 바람직하다. 하지만 내담자가 스스로 자신의 여러 아픈 사연을 얘기 하려 할 때에는 이를 가로 막지 말고 차분히 경청하면서 가끔 동의를 표하거나 함께 걱정하는 등의 반응을 자연스럽게 보이는 게 좋다.

8) 상담 중 시종일관 겸양의 자세를 유지하되 굴종스럽거나 의뢰(수임)을 애걸하는 듯한 언동은 결코 도움이 되지 않는다.

9) 객관성이 없거나 검증 되지 않는 무용담(武勇談)을 늘어 놓지 말 것.

10) 상담 내용에 자신감을 보이는 것은 좋으나 자신이 마치 탐정 학술이나 실무에 1인자인 양 허세를 부리지 말 것(내담자가 바보가 아니다)

(2) 전문성 측면

1) 탐정 관련 기본적 학술을 터득해 둘 것

2) 탐정활동을 제어하는 관련법과 법적용 상 논란을 정리해 둘 것

3) 탐정활동 상 바탕이 되는 여러 법제 상식을 읽혀 둘 것

4) 탐정활동 상 바탕이 되는 주요 수단과 방법을 설명 할 수 있을 것

5) 소위 '금지 8선(8條 禁法)'에 대한 오해와 응용을 말 할 수 있을 것

6) 탐정업의 전제, '조리'와 '이익형량'을 논 할 수 있을 것

7) '내담자가 당면한 문제'와 관련된 '탐정활동경험'을 비교 설명 할 수 있을 것

8) 실질과 능률, 학술과 법리에 근거하지 않은 제안이나 주장은 삼가 할 것

9) 사회적 주요 사건·사고·분쟁 등과 관련하여 편향된 언동을 자제 할 것

10) 상담 내용과 관련된 핵심 학술이나 판례를 예시하면서 내담자에게 전체 내용을 통일성 있게 요약해 준다.

6. 내담자와 상담 중 탐정의 식견 부족이 표출된 사례

[대화 중에서]

▷ 내담자(50대 남): 고향 친구이자 대학 후배인 A가 사업운영자금에 필요하다하여 8년전 차용증 한 장 받지 않고 3천만원을 빌려 주었는데 지금까지 전화 한통 없으니 너무 불쾌하다. 사기죄로 고소해 볼까 한다.

▷ 탐정(50대 남): 사기죄 공소시효는 7년이라 8년전 돈을 빌려 주었다면 지금 고소해 봤자 소용없다.

▷ 내담자: 어! 사기죄 공소시효가 10년 아닌가요?

▷ 탐정: 난 7년인 줄 아는데 형법이 개정됐나?

▷ 내담자: 사기죄는 고소를 취하해도 처벌되는 범죄이지요?

▷ 탐정: 네 사기죄는 반의사불벌죄에 해당하지 않아 고소 취하 의사와 상관없이 처벌됩니다.

(이하 탐정업무 관련 상담 내용 생략)

[식견 부족이 표출된 부분]

▷ 사기죄의 공소시효는 기존에는 7년이었으나 2007년 12월 21일 형사소송법 개정 때 10년으로 늘어났으며(제249조), 공소시효와 같은 소송 절차를 정한 법은 형법이 아닌 형사소송법인데 이 탐정은 공소시효의 기간을 착각하고 있음은 물론 실체법인 형법과 절차법인 형사소송법을 혼동하고 있다. 하지만 반의사불벌죄에 대한 설명은 명료하게 잘 되었다.

▷ 이러한 법상식이나 탐정 관련 학술 하나하나가 내담자가 상담 과정에서 탐정의 역량을 평가하는 척도가 된다.

Ⅱ 수임이 적정한지에 대한 검토 등

1. 3가지 측면에서의 수임 적정성 검토

(1) 실정법적 적정성 판단

1) 다른 개별법에서 특히 금지하고 있는 사항인지 여부

2) 다른 개별 법령에서 위임·위탁·이양 한 것이거나 협업이 가능한 것인지 여부 등

(2) 조리상 적정성 판단

어떤 행위가 형식상 적법하더라고 조리(條理)에 위반되면 위헌 또는 위법의 문제 발생함에 유의한다.

(3) 상황적 판단

1) 의뢰자의 신원과 '특정 자료'의 수집을 원하는 동기나 목적·목표는 부합하는지?

2) 의뢰자의 설명에 과장·왜곡·모순된 부분은 없는지?(그 어떤 저의는 없는지 간파)

3) 수사 또는 재판이 종결된 사안이거나 현재 수사 또는 소송이 진행 중인 사안은 아닌지?
   (신중한 판단과 접근 필요)

4) 다른 탐정업체에 의뢰한 적이 있거나, 현재 의뢰되어 있는 사안은 아닌지?

5) 탐정을 매수하여 불법·부당한(또는 과도한) 성과를 요구하려는 것은 아닌지?

6) 나의(우리 업체)의 역할과 역량으로 성과를 거둘 수 있는 사안인지?(냉철히 판단)

2. 수임 적정성 판단 시 동시에 검토(논의) 되어야 할 사항

(1) 의뢰자와 수임자 간 의뢰(수임)범위 획정 및 활동목표설정

상담이 원만히 끝나면 의뢰와 수임사항을 요약(압축)하고, 향후 활동 범위와 목표를 의뢰자와 탐정이 합심(合心)으로 획정(劃定)한다.

(2) 자료수집 진행순서 협의

자료수집 방법은 탐정사무소에서 효율을 판단하여 정할 수도 있으나 업무 진행의 편의상 의뢰자와 협의 진행함이 바람직 하다.

(3) 수임료 설명

수임료는 의뢰자와 수임자 간 협의로 결정하되 지역적 요소와 업무의 난이도, 업무수행에 소요되는 기간, 업무참여인원 및 장비 등을 감안하여 결정함이 합리적이다(현재 수임료 관련 기준 없음).

(4) 의뢰자 신원 확인 협조 요망

계약 시 의뢰자의 신원확인을 위해 주민등록증 또는 자동차면허증을 제시하거나 그 사본을 제출토록 협조를 구한다. 이를 불쾌하게 여기는 의뢰자도 있을 수 있으니 자연스럽게 신원을 확인토록 한다. 의뢰인의 신원을 이미 잘 알고 있는 상황이라면 굳이 신분증 제시를 요구할 필요가 없다(탐정업무 의뢰 실명제, 세계 각국 탐정업의 공통적 업무 준칙임).

Ⅲ 수임계약

1. '계약(契約)'이란?

'일정한 법률 효과를 목적으로 하는 당사자 간의 의사표시 합치에 의한 민법상 법률행위'를 계약이라 하며, 계약으로 당사자 간에 일정한 권리와 의무가 발생 또는 변경·소멸한다.

2. 계약의 효력

계약은 '계약서'로 말하며, 전자문서 및 전자거래기본법 등에 따른 전자계약서도 계약서로서의 효력을 인정 받는다. 핸드폰 등의 카톡이나 메시지 문자를 통한 계약도 일반적으로 유효한 계약으로 인정된다. 구두상으로도 계약은 성립이 가능할 수 있으나 이를 뒷받침할 증거가 있어야한다는 면에서 구두계약은 성립이나 효력이 난망한 경우가 대부분이다.

3. 탐정활동 「위임계약」과 「도급계약」 어느 것이 유리할까?

(1) 민법에는 통상 '전형계약' 또는 '유명계약'이라 불리는 14가지 유형의 계약이 있다. 예컨대 증여계약, 매매계약, 교환계약, 소비대차계약, 사용대차계약, 임대차계약, 고용계약, 도급계약, 위임계약, 임치계약, 조합계약, 종신정기금계약, 화해계약, 현상광고계약 등 14가지가 그것이다.

(2) 탐정업무 수임은 일반적으로 위 14가지 유형의 중 '도급(都給)계약'과 '위임계약'의 형태로 이루어진다. 도급계약은 의뢰자를 대신하여 '일의 완성(자료수집 성공)'을 조건으로 하는 계약이며, 위임계약은 '역할 대행(의뢰자를 대신하여 일을 한다)'에 방점을 두는 계약으로 수임료를 받는 조건에 차이가 있다.

(3) 탐정업무의 의뢰나 수임은 보통 '위임계약'으로 진행되는 경우가 많다. 하지만 자료수집이 절박한 의뢰자나 비교적 경험이 풍부한 탐정은 '높은 수임료에 신속 정확한 업무'를 전제로 '도급계약'을 맺기도 한다.

> **'도급계약'과 '위임계약'**
> 1) 도급계약(都給契約)이란 '당사자 일방이 어느 일을 완성할 것을 약정하고 상대방이 그 일의 결과에 대하여 보수를 지급할 것을 약정함으로써 그 효력이 생기는 계약'(민법 제664조).
> 2) 위임계약(委任契約)이란 사법상(私法上) 당사자의 일방인 위임인(委任人)이 수임인(受任人)인 상대방에 대하여 사무의 처리를 위탁하는 계약(민법 제680조~제692조).

4. 탐정업무 의뢰(수임) 시 계약서 작성이 필요한 이유

(1) 의뢰 및 수임사항을 계약서 상에 명시하도록 함으로써 불법·부당한 의뢰(수임)를 원천 차단할 수 있다.

(2) 신의가 없거나 불성실한 일부 탐정들의 '의뢰자 배신 행위'에 대응 할 수 있다.

(3) 의뢰 후 초기 또는 중도에 약간의 자료(힌트)를 얻은 후 의도적으로 탐정과의 연락을 끊는 등 의뢰자에 의한 의도적인 계약 파기(탐정에 대한 농락행위)에 대응 할 수 있다.

5. 계약서 양식 및 작성상 유의해야 할 사항

▷ 탐정업의 직업화는 합당하게 진행되고 있으나 아직 법제화에 이르지 못한 관계로 탐정업무의 의뢰와 수임을 명료히 할 '표준계약서'는 아직 존재하지 않는다. 그에 기인하여 업체마다 나름대로의 계약서를 만들어 쓰거나 다른 업종의 계약서 양식 일부를 변형하여 사용하고 있는 등 탐정업무가 지니는 특질을 반영하지 못한 '부실 계약 양식'과 '부실 기재'가 허다하여 당사자 신의와 성실을 담보하기에 미흡하다는 지적이 높다.

▷ 이에 필자는 17대 국회(2005년)부터 발의 되었던 11건의 탐정업 관련 법안에서 '탐정업의 투명성 확보(일탈 방지)'를 위해 공히 강조했던 '계약시 표시사항(계약서에 포함되어야 할 사항)'과 향후 탐정업이 어떤 형태로 법제화가 되건 역시 반영(강조)될 수 밖에 없는 계약 요소들을 중심으로 가히 표준계약서라 하여도 손색이 없을 '탐정(업) 업무 의뢰 및 수임계약서' 양식을 고안한 바 여러분들과 공유하고자 한다.

(1) 탐정업무 의뢰 및 수임계약서 양식

탐정(업) 업무 의뢰 및 수임계약서

의뢰인	성명		성별		생년월일	
	주소				연락처	
수임인	상호 및 직위·성명				생년월일	
	주소				연락처	
의뢰 내용 (요지)						
의뢰 및 수임 조건	활동(자료수집) 약정기간	~ (일간)				
	활동 방법						
	수임료 및 지불 방법	총 수임료		원		
		계 약 금		원		
		중 도 금		원		
		잔 금		원		
	활동(진행) 상황 및 결과 보고	업무 진행 상황 보고					
		결과 보고					

특약 사항	
본 건(件) 의뢰인과 수임인은 위 각항의 사항을 신의에 입각하여 성실하게 이행할 것을 상호 약정하고 본 계약서를 작성합니다. 　　　　　　　　　　년　　　월　　　일 　　　　　　　　　의뢰인 :　　　　　　인(서명) 　　　　　　　　　수임인 :　　　　　　인(서명)	

(한국민간조사학술연구소 고안 양식)

(2) 계약서 작성·교부 및 기재 요령

① 계약서는 2부를 작성하여 의뢰자와 수임자가 각 1부를 갖는다.

② 계약서 제목을 간단히 '수임계약서'라 하지 않고 '탐정(업) 업무 의뢰 및 수임계약서'라 한 까닭은 수임자의 계약 준수와 함께 의뢰자의 신의·성실 등 책무를 특히 강조하고자 함에 있다(탐정업무 계약의 경우 의뢰자의 일방적 변심으로 계약이 파기되는 경우가 많았다).

③ '의뢰인 란'의 인적사항을 기재 할 때에는 반드시 주민등록증 또는 운전면허증 등 공신력 있는 신분증에 첨부된 사진으로 본인 여부를 대조·확인 후 기재한다(의뢰자의 신원을 이미 잘 알고 있다면 신분증 확인을 생략 할 수도 있음).

▷ 의뢰자의 신원을 확인 하지 않고 탐정활동을 수임해 온 음성적 민간조사업체의 허점을 노려 소재 파악을 의뢰한 후 그 결과를 의뢰인이 범죄에 악용한 사례

북한 김정일 국방위원장의 처조카(김정일의 전처 성혜림의 언니 성혜랑의 아들)로서 모스크바에 유학중이던 82년 9월 귀순한 '이OO'이 1997년 2월 자신이 거주하던 경기도 분당의 한 아파트에서 괴한으로부터 총탄을 맞고 숨졌다. 당시 수사 결과에 따르면 괴한들이 심부름센터 대표 M씨에게 접근하여 이씨의 주소를 알아 줄 것을 의뢰하고, 이를 별 의심없이 의뢰받은 심부름센터 M 아무개는 고향 친구인 모 기관원을 통해 이OO의 주소를 알아내 괴한들에게 돈을 받고 이를 전달한 사실이 밝혀졌다(당시 수사기관은 의뢰인의 신원을 '북한 공작원'으로 잠정 결론).

④ '의뢰 내용(요지)'란 기재 시에는 '탐정의 업무로 수임 할 수 있는 사안인지 여부'를 충분히 검토한 후 기재되어야 한다(너무 적나라하게 기재하면 용어 하나 하나가 지니는 의미 등 적법성을 검토해야 할 양이 많아지거나 향후 흠으로 작용되기도 한다. '의뢰 내용(요지)'은 짧으면 짧을수록 좋다(20자 내외로 기재)

▷ 기재상 유의 사항(예시): 가출인 소재 및 연락처 파악 X, 가출인 소재 파악(생사 파악) O, 상거래상의 채권 추심업무 수임 X, 빌려 준 돈 받는 일(변제금 수령) 위임장 받아 수임 O, 횡령·사기사건 사실조사 X, 횡령·사기 가해자 소재 등 파악 O, 배우자 불륜 파악 X, 배우자 부정행위 정황 포착 O, 민·형사 소송자료 수집 X, 민·형사소송 및 변호사 선임을 위한 준비자료 수집 O, 등 표현에 각별한 주의가 필요하다.

▷ 위와 같은 '수임 사안'의 법적 타당성 여부(시비)로부터 자유스러워 지기 위해 그간 속칭 민간조사업계에서는 대부분 '무서면(無書面) 계약'으로 업무를 진행해 왔음이 사실이다. 지금도 계약서를 작성하지 않았다 하여 문제로 삼을 법이나 사람은 없다. 하지만 '무서면 계약'일 때 '의뢰자의 변심과 수임자의 부실이 각각 50%정도 야기'되어 항상 뒤끝이 좋지 않았음에 주목해야 한다('탐정이 돈만 먹고 날랐다', '온갖 고생 끝에 일이 마무리 단계에 이르자 의뢰인 몸이 아프다며 의도적으로 나타나지 않는다'는 등). 이러한 병폐를 개선하기 위해서라도 계약서작성은 절실하다.

⑤ '특약사항'란에는 '탐정 사안'을 도급으로 할 것인지 위임으로 할 것인지를 명시한다. 일반적으로 도급계약임을 명시하지 않으면 위임계약으로 해석된다. 특히 계약 내용이 도급인지 위임인지 애매하여 중도금이나 잔금 정리시 이견을 보이는 경우가 많음에 유의해야 한다.

⑥ 예를 들어 2인 1조로 1주일 동안 300만원에 배우자부정행위 정황을 포착키로 위임(수임)계약을 했는데 3일만에 임무가 완성되었다면, 그래도 300만원 모두를 지불할 것인지 일정 금액을 감액 할 것인지 애매한 경우가 있다. 이런 경우를 상정한 약정을 특약란에 기재해 둠이 좋다. 이런 경우 정답이 없다, 문자 그대로 민사상의 계약으로 하되 보통 약정기한 내에 임무가 완수되었더라도 탐정의 역량에 기인한 결과로 평가하고 최초의 약정 금액을 그대로 지불하는 경우가 많다.

□ 탐정(업) 활동과 관련하여 탐정이 의뢰자 등 민간에게 직접 신분증명서 제출을 요구 할 수 있는 유일한 경우는?

① 상담 시   ② 활동 종료 보고시   ③ 계약서 작성시   ④ 의뢰 범위 확정시

☞ **주민등록증 위변조 육안식별 요령**

주민등록증의 위·변조 육안 식별은 '나의 것(주민등록증)'과 비교해 보면서 상이점을 발견해냄이 가장 좋은 방법이나 상세 체크 포인트를 모른체 막연히 대조해 볼 경우 상이점을 찾아내기가 그리 쉽지 않다[탐정업의 경우 '계약서 작성시' 조사의뢰자의 신원 위장(주민등록증 위변조)에 특히 유의해야 한다].

(1) 위·변조방지무늬 및 홀로그램 확인

① 주민등록증을 좌우 또는 상하로 움직이면 바탕무늬와 홀로그램으로 반짝이는 문양이 나타난다.
② 왼쪽모서리에 태극모양이 걸쳐있고 가운데 하단에는 지구(환태평양)모양의 바탕무늬가 있다.
③ 가운데 왼쪽에 물결모양의 선으로 둘러싼 무지개색의 태극이 있고 이 태극을 중심으로 왼쪽에서 위로 점점 커지는 "대한민국" 글자와 왼쪽아래에서 오른쪽 가운데로 점점 커지는 무늬가 있으며 여러 개의 작은 태극모양의 홀로그램이 있다.

(2) 위·변조된 주민등록증 상세 식별 포인트

① 뒷면 "이 증을 습득하신 분은 우체통에 넣어 주십시오" 중 '오'의 글자체가 다른 글자체와 상이한 글자체임을 항상 염두해 둔다.
② 뒷면을 보면 지문 바로 중앙위 가로선과 세로선이 만나는 부분에 미세한 탭이 설정되어 있어 맞닿아 있지 않음을 항상 염두에 둔다.
③ 주민등록번호와 성명을 변조한 경우에는 문자위의 홀로 그램이 지워지고, 문자모양(서체)이 조잡하다.
④ 원래의(본래 입력된) 사진위에 다른 사진을 덮어 씌운 경우 홀로그램이 지워져 나타나지 않는다.
⑤ 사진 하단부 우측 사각마크의 위치와 크기를 항상 염두에 두고 본다(변조 방지용).

6. [칼럼] 명탐정, '탐정업무 의뢰 및 수임계약서' 이렇게 쓴다

'실무적·학술적·법률적으로 의뢰자와 수임자 모두에게 명료성과 신뢰감 줄 계약서 양식 개발'

지난 날 '모든 탐정업'이 불가능한 것으로 이해되던 법제 환경 속에서는 탐정업무를 의뢰하는 사람이나 그 일을 수임하는 사람 양쪽 모두가 떳떳하지 못하다고 여겨 이렇다 할 계약서 한 장 남기지 않는 구두 밀약(密約)만으로 탐정업무가 이루어졌음을 우리는 잘 알고 있다. 특히 일부 업체에서는 탐정업에 대한 신뢰 획득 차원에서 쪽지 영수증이라도 건네거나 나름대로의 계약서를 교부해 왔으나 그마저 수임자가 유리하게 작성되었거나 의뢰자로부터 부당하게 공격 받을 소지를 지닌 '법률적으로 불완전한 계약서'가 적지 않았다.

이러한 무계약(無書面) 또는 불완전한 약정에 기인하여 '민간조사원(흥신소 직원)이 계약금만 먹고 갑자기 몸이 아파 병원에 다닌다며 살려 달라하여 계약금만 날렸다', '약속한 기간까지 현장 활동을 하지 않고 비용을 챙기기 위해 절반은 집에서 거짓 보고를 하더라', '필요한 자료 수집이 50%도 미치지 못한 상태에서 돈 떨어졌다고 잔금부터 요구하더라'는 등의 소비자(의뢰자) 측 원성이 끊이지 않았다.

이와 반대로 '서증(書證)이 없는 구두 계약'이었다는 점을 악용하여 의뢰인이 탐정업종사자들을 거꾸로 골탕 먹이는 경우도 적지 않다는 게 업계의 전언이다. '간(肝)까지 빼줄 듯 하던 의뢰인이 일이 중간쯤에 이르자 그간 보고된 정보만으로도 문제를 해결할 수 있겠다는 자신감에 중도금과 잔금을 안줄 요량으로 갑자기 죽는 소리를 하며 전화도 받지 않더라', '수단과 방법을 가리지 않고 비공개정보를 빼올 줄 알았는데 그렇지 못했으니 잔금을 못주겠다' 는 등 의뢰인 측의 '오리발과 억지'도 한둘이 아니었음을 아는 사람들은 다 알고 있다.

그간의 의뢰자와 수임자 간 신용 배신 사례는 오랫동안 이어졌던 '탐정(업)의 적법성 논란'과 그에 따른 '탐정(업) 이용자에 대한 곱지 못했던 시선' 등이 감안된 '비서면 계약(언약)' 만으로 탐정업무가 진행된 취약을 틈탄 일부 몹쓸 사람들의 사기성 행각이 아니었나 싶다. 하지만 지금은 달라졌다. '현행 법체계 하에서도 개별법을 침해하지 않는 탐정업은 불가능하지 않다'는 헌법재판소 판시(2018)에 이어 경찰청의 '탐정업 관련 민간자격 등록수리(2019)', 탐정업에 대한 신용정보법상 '탐정 호칭 사용 금지' 및 '특정인의 연락처나 소재를 알아내는 일 금지' 조항 개폐(2020.8.5시행) 등으로 이제 탐정업은 '의문과 궁금 해소'가 필요한 사람들에게 '사실관계파악(자료수집) 서비스'를 합당하게 제공할 수 있는 획기적 전기를 맞게 되었음은 물론 '일자리(일거리) 창출'이라는 국가적 과제에도 일익 부응할 수 있는 명실상부한 서비스업으로 순항 중에 있다.

한마디로 '탐정(업)은 더 이상 음지의 일도 관허업(官許業)도 아닌 보편적 직업'이라는 얘기다.

이러한 탐정업 관련 법제 환경의 긍정적 변화에 따라 전국적으로 8000여 업소가 탐정업을 시작했거나 준비하고 있으나 탐정업 업무의 올바른 원칙을 반영하고 의뢰자와 수임자 공히 쉽게 이해하고 작성이 편리한 '탐정업무 수임계약서' 모델이 어디에서도 눈에 띄지 않는다는 안타까움이 곳곳에서 전해지고 있으며, 어떤 업소에서는 대충 작성한 수임계약서가 향후 어떤 문제를 불러 일으킬까 불안스럽다는 심정을 토로하기도 한다. 이에 한국민간조사학술연구소(kpisl, 소장 김종식)에서는 실무적·학술적·법률적으로 의뢰자와 수임자 모두에게 명료성과 안전감·신의와 성실을 담보하는데 역점을 둔 '탐정(업) 업무 의뢰 및 수임계약서' 양식을 [별표]와 같이 고안하여 전국의 탐정과 탐정업소가 업무에 참고할 수 있도록 공유하기로 했다.

이번에 창안된 '탐정(업) 업무 의뢰 및 수임계약서' 양식을 만듦에는 미국·일본 등 외국의 탐정업 수임계약서와 17대 국회부터 8명의 의원이 11건의 공인탐정법(공인탐정) 및 민간조사업법(민간조사원) 관련 법안을 발의하는 동안 줄곧 강조해온 '탐정업무 수임계약서에 포함되어야 할 내용'도 두루 반영하였다. 특히 그간 의뢰자와 민간조사업 종사자간에 비교적 시비가 잦았던 부분에 대한 이견(異見)이나 마찰을 원천적으로 방지함에 관심을 기울였으며, 산만한 조문(條文) 형식을 지양하고 전체 계약사항을 한눈에 이해할 수 있도록 '표'를 활용했다. 많은 참고와 활용을 기대한다.

(김종식 한국민간조사학술연구소장 시민일보 2020.6.11. 기고 칼럼 중에서)

제5부

탐정업무 시 두루 적용되는 주요 실행 수단

제5부 탐정업무 시 두루 적용되는 주요 실행 수단

[필자 주] 이 「탐정 실무 총람」은 '정도탐정(正道探偵)' 구현을 위해 아무리 '기발한 아이디어'이거나 '놀라운 성과를 거둔 경험'이라 할지라도 불법·부당 또는 사회상규상 용인되지 않는 기법(技法)은 철저히 배격하였음을 밝혀둔다.

탐정업무의 '실행수단'은 '개별 법령이나 조리(條理)상 금지 또는 금기시(禁忌視)되지 않은 것이어야 한다'는 점과 여러 수단 가운데 '사안별로 적절한 실행수단을 강구'하는 일은 탐정업무의 성패를 결정짓는 관건(關鍵)이 된다. 이를 탐정업무 수행상 대전제(大前提)라고도 한다. 이에 이 장에서는 탐정업무에 있어 합당한 실행 수단에는 어떤 것이 있으며 그 수단들이 지니는 각각의 묘미(효용가치)는 어느 정도인지 등을 심층 살펴보기로 한다. 특히 탐정 실무 실행수단으로 높은 비중을 차지하는 '탐문'과 '미행'에 많은 관심을 가져주기 바란다.

I 탐문(探問, 探聞)과 탐사

탐정의 수단에는 탐문과 관찰, 합리적 추리 등 여러 가지가 있으나 그 중 최상·최선·최적의 수단이 '탐문(探問)'이다. '탐문으로 풀지 못할 일은 세상(世上)에 없다', '수사와 취재 그리고 탐정은 탐문으로 시작해서 탐문으로 끝난다'. 이는 탐문의 중요성을 단적으로 표현한 명구(名句)들이다. 실제 탐문이 탐정업무에 차지하는 비중은 7할에 해당한다하여도 과언이 아니며 이러한 연유로 '탐문은 탐정술의 꽃'이라 불리기도 한다

1. 탐문의 개념

(1) 탐문과 탐사

'탐문'이란 특정 사안(事案)의 사실관계를 파악함에 있어 당사자나 관계자·용의자 이외의 제3자로부터 그 사실에 대하여 견문 또는 체험한 사실을 탐지하는 활동을 말하며, 이를 '탐문조사(探問調査)'로 표현하기도 한다. 즉, 탐문은 특정 문제의 해결을 위한 자료(정보, 단서, 증거 등)

를 수집하는 일련의 탐지활동으로 수사·정보기관은 물론 언론이나 탐정 등 다양한 분야의 조사 활동에 폭 넓게 활용되고 있다.

1) 탐문(探問)은 원칙적으로 '당사자나 관계자·용의자' 등을 대상으로 하는 탐지활동이 아니라 '당자나 관계자·용의자 이외의 제3자'를 대상으로 하는 탐지활동임에 혼동하지 말 것.

2) 특정 사안(事案)의 사실관계를 제대로 파악하기 위해서는 '당사자나 관계자·용의자 이외의 제3자'를 우선 만나야 할 것임에도 탐문 활동에 나선 탐정이 불쑥 '특정 사건의 당사자나 관계자·용의자'를 먼저 만나 탐문을 했다면 그 자체로 탐정(정보) 활동이 진행되고 있다는 보안상의 문제가 노출되어 관계자들의 잠적 또는 도주로 이어질 수 있음은 물론 그들에게 거짓이나 변명·조작의 기회를 주는 꼴이 될 수 있음에 유의해야 한다('당사자나 관계자·용의자'는 탐문 대상에서 절대 배제하여야 한다는 말이 아니라 그들을 '당사자나 관계자·용의자 이외의 제3자'보다 우선 순위에 둔 탐문은 기대가능성이 없다는 말이다).

(2) 탐문(探問, 探聞)과 탐사(探査) 그 이동(異同)

> ▷ **탐문(探問)**: 알려지지 않은 사실이나 소식 따위를 알아내기 위하여 더듬어 찾아 '물음'
> (대인적 활동)
>
> ▷ **탐문(探聞)**: 알려지지 않은 사실이나 소식 따위를 알아내기 위하여 더듬어 찾아 가서 '들음'
> (대인적 활동)
>
> ▷ **탐사(探査)**: 알려지지 않은 사물이나 사실 따위를 샅샅이 더듬어 조사함
> (대물적 활동+대인적 활동)

1) '탐정활동'의 대상에는 당연히 사람과 사물이 망라되나 비교적 사람을 대상으로 펼치는 활동이 많다는 점에서 탐문(探問, 대인적 활동)에 탐문(探聞, 대인적 활동)을 더한 활동으로 설명되고 있다. 그 중 탐정활동은 '더듬어 찾아 묻는 활동(탐문·探問)'의 비중이 더 높다는 점에서 '탐정활동은 곧 탐문(探問)활동'으로 이해되기도 한다.

2) 이에 비해 탐사(探査)는 대인적 활동에 사물을 대상으로 하는 대물적 활동을 병행한다는 어의(語義)를 드러내고 있어 탐문(探問)이나 탐문(探聞)보다 넓은 개념으로 사용되는 경우가 많다('사건 현장 탐사', '유적지 탐사', '북극 탐사' 등). 이렇듯 '탐사(探査)'는 다양한 분야에 걸쳐 광범위하게 사용되고 있다는 측면에서 '사실관계 파악'에 중점을 두는 탐정활동을 표현함에는 탐문(探問)이라는 말보다 덜 사용되고 있다.

3) 위에서 살펴보았듯 탐문(探問)과 탐문(探聞) 그리고 탐사(探査)는 본질적으로 그 의미가 크게 다르지 않다는 점에서 이 장에서는 탐문(探問)을 중심으로 이모저모를 살펴보기로 한다.

2. 탐문의 진가(眞價)

(1) 비권력적 자료수집 활동에 있어 최선·최적의 수단

탐정의 자료수집 활동은 본래적으로 아무런 권한 없이 이루어지는 임의적 활동이다. 따라서 시민을 대상으로 하는 직접조사는 있을 수도 없고 그에 응할 시민도 없다. 또한 간접적인 자료수집 활동이라 할지라도 타인의 권리나 이익을 침해하지 않는 범위내의 합법적 수단이어야 한다. 이러한 점을 감안 할 때 현실적으로 탐정(민간)이 '의미있는 자료'를 획득할 수 있는 수단은 지극히 제한적이며, 그중 타인의 권익이나 개별법 침해 우려로부터 비교적 자유로운 수단이 '탐문(探問)'이다. 세계적으로 타인의 법익(法益)을 침해하지 않는 수준의 탐문 활동을 금지하거나 범죄시 하는 나라는 없다('기자의 취재 활동'과 '탐정 활동'은 탐문을 요체로 하는 대표적인 활동이다).

(2) '탐문으로 얻지 못할 자료는 지구상에 없다'

'사회 일반의 모든 일'이나 '의미를 지닌 존재'에는 반드시 그에 직·간접으로 관련있는 사람이 있거나 그 사실관계를 보고 들은 사람이 있기 마련인 등 유·무형의 흔적(경험)을 남기게 된다. 문제는 이러한 흔적(경험)을 접한 대부분의 사람들이 자신과 직접 관련이 없는 한 이를 대수롭지 않게 여기거나 간여하지 않으려 하기 때문에 자료수집 활동은 난관에 부딪히게 된다. 그러나 '수사는 탐문으로 시작하여 탐문으로 끝난다', '취재는 탐문이 요체다'라는 등의 말이 시사하 듯 '탐문'이라는 과정과 수단을 통해 사람들의 무관심을 참여와 협조로 이끌어 얻은 '많은 자료'들은 범인 검거와 증거의 발견·수집, 정책입안 등 여러 분야의 발전을 크게 추동하고 있다. 탐문으로 얻지 못할 자료는 지구상에 없다는 얘기다.

(3) 저비용·고효율(低費用·高效率)의 조사 활동

탐문은 별도의 과학장비나 특별한 예산의 투입 없이 평소 가용되는 자원을 활용하여 신속히 전개 또는 변경이 용이하며, 사람과의 접촉을 통해 문제해결의 자료를 직접 얻는다는 측면에서 어떤 조사활동보다 경제성·신뢰성·유연성 등 효용가치가 매우 높다.

3. 탐문의 기법상 유형

구 분			내 용
목적에 따른 분류	범죄 탐지를 위한 탐문(어떤 범죄가 이루어 질 조짐이 있는지를 알아보기 위한 탐문)		범죄가 표면화 되지 않은 상태에서 누가 어떤 범죄를 범하려 하는지 수사의 단서를 얻기 위한 탐문(범죄 관련 자료수집) (예) 선거범위반사건, 토착비리, 독직사건, 조직폭력 범죄 등 잠재성 범죄에 대한 탐문
	범죄가 발각된 후의 탐문(범죄가 드러난 후 범인을 검거하기 위한 탐문)		범죄가 이미 표면화 된 상태에서 그 범인의 행적을 찾고 증거를 확보하기 위한 탐문 (예) 대부분의 강력사건과 일부 지능범죄에 대한 탐문
방법에 따른 분류	직접탐문	신분을 밝히고 직접 탐문 (신분명시)	▷ 탐문대상자와 범인이 통모할 가능성이 나 증거인멸의 우려가 없는 경우에 실시 ▷ 이는 피해자의 가족 탐문에 적용되는 탐문이다. 이 방법은 피의자의 가족 탐문에는 절대 활용할 수 없다. ▷ 주로 사후수사에 영향이 없을 것이라고 판단되는 경우에 적용한다.
		신분을 숨기고 직접탐문 (신분 비닉)	▷ 탐문대상자와 범인이 통모할 가능성이 있는 이해관계자에 대한 탐문 ▷ 피의자의 가족·친지에 대한 탐문에 적용되는 탐문이고, 피해자 가족의 탐문에는 적용하지 않는다(즉 탐문시 이해 관계인에게는 신분을 숨기는 것이 효과적이다). (예) 배우자부정행위(不貞行爲)탐지, 평판조사, 도피 은닉재산추적, 사건·사고 사실관계파악 등 탐정 활동, 독직범죄, 선거사범, 우범자 및 장물관련수사, 폭력 및 마약범죄조직내부사정탐지 등 범죄수사에 널리 적용됨.
	간접탐문	제3자를 이용한 탐문 (협조원을 통한 탐문)	제3자의 협력을 얻어 실시하는 탐문으로 협력자를 잘못 선택하면 조사관련 보안유지가 어렵다.

4. 성공적 탐문(자료수집)을 위한 전제

(1) 탐문의 목적(방향) 설정

아무런 기초자료가 없는 상태에서 사안(事案)에 대한 세간(世間)의 관심도를 알아 보기 위한 속칭 '초벌(初벌) 탐문'이라 불리는 '횡적 탐문'을 행할 것인지, 아니면 이미 수집·정리된 자료를 의뢰자에게 최종 보고하기 위한 '재확인 목적의 탐문(종적 탐문)'을 시행할 것인지, 또는 이미 수집·정리된 자료의 신빙성을 배척하고 '새로운 출처에 접근하는 신중 탐문(원점 탐문)'을 펼칠 것인지에 대한 방향을 설정한다.

(2) '적격한 탐문 대상자' 선정

'누가 무엇에 대해 얼마나 더 잘 알고 있을 것인가' 하는 요소별 탐문대상자 선정은 탐문의 첫 단추이자 핵심이다. 알고자 하는 일에 별 관심이 없는 사람이나 잘못 알고 있는 사람을 접하게 되면 반풍수(半風水) 집안 망치 듯 시간의 허비는 물론 활동상 보안이 누설되어 진정한 '관심인(關心人)'에 접근하는 기회마저 잃게 된다.

▷ 탐문대상자 선정시 고려사항
　탐문대상자를 무작위(無作爲) 또는 너무 많이 선정할 경우 효율보다 보안유지가 어려운 등 탐문활동이 산만해지기 쉽다. 따라서 탐문상대자는 특정 사건·사고를 직접 체험하거나 관찰한 사람을 대상자로 선정함을 원칙으로 하되, 공평하고 객관적인 위치에 있는 사람들과의 탐문을 선순위(先順位)에 둘 필요가 있으며, 이해관계인은 주관적인 경향(편견)이 있을 수 있기 때문에 선순위에 탐문치 말고 가급적 후순위(後順位)에 탐문함이 좋다.

(2) '제대로 된 질문'을 할 줄 아는 능력

세계적인 경영인으로 평가받고 있는 미국 사우스웨스트 항공사 CEO 짐 파커는 '제대로 된 질문을 할 줄 아는 능력이야말로 가장 중요한 정보수집 기술이다'라는 명언을 통해 '질문의 요령'이 지니는 중요성을 강조하였으며 이 명구(名句)는 오늘날 수사·정보기관은 물론 자료수집 등 탐문이 필요한 여러 분야에서 널리 응용되고 있다.

▷ 제대로 된 질문이란 상대방이 답변을 회피 할 수 없는 질문, 순간적으로 꾸미거나 모면 할 수 없는 질문을 통해 사실에 부합하는(가식 없는) 답변을 도출 해내는 기술을 말한다. 허접한 질문을 산만하게 하면 탐문에 응하는 사람이 오히려 짜증스럽게 여기거나 조사원을 가볍게 보고 우습게 말해 버리게 되어 탐문은 오히려 역효과를 낳게 된다.

(예) 대기업의 신입사원 면접관들은 응시자들이 미리 준비해 올 만한 사항은 질문하지 않기 위해 응시자의 프로필을 여러 각도로 미리 살펴 두는데, 만약 어설프게 질문하여 미리 연습된 '짜여진 답변'을 듣게 되었다면 그 인재 선발은 성공적이었다 할 수 없을 것이다.

5. 탐문시 질문·응답법(예시)

구 분		내 용 (장·단점)
전체법과 일문일답법	전체법	▷ '뭐 좀 쓸만한 보도자료 없습니까?', '무엇을 하고 지냈습니까?', '어디가는 버스였습니까' 등과 같이 막연하게(자연스럽게)묻고 이에 상대방이 자유롭게 대답하는 방법 ▷ 암시·유도의 소지는 적으나 답변이 산만하거나 정리가 어려운 경우가 많다.
	일문일답법	▷ '이 자료를 수집하러 온 사람이 또 있었나요?', '평소 무슨 책을 주로 읽고 계신지요?', '그렇게 오랫동안 집에 들어가지 않아도 괜찮습니까?'라는 등의 인터뷰식 또는 신문식으로 듣고 싶은 것을 하나 하나 듣는 것으로 상황(문제점)파악에 효과적인 장점은 있으나 암시·유도의 염려가 있고, 질문 이외의 폭넓은 단서를 얻기가 어렵다는 단점이 있다.
자유응답법과 선택응답법	자유응답법	▷ '무엇을 보았습니까?', '언제쯤 이었습니까?', '어디로 가는 버스였습니까?' 등과 같이 주로 무엇·어디·언제 등과 같이 의문사를 수반하는 질문에 대한 응답법으로 암시·유도의 소지는 적으나 필요한 답변을 얻지 못하고 시간만 허비하는 경우가 많다.
	선택응답법	▷ yes나 no냐 또는 흑이냐 백이냐, 이것 저것 중 어느것이냐 하는식의 질문응답법으로 '그 자료를 기초로 문제를 제기할테니 협조해 주시겠습니까?', '그 버스는 일산으로 가는 버스 였나요?', '검은색 모자를 쓰고 있었지요'라는 방식으로 특정하여 질문하거나 몇개 중 어느 하나를 선택적으로 답변케 하는 응답법 으로 중요한 단서나 핵심을 얻기에는 용이 하나 암시유도의 염려가 있고 선택된 답 이외의 정황을 얻기가 어렵다는 단점이 있다.

구 분		내 용 (장·단점)
부정문과 긍정문	부정문	▷ '이런 것은 아니겠지요?', '그날이 토요일은 아니지요?', '두명 외에는 이 자료를 본 사람이 없겠지요?'등과 같이 부정어로 질문하는 응답법으로 조사의 시간을 절약하는 등 신속을 기할 수는 있으나 암시나 유도의 염려가 있어 숨겨진 진실을 듣기에는 한계가 있다.
	긍정문	▷ '이런 모양이었나요', '그럼 혼자 구경을 했겠군요', '이 자료였다면 답변이 됐겠군요?' 등과 같이 확인하는 질문·응답을 긍정문이라 하는데 이것 역시 탐문의 시간을 절약 할 수 있으나, 암시나 유도의 염려가 있어 진실을 듣기에는 한계가 있다.

[참고]

▷ '전체법'과 '자유응답법'은 상대방이 자유롭게 응답하는 방법으로 암시나 유도의 소지는 적으나, 답변이 산만하여 핵심정리에 어려움이 있거나 답변 내용에 대한 오해 등 오류가 발생 할 소지가 있음에 유의해야 한다. 주로 광범위한 기초조사나 정황조사 등에 널리 활용된다.

▷ '일문일답법'과 '선택응답법', '긍정문·부정문'은 질문의 암시·유도의 소지가 큰 단점이 있으나 시간을 절약 할 수 있는 장점이 있어 자료수집 시 최종 확인단계나 수사의 마무리 신문과정 등 에서 많이 활용되고 있다.

[참고] '유도심문'과 '유도신문'

[유도심문 (誘導審問) : 대화술의 하나이다]

특정인을 대상으로 하여 '무의식 중에 심문자가 원하는 답변을 하도록 자세히 따져서 물음'이라는 의미이며, 형사나 탐정 등이 자료수집 활동에 널리 응용하고 있는 탐문 기법이다.

▷ 어머니의 달콤한 '유도심문'에 걸려 속마음을 털어내고 말았다.

[유도신문 (誘導訊問) : 법률적 용어이다]

'증인을 신문하는 사람이 희망하는 답변을 암시하면서 증인이 무의식중에 원하는 대답을 하도록 꾀어 묻는 일'을 말하며, 증인을 신청한 당사자(검사·변호인·피고인)가 재판장이나 상대방

측에 앞서 증인에게 먼저 질문하는 '직접 질문'에서는 원칙적으로 유도신문이 금지된다. 그러나 직접신문 다음에 이어지는 반대신문에서는 유도신문이 허용된다.

▷ '피해자가 유도신문에 의해 범인을 지목했을 때에는 유죄로 인정할 수 없다'고 판결(창원지법 제4형사부, 2011.4.29.)

6. 탐문의 실시

(1) 기본적 요령

① 첫인상에서부터 호감을 느낄 수 있도록 다정다감 인사말과 두손을 가볍게 감싸며 인사를 나누고 상대자를 실내에 먼저 들어가게(먼저 나가게)하거나 자리에 먼저 앉도록 방석을 권하는 등 배려를 잊지 말아야 하고, 만남 후 잠시 동안은 날씨나 교통사정 등을 얘기하며 서로간 긴장을 푸는 것이 좋다.

② 탐문의 목적을 알리되 수집된 정보를 상대방에게 미리 알리고 질문하면 않된다. 기초자료를 미리 알리면 반론이나 동조화 현상이 초래되어 진실이 왜곡 될 수 있다.

③ 상대방이 불안감·긴장감을 풀고 자연스럽게·자발적으로 차분히 이야기 할 수 있는 친화스런 분위기 조성에 노력하여야 한다.

④ 조사원이 경솔스럽거나 헤픈 언동을 보이면 신뢰가 깨어져 깊이 있는 대화를 꺼리게 됨으로 용모, 복장, 인상, 동작, 언어 등에 있어 좋은 매너를 갖추어야 한다(겸양스러운 자세를 취하되 비굴스럽거나 필요 이상의 저자세를 취하는 것은 탐문의 질을 경감시키는 요인이 된다).

⑤ 대화에서 얻은 자료는 면전에서의 메모나 녹취는 가급적 삼가고 요지(키워드)를 기억하도록 한다(특히 면전에서의 녹취는 금물).

⑥ 탐문(면접)시 가급적 주변에 다른 사람을 머물게 하지 말아야 한다(면접사실이 다른 사람에 의해 알려져 보복을 당하게 될지 모른다는 우려를 갖게 됨).

⑦ 암시적이거나 유도성 질문은 가급적 삼가고 상대방의 자존심을 존중해야 한다. 특히 판단을 요구하는 질문을 해서는 안된다.

⑧ 외래어나 전문용어의 사용은 지양하고 의미가 잘 전달될 수 있는 우리말을 사용하되 상대방의 직업이나 신분에 어울리는 말을 적절히 구사해야 한다.

⑨ 조사원의 주관적 판단에 의한 질문은 삼가해야 한다. 예를 들어, '그날 그 장소에서 누군가와 인사를 나누지 않았습니까'와 같이 질문해야 할 것을 '그날 그 장소에서 용의자와 인사를 나누지 않았습니까'라고 일반인에게 묻는 것은 무리다. 누가 용의자인지 여부는 조사원의 주관적 판단일 뿐 일반인들은 미처 알 수 없는 일이기 때문이다.

⑩ 대화시도 또는 대화 중 '결코', '절대', '마지막'등의 극단적 표현이나 '범인', '공범', '증인' 등의 직설적 표현은 절대 절제 되어야하며, 가급적 '예', '아니오'로 짧게 대답 할 수 없는 (되도록 긴 대답을 얻을 수 있는)열린 질문을 이용하여 긴 대화를 유도

⑪ 상대가 어떤 표현에 있어서 난감해 하는 표정을 지을 때는 (대충 내용을 간파했다는 듯)고개를 끄떡여 주거나 '그럴 수도 있었겠네요', '그래서', '그 다음날에는' 등으로 말을 자연스럽게 이끌어 준다.

⑫ 상대방이 애매한 점을 분명히 하려 할 때나 중요한 점을 강조할 때, 상대방이 갑자기 불안감이나 공포감을 보일 때에는 중요한 단서가 나올 수 있는 시점(기회)이이므로 (분위기가 깨지지 안도록)대화를 자연스럽게 지속시켜 나가야 한다(이럴 때 특별한 새로운 분위기 조성은 바람직하지 않다).

⑬ 대화 중에 상대방이나 특정인에 대한 비평이나 비난, 꾸짖음, 짜증 등의 언행을 절제해야 한다.

⑭ 대화 중 상대자가 유언비어나 전문(傳聞)한 내용을 말하더라도 이를 배척하지 말고 여러 정황과 연결지어 분석해야 한다(어떤 사람들은 자신이 알고 있는 내용을 자신의 생각으로 말하지 않고 마치 타인의 말 또는 유언비어를 전하는 듯 유체이탈화법을 구사하기도 함에 유의).

⑮ 대화 중 TV를 보거나 신문을 보는 행동 또는 전화를 하거나 받는 행동, 옆 사람이나 다른 상황에 한 눈을 팔거나 피로해 하는 모습은 절대 보이지 말아야 한다.

(2) 상대자가 대화에 소극적으로 응할 때의 대응 요령

① 조사원이 이번 일로 상대자를 만나게 된 인연을 은연 중 강조하면서 오늘의 인연이 쭉 이어져 일상생활에서 더 큰 결실을 맺을 수 있기를 기원한다는 암시적 말이나 스킨십 활용(인정감과 기대감 부여)

② 범인은 반드시 검거되며 '진실은 언제나 침몰하지 않았다'는 경험담이나 '모든 일는 사필귀정(事必歸正)이더라'는 등 죄짓고는 못사는 세상임을 은연히 강조 하면서 상대자의 용기있는 제보(판단)를 이끌어 내야 한다.

③ 상대자와의 공통점(학연, 혈연, 지연, 宗緣 등)과 공동 관심사(바둑, 골프, 주식투자, 등산, 음주, 건강 등)를 발견하여 친근감과 동질성 부각.

④ 상대가 술을 즐기는 스타일이라면 술집으로 자리를 정하거나 옮겨 상대에게 술이나 안주를 선택하게 배려하는 등 가급적 상대와 인간적인 분위기를 유지하며 격의(隔意)없는 대화를 시도한다.

⑤ 상대방이 간단히 언급한 부분이나 어물거리는 부분에 대해서는 '그것이 무슨 뜻입니까' 라고 물어 스스로 말하기 어려워하는 부분에 대해 입을 열 수 있도록 말을 이어준다.

⑥ 경찰의 경우 필요시 공공의 안녕과 질서유지를 위한 탐문활동에 협조를 하지 않아 불이익을 받은 사례를 상대자에게 들려주는 등으로 약간의 경고성 메시지를 보낼 수 있다하겠으나, 민간조사원의 경우 국민들에게 명령·강제 할 권한이 없을뿐 만아니라 국민들도 민간조사에 응할 아무런 의무가 없어 민간조사원(탐정)이 상대자에게 압력이나 경고를 발(發)할 경우 자칫 협박죄 등 형사상 문제가 야기될 수 있음에 유의

7. 탐문(질문)시 특히 유의 할 사항

① 관찰력과 판단력의 총동원
관찰력과 판단력 그리고 순발력을 총동원하여 대화 중 상대자의 눈길, 손발의 움직임, 얼굴색 변화, 몸가짐 등을 면밀히 관찰하여 내심의 진위를 간파해야 한다.

② 이해관계인의 과장·왜곡진술 경계
이해관계에 있는 사람들(경쟁업체, 사적 감정이나 폭력조직 간 갈등·내분 등)은 주관적 생각을 일반화 시키려거나 전문(傳聞)한 내용을 직접 경험한 것인 양 상황을 왜곡·오도하는 경향이 있으며, 심지어 경찰이나 탐정 등의 탐문을 악용하여 특정인에 대한 음해성 정보를 흘리는 경우가 있음으로 이에 휘말리지 않도록 유의해야 한다.

③ 첩보의 신빙성 예단과 편견은 금물
상대자가 제공하는 정보의 출처의 신뢰도가 C급이라고 하여 가망성도 C급일 것이라는 편견을 버려야 한다(첩보의 출처등급과 신뢰성은 항상 비례하는 것은 아님, 예 : 노숙자의 목격담이 진실일 수도 있고, 성직자의 진술이 허위일 수도 있음에 유의).

④ 동시다발 또는 연쇄적 탐문
탐문에서 얻어진 하나의 사실로 다음 단계의 탐문을 신속히 전개하여 관계인들의 통모(通謀), 조작, 은폐시도를 차단해야 한다.

⑤ 先 과거행적·後 현재생활 탐문

특정인의 행적이나 평판조사 시 옛 직장이나, 옛 거주지 등을 먼저 탐문한 다음 현재의 동향을 살피는 순서가 되어야 한다(온고지신, 溫故知新).

⑥ 탐정활동 의뢰자가 누구인지 절대 드러나지 않도록 신중한 언행

대화 중 본의(本意) 아니게 조사 의뢰자가 누구인지 노정(김지)되거나 탐정이 오히려 상대자의 유도 질문에 휘말리지 않도록 유의해야 한다.

⑦ 조사첩보 제공자의 절대적 보호

조사자료를 제보한 협조자의 신분은 절대적으로 보안을 유지해야 하며, 필요시 신변보호 대책을 강구한다.

8. [칼럼] '탐문(探問)'으로 못 풀 일 세상에 없다!

'탐문의 성과는 경험에 비례하는 경향보다 개개인의 소질에 따라 성취도가 달라진다'

탐정(업)이란 특정 문제의 해결이나 사실관계의 파악에 유용한 정보나 단서·증거 등 자료를 합당하게 수집·제공하는 서비스업이다. 이러한 탐정업무의 수행에 수반되는 수단에는 일반적으로 탐문과 관찰, 일정한 조건하의 미행, 녹음·촬영 등 최소한의 채증, 합리적 추리 등이 있으며 그 중 '탐문(探問)'은 어떤 유형의 자료수집활동에서 건 매우 효율적인 수단으로 높이 평가되고 있다.

'탐문(探問)'이란 '알려지지 않은 사실이나 소식 등을 알아내기 위하여 이리저리 찾아다니며 묻는 것'을 말한다. 즉, 어떤 의문이나 궁금 등 관심사에 대한 사실관계를 파악하기 위한 일련의 탐지활동으로 쟁점과 직접 관련이 없는 제3의 인물(당사자나 관계자·용의자 이외의 사람)'을 대상으로 그 사실에 대하여 견문 또는 체험한 사실을 탐지하는 활동을 말하는데 수사기관에서의 '탐문수사'는 물론 기자·변호사·기업·탐정·피해자 등 민간의 자료수집 활동에 널리 응용되고 있음은 주지의 사실이다.

특히 탐문은 별도의 과학 장비나 특별한 예산의 투입 없이 평소 가용되는 요원을 활용하여 신속히 전개 또는 변경 할 수 있으며, 타인의 권익을 저해하는 침익적(侵益的) 활동이 아니라는 점에서 법률적으로도 비교적 자유로울 뿐만 아니라 사람과의 접촉을 통해 문제해결의 자료를 직접 얻는다는 측면에서 어떤 조사활동보다 경제성·신뢰성·유연성 등 효용가치가 매우 높다(저비용 고효율).

하지만 이러한 탐문(探問, 찾아서 묻는 활동)은 '찾아서 듣는 탐문(探聞)'이나 '보고 듣는 견문(見聞)'과는 달리 질문에 따른 상대의 심리 변화까지 포착해야 하는 등 다양한 학술의 응용이 필요하다는 측면에서 '탐문(探問)은 누구나 할 순 있으나 아무나 성과를 거둘 수는 없다'는 것이 전문가들의 하나된 목소리다. 이에 30여년간 탐문과 정보분석 업무를 지도해 온 필자의 경험과 탐문을 업무의 주 수단으로 삼아온 언론계 대기자와 수사·정보기관 요원들의 노하우를 바탕으로 성공적 탐문 요소 두 가지를 강조해 보고자 한다.

첫째, '적격한 탐문대상자를 선정하는 일'이다. 누가 어떤 문제에 대해 얼마나 깊이 있게 알고 있는지를 탐문 전에 파악해 두는 일이 매우 중요하다. 이는 성공적 탐문을 위한 첫단추이자 핵심이다. 아무나 만나 이것저것 묻는 것은 아무 소용없다. 특히 '잘못 아는 것보다 차라리 모르는 게 낫다', '반풍수(半風水) 집안 망친다', 는 말이 있듯 잘 모르는 사람은 혼선 방지와 보안 유지를 위해 차라리 만나지 않는 것이 좋다.

둘째, '제대로 된 질문을 할 줄 아는 능력'이다. 세계적인 경영인으로 평가 받고 있는 미국 사우스웨스트 항공사 CEO 짐 파커는 '제대로 된 질문을 할 줄 아는 능력이야말로 가장 훌륭한 정보수집 기술이다'는 명구(名句)를 통해 질문의 요령이 지닌 중요성을 강조하였으며, 이 교훈은 오늘날 수사·정보기관은 물론 자료수집 등 탐문이 필요한 여러 분야에서 널리 응용되고 있다.

즉, 상대방이 답변을 회피 할 수 없는 질문, 순간적으로 꾸미거나 모면 할 수 없는 질문을 통해 사실에 부합하는(가식 없는) 답변을 도출 해내는 기술이 필요하다. 한 예로 대기업의 신입사원 면접관들은 응시자들이 미리 준비해 올 만한 사항은 질문하지 않기 위해 응시자의 프로필을 여러 각도로 미리 살펴 두는데, 만약 어설프게 질문하여 미리 연습된 짜여진 답변을 듣게 되었다면 인재 선발에 낭패를 초래한 것이라 하겠다.

이렇듯 일반적으로 탐문의 중요성에 대해 모르는 사람은 없다. 하지만 다양한 형태로 잠재 또는 산재해 있는 정보나 단서·증거 등 유의미한 자료를 감지하거나 발굴하기 위한 '탐문(질문)의 대상 선정과 질문 요령의 체화(體化)'는 결코 쉬운 일이 아님을 실제 탐문에 나서 본 사람이라면 잘 터득하였으리라 본다. 혹자는 탐정업 또는 탐문이라 하면 수사나 정보업무에 종사해본 사람들의 전유물이거나 그러한 부류의 사람들이라야 성과를 거둘수 있는 일로 치부하기도 하나 실상은 그렇지 않다. 탐문의 성과는 '경험에 비례하는 경향보다 개개인의 소질에 따라 성취도가 달라지는 경우가 많다'는 점에 주목해야 한다.

(김종식 한국민간조사학술연구소장 시민일보 2020.04.17. 기고 칼럼 중에서)

II 미행(잠복)

1. 미행과 잠복의 개념

(1) 미행의 정의

'미행(尾行)'이란 사전적(辭典的)으로는 '다른 사람의 행동을 감시하거나 증거를 잡기 위하여 그 사람 몰래 뒤를 밟음'이라고 표현 되며, 실무상으로는 '특정한 상황이나 사실관계 파악에 유용한 자료를 수집하기 위하여 감지 당하지 않으면서(경우에 따라 감지 당하더라도) 대상자 또는 관계자를 추적·관찰하는 방법'을 말한다.

(2) 미행과 잠복의 이동(異同)

'미행'의 정의에 대해서는 위에서 살펴 본 바와 같으며, '잠복(潛伏)'이란 특정한 상황파악이나 조사 자료를 수집하기 위하여 대상자 또는 관계자의 배회처나 일정한 장소에 계속적으로 은신하여 은밀히 관찰하는 활동(수단)으로, 미행과 잠복은 상황에 따라 자연히 '이동(移動)' 또는 '고정(固定)'의 형태로 변환하는 불가분의 관계에 있다. 즉 미행하다가 필요한 경우에는 잠복도 하고 잠복했다가 미행으로 전환하기도 하는 유기적 관계에 있다는 애기다. 따라서 이 장에서는 미행과 잠복을 별개의 것으로 구분하지 않고 잠복을 포함한 넓은 의미의 미행을 중심으로 학습해 보고자 한다.

▷ 일부의 사람들은 미행과 잠복을 논함에 있어 '미행·잠복감시'라 표현하는 등 미행과 잠복을 '감시' 개념으로 풀이하고 있는 바, 감시는 특별법에 의해 특수한 경우에 행해 지는 권력작용이라는 점에서 이 장에서는 '감시'라는 표현 대신 '관찰'이라는 표현으로 통일하여 사용키로 했다. 탐정 여러분들께서도 향후 '미행감시', '잠복감시'라는 말 대신 '미행관찰', '잠복관찰' 등으로 순화된 용어를 사용하기 바란다.

미 행	구 분	잠 복
사람(물건 포함)	관찰 대상	사람(물건 포함)
유동(추적)	관찰 방법	고정(은신)
동태적(動態的) 변장 필요	행동 요령	정적(靜的) 분위기 유지
▷ 자료의 신빙성 확인 ▷ 새로운 단서 확보 ▷ 연루자(관련자) 존재 여부 파악 ▷ 물품의 이동 사실 확인(추적) ▷ 용의자 발견 및 범인의 체포	목적(동일)	▷ 자료의 신빙성 확인 ▷ 새로운 단서 확보 ▷ 연루자(관련자) 존재 여부 파악 ▷ 물품의 이동 사실 확인(추적) ▷ 용의자 발견 및 범인의 체포

① 미행과 잠복은 상황의 전개에 따라 자연 교차(전환) 되어야한다
② 미행과 잠복시에는 대상자에게 감지되었을 때 모면 할 수 있는 '준비된 응답(cover story)'과 '행동요령'이 미리 준비되어야 한다.
③ 미행과 잠복에 임하는 조사원은 정신적·육체적 고통을 이겨낼 수 있는 체력과 임기응변의 융통성, 뛰어난 관찰력, 풍부한 사고력 등이 필요하다
④ 미행과 잠복은 특정인에 대한 평소의 첩보를 확인 또는 새로운 단서를 포착하거나 범인을 체포하는 결정적 단계이다.

(3) 미행과 잠복의 목표와 효용

▷ '미행'과 '잠복'은 현장관찰이나 탐문을 통해 수집된 조사 자료를 '확인'하거나 현장관찰이나 탐문 시 발견되지 않은 '새로운 단서'를 얻기에 매우 유용한 방법임은 물론 범죄와 범인에 대한 확신과 그에 따른 현장에서의 체포를 위한 수사 기법으로 널리 활용되고 있다. 실제 수사·정보업무와 언론의 취재, 탐정활동 등에 있어 가시적 성과(결정적 단서)는 미행을 통해 획득하는 경우가 많다.

(예1) 특정 사안(배우자의 不貞行爲 등)에 연루되어 있는 것으로 의심되는 A와B가 은밀히 접촉·밀회하는 과정을 '미행'이라는 수단을 통해 확인(목격) 할 수 있었다.

(예2) 미행과 잠복을 통해 보이스피싱 현금인출 범인을 현장에서 검거하거나 이를 못 본채 계속 (다시) 미행하여 그들의 조직을 일망타진 할 수 있었다.

2. 미행과 잠복의 형태

미행이나 잠복을 행함에 있어 어떤 형태를 취하는 것이 효과적일지는 사안별로 다르다. 잠복(고정관찰)만으로 목적을 달성 할 수 있는 경우도 있을 것이요, 어떤 경우에는 미행(이동관찰)과 잠복을 병행해야 하는 경우도 있을 수 있다.

(1) 고정관찰

일정한 장소에 고정하여 대상자의 활동이나 거처를 관찰, 이를 전형적인 '잠복'이라 한다

(2) 이동관찰

대상자를 계속하여 미행하면서 관찰

(3) 기술관찰

망원경·사진촬영 등 기재를 이용하여 관찰

3. 미행의 수준(輕重)

(1) 신중관찰

1) 대상자가 감지하지 못하도록 하는 미행이다.

2) 신중관찰 도중 대상자가 문제의 인물과 접선 또는 도주나 용의사실이 발견되면 즉각 근접관찰로 전환하여야 한다.

(2) 근접관찰

1) 대상자가 미행당하고 있음을 감지해도 계속 미행하는 경우이다.

2) 대상자를 절대 놓쳐서는 안 될 경우나 증거인멸 등을 저지하기 위한 경우에 시행되는 밀착관찰이다.

(3) 완만관찰

1) 대상자를 계속 관찰할 필요가 없는 경우 필요한 시간·장소를 정하여 선택적으로 실시하는 미행이다.

2) 최소인원으로 최대효과를 거두고자 할 때 응용되는 관찰 기법이다.

4. 미행의 준비

① 상황별 미행 기법 습득
② 정신적, 육체적 인내심 견지
③ 대상인물에 대한 기본정보 숙지
④ 변장 연습(가장 및 위장)
⑤ 필요한 장비(카메라, 휴대전화 예비 배터리 등)확보
⑥ 충분한 비용 지참
⑦ 메모지(필기구) 휴대
⑧ 예상지점(코스) 사전정찰(지형지물 및 교통상황, 유사시 은폐·이탈 방법 등 현지답사)
⑨ 대상자에게 감지되었을 때 모면 할 수 있는 상황별 답변(cover story)과 행동요령 준비

5. 사전정찰

(1) 의의

사전정찰(事前偵察)은 예정된 미행·잠복활동을 본격 수행하기 전 관련지역 등에 대한 예비지식을 수집하는 조사활동이다. 평소 자주 왕래 하던 지역이라 할지라도 조사목표가 설정되면 해당 지역의 특징과 변화를 점검해 두어야 한다.

(2) 사전정찰의 목적

① 조사대상자의 예상접근로 및 예상 이동로 예측(미행노선 또는 잠복장소 물색)

② 주변 도로망 및 교통사정 점검

③ 조사대상자의 회합 또는 체류 예상장소 및 관찰이 용이(容易)한 장소 물색

④ 조사대상자의 도주예상로 파악

6. 상황별 미행의 방법(도보, 차량)

미행은 일반적으로 대상자를 은밀히 추적하면서 특이점을 발견하고 그것을 관찰하는 활동으로 도보미행과 차량미행으로 구분된다.

(1) 도보미행 요령

① 도보미행은 단독미행과 공동미행으로 나눌 수 있는데 미행 실시 전에 대상자의 성향, 도로의 사정, 인파 및 교통상황 등을 고려하여 방법과 미행원의 수를 결정하여야 한다. 공동미행인 경우 감지당하지 않도록 1명은 모퉁이나 후방에 위치하고 1명은 맞은 편 보도를 걷는 등 미행 위치를 적당히 바꾸어 가면서 미행하는 것이 좋다. 단독미행 일지라도 일관된 형태를 지양하고, 뒤를 따르거나 맞은편 도로를 걷는 등 미행위치에 변화를 주어야 한다.

② 미행은 통상 도주나 가시거리 등을 감안하여 20~50m 후방거리를 유지하는 것이 바람직하나, 한적한 도로는 100m의 거리를 유지해야 할 경우도 있을 것이며, 도심지 인파속에서는 10m거리도 놓칠 수 있다. 따라서 거리유지는 현장 상황에 따라 달라 질 수 밖에 없다.

③ 보행 속도는 미행 대상자와 비슷한 속도를 유지한다.

④ 대상자와 시선이 마주 칠 상황에서는 대상자 보다 낮은 곳으로 시선을 유지시켜 대상자와 시선이 마주치지 않도록 한다. 이때 의도적으로 시선을 회피하는 느낌을 주지 않도록 한다.

⑤ 주·정차중인 차량, 입간판 등 지형지물을 자연스럽게 이용하여 노출을 조절한다.

⑥ 대상자가 건물모퉁이를 돌아간 때에는 보폭을 넓혀서 접근해야 한다. 돌아간 모퉁이에 대상자가 숨어 역습해 올 것을 고려하여 신중히 행동한다.

⑦ (열차나 버스 이용시): 열차·버스 이용 시 대상자보다 먼저 승차하거나 먼저 내려서는 안된다. 이때 가급적 대상자와 다른 승강구로 승·하차할 것. 승차 후에는 차내를 필요이상으로 두리번거려 대상자가 눈치 채는 일이 없도록 해야 한다.

⑧ (택시 이용시): 대상자가 택시를 이용하면 미행원도 택시로 미행하는 것이 좋으며, 택시기사에게 사정을 알려 협조를 구할 필요가 있으며, 중도에 발각되는 일이 없도록 해야 한다.

⑨ (엘리베이터 이용시): 엘리베이터 이용시에는 대상자의 뒤쪽에 위치하는 것이 좋다. 공동미행의 경우 동시에 엘리베이터를 타면 미행이 감지될 우려가 있기 때문에 약간의 시차를 두고 타는 것이 좋다. 엘리베이터 대기자(이용자)가 없을 때에는 가까운 곳에서 물건을 보는 척하거나, 신문 등을 보는 방법도 좋다.

⑩ (대상자가 보행을 갑자기 멈출 때): 대상자가 보행 중 갑자기 멈춘 경우 미행원도 함께 보행을 멈추면 감지될 우려가 있기 때문에 대상자의 행동에 즉각 반응하지 말고 자연스러움을 유지할 것. 이때 멈춘 이유가 무엇인지를 즉각적으로 알아채는 일이 매우 중요하다.

⑪ (대상자가 시비를 걸어 올 때): 대상자가 '왜 따라 오느냐'는 식의 시비를 걸어오면 '혹시 ○○○씨 아니신지요', '○○○씨로 착각했습니다. 죄송합니다.'라는 등의 준비된 응답(Cover Story)으로 불쾌함이 없이 응대한 후 미행원을 교체한다(이때 대상자가 '미행당한 것이 아니구나' 또는 '나와는 관계없는 사람이구나'라고 느낄 수 있는 자연스러운 임기응변이 아니면 상대자의 의심이 더욱 깊어 질 수 있다)

⑫ (대상자를 놓친 경우): 대상자(타깃)을 놓친 경우 놓쳐버린 지점 부근에서 잠복을 행하여 다시 나타나거나 지나가기를 기다린다. 단 대상자의 행선지를 추정할 수 있는 경우에는 신속히 대상자가 이용 가능한 교통편의 승차 또는 하차 지점에 가서 잠복한다. 이와 같은 요령이 적용되지 않는 경우라면 대상자의 주소지나 배회처 등에서 잠복하는 방안을 강구함이 좋다.

⑬ (제3자와의 대화시): 대상자가 제3자를 만나 대화를 나눌 때 어떤 내용을 말하고 있는지 알아 챌 수 있다면 이는 이미 절반 이상의 성공을 거두는 셈이다. 환경미화원 또는 아는 사람인 척 하거나 주변과 어울리는 편의점 위치를 묻는 등의 방법으로 접근하여 그 주변에서 멈칫거리는 방법으로 대화의 Key Word를 기억해 둔다. 이때 제3자를 관찰·묘사하여 그 정체를 밝혀 낸다면 조사의 결정적인 단서를 얻을 수도 있다.

⑭ (물품구입시): 대상자가 상점(음식점)에 들어갔을 경우 미행원도 같이 상점에 들어가서 무슨 물건을 얼마나 구입하는지를 살핀다(구입물품의 종류와 수량은 조사의 좋은 단서가 될 수 있음). 음식을 주문하였을 때는 미행원도 같이 음식을 시켜먹는 등 자연스러움을 유지한다.

⑮ (극장 입장시): 극장에 갈 경우 대상자보다 먼저 입장하여 적당한 위치에서 대상자가 입장(착석)하는 것을 확인 후 대상자의 뒤쪽이나 옆쪽 등 감시가 용이한 자리를 택한다.

⑯ (배회시): 대상자가 누군가를 만나거나, 다른 범행대상을 물색하기 위해 공원, 터미널, 광장, 주택가, 상가 등 일정한 곳을 배회할 때에는 단독미행을 지양하고 여러 미행원이 교대하면서 주변에서 친목회나 사업상 만나는 사람인 척 하면서 동태를 감시한다.

⑰ (역미행): 대상자가 이미 자신에 대한 일정한 미행·잠복이 시행될 것을 감지했다면 그도 제3의 탐정에게 의뢰하여 자신에 대한 미행·잠복 여부를 알아달라는 공작(역미행)이 이루어질 수 있음에 유의해야 한다.
⑱ (대상자가 여성인 경우): 여성 대상자는 여성이 미행한다. 여성화장실이나 여성전용의 사우나 등 여성들만이 출입이 허용되는 등의 시설로 여성대상자가 이동할 것 등을 감안하여 여성대상자는 여성미행원이 미행하여야 한다(남성의 경우에도 동일한 요령).

(2) 차량미행요령

① 자동차를 이용한 미행은 각 차량마다 복수의 미행원이 탑승한 2대 이상의 자동차로 서로 연결을 취하면서 행하되 도중에 미행 위치를 바꾸어 주는 것이 좋다.
② 차량미행 중 대상자가 차에서 내려 도보로 이동하는 등의 갑작스런 상황에 대비하여 미행차량 1대에 3명(1명은 운전, 2명은 감시)정도의 미행원이 탑승하는 것이 바람직하며, 모두 운전에 능숙한 면허소지자로 하여야 한다.
③ 차량의 색상과 모델도 특이한 것보다 보수적인 색깔과 일반적인 모델이 좋다(경계심을 완화시킬 수 있다)
④ 교통량이 적은 도로에서는 제3의 자동차를 사이에 끼워 차폐(遮蔽, 중간가림물로 활용)하는 것이 좋으나, 교통량이 많은 도로나 시가지 중심부에서는 제3의 차량이 끼어들어 대상자를 놓칠 우려가 있기 때문에 순발력과 세심한 주의가 필요하다.
⑤ 무전기안테나가 설치된 차량의 이용은 눈에 잘 띌 뿐만 아니라 수사·정보기관 등의 차량으로 의심하여 의도적으로 따돌리거나 도주할 우려가 있기 때문에 이용을 삼가야 한다.
⑥ 차량미행시에는 우선적으로 운전자가 대상자인지 여부, 대상차량에 탑승한 인원 수, 미행대상차량의 종류, 형식, 차량번호, 색깔, 운전자의 인상착의 등을 확인·메모해두었다가 도주 등 돌발 상황 발생에 대비한다.
⑦ 대상차량이 미행을 감지하고 의도적으로 속도를 가감 및 일시정지 등을 할 경우 이에 민감하게 반응하지 말고 자연스러운 속도를 유지해야 한다.
⑧ 대상차량이 U턴하는 경우에 미행차도 그와 같이 바로 U턴하지 말고 약간 떨어진 장소에서 U턴하거나 도로사정에 따라 좌·우회전 하는 등 순발력을 발휘해야 한다. 이 경우 대상자를 놓칠 우려가 많기 때문에 어느 지점에 U턴 장소가 있다는 점 등을 미리 예견해 두면 좋다(네비게이션 활용 등). 만약 근접감시 대상자라면 대상자의 미행사실 감지여부에도 불구하고 같은 지점에서 U턴이 이루어져야 할 것이다.

⑨ 대상차량 추적에 전념한 나머지 대상차량 안(內)의 대상자와 그 일행이 무엇을 하고 있는지에 대한 관찰을 소홀이 해서는 안 된다(차량미행의 목적은 단순히 차량을 미행하자는 것이 아니라 차량 안에 있는 대상자를 미행하고 있다는 점을 잊어서는 안 됨).

⑩ 대상차량이 운행 중 휴식, 화장실 이용 등으로 도중에 주·정차하였을 때에는 너무 가까이 접근하지 말고 일정한 거리를 두어 같은 행동으로 감시하여야 한다(대상자가 화장실에 가면 같이 화장실에 가고, 간식을 먹으면 같이 간식을 먹는 등 같은 행동). 이때 주의할 점은 대상자가 미행을 감지하고 차를 버려 둔 채 도주할 목적은 아닌지, 또는 감시대상 차량 안의 탑승자가 휴게소에서 분리되거나 바뀌는 것은 아닌지 등에 대한 세심한 관찰이 필요하다.

⑪ 대상자의 행선지(노선이나 경유지, 목적지 등)가 확실시 되는 경우나 고속도로에서는 언제나 대상자 차량보다 후행 할 필요가 없으며, 경우에 따라 선행하면서 후사경으로 미행하는 유연성이 필요하다(선행 할 경우 차 안에서 고개를 뒤로 돌려 관찰하는 행동은 미행이 탄로나기 쉽다).

⑫ 차량미행 중 교통사고나 교통법규위반 같은 변수(變數)가 발생하지 않도록 유의한다.

⑬ 눈·비 등 기상 상황에 대비하고 장거리 질주(도주 또는 따돌리기)에 대비하여 충분한 연료를 주입해 둔다.

7. 장소별 잠복 요령

잠복은 대상자 또는 관계자와 관련된 상황파악이나 조사 자료를 수집하기 위해 이루어지는 것으로 보통 대상자의 배회처와 특정한 시설(가옥)의 외부, 시설(가옥)의 내부 등으로 나누어 시행 된다.

(1) 잠복을 고려해 볼 만한 장소(예시)

① 가족 및 친인척의 집, 친구의 집 주변

② 직장 및 거래처 주변

③ 유흥업소, 숙박업소 또는 애인의 집 주변

④ 유원지, 사찰, 콘도, 산장, 방갈로, 민박 등

⑤ 전당포, 고물상, 사금융업자 주변

(2) 외부 잠복

① 대상시설의 출입구가 여러 곳이 있을 때에는 각 출입구마다 잠복하는 것이 원칙이다.

② 잠복감시 장소가 마땅치 않을 경우 주변상황과 여건에 어울리는 검침원, 수금원, 배달원 등으로 가장(假裝)하여 접근 관찰한다.

③ 잠복시 부득이한 경우를 제외하고는 반드시 2인 1조로 편성하여 불의의 사고에 대비하고 감시에 틈이 생기지 않도록 한다.

④ 야간 잠복시 감시원의 위치는 어둡게 하고, 문틈이나 유리창 등으로 대상자의 행동을 파악할 수 있는 좁은 위치를 확보한다.

⑤ 철수시에는 휴지, 담배꽁초 등 조사원이 머문 흔적을 절대 남겨서는 안된다.

⑥ 대상자가 통과 할 길목이나 도주시 추적·차단이 용이한 곳을 선정한다.

⑦ 필요시 인근건물의 2~3층 정도의 건물에서 망원경, 카메라 등을 사용하는 방안도 검토한다.

(3) 내부 잠복

① 백화점·극장·나이트클럽 등 일반에게 공개된 시설물 내부에서의 미행과 내부잠복의 교차 시행

② 탐정이 타인의 가옥 등 공개되지 않은 시설의 내부에 잠복하는 행위가 용인(容認)되는 경우는 없다(주거침입죄 등으로 처벌).

8. 미행·잠복 등에 대한 처벌가능성 여부

(1) 미행 등에 대한 형사처벌 가능성 여부

① 도로나 지하철, 백화점, 나이트클럽 등 개방된 장소에서 사람을 뒤따르거나 자주 가는 곳에 잠복해 있는 것 만으로는 형사처벌 하기는 어렵다는 것이 판례의 입장이다. 따라서 단순 미행의 경우 대개 경범죄 처벌법으로 처리되고 있다.

② 단, 미행·잠복을 위해 주거에 침입했다면 주거침입죄가 되고 미행 또는 스토킹으로 인한 상해가 발생한 경우 형법상 폭행치상, 상해죄 등으로 의율된다. 미행 중 미행당하는 사람에게 해악(害惡)을 고지하는 등의 행위가 있었다면 협박죄로 처벌될 수 있다.

(2) 미행이 경범죄 처벌법으로 처벌되는 경우

① 불안감조성(제3조제19호): 정당한 이유 없이 길을 막거나 시비를 걸거나 주위에 모여들거나 뒤따르거나 몹시 거칠게 겁을 주는 말이나 행동으로 다른 사람을 불안하게 하거나 귀찮고 불쾌하게 한 사람 또는 여러 사람이 이용하거나 다니는 도로·공원 등 공공장소에서 고의로 험악한 문신(文身)을 드러내어 다른 사람에게 혐오감을 준 사람 - 10만원 이하의 벌금, 구류 또는 과료(科料)의 형으로 처벌한다(교사·방조행위도 처벌).

② 지속적 괴롭힘(제3조제41호): 상대방의 명시적 의사에 반하여 지속적으로 접근을 시도하여 면회 또는 교제를 요구하거나 지켜보기, 따라다니기, 잠복하여 기다리기 등의 행위를 반복하여 하는 사람 - 10만원 이하의 벌금, 구류 또는 과료의 형으로 처벌한다(교사·방조행위도 처벌).

[미행 사건이 경범죄로 처벌된 實例]

'C그룹 회장에 대한 S물산 직원 미행 사건(2012)'

2012년 2월23일 S물산 직원이 C그룹 L회장을 미행하다 발각돼 경찰에 넘겨졌다. 23일 C그룹 관계자는 '지난 21일 오후 이 회장 집 앞에서 이 회장을 며칠간 미행해 오던 사람의 자동차와 고의로 접촉사고를 낸 뒤 붙잡아 신분을 확인한 결과 그가 S물산 직원임이 확인됐'고 밝혔다. C그룹 관계자는 '지난 20일 이후 차량을 오피러스에서 그랜저 등으로 바꿔가면서 이 회장을 집을 맴돈 사실을 CCTV 분석을 통해 확인했'고 덧붙였다. C그룹은 S그룹에 사과와 재발 방지 약속 및 책임자 문책을 공식적으로 요구했는데 S물산은 '재건축사업 조사를 위한 방문일 뿐 미행이 아니다'고 선을 그었다. 2012년 9월 검찰은 S물산 직원들의 미행사건을 업무방해가 아닌 단순미행으로 결론을 내렸다. 이에 따라 S물산 감사팀 L모 부장 등 4명에게 각각 벌금 10만 원을 매겼다. 이런 유형의 '미행 사건'은 대개 '업무방해 혐의'가 인정되지 않으면 형사처벌이 아닌 경범죄처벌법에 따라 단순하게 처리된다(*2012년 2월 아이뉴스24, 데일리안, 한겨레신문, 뉴시스, 이투데이 등이 보도한 기사를 요약·재구성한 것임).

9. 스토킹 범죄의 개념과 실태·처벌 등

(1) 스토킹 범죄의 개념

'스토킹(Stalking) 범죄'란 상대방의 명시적 의사에 반해, 지속해서 접근을 시도하여, 면회 또는 교제를 요구하거나 지켜보기·따라다니기·집 근처에 배회하면서 피해자 기다리기 등의 행위를 반복하는 사람인 경우를 구성 요건으로 하는 범죄이다. 이러한 행위를 하는 사람을 '스토커(Stalker)'라 한다.

(2) 실태

1) 경찰청에서 자료에 따르면 2020년 1~7월 스토킹 범죄 신고 건수는 2,756건으로 집계됐다. 하루 평균 12.9건의 스토킹 범죄 신고가 있었던 셈이다.

2) 우리나라는 1999년 15대 국회부터 20대 국회까지 14건의 스토킹 관련 법안이 발의됐으나 제대로 논의되지 못하고 폐기됐다. 21대 국회에서도 '스토킹범죄 처벌법(안)'이 발의 되어 있으며, 이 법안은 스토킹 범죄에 포함되는 행위를 명확히 규정해 처벌을 강화하고, 2차 피해 예방 및 피해자에 대한 보호 조치 규정을 마련하는 것이 주요 내용이다(스토킹 행위가 확인되면 3년 이하의 징역이나 3천만원 이하의 벌금).

3) 김창용 경찰청장도 2020년 11월1일 기자간담회에서 "오죽하면 스토킹 범죄 피해자가 '내가 폭행을 당하고 흉기에 맞고 죽어야 경찰이 나설 거냐'고 항의하겠느냐"며 '경찰도 스토킹에 적극 대처하고 싶지만, 경찰이 선제적으로 나설 법적 근거가 없다. 스토킹 예방 및 처벌법이 빨리 마련되어야 한다'고 말했다.

(3) 처벌

1) 스토킹 행위는 현행법상 형사처벌의 대상은 되지 아니하고 경범죄처벌법상 '지속적 괴롭힘(제3조제41호)'에 해당되어 10만원 이하의 벌금, 구류 또는 과료의 형을 받을 수 있다. 범칙금 10만원은 공원에 반려견의 대변을 방치하는 행위, 노상방뇨 등과 동일한 수준이고, 암표매매 적발 시 부과되는 범칙금(16만원)보다 낮은 수준이다.

2) 스토킹(직접피해는 없고 간접 피해만 있을 때)의 경우 100m이내 접근금지 가처분 신청 등에 의한 명령적 행위는 추가 될 수 있다. 이런 경우의 가처분은 민사상 가처분으로 민사집행법

제300조에 근거를 두고 있다(헤어진 연인이나 주변 인물, 모르는 사람 등으로부터 지속적 협박 또는 스토킹을 당하고 있다면 이를 입증할 수 있는 증거를 확보하여 지방법원에 접근 금지 신청을 할 수 있다.

10. 사이버 스토킹의 개념과 처벌 및 예방

(1) 사이버 스토킹 범죄의 개념

사이버 스토킹(Cyber Stalking)이란 전화, 이동통신, 이메일, 인터넷게시판 등 정보통신망을 이용하여 부호, 문자, 음향, 화상, 영상 등을 지속적이고 반복적으로 보내 괴롭히는 범죄이다

(2) 처벌

1) [명예훼손] 사이버 명예훼손은 지속적으로 공포감과 불안감을 조성하는 것과 동시에 사이버상에서 상대방을 비방할 목적으로 어떤 사실을 공연히 드러내어 명예를 훼손하는 것으로 사실 적시의 명예훼손죄로 3년 이하의 징역 또는 3천만원 이하의 벌금에 처하게 된다.

2) [사이버 상습협박] 상습 협박죄는 상대방의 협박으로 인해 피해자가 반항심이 억압될 정도의 공포심을 느꼈다면 협박죄가 성립된다. 이때 스토킹과 수반되는 협박은 상습적으로 발생하기 때문에 상습 협박죄의 처벌이 적용될 수 있으며, 3년 이상의 유기징역에 처하게 된다.

3) [사이버 음란행위] 성폭력범죄의 처벌 등에 관한 법률(제13조, 통신매체를 이용한 음란행위): 자기 또는 다른 사람의 성적 욕망을 유발하거나 만족시킬 목적으로 전화, 우편, 컴퓨터, 그 밖의 통신매체를 통하여 성적 수치심이나 혐오감을 일으키는 말, 음향, 글, 그림, 영상 또는 물건을 상대방에게 도달하게 한 사람은 2년 이하의 징역 또는 2천만원 이하의 벌금에 처한다.

4) [사이버 모욕] 사이버 모욕죄는 사이버스토킹의 행위가 상대방을 비방하는 행위가 동반되었을 때 그 내용이 명예를 훼손하지 않으나 욕설과 같이 피해자를 모욕하는 내용에 해당하는 경우로 1년 이하의 징역이나 금고 또는 2백만원 이하의 벌금에 처하게 된다.

5) [사이버 스토킹] 정보통신망이용촉진 및 정보보호 등에 관한 법률 제44조의7제1항제3호에서 사이버스토킹(공포심이나 불안감을 유발하는 부호·문언·음향·화상 또는 영상을 반복적으로 상대방에게 도달하도록 하는 내용의 정보)은 1년 이하의 징역 또는 1천만원 이하의 벌금에 처한다.

(3) 예방법

사이버스토킹의 예방법은 이름, 사진, 연락처, 직장 등 중요한 개인정보는 SNS 등에 가급적이면 공개하지 말고, 공개하더라도 최소한으로 해야 한다. 특히 모르는 사람으로부터 연락이 오면 가급적 받지 말 것(문자의 경우 답을 하지 말 것)이며, 불안감 조성의 경우 거부 의사를 명확히 밝혀야 한다. 또한 인내하기 어려운 상황인 경우(또는 피해발생이 예상되는 경우) 통화녹취, 화면캡처 등 증거자료를 확보해야 한다.

Ⅲ 녹음

탐정(업) 업무 수행 시에는 문제를 해결함에 유용한 증거나 단서·정보 등 관련 자료 확보를 위해 녹음이 필요한 경우가 적지 않으며, 이러한 과정에 일부의 행위가 자칫 불법감청 또는 불법녹취에 해당하는 경우로 이어질 소지를 배제할 수 없다. 이에 이 장에서는 어떤 것이 통신비밀보호법상 금지된 녹음(=녹취)인지와 어떤 경우의 녹음이 증거능력을 지니는지에 대해 살펴보기로 한다.

1. 통신 및 대화비밀의 보호

누구든지 통신비밀보호법과 형사소송법 또는 군사법원법의 규정에 의하지 아니하고는 우편물의 검열·전기통신의 감청 또는 통신사실확인자료를 제공 하거나 공개되지 아니한 타인간의 대화를 녹음 또는 청취하지 못한다. 다만, 다음 각 호의 경우에는 당해 법률이 정하는 바에 의한다(법 제3조, 이하 단서 생략).

▷ 위반 시 벌칙: 1년 이상 10년 이하의 징역과 5년 이하의 자격정지에 처한다.

2. 통신비밀보호법 상 '감청'과 '불법감청'의 정의

(1) 감청의 정의

감청(監聽)이란 전기 통신에 대하여 당사자의 동의없이 전자장치·기계장치 등을 사용하여 통신의 음향·문언·부호·영상을 청취·공독하여 그 내용을 지득 또는 채록하거나 전기통신의 송·수신을 방해하는 것을 말한다(통신비밀보호법 제2조제7호).

☐ 통신제한조치를 허용하는 경우(감청이 허용되는 경우)

통신비밀보호법에서 범죄수사(법 제5조) 또는 국가안보상 필요한 경우(법 제7조) 제한적으로 감청을 허용한다.

(2) 불법감청(不法監聽)의 정의

수사기관 등이 합법적인 절차에 따라 행하는 감청 외의 감청은 불법감청이 되며 이러한 불법 감청을 도청(盜聽)이라 한다.

3. 탐정업무에서 '녹음이 필요한 이유'와 '녹음이 필요한 경우'

탐정의 업무는 주로 '탐문'과 '관찰' 그리고 '합리적 추리'를 근간으로 전개된다. 그 중 '관찰'이라는 영역에는 미행과 잠복, 촬영, 묘사, 녹음 등이 포함된다. 일부의 탐정들은 '녹음'이라 하면 '소송에 제공될 녹음' 만을 연상하는 경우가 많으나, 실제 탐정에 의한 '녹음'은 소송자료로 제공되는 경우보다 탐정 활동을 펼침에 있어 상황 파악 및 탐정 활동의 방향 설정(탐정활동상 착안사항)에 활용되는 경우가 더 많다.

> **[탐정업무와 녹음(녹취)]**
>
> (1) 녹음(녹취)이 필요한 이유
>   ① 특정 사안의 상황 파악 및 새로운 단서 포착 등 탐정 활동의 방향 설정에 활용
>   ② 형사처벌이나 손해배상청구소송 등에 있어서의 증거로 활용특정 사안의 상황 파악 및 새로운 단서 포착 등 탐정 활동의 방향 설정에 활용
>   ③ 관련 사안(또는 특정인)에 대한 관찰 자료의 축적
>
> (2) 녹음(녹취)이 필요한 경우
>   ① 중요한 약속이나 결정을 번복 또는 변심이 우려될 때
>   ② 중요한 회의 결과에 대한 해석상 다른 견해가 우려될 때
>   ③ 증거없는 거래시(계약, 채권채무 등)
>   ④ 사건, 사고, 상황판단 등에 있어 말로만 떠도는 증거
>   ⑤ 중요문서(위임장, 유언장)를 분실했을 때 이를 대체할 증거가 필요할 때
>   ⑥ 각종 소송시 물적 증거가 부족할 때 등

4. 녹음 방법 및 녹취록 작성

1) 녹음방법

① 녹음의 방법에는 제한이 없으나 업무상 참고 자료로 활용 할 녹음인지, 아니면 소송 자료로 제공할 녹음인지 등에 따라 녹음 방법을 달리해야 한다.

② 특정 사안의 흐름 파악 및 새로운 단서 포착 등 탐정 활동의 방향 설정에 활용코자 행하는 '녹음'이라면 방법에 구애 받을 필요가 없다.

③ 하지만 소송자료에 제공될 녹음을 할 때에는 반드시 누구와 누구의 대화인지 그 이름 또는 신분이 특정 되도록 해야 한다(A와 B의 대화인지, A와 C의 대화인지 제3자가 들어 판단할 수 있을 정도에 이르러야 한다). 또한 산만한 대화보다 쟁점이나 위반사실 또는 요증사실(要證事實, 증명을 필요로 하는 사실)에 대한 언급을 녹음하는 일이 중요하며, 증거능력 문제 등을 감안하여 녹음하는 일시·장소 등을 수긍 할 수 있는 멘트 등을 녹음에 포함시켜 두는 요령이 필요하다.

2) 녹취록 작성(소송자료로 사용할 목적의 녹취록 작성상 유의사항)

① 소송에 있어 녹음(녹취)은 그 자체만으로는 효력을 가질 수 없으며 녹취록으로 작성되어야 효력이 있다(녹음파일과 녹취록 함께 제출). 이때 녹취록 작성은 '공정성'과 '신뢰성' 확보 차원에서 제3자인 국가공인속기사로써 사업자등록을 필한 속기사에게 맡기는 것이 바람직하다(본인이 직접 녹취록을 작성한다하여 안된다는 규정은 없으나 비전문가가 작성해 제출하는 속기록은 구성요건 미비 등으로 흠결이 지적되는 경우가 많음에 유의).

② 특히 녹취록이 증거로 채택되기 위해서는 녹음파일 속에 녹음당사자의 음성이 반드시 들어가 있어야 한다. 본인의 목소리가 없는 녹음파일은 '제3자에 의한 도청(불법감청) 녹음'인 경우에 해당하므로 이는 아예 녹취록을 작성할 수도 없고 증거로 채택되지 않는다(*예외 있음). 따라서 '소송에 제공될 녹음'을 행할 경우에는 사안별(또는 시기별)로 그 중점(녹음에 포함되어야 할 내용)이 달라질 수 있음으로 사전에 의뢰자와 협의 또는 변호사의 자문을 받는 일이 긴요하다. 속기사에 의한 녹취록 작성 비용은 보통 5분 이내 분량은 50,000원, 10분 이내 분량은 70,000원, 20분 이내 분량은 100,000원 내외이다.

5. 소송에 있어 '몰래한 녹음(비밀녹음)'의 증거능력 유무

[통신 및 대화비밀의 보호 근거]
▷ 누구든지 공개되지 아니한 타인간의 대화를 녹음하거나 전자장치 또는 기계적 수단을 이용하여 청취할 수 없다(법 제3조1항, 타인의 대화비밀 침해금지).
▷ 불법감청에 의하여 지득(知得) 또는 채록(採錄)된 전기통신의 내용은 재판 또는 징계절차에서 증거로 사용할 수 없다(법 제4조, 불법감청에 의한 전기통신내용의 증거사용 금지).

(판례 1) 대화 당사자 중 일방이 비밀녹음을 한 경우
통신비밀보호법 제3조제1항은 '공개되지 아니한 타인간의 대화를 녹음 청취하지 못한다'라고 규정하고 있어 대화에 참여한 당사자는 타인의 관계가 아니므로 그 대화를 비밀녹음한 경우는 통신비밀보호법에 위배되지 아니하며 또한 증거능력이 있다(97도240, 2007도10804).
* 대화당사자로써 상대방의 동의 없이 이루어진 녹음을 공개하는 행위가 형사상 문제 될 것은 없지만 민사상 손해배상 책임을 져야 할 수도 있다는 하급심의 판결이 있음에 유의

(판례 2) 대화당사자 중 어느 일방의 동의만 얻은 제3자 녹음의 위법성
당사자의 동의가 있는 경우에는 통신비밀보호법에 저촉되지 않으나 여기서 '당사자'라 함은 송·수신인 양자를 포함하는 개념이다. 따라서 당사자 중 어느 일방만의 동의가 있는 경우에는 '당사자의 동의'가 있다고 볼 수 없으므로 통신비밀보호법 위반이 된다(대판 2010도9016).

(판례 3) 3인간의 대화에 있어 그 중 한사람이 그 대화를 녹음한 경우의 증거능력
통신비밀보호법 제3조제1항의 '타인간의 대화를 녹음 또는 청취하지 못한다'의 의미는 대화에 원래부터 참여하지 않은 제3자가 그 타인들 간의 대화를 녹음해서는 아니 된다는 취지이다. 즉, 3인간의 대화에 있어서 그 중 한 사람이 그 대화를 녹음하는 경우에는 다른 두 사람의 발언은 그 녹음 자에 대한 관계에서 '타인간의 대화'라고 할 수 없기 때문에 위법이 아니며, 또한 증거능력이 있다(대판 2006.10.12., 2006도4981).

(판례 4) 제3자 녹음의 위법성(처와 그 애인사이의 대화를 몰래 녹음한 경우)

처와 그 애인사이의 대화를 녹음한 것은 공개되지 아니한 타인간의 대화를 녹음한 것이며, 대화자들의 동의 없이 불법 감청한 것이므로 통신비밀보호법 제4조 및 제14조제2항의 규정에 의하여 그 증거능력이 없다(대판 2001.10.9., 2001도3106).

(판례 5) 비밀녹음에 대한 민사소송의 경우(상대방 대화를 비밀녹음한 경우)

자유심증주의를 채택하고 있는 우리 민사소송법 하에서 상대방 부지 중 비밀리에 상대방과의 대화를 녹음하였다는 이유만으로 그 녹음테이프가 증거능력이 없다고 단정할 수 없고 그 채증 여부는 사실심법원의 재량에 속하는 것이며, 녹음테이프에 대한 증거조사는 검증의 방법에 의하여야 한다(대판 1999.5.25., 99다1789, 97다38435, 80다2314).

(판례 6) 사인이 몰래 촬영한 사진의 증거능력

부당한 목적과 방법에 의한 비밀촬영은 인격권(헌법상 초상권 또는 프라이버시권)에 대한 침해로서 원칙적으로 증거능력을 부정함이 타당하나, 대법원은 이익형량(利益衡量)에 의한 종합적 심사를 통하여 증거능력 여부를 결정한다(대판 97도1230).

(판례 7) 적법한 절차에 따르지 아니한 공무원의 공무상 녹음에 대한 증거능력

선거관리위원회 직원이 관계인에게 진술이 녹음된다는 사실을 미리 알려 주지 아니한 채 진술을 녹음하였다면, 그와 같은 조사절차에 의하여 수집한 녹음파일 내지 그에 터 잡아 작성된 녹취록은 형사소송법 제308조의2 에서 정하는 '적법한 절차에 따르지 아니하고 수집한 증거'에 해당하여 원칙적으로 유죄의 증거로 쓸 수 없다(대법원 2014년 10월 15일 선고 2011도3509 판결).

(판례 8) 불륜현장을 촬영한 사진이 위법하게 수집되었지만 이혼소송에서 가정파탄의 증거로 인정된 법원의 판결

① A(52.남)는 아내 B(52.여)가 교회에 다녀온다는 핑계로 목사와 바람을 피운다고 의심해 폭언과 폭행 등으로 심히 다투다 결국 2013.3 별거하고 서로 이혼소송을 제기했다. A의 동생은 이후 두차례에 걸쳐 B가 다른 남자와 성관계를 갖는 장면을 내시경 카메라로 몰래 촬영했다. 이를 증거로 A는 두차례에 걸쳐 간통으로 고소 하였으나 검찰은 위법하게 수집된 사진은 증거능력이 없다는 이유로 모두 '혐의 없음(증거불충분)'으로 불기소처분 하였다.

② 그러나 부산가정법원 가사 1부는 '비록 관련 형사사건에서는 위법하게 수집된 사진에 대해 증거능력이 부정되더라도 자유심증주의를 택하고있는 민사소송법 하에서는 증거능력의 인정 또는 증거채택은 법원의 재량에 속한다' 그리고 '이 사건과 같이 내밀하게 이루어지는 부정행위의 입증 곤란과 실체적 진실발견 이라는 공익적 요청이 개인적 법익 보호 보다 우선되어야 한다'고 밝히고 불법 촬영물을 가정파탄의 증거물로 인정(채택)했다(부산가정법원 가사1부, 2013.9.25.).

(판례 9) 남편이 처와 다른 남자 사이의 대화 및 신음소리 녹음장치를 한 경우

'남편이 자신의 주거지에 녹음장치를 설치하여 간통행위가 의심되는 자신의 처와 다른 남자 사이의 대화 및 신음소리 등을 녹음한 후 그 녹취록을 간통죄에 대한 증거로 제출한 사안에서, 위 대화 및 신음소리 부분에 관하여 증거능력을 인정할 수 없다'(서울서부지방법원 2007. 9. 19. 선고 2007고단270 판결).

(판례 10) 적법한 절차에 따르지 아니한 공무원의 공무상 녹음에 대한 증거능력

선거관리위원회 직원이 관계인에게 진술이 녹음된다는 사실을 미리 알려 주지 아니한 채 진술을 녹음하였다면, 그와 같은 조사절차에 의하여 수집한 녹음파일 내지 그에 터 잡아 작성된 녹취록은 형사소송법 제308조의2 에서 정하는 '적법한 절차에 따르지 아니하고 수집한 증거'에 해당하여 원칙적으로 유죄의 증거로 쓸 수 없다(대법원 2014년 10월 15일 선고 2011도3509 판결).

(판례 11) 배우자 불륜 잡기위한 CCTV 처벌가능성 여부 및 타법 저촉 가능성

아내의 외도 사실을 눈치 챈 남편이, 내연남이 집에까지 온다고 의심해 증거를 잡기 위해 안방과 거실 등에 아내 몰래 CCTV를 설치한 경우에 있어 자신의 주거지에 배우자 몰래 CCTV를 설치했다는 자체만으로 형사 처벌하기는 어려우나 거기(CCTV)에 단순한 영상 외에 타인간의 대화가 녹음되면 도청 혐의가 적용될 수 있다. 또 성관계 영상 등이 촬영되면 성폭력처벌특별법에 따라 처벌 될 수 있다.

(판례 12) 남편의 스마트폰에 스파이앱을 설치한 경우 불법감청으로 처벌

남편의 외도를 의심하던 중 스파이앱(녹음기)을 구입, 남편의 스마트폰에 이 앱을 설치하고 이후 통화 내용을 몰래 녹음하고 메신저 대화 내용 등을 들여다 봤다면 통신비밀보호법상 도청에 해당 한다.

(판례 13) 수사기관이 행한 비밀녹음의 증거능력

수사기관일지라도 통신비밀보호법이 정한 요건과 절차를 위반하여 감청한 경우에는 위법수집증거배제법칙 및 통신비밀보호법 제4조에 의하여 증거능력이 부정된다.

6. 도청의 일반적 유형과 대응책

이 장에서는 일반적으로 도청이라는 범죄가 어떤 유형으로 이루어지고 있는지를 살피고 그에 대한 대응책을 강구해 보고자 한다.

(1) 일반적인 도청의 유형

1) 실내대화 도청

소형화된 무선마이크나 녹음기를 미리 실내에 숨겨두는 원리로 그 기종은 다양하나 만년필형, 넥타이형, MP3형, 책상부착형, 시계형 등이 주로 많이 사용된다.

2) 전화도청

일반적으로 가장 많이 이용되고 있는 도청방식으로, 전화선로(복도전화단자함)에 직렬방식으로 연결하는 방식(인피니티 도청)과 전화기자체에 무선송신기를 장치하는 방식이 있다.

▷ 키폰전화의 경우에는 기간전화선 외에 별도의 데이터선이 들어가게 되므로 키폰전화기에 직접 도청장치를 해두는 경우가 많다.

3) 레이저도청

일반인의 접근이 엄격히 차단된 초고층 건물이나 보안구역에는 도청기 장치가 어렵기 때문에 레이저를 쏘아 반사되는 전파를 다시 음성으로 변화시켜 소리를 듣는 방식으로 통상 3,000피트까지 도청이 가능하나 고도의 전문성과 특수장비를 요한다.

4) 팩스도청

팩스도청이란 전송되는 문자나 화상을 제3자가 몰래 받아보는 것을 말하는데 상대방 팩스와 송·수신 신호 및 포맷, 압축방법, 전송방법 등 운용체계가 같은 기종(모델)을 설치하거나 별도의 해독기를 이용하여 도청을 시도하는 경우이다(평소 송수신이 잘되던 A급 팩스가 별 원인없이 화상이나 송·수신 기능에 이상을 보인다면 확인이 필요하다).

5) 휴대전화도청

① 휴대전화의 도청은 기술적으로 가능한가에 대한 명확한(신용성 있는) 결론은 아직 없다. 그러나 휴대전화도 제한적으로 도청 당 할 수 있다고 보는 견해가 지배적이다. 2012년 정보통

신부 장관도 '건물 실내와 옥상에서 극히 제한적인 시험을 한 결과 복제단말기가 있고 전파환경이 동일한 경우 근거리에서 제한적으로 동시에 벨이 울릴 가능성이 있으나 창가 등으로 조금만 이동해도 동일한 전파환경이 지속되지 않아 동시에 벨이 울리지 않는 것으로 나타났다'고 설명한 바 있다(2012 정통부 국정감사). 이는 '휴대전화 도·감청은 이론적으로 가능하지만 현실적으로 불가능하다'는 입장을 고수해 온 당시 정보통신부가 휴대전화도 도청(복제휴대폰)에 취약함을 최초로 시사한 것으로 의미가 크다.

② 최근 해외시장에서는 모든 휴대폰을 도청할 수 있다는 장비가 나오면서 휴대전화 도청은 이제 상식의 문제로 치부되고 있는 가운데, '휴대폰도청방지기'까지 출시되고 있는 등 '휴대폰 도청에 대한 불안'은 날이 갈 수록 더해지고 있다.

(2) 도청 진단 요령

1) 누군가 도청을 시도해 올 만한 요소는 없는가?

① 법정소송 등 분쟁상황이 있을 때

② 배우자의 부정행위나 의처증·의부증이 있을 때

③ 경매·계약 등 투자·투기 전·후

④ 임금교섭·노동쟁의 등 분규 상황이 있을 때

⑤ 승진, 출마 등 중요한 신상변동이 예정되어 있을 때

⑥ 창업, 신제품개발 및 출시 전·후

⑦ 도청·몰래카메라 관음증 자에게 신상이 노출되었을 때

⑧ 새로운 채권·채무발생 등 중·장기적 거래가 예정되어 있을 때

⑨ 경쟁사로부터 경계(주목)대상이 되었을 때

⑩ 공·사적으로 마찰이나 대립·반목관계에 있는 자가 있을 때

2) 도청 당하고 있다고 볼 만한 특이 점

① 은밀히 진행 중인 프로젝트를 다른 사람이 알고 있는 듯한 느낌을 받았을 때

② 집이나 사무실을 비운 뒤 누군가가 뒤진 흔적이 있지만 잃어버린 것이 없을 때

③ 부르지도 않은 A/S요원을 가장한 자들이 다녀갔을 때

④ 물건들이 아주 조금 움직여진 느낌을 받을 때

⑤ 전화 통화시 펑! 칙칙~ 등 전파 장애의 느낌을 받았을 때

⑥ 잘못 걸린 전화가 같은 목소리로 수회 올 때

⑦ 전화벨이 울렸는데 아무런 응답이 없거나 희미한 소리나 잡음이 날 때

⑧ 라디오를 들을 때 갑자기 이상한 방해를 받을 때

⑨ 잘 나오던 텔레비전 화면에 전파방해현상이 나타날 때(FM, VHF UHF도청기, 몰래카메라)

⑩ 집 주변에 차량이 장시간 주차 되고 내등(內燈)을 껀채 운전자가 차안에 있을 때

⑪ 벽이나 천정에서 미세한 진동을 느낄 때

⑫ 벽이나 천정에서 동전크기의 탈색 흔적이 나타날 때

⑬ 시멘트 부스러기나 모래 등이 바닥에서 발견될 때

(3) 도청 예방법

① 도청이 시도 될 만한 요소가 있는 때에는 가급적 무선전화나 특정한 전화로는 중요한 대화를 하지 않는다. 불특정한 공중전화를 사용하는 게 상대적으로 안전하다.

② 복제를 막기 위해 휴대폰 전화는 가급적 타인에게 빌려주거나 맡기지 말고, 분실이나 도난 시에는 즉시 통신사로 연락한다.

③ 잘못된 전화가 왔거나 전화를 건 상대방이 아무 말도 하지 않을 경우 반드시 상대가 먼저 전화를 끊도록 한다. 일부 특수 도청기는 자신(수신인)이 전화를 끊는 순간부터 작동된다[전화를 건 상대가 계속 수화기를 들고 있을 경우(핸드폰 포함), 스피커폰기능의 전화는 도청기 없이도 도청기능을 하게 된다(상대가 이쪽 이야기를 계속 들을 수 있음).

④ 자택이나 사무실에 손님이 찾아온 경우 1분이라도 혼자 있게 하지 않는다(도청기 설치는 10초면 충분하기 때문이다 - 테이블밑, 쇼파밑 등에 극소형 도청기 부착)

⑤ 호텔 객실 전화로는 중요한 통화를 하지 않는다. 불가피한 경우 라디오나 TV를 크게 틀어 놓는다.

⑥ 전기설비나 전화회선 점검이 있을 경우 신분을 철저하게 확인하고 본인입회 하에 점검하도록 한다(전화 단자함은 수시로 체크하거나 별도의 장금장치를 한다).

⑦ 조용한 곳(방안, 사무실, 회의실, 한적한 야외)에서는 중요한 대화를 피한다 - 사람이 많은 곳에서 걸으며 대화하는 것이 상대적으로 안전하다.

⑧ 회의나 중요한 대화는 유리창에 브라인더 혹은 커튼을 치고 대화한다.(레이저도청 방지 장치를 한다).

(4) 도청 탐색 전·후 일반적 유의사항

도청설비탐지는 기술적인 측면보다 다음과 같은 보안상의 문제에 기인하여 실패로 끝나는 경우가 많다.

① 도청이 은밀히 이루어 지듯 불법감청설비탐지도 은밀히 이루어져야 함에도 많은 사람이 탐색 일정을 감지 한 경우(도청자가 심어 놓은 社內 협조자 또는 일정표상 일정 등을 통해 도청자에게 관련 동정이 흘러 들어감).

② 탐색 준비 상황을 도청되고 있는 전화기로 대화한 경우(탐색업체와의 상담 단계에서부터 탐색이 끝날 때까지 의심 전화기를 통해서는 '탐색'이란 말은 일체 꺼내지 말 것).

③ 도청자 또는 관계자외의 사람이 탐색팀의 도착 상황 등 당일 동정을 간파한 경우(탐색이 업무시간 동안에 이루어진다면 탐색 직원은 다른 용무의 방문객이나 고용인 등으로 신분을 가장해야 하며, 탐색장비는 위장 또는 은닉 수단을 강구해야 한다).

④ 탐색팀이 부주의 하거나 숙련되지 못한 경우.

⑤ 탐색의 성공이나 실패 등 그 결과가 도청자에게 흘러 들어가 도청의 수단과 방법이 바뀌게 되는 경우(이러한 경우 재탐색의 성과를 기대하기 어렵게 된다).

(5) 도청 탐색

[불법감청설비탐지업]

탐정(업)이 탐정업무의 일환으로 '불법감청설비탐지'를 병행할 수도 있으나, 본래 영리를 목적으로 하는 '불법감청설비탐지업'은 탐정업자의 몫이 아니라 대통령령이 정하는 바에 의하여 과학기술정보통신부장관에 등록한 '불법감청설비탐지업체'의 업무이다(등록은 법인에 한하여 할 수 있음), 이를 위반한 자는 5년 이하의 징역 또는 3천만원 이하의 벌금에 처한다(통신비밀보호법 제10조의3).

1) 육안 및 수지(手指) 탐색

① 전화: 전화기의 뒷면과 수화기 부분에 나 만이 알 수 있는 요령으로 스티커를 부착해 두는 등으로 전화기를 분해한 흔적을 수시로 체크한다.

② 전화단자함: 단자함은 전화 도청에서 가장 많이 이용되는 취약개소이다. 시건장치(자물쇠)와 함께 스티커를 부착하여 수시로 스티커의 훼손 상태를 점검하는 등으로 단자함을 안전하게 관리한다.

③ 전기 코드: 불필요한 기기의 플러그는 제거하고, 연결된 콘센트의 접속구와 미사용 접속구에는 스티커를 부착, 수시로 훼손된 상태를 점검한다.

④ 손이 잘 닿지 않는 책상 뒷면이나 안쪽, 가구의 윗부분 등은 수시로 청소를 시행하여 처음 보는 물체는 없는지 체크한다. 특히 본인이 사용하던 계산기, 전기 어댑터, 볼펜, 화분 등이 바뀌지 않았는지 수시로 점검한다.

⑤ 구조적으로 본래 구멍이 나있는 곳, 굽은 곳, 함몰된 곳 등 청소나 육안으로 발견이 후미진 곳은 가구나 집기류를 움직여 살펴보거나 수지(手指), 꼬챙이 등으로 반드시 체크해야 한다.

2) 탐색장비 활용

도청 및 몰래카메라 탐색장비는 다양한 형태의 방식과 기종이 있으나 일반적으로 다음과 같은 장비가 많이 이용되고 있다.

① 무선 전파탐지기

도청기나 몰래카메라에서 나오는 무선전파신호를 감지하여 신호음이나 LED발광, 진동 등으로 이상유무를 알려주는 방식이다(무선카메라의 주파수대역은 1.2GHZ 대역 또는 2.4GHZ 대역에 집중되어 있다).

▷ 이 방법은 비교적 간편하기는 하나 여러 전파 주파수 중에서 도청전파와 몰래카메라 전파만을 판별하기가 쉽지 않을 뿐만아니라, 유선식 카메라와 독립형 카메라를 찾기는 매우 어려운 단점이 있다.

② NLJD를 이용한 방법(반도체 탐지기를 이용한 방법)

전원을 이용한 도청장비의 기기내부에 함유되어 있는 IC(반도체회로)를 추적하는 장비로 녹음기나 유선몰카메라 탐색에 많이 사용된다.

③ 열화상장비

도청기나 몰래카메라는 대부분 에너지를 열로 방출하는 원리를 갖고 있기 때문에 천장이나 벽 등 열이 없어야 할 곳에서 열이 발생되고 있다면 이에 대한 대응책이 필요하다(공항검색대에서 열을 감지하여 메르스나 신종플루 환자를 찾는 원리).

④ 금속탐지기

도청기나 카메라의 금속성을 찾는 방법인데 천장이나 벽 속의 철제구조물과의 구분이 어려운 단점이 있다(가장 간편한 방법으로 많이 시행되고 있다).

⑤ 상시 실내 도청 감지기

실내에 고정설치하여 계속적으로 도청전파를 감지하는 장비로 실내의 전파를 24시간 스캔(scan)하여 이상전파가 발견(인식)되면 분석결과를 사용자에게 알려주는 상시도청감지시스템이다(주로 VIP실 등에 많이 설치되고 있다).

Ⅳ 관찰 묘사와 선면(選面)

탐정(업)의 역할 중에는 특정인 또는 특정인과 접촉한 사람의 체격이나 체형, 복장이나 언어 등을 '목격(目擊)'한 것 만으로('사진 촬영을 하지 않더라도') 그 실제(實際)를 자연스럽게 '관찰 묘사'해 냄으로써 문제를 쉽게 해결하거나 문제 해결에 단초를 제공하는 경우가 적지 않다.

예를 들어 '바람난 아내가 어떤 남자와 만나는지 인상 착의와 말씨 등을 알아봐 달라, 몇 가지 특징만 알면 그가 누구인지 짐작할 수 있다', '우리 아이가 어떻게 생긴 친구와 어울리는지 좀 알아봐 달라, 대략 짐작이 가는 아이가 있는데 그 아이라면 큰 일이다'라는 류(類)의 의뢰가 그것이다. 이런 점에서 '관찰 묘사'의 능력과 얼굴을 식별 또는 선별해내는 선면의 기법(選面術)은 탐문술(探問術)과 함께 탐정의 자질을 평가하는 중요한 요소가 된다.

1. 관찰 묘사의 개념·원칙·요령 등

(1) 관찰·묘사의 개념

'관찰(觀察)'이란 일정한 목적하에 사물의 현상 및 사건의 전말을 감지하는 과정을 말하며, '묘사(描寫)'란 관찰한 경험을 재생·표현하는 것을 말한다. 관찰과 묘사는 일반적으로 한 사람에 의한 기능적 연계선상에서 이루어 지는 특성상 '관찰묘사'라는 하나의 낱말로 사용되기도 한다.

(2) 관찰의 원칙

1) 관심(關心)의 원칙
자료(정보)수집 업무에 종사하는 사람들은 평소 모든 사물의 현상이나 변화에 관심을 갖고 관찰하는 습관을 생활화해야 한다.

2) 분류(分類)의 원칙
어떤 사물이나 상황에 대해 종류, 수량, 면적 등 특징적 요소를 기준하여 적절히 분류하여야 한다.

3) 연상(聯想)의 원칙
관찰자가 짐작이나 상상을 동원하여 대상(對象)과 결부시켜 흥미롭게 연상하면서 관찰한다.

4) 비교(比較)의 원칙

어떤 사물을 관찰 할 때에는 자기가 이미 경험하여 잘 알고 있는 사실과 비교하여 기억한다.

5) 종합(綜合)의 원칙

관찰의 모든 대상은 일정한 시점을 기준으로 하여 반드시 종합적으로 정리되어야 한다.

(3) 묘사의 원칙

'잘못 아는 것보다 차라리 모르는 게 낫다'는 정보활동상 명구(名句)가 있다. 이는 '정확한 관찰과 확실한 기억 없이는 함부로 묘사하지 말라'는 경구(警句)이기도 하다. 사람이나 사물 또는 특정상황을 한번보고 그 특징을 재생해낸다는 것은 결코 쉬운 일이 아니며, 사실 이를 쉽게해 낼 수 있는 모범답안도 없다. 전문가들의 경험칙으로 볼 때 '생동감 있는 묘사는 어떤 원칙(요령)으로 관찰하고 묘사할 것인지에 대한 심적 준비와 훈련이 관건'이라는데 이론(異論)은 없다.

(4) 인물(人物)에 대한 관찰과 묘사 요령

1) 체형과 헤어스타일

관찰대상자의 신장, 이목구비, 체격, 피부색깔, 두발색깔 및 헤어스타일은 누구와 비슷한가?

2) 언어

관찰대상자의 언어는 어느 지방 말씨이며, 말솜씨나 말투는 누구와 비슷한가?

3) 착의 등

관찰대상자의 착의, 안경, 구두, 모자, 목도리 등 포인트(부분별) 느낌은 (영화나 드라마속 인물) 누구와 비슷한가?

4) 행동

관찰대상자의 걸음걸이, 제스쳐(gesture), 눈깜박이 정도는 (코미디언이나 직장동료, 이웃사람 등)누구를 연상케 하는가?

5) 첫인상 등

관찰대상자의 첫인상이나 풍모 등 전반적 이미지는 유명인사(정치인, 대기업인, 연예인, 부모친지 등) 누구와 비슷한가?

6) 나의 가족이나 측근과 비교

관찰대상자를 나의 가족이나 가까운 사람과 비교했을 때 누구와 어떤 점이 비슷한가(기억의 신속한 재생을 돕는 연상법)

2. 선면기법의 개념·유형·요령

(1) '선면'의 개념

어떤 사건·사고의 용의자가 지닌 외면(外面, 얼굴)상 특징이나 이미지 등을 알고 있는 피해자, 목격자, 탐정 등이 자신의 기억으로 여러 사람 중에서 용의자를 몰래 지목해 내거나, 이미 특정(발견)된 용의자와 대질하게 하는 등의 '얼굴 확인을 통한 용의자 선별이나 지목'을 선면기법(선면술·選面術)이라 한다. 수사기관에서는 이를 '선면수사(선면조사)'라 부른다.

(2) 선면의 유형

1) 범인 발견을 위한 선면	①실물에 의한 선면	피해자, 목격자 등이 용의자의 실물을 확인하는 방법
	②사진 등에 의한 선면	피해자 등이 다수의 사진 중에서 용의자를 지목하는 방법
	③사진 등에 의한 식별	피해자의 진술 등으로 파악된 사진이나 '몽타주(montage)'를 보고 불특정다수인 중에서 용의자를 선별 또는 식별하는 방법 ▷ 경찰이나 탐정이 유력한 용의자가 나타나기 이전의 미행이나 잠복시 주로 활용하는 사진
	④ 인상서에 의한 선면	용의자의 인상과 특징 등을 글로 표현한 것을 수사에 이용하는 방법
2) 변사체의 신원 확인을 위한 선면		신원을 알 수 없는 변사체의 안면사진을 촬영하여 연고자 등에게 신원을 관찰(확인)토록 하는 방법(백골사체의 경우 안면을 복원한 복안법에 의해 작성된 몽타주 사진을 통해 신원을 확인하는 방법)

(3) 선면의 요령

1) 라인업(Line-up, 복수면접법)

① 피해자 또는 목격자에게 선입감이나 오판을 줄이기 위해 용의자를 포함한 여러 사람을 한꺼번에 보여 용의자를 짚어 내게 하는 복수면접기법이다.

② 라인업 과정에서 일단 한 번 범인으로 지목되고 나면 이를 효과적으로 배척하기가(뒤엎기가) 쉽지 않다는 점에서 신중을 기해야 한다.

2) 쇼업(Show-up, 단독대질법)

① 용의선상에 오른 특정인을 선면자가 직접 대질하는 단독(1:1면접)기법이다.

② 쇼업은 라인업을 시행 할 수 없는 긴급하거나 부득이한 경우에 한하여 예외적으로 실시되고 있다.

(4) 선면조사 시 유의사항

① 복수면접(Line-up)시 선면자 보호(보복범죄 방지)를 위해 용의자와의 직접 대면을 피하고 별도의 선면실을 확보한다(선면자는 용의자를 들여다 볼 수 있지만 용의자는 선면자를 볼 수 없는 특수차단실 확보).

② 실물에 의한 선면은 가급적 목격당시와 동일조건하에서 식별토록 하여 선면자의 선입견이나 혼돈을 최소화 한다.

촬영과 초상권

1. 촬영의 목적과 촬영 시 유의사항 등

(1) 촬영의 의의

촬영(撮影)은 사람, 사물, 풍경 따위를 사진으로 찍는 것을 말하며. 일반적으로 특정한 상황(현장)을 자료화 하는 정보활동과 조사활동으로서의 성격을 동시에 지닌다.

(2) 촬영의 목적

① 특정 사안(事案)의 상황(현장)파악

② 형사처벌이나 손해배상청구소송 등에 있어서의 증거확보

③ 관련 사안(또는 특정인 등)에 대한 조사자료의 축적

> **[탐정의 '사진 촬영'은 낚시꾼이 낚은 대어(大漁)에 다름없다]**
>
> 탐정의 활동 가운데 가장 어려우나 가장 보람 있는 일이 '현장촬영(現場撮影)'이라고 한다. '한 장의 사진이 천마디 말보다 낫다'는 말이 그 말이다. 사진은 「현장보존의 효과」, 「조사자료적 효과」, 「증거자료적 효과」를 동시에 지니는 최상의 자료가 되기 때문이다. 그러나 인물에 대한 사진촬영은 초상권 침해의 문제가 발생할 수 있음으로 특히 유의하여야 한다.

(3) 촬영 시 유의사항

① 현장의 지형, 지물 및 진출입로 상황의 특징 등을 사전 파악하여 채증의 수단과 방향을 결정한다.

② 전개상황(동선, 動線)을 예측하여 유리한 위치를 선점한다.

③ 채증은 원거리 채증을 원칙으로 하고, 근접촬영 시 신속히 촬영하여야 한다.

④ 채증은 기본적으로 한 명은 전면을 가로 막아서고, 한 명은 앞사람을 은폐물로 삼아 등 뒤에서 촬영에 임하고 한 명은 신변보호에 임하는 형태의 3인 1조가 바람직하다.

⑤ 조사대상자 등 인물채증은 '얼굴'을 식별할 수 있도록 채증한다.

⑥ 사용된 차량은 '번호'를 식별할 수 있게 채증한다.

⑦ 기타 휴대품이나 흉기 등을 특정 지을 수 있도록 채증한다.

⑧ 주요부분은 반복 촬영하고. 사람이나 차량 등을 촬영 시에는 가능한 주변지물 등이 부분적으로라도 나타날 수 있게 촬영한다.

⑨ 전경(全景)을 촬영하기 어려울 때에는 파노라마식으로 촬영한다.

2. 초상권의 인정 근거·기준·판례 등

(1) 초상권의 정의와 인정 근거

초상권(肖像權)이란 자신의 얼굴 기타 사회통념상 특정인임을 식별할 수 있는 신체적 특징에 관하여 함부로 촬영 또는 그림·묘사되거나 공표되지 않으며, 영리적으로 이용당하지 않을 권리를 말한다(헌법 제10조 및 제17조로부터 도출되는 일반적인 인격권, 대법원 2006.10.13, 선고 2004다16280).

(2) 초상권 침해의 기준

1) **(초상권 침해의 기준)** 개인의 사생활과 관련된 사항의 공개가 사생활의 비밀을 침해하는 것이더라도, 사생활과 관련된 사항이 공공의 이해와 관련되어 공중의 정당한 관심의 대상이 되는 사항에 해당하고, 그 공개가 공공의 이익을 위한 것이며, 그 표현내용·방법 등이 부당한 것이 아닌 경우에는 위법성이 조각될 수 있다. 초상권이나 사생활의 비밀과 자유를 침해하는 행위를 둘러싸고 서로 다른 두 방향의 이익이 충돌하는 경우에는 구체적 사안에서의 사정을 종합적으로 고려한 이익형량을 통하여 침해행위의 최종적인 위법성이 가려진다. 이러한 이익형량과정에서 침해행위의 영역에 속하는 고려요소로는 첫째 침해행위로 달성하려는 이익의 내용 및 그 중대성, 침해행위의 필요성과 효과성, 침해행위의 보충성과 긴급성, 침해방법의 상당성 등이 있고, 둘째 피해법익의 내용과 중대성 및 침해행위로 인하여 피해자가 입는 피해의 정도, 피해이익의 보호가치 등이 있다. 그리고 일단 권리의 보호영역을 침범함으로써 불법행위를 구성한다고 평가된 행위가 위법하지 아니하다는 점은 이를 주장하는 사람이 증명하여야 한다(대법원 2006. 10. 13. 선고 2004다16280 판결, 대법원 2009. 9. 10. 선고 2007다71 판결 등 참조).

2) **(판례)** 사람은 누구나 자신의 얼굴 기타 사회통념상 특정인임을 식별할 수 있는 신체적 특징에 관하여 함부로 촬영 또는 그림·묘사되거나 공표되지 아니하며 영리적으로 이용당하지 아니할 권리를 가지는데, 이러한 초상권도 헌법 제10조제1문에 의하여 헌법적으로 보장되는 권리이다. 그러므로 사생활의 비밀과 자유 또는 초상권에 대한 부당한 침해는 불법행위를 구성하고, 그 침해는 그것이 공개된 장소에서 이루어졌다거나 민사소송의 증거를 수집할 목적으로 이루어졌다는 사유만으로는 정당화되지 아니한다(대법원 1998. 9. 4. 선고 96다11327 판결, 대법원 2006. 10. 13. 선고 2004다16280 판결, 대법원 2012. 1. 27. 선고 2010다39277 판결 등 참조).

□ 초상권 침해 여부(예시)

① 일반적으로 초상권 침해에 해당된다고 보는 사례
- ▷ 피촬영자의 사진과 기사내용이 달리 전달될 때
- ▷ 피촬영자를 모욕·비방할 목적의 순간포착사진
- ▷ 부모동의 없는 미성년자의 촬영(미성년자를 촬영할 때에는 반드시 부모나 친권자의 허락을 받아야 함)

② 일반적으로 초상권 침해에 해당되지 않는다고 보는 사례
- ▷ 당사자의 승낙을 받고 한 촬영
- ▷ 공인(公人)인 경우
- ▷ 공개된 장소에서 미행·잠복을 통해 특정인을 촬영한 경우 촬영된 사진이 금전적(상업적) 이득을 얻으려는 행위로 이어지지 않았거나, 제3자에게 공표되지 아니했다면 초상권 침해로 보기 어렵다는 것이 통설이다.

3. 초상권 침해에 대한 처벌(민사상 손해배상)

(1) 초상권 침해는 형사처벌의 대상이 아니다

초상권 침해의 경우 형법에는 처벌규정이 없으며, 정보통신망법 위반(법률 제70조, 공연히 사실을 적시하여 타인의 명예를 훼손한 자)외에는 민사상의 문제로 손해배상의 대상이 된다.

1) 불법행위에 대한 손해배상

고의 또는 과실로 인한 위법행위로 타인에게 손해를 가한 자는 그 손해를 배상할 책임이 있다(민법 제750조).

2) 재산이외의 손해의 배상(민법 제751조의제1항)

타인의 신체, 자유 또는 명예를 해하거나 기타 정신상 고통을 가한 자는 재산이외의 손해에 대하여도 배상할 책임이 있다.

(2) 초상권을 침해했다하여 벌금을 물거나 교도소에 갈 일은 없다. 초상권 침해는 형법에 처벌 규정이 없기 때문이다. 초상권은 민사상의 문제로 만약 초상권 침해가 인정될 경우 위에 열거된 민법에 따라 손해배상 또는 위자료를 물게 되는 경우가 전부이다. 초상권 침해 사건은 그리 흔치 않으며 일반적으로 초상권 침해에 대한 위자료는 30만원 정도의 선에서 선고되고 있다.

4. 탐정업에서의 촬영이 '몰카범'으로 오해되면 낭패

탐정의 업무 가운데에는 핸드폰을 이용한 대인·대물적 촬영이 필요한 경우가 많다. 이때 단순한 초상이나 사물 등을 촬영하는 장면이 '성적 욕망 또는 수치심을 유발할 수 있는 타인의 신체를 몰래 촬영하는 행위(성폭력 범죄)'로 오인 받아 시민들에게 현행범으로 붙잡히거나 경찰의 조사(핸드폰 압수 등)를 받게 되는 경우가 있음에 특히 유의해야 한다.

(1) 카메라 등을 이용한 불법촬영(몰래카메라) 처벌 대폭 강화

▷ 성폭력범죄의 처벌 등에 관한 특례법 제14조(약칭 성폭력 처벌법)

① 카메라나 그 밖에 이와 유사한 기능을 갖춘 기계장치를 이용하여 성적 욕망 또는 수치심을 유발할 수 있는 사람의 신체를 대상자의 의사에 반하여 촬영한 자는 7년 이하의 징역 또는 5천만원 이하의 벌금에 처한다.

② 제1항에 따른 촬영물 또는 복제물을 반포·판매·임대·제공 또는 공공연하게 전시·상영한 자 또는 제1항의 촬영이 촬영 당시에는 촬영대상자의 의사에 반하지 아니한 경우에도 사후에 그 촬영물 또는 복제물을 촬영대상자의 의사에 반하여 반포 등을 한 자는 7년 이하의 징역 또는 5천만원 이하의 벌금에 처한다.

③ 영리를 목적으로 촬영대상자의 의사에 반하여 「정보통신망 이용촉진 및 정보보호 등에 관한 법률」 제2조제1항제1호의 정보통신망을 이용하여 제2항의 죄를 범한 자는 3년 이상의 유기징역에 처한다.

④ 제1항 또는 제2항의 촬영물 또는 복제물을 소지·구입·저장 또는 시청한 자는 3년 이하의 징역 또는 3천만원 이하의 벌금에 처한다.

⑤ 상습으로 제1항부터 제3항까지의 죄를 범한 때에는 그 죄에 정한 형의 2분의 1까지 가중한다.

(2) 몰래카메라(불법촬영) 유형(예시)

고정식(실내부착형) 몰카	유동식(휴대형) 몰카
▷ 전등형 몰카 ▷ 옷걸이형 몰카 ▷ 스위치(콘센트)형 몰카 ▷ 액자형 몰카 ▷ 나사못형 몰카 ▷ 리모컨형 몰카 ▷ 화재경보기형 몰카 ▷ 전구형 몰카 ▷ 마우스형 몰카 ▷ 휴대폰거치대형 몰카 ▷ 벽걸이나 탁상시계 부착형 몰카 ▷ 환풍기에 부착 몰카 ▷ 화장지 걸이 부착형 몰카 등	▷ 넥타이형 몰카 ▷ 벨트형 몰카 ▷ 안경 몰카 ▷ 단추 몰카 ▷ 모자 부착 몰카 ▷ 시계형 몰카 ▷ 핸드폰(핸드폰케이스형) 몰카 ▷ 라이터겸용 몰카 ▷ 볼펜형 ▷ USB형 ▷ 물병(보온병)에 부착한 몰카 ▷ 초미니 블랙박스형 몰카 ▷ 가방이나 신발(구두)부착용 몰카 등

Ⅵ 인터넷 검색은 '제2의 탐문'

1. 인터넷은 '자료(資料)의 바다'

오늘날 어떤 이름을 가진 사람이건 또 어떤 물건이나 단체이건 인터넷에 한번 쯤 오르내리지 않은 사람(또는 물건이나 단체 등)이 있을까? 어떤 형태로든, 원컨 원치 않건 인터넷에 오르내리고 있으나 그 사실을 모르고 있는 경우가 더 많으리라 본다. 수사실무에서 '현장은 증거의 보고(寶庫)'라 했지만 정보실무에서는 '인터넷은 자료의 보고(寶庫)'라 한지 오래다. 한마디로 '인터넷에 없는 게 없다'는 얘기다.

2. 인터넷 검색 요령

(1) 뭐니 뭐니 해도 인터넷 검색의 키포인트(key point) 는 키워드(key word)를 잘 선택하는 일이라 하겠다. 내가 꼭 찾고 싶은 자료가 있는데 어떤 키워드로 검색해야 할지 몰라 자료를 못 찾는 경우가 허다하다.

(2) 찾고자 하는 자료마다 존재하고 있는 형태가 달라 첫 자리 워드로는 검색이 되지 않았지만 끝자리 워드로 검색이 되는 경우도 있으며, 어떤 경우에는 서너 개의 워드를 넣어 검색해도 뜨지 않던 자료가 가운데 워드 하나만으로 검색이 가능한 경우도 있다. 특히 어떤 키워드에는 관련 자료가 줄줄이 나오는데 어떤 키워드로는 한 두자 정도의 꼬리 자료만 나오는 모습을 보이기도 한다.

(3) 이렇듯 인터넷 검색은 누구나 할 수 있으나 누구나 성과를 거두기 어려운 측면이 있다. '탐문' 학습에서 살펴 보았듯이 '탐문은 누구나 할 수 있으나 누구나 성공 할 수 없다'는 것처럼 '인터넷 검색(탐문)은 누구나 할 수 있으나 제대로 된 질문(키워드)은 아무나 할 수 없다'는 점을 간과해서는 안 된다. 이를 극복하기 위해서는 어떻게 검색해야 내가 원하는 답이 나오는지 스스로의 부단한 연습과 요령 터득이 필요해 보인다.

3. 인터넷 정보의 오류와 함정을 극복하는 지혜 필요

인터넷으로 검색되는 자료 가운데에는 그 자체로 지식이 되는 최상급의 자료에서부터 어떤 사정이나 상황을 유추할 수 있게 하는 소스(source)로 기능하는 단순 자료에 이르기까지 다양하다. 즉, 인터넷 자료 중에는 완제품으로서의 정보 가치를 지닌 것도 있지만 원자료에 불과하거나 부실한 상태로 돌아다니는 것도 적지 않은 바, 인터넷 자료는 수집(검색) 못지 않게 정보의 오류와 함정을 극복하는 지혜가 필요하다.

4. 탐정에게 '인터넷 자료'를 공급해주는 '정보서비스회사'도 성업
('Quick VTR', 'IRB Search' 등)

(1) 제임스 울시 전 CIA 국장은 '모든 정보의 95%는 인터넷 등 공개된 출처에서, 나머지 5%만이 비밀출처에서 나온다'고 했으며, 경제학자 빌프레드 파레토는 '우리가 일상생활에서 필요로 하는 정보의 80%는 주변에 이미 널려 있다'고 설파한 바 있다. 또한 미국의 저명한 정보전문가 랜슨(Ranson)은 CIA를 비롯한 각국의 대표적인 정보기관이 막대한 예산을 들여 수집해온 첩보를 자체 분석한 결과 수집된 첩보의 약 80% 이상이 이미 공개된 출처에서도 획득 가능한 것이었다는 결론을 내리고 공개정보의 중요성을 특히 강조 하였다.

(2) 이러한 공개정보의 중요성 평가에 힘입어 미국에서는 인터넷을 중심으로 전세계의 온갖 정보를 수집·취합하여 데이터베이스(DB)화 해두었다가 '등록(면허)된 탐정'들에게만 탐정활동 기초자료용으로 돈을 받고 제공해 주는 합법적인 '정보공급서비스회사'도 성행하고 있다.

☞ 예를 들어 'Quick VTR'이라는 서비스업체는 자동차 넘버 만으로 어느 나라 누구의 차량이라는 자료를 제공해주며, 'IRB Search'라는 서비스업체는 개인의 생년월일이나 주소 가운데 어느 하나 만으로도 '어느 국적'의 '누구'인지에 관한 정보를 제공해 준다. 정말 대단한 정보력이다. 하지만 이러한 정보서비스업체의 자료 획득 수단은 대부분 인터넷 등 공개출처에 의존하고 있다는 점에서 다시 한 번 감탄하지 않을 수 없다. 우리들의 일상적 정보도 이러한 정보서비스 업체에 이미 DB화 되어 있을 가능성을 배제할 수 없다.

Ⅶ 현장관찰과 추리

1. 현장관찰의 개념 등

(1) 현장관찰의 정의

'현장관찰'이란 사건·사고 현장에서 문제의 발생과 직·간접으로 결부되어 있는 유·무형의 자료를 수집하고 현장보존을 위하여 현장에 있는 여러 물체의 존재 및 상태를 관찰하는 것을 말한다.

(2) 현장관찰의 중요성

모든 증거는 현장에 있고 변형된 현장은 두 번 다시 같은 상태로 복원할 수 없으므로 현장관찰과 현장의 보존이 사실관계 파악에 미치는 영향은 지대하다.

(3) 현장관찰의 목적

1) 사건·사고의 존부(사실) 확인
   현장의 여러 상태를 관찰하여 어떤 사건·사고가 실제 행해졌는지 여부를 판단하게 된다.
2) 조사 자료의 발견
   '현장은 증거의 보고(寶庫)다'라는 말과 같이 현장에 증거물이 없다면 더 이상의 증거를 기대하기는 어렵다. 즉, 현장에서 발견·수집 되는 흔적이나 유류품은 조사 방향을 가름하는 결정적 요소가 된다는 얘기다.

2. 현장관찰의 진행 및 유의사항

(1) 진행

일반적으로 사건·사고와 관련된 현장관찰의 패턴은 ①현장의 촬영·기록·스케치 - ②유류물의 체계적 관찰 - ③증거물의 채집 및 보존 - ④증거물 인수·인계(경찰 등 관계기관과 협조) 순으로 이루어진다.

(2) 유의사항

1) [선(先) 현장촬영 후(後) 관찰] 현장에 도착하면 가장 먼저 현장을 그대로 사진촬영 해두어 원상의 훼손·멸실·변개 등의 대비해야 한다.

2) 범죄현장에 증거물이 없다면 더 이상의 증거물이 없다는 신념을 가질 것

3) 고정관념이나 선입견 또는 주관적 관찰 자세를 탈피한다.

4) 현장관찰은 특정 자리에 한정 짓지 말고 가능한 폭넓게 실시하되 치밀하게 반복 관찰할 것

5) 관찰은 오관의 작용을 이용한 자연적 관찰에만 의존하지 말고 확대경이나 조명기구 등 보조수단을 이용한 완전한 관찰 병행 실시

6) 범행시와 동일한 조건하에서 관찰하고 모순점과 불합리한 점에 발견에 노력할 것

7) 현장관찰 사항은 시간적 순서에 따라 빠짐없이 기록하고 물체의 크기나 거리, 무게 등은 실측해 두어야 한다. 목측(目測)인 경우 목측임을 명시해 두어야 한다.

3. 현장자료의 촬영과 효용

(1) 촬영요령

1) 사진촬영 순서

① 사진촬영은 현장조사의 다른 어떤 절차보다도 앞서 진행되어야 한다.

② 사건·사고현장 주변의 건물 및 도로 등을 한눈에 볼 수 있도록 좌측에서 우측으로 진행하며 촬영한다.

③ 중복해서 촬영하고 현장의 전, 후면 칭 양 측면을 촬영한다.

④ 현장의 상황을 상세하게 전체적, 부분적으로 촬영한다.

⑤ 촬영방향은 시계방향으로 순차적으로 촬영하며 중요부분은 근접해서 촬영한다.

2) 촬영시 주의사항

① 대상물체는 필요한 모든 각도에서 촬영이 끝난 후에야 옮기거나 세밀하게 검사되어야 하며 촬영시 비디오카메라를 이용하여 병행 촬영하는 것이 좋다.

② 촬영구도를 미리 구상하고 객관성 있게, 전체적으로 촬영한다.

③ 적시성(適時性)과 증거능력이 인정되도록 촬영하고 물건의 크기나 길이 등을 참작할 수 있도록 알려진 물건(담배 갑 등)을 함께 놓고 대비하여 촬영하면 효과적이다.

④ 넓은 범위를 파노라마식으로 촬영시 부분적으로 잘리지 않도록 중복 촬영한다.

⑤ 촬영시 촬영일지를 작성하여 촬영대상과 촬영장소를 기재하는 것이 효과적이다.

⑥ 사진촬영지점을 현장노면(路面)을 이용하여 위치를 표시하는 방법도 있다.

(2) 현장 사진의 효용

"1장의 사진은 천 마디의 말보다 낫다"는 말과 같이 현장 사진은 자료수집자 또는 사용자나 재판관의 주관적 편견으로 인한 사실인식의 왜곡을 배제하고, 사실에 입각한 보다 정확한 인식을 가능케 하며, 사람의 관찰 및 기억력의 한계를 극복할 수 있게 하는 다음의 효능을 지닌다.

1) 현장보존의 효과 : 발견 당시의 범죄현장 상황을 객관적으로 보존하는데 기여

2) 수사자료적 효과: 현장사진은 임장(臨場)시 발견하지 못한 미세한 자료 및 상황 등을 후일에도 파악할 수 있게 함

3) 증거자료적 효과: 현장사진은 검증조서, 실황조사서 등에 첨부함으로써 범죄현장을 보지 못한 법관에게도 범죄사실에 관한 심증을 명확하게 형성시켜 줌

4. 현장관찰의 요령

현장의 상태에 따라 순서는 달라질 수 있으나 통상적으로 다음과 같은 요령으로 실시한다.

1) 위에서 아래로(폭발이나 소훼 현장이 v자 형인 화재사고의 현장은 아래에서 위로)

2) 외부에서 내부로

3) 전체에서 부분으로

4) 좌에서 우로(다시 우에서 좌로)

5) 동종(同種)에서 이종(異種)으로

6) 정상상태에서 변동(변형)상태로

7) 약소부에서 강소부로

8) 방 전체를 관찰할 때에는 바닥면 - 벽 - 천장 면 - 천방 내부 순으로 반복의 순서를 따르는 것이 좋다.

5. 현장자료의 채집·포장 요령

사건 현장에서 발견된 여러 유류품과 지문, 족흔적 등 현장자료는 사건·사고의 존부확인과 범인 등 관련자를 추정하고 사건의 진상을 밝히는 증거로서의 중요한 가치를 지닌다.

(1) 자료채취 전 반드시 사진 촬영

본래의 존재 상태 그대로 사진촬영을 해두되 채취일시, 장소, 채취자명, 입회인 등 이 나타나게 표찰을 두고 촬영한다.

(2) 시료의 채취

1) 증거물은 현장에서 발견한 순간부터 재판과정에서 증거로서의 자격과 가치가 인정될 때까지 증거물로서의 무결점성이 유지 되어야 한다.

2) 증거물은 확대경이나 과학적 방법으로 가능한 원형을 채취 한다.

3) 증거물은 전량을 채집, 감정의뢰시 충분한 시료가 제공되어야 한다

4) 채취한 자료에는 반드시 사건명, 채취품명, 채취 일시·장소, 채취자, 입회인 등 채취경위를 명확히 기록할 것

5) 혈액·모발·섬유·흙먼지 등과 같은 미세증거물은 천·흉기 등 원래 붙어(묻어) 있던 물체에서 분리하지 않는 것이 원칙이다.

6) 작은 물체를 잡는데에는 핀셋 혹은 이와 유사한 도구를 사용함이 좋고, 모발, 유리, 섬유 등과 같은 미세 증거물은 플라스틱 병류에 담는 것이 좋다

7) '훌륭한 증거물 채취자'란 '증거물 채취 지침에 충실한 사람이 아니라 다양한 현장 정황에 맞게 채취 방법을 바꾸어 적용할 수 있는 사람일 것'이라는 법과학자 '리처드 세이퍼스타인'의 말이 시사하듯 사고의 종류와 현장에 따라 증거물은 기상천외의 형태로 존재할 수 있음에 유의해야 한다.

8) 혈액, 정액 등이 포함된 증거물 포장에는 종이 봉투를 사용하는 것이 좋다. 특히 혈흔을 밀봉 용기에 담을 경우 습기가 차서 곰팡이가 생겨 혈흔의 증거 가치가 떨어질 수 있기 때문에 이런 경우 마닐라봉투 또는 종이봉투로 포장하는 것이 좋다. 그러나 분말의 경우 입자가 새어 나갈 수 있으므로 봉투를 사용하지 않도록 한다.

9) 극소량의 미세증거물은 종이에 올려 놓고 약국에서 약을 포장하듯이 포장하면 좋다

6. 현장자료의 보존·가치 확보

(1) 변질방지

1) 다른 종류의 증거물 또는 같은 종류의 증거물이라 하더라도 다른 부위에서 채취한 증거물은 상호 접촉에 의한 손상및 오염을 방지하기 위해 분리하여 개별 포장한다.

2) 채집한 증거물은 깨끗이 세척하여 말린 유리병이나 플라스틱병 또는 비닐팩 등을 이용하여 담고. 코르크 마개나 비닐종이 등으로 이중 밀봉하여 냉장보관 하되 즉시 감정을 의뢰해야 한다(이 과정에서 맨손으로 만지거나 더럽히지 말아야 함).

3) 현장감정물 중 인체조직일 경우에는 10%포르말린 용액 또는 에틸알콜에 보관해야 하나, 혈액형이나 독극물 분석시료에는 방부제인 알코올이나 포르말린 용액을 첨가해서는 안된다.

(2) 증거가치의 유지

1) 현장자료를 채취할 때에는 반드시 제3자를 참여시켜 자료의 위치, 존부 상태 등을 확인시킨 다음 채취하고, 원상태로 보존할 수 없는 자료는 사진촬영을 해둔다.

2) 또한 증명력(증거의 가치) 유지를 위해 증거의 변형·변질·파괴·멸실 등에 주의하고 필요한 검사·대조·감식에 만전을 기한다.

3) 일반적으로 수사상 의미가 있다고 생각한 증거물이 법적으로 가치가 없어 법정에 제출되지 못하는 사례를 종종 볼 수 있는데, 이런 상황은 증거물 채취과정의 적정성 결여나 인수·인계 과정 등이 사리에 맞지 않을 때 자주 발생한다.

7. 지문의 특성·효용·종류 및 '지문현출'과 '지문채취'

(1) 지문의 특성과 효용 등

1) 의 의

협의의 지문	지문(指紋)이란 사람의 손가락 끝마디(指頭)의 안쪽면 피부에 융기한 선(융선, 隆線)으로 이루어진 문형(紋形)을 말한다(일반적 개념의 지문)
광의의 지문	'협의의 지문'에 손가락의 중절문, 기절문, 지간문, 장문과 족문까지를 포함한 개념이다.

2) 지문의 특성과 효용

특 성	만인부동(萬人不同)	세상에서 지문이 똑같은 사람은 한사람도 없다. 일란성쌍둥이의 지문도 다르다. ▷ DNA지문은 모든 사람이 다르나 일란성쌍둥이는 동일하다.
	종생불변(終生不變)	지문은 일생동안 그 특징이 변하지 않는다.
효 용		지문은 만인부동(萬人不同)이라는 점에서 개인을 특정(식별)함에 절대적 효용을 지닌다. ① 특정인의 신원 및 범죄경력확인 ② 변사자 신원확인 및 지명수배된 피의자 발견·확인 ③ 범죄현장지문에 의한 용의자의 신원판별 　* 주민등록뒷면에 날인된 지문은 우수무지(右手拇指)의 지문이다.

(2) 존재 형태에 따른 지문의 종류

지문은 일반적으로 '문형(紋形)에 따른 지문', '존재 형태에 따른 지문' 등으로 분류되나 탐정업무에서 탐정이 직접 지문을 현출하거나 대조하는 경우가 그리 흔치 않다는 측면에서 이 장에서는 '존재 형태에 따른 지문의 분류'만을 언급코자 한다.

현장지문과 준현장지문	현장지문	범죄현장에서 범인의 것으로 추정되어 검출한 지문(현재지문과 잠재지문)
	준현장지문	범죄현장 이외의 장소에서 범인의 것으로 추정되어 검출한 지문(침입 및 도주로, 전당포, 금은방 등)
현재지문과 잠재지문	현재지문	현재지문(顯在指紋)이란 육안으로 식별되는 지문을 말하며, 현출되는 면(面)에 따라 정상지문과 역지문으로 구분한다. ① 정상지문: 혈액, 잉크, 먼지 등이 손가락에 묻은 후 피사체에 인상된 지문은 대개 무인 했을 때의 지문과 동일하게 현출되는데 이를 정상지문이라 한다('이랑'부분이 착색 됨). ② 역지문: 연한 점토, 마르지 않은 도장면, 먼지 쌓인 물체 등에 인상된 지문은 융선(隆線)의 고랑이 착색되는데 이를 역지문이라 한다('고랑'이 착색 됨). ▷ '고랑'이란 두 땅 사이에 좁고 길게 들어 간 곳을 말하며, '이랑'이란 두 둑을 말한다.
	잠재지문	잠재지문(潛在指紋)이란 육안으로 식별되지 않고 이화학적 가공을 하여야 비로소 가시상태로 되는 지문을 말한다.

(3) '지문현출'과 '지문채취' 어떨 때 누가 하는가?

['지문현출'은 어떨 때 누가해야 하는가?]

'지문현출'이란 현장지문(現場指紋)을 육안으로 능히 식별할 수 있을 정도로 나타내 보이는 현상을 말한다. 일반적으로(넓은 의미로) '지문채취'라는 말과 혼용되고 있으나 '지문현출'과 '지문채취'는 엄격히 구별되어야 할 별개의 개념이다

1) 어떤 유형의 사건·사고이건 사람이 연루되지 않은 경우는 거의 없으며, 사람이 머문 곳이나 지나간 곳 또는 어떤 움직임을 보인 곳에는 원컨 원치 안건 '지문'이 남기 마련이다. 물론 지문을 남기지 않기 위해 장갑을 끼거나 착색된 지문을 의도적으로 지우는 경우는 현장에 지문이 남지 않을 것이다.

2) '지문'이야 말로 만인부동·종생불변이라는 특성을 지니고 있어 개인을 식별함에 결정적 효용을 지님은 주지의 사실이다. 따라서 사건·사고가 발생했을 때 수사기관에서는 그 어떤 증거물보다 지문 확보에 주력하게 된다. 이때 피해자나 다른 제3자가 현장을 드나들거나 청소를 하는 등으로 현장에 착색되어 있던 '현장지문'이 훼손되면 수사상 결정적 단서를 놓치게 되는 셈이다.

3) 경찰의 경우 주민등록증을 발급 받은 사람과 법률에 따라 지문채취가 허용된 대상자의 지문자료를 데이터베이스(DB)화 하여 특정된 문제 해결에 활용하고 있어 현장지문이 현출되면 금방이라도 그 지문의 주인이 누군지를 특정 할 수 있다(*경찰청은 2020년 11월3일 '지문관리체계'와 관련하여 중앙행정기관 최초로 국제표준 기록경영시스템인 'ISO 30301' 인증을 획득했음).

4) 하지만 탐정이 잠재지문(潛在指紋)이나 '현재지문(顯在指紋)' 등 현장지문을 아무리 잘 현출했다 하더라도 경찰청 지문 DB를 활용할 수 없어 누구의 지문인지 대조할 길이 없으며, 탐정 등 민간이 임의대로 현출한 지문에 대해서는 절차상 적법성(객관성) 문제와 현출상 기술적 문제(신뢰성) 등으로 경찰이나 법원으로부터 증거능력이나 증명력이 부정되는 등 배척되기 일쑤이다. 따라서 탐정이 지문현출이 필요한 현장을 발견했을 시에는 수사기관으로 하여금 지문을 현출 하도록 제보함이 바람직하다(경찰보다 탐정이 지문현출에 앞서다 자칫 현장지문이 멸실되면 수사상 큰 낭패를 초래하게 된다).

> **['지문채취'는 누가 어떨 때 할 수 있나?]**
> **- 동의 없는 지문 채취 금지 -**
>
> (1) 지문채취의 원칙적 금지
>
>   지문채취는 신체의 자유와 프라이버시권을 침해하는 강제처분이므로 법관이 발부하는 영장에 의하여야 함에도 불구하고 이러한 요건이 충족되지 않은 수사기관의 지문 채취 요구에 불응하였다고 하여 형사처벌하는 것은 헌법상 보장된 영장주의와 적법절차원칙에 위반된다.
>
> (2) 지문채취를 허용하는 경우의 근거
>
>   ① 형의 실효 등에 관한 법률(제2조)
>
>   ② 지문을 채취할 형사피의자의 범위에 관한 규칙
>
>   ③ 주민등록법(제24조제2항)」
>
>   ④ 경범죄처벌법(제1조제42호)
>
>   ▷ 범죄의 피의자로 입건된 사람에 대하여 경찰공무원이나 검사가 지문조사 외의 다른 방법으로 그 신원을 확인할 수 없어 지문을 채취하려고 할 때 정당한 이유없이 이를 거부 할 수 없다.
>
> (3) 동의 없는 지문채취 금지
>
>   체포·구속된 형사피의자라고 하더라도 수사를 위한 공익적인 목적을 수행하는 범위 내에서 신체의 자유가 제한을 받을 뿐 그 이외의 영역에서는 신체의 자유를 비롯한 기본적 인권이 인정된다. 따라서 피의자의 동의가 없는 지문채취는 수사상의 강제처분이므로 경찰관은 피의자가 지문채취를 동의하지 아니한 때에는 헌법 제12조제3항 및 형사소송법 제215조의 규정에 따라 법관으로부터 검증영장을 발부받아 피의자의 지문을 채취하여야 한다(2016, 국가인권위원회 해석 중에서)

8. 탐정의 추리 연습

탐정은 수사 요원이 아니다. 그러나 탐정에게는 수사요원 못지 않은 관찰력과 합리적 추리력이 요구된다. 경우에 따라 수사의 단서(정보 또는 증거)나 합리적 추리를 수사기관에 제공하는 등 사건 해결에 직·간접으로 참여하게 되는 경우도 있다. 이에 탐정의 관찰과 추리에 관한 응용력을 함양하기 위해 비교적 실증도(實證度)가 높은 '현장 자료로 범죄와 범인의 윤곽을 추리하는 요령'을 관찰·추리 연습자료로 제시해 본다.

(1) 추리 방법

추리(推理)란 관찰이나 판단을 근거로 다른 판단을 이끌어 내는 것으로 탐정 활동의 3대 수단인 '탐문'과 '관찰(미행·녹음·촬영 등)', '합리적 추리' 중 하나이다.

1) 제1단계 : 연역적(演繹的) 추리

① 하나의 범죄 사실을 놓고 다수의 용의자를 상정·추론하는 것

    예) 살인수법의 잔혹성으로 보아 면식범 소행으로 보고 피해자와 원한관계에 있는 A·B·C·D 등 다수를 용의자로 설정하는 것

② 다양한 가능성을 두고 조사를 진행하는 과정
③ 연역적 추리를 전개적 추리 또는 조사의 하강과정이라고 표현하기도 한다.

2) 제2단계 : 귀납적(歸納的) 추리

① 상정된 다수의 용의자 중에서 어느 한사람을 범인으로 판단(지목)하는 과정

    예) 용의자 A·B·C·D 등 다수 중에서 조사를 통해 C가 진범이라고 지목(압축)하는 것

② 다수의 자료(사실)를 토대로 하나의 결론을 추론하는 것
③ 귀납적 추리를 집중적 추리 또는 조사의 상승과정이라고 표현하기도 한다.

3) 추리에 있어 유의해야 할 사항

① 추리에 반드시 지켜야 할 어떤 정형(定型)이 있는 것은 아니다. 과학적 지식과 건전한 상식을 바탕으로 추리하되 객관적인 자료(정보, 단서 증거 등)의 수집을 통하여 그 추리의 과정을 수정해 나가야 한다.

② 관련 자료를 완전히 수집한 후 추리가 전개되어야 한다('先 자료수집 後 추리'가 바람직하며, '先 추리 後 자료수집'은 옳지 않음).

③ 자료의 수집이나 감식·검토의 과정에서 직감이나 상상을 기록해 두었다가 후에 의문점을 보다 깊이 파헤치는 자세가 필요하다.

④ 예측 가능한 모든 사태(또는 상상을 초월한 사태)를 상정한 다각적인 추리를 하여야 한다(고정관념 배제).

⑤ 과거에 취급한 동종(同種) 사안의 해결사례를 참작하여야 하며, 가급적 여러 조사원 또는 다양한 직군의 사람들로부터 의견(추리)을 듣는 것이 바람직 하다(다양한 체험 응용).

⑥ 현상(現狀)과 추리간의 연계성과 정합성에 의문의 여지가 없도록 합리적인 설명방법을 강구하여야 한다.

(2) '알리바이'와 '알리바이 조사' 그리고 '알리바이의 종류'

1) '알리바이'와 '알리바이 조사'의 정의

① '알리바이(Alibi)'란 범죄의 혐의를 받고 있는 자가, 범죄 발생 시간에 범죄 현장 이외의 다른 장소에 있었다는 사실이 명확함을 증명하는 '범죄현장부재증명(犯罪現場不在證明)'을 말한다.

② '알리바이 조사'란 조사관이나 탐정이 혐의자의 현장부재 주장이 위장된 것임을 입증하는 조사를 말한다. 즉, 알리바이 조사는 알리바이를 '파괴'하기 위한 조사이다.

2) 알리바이의 종류(예시)

종 류	내 용
① 절대적 알리바이	범죄가 발생한 그 시각에 혐의자가 현실적으로 범죄현장 의외의 다른 장소에 있었다는 사실이 명확하게 '증명'되는 경우이다.
② 상대적 알리바이	범죄발생 전·후 시간에 혐의자가 제3지역에 머물었거나 나타났으므로 범죄발생지와의 거리로 볼 때 용의자가 범죄발생시간, 그 현장에 있을 수 없다(있지 않았을 것이다)고 '인정'되는 경우이다.
③ 위장 알리바이	▷ 사전에 계획적으로 제3자에게 접근하여 자신의 존재를 확실히 기억하게 수작을 부려 자신이 그 장소에 계속 머물고 있는 것처럼 각인시킨 후, 극히 단시간 내에 범행을 감행하고 돌아오는 경우이다. ▷ 위장 알리바이에 여러 사람이 가담한 경우나 교묘한 행위가 가해질수록 위장이 쉽게 드러남
④ 청탁 알리바이	▷ 범행 실행 후 자기의 행적을 은폐하기 위하여 가족, 친구 등에게 범죄 발생 시간에 같은 장소에 머물고 있었다고 허위 진술토록 청탁하는 경우이다. ▷ 오래된 일을 제3자가 피의자와 똑같은 진술을 명료히 반복하고 있다면 청탁 알리바이 일 가능성이 높다. ▷ 청탁의 대상자가 많을수록 진술불일치 등으로 인하여 위장이 쉽게 들어 남

(3) 범죄자 등 프로파일링

"'프로파일링'은 수사영역의 전유물이 아니다"

'프로파일링(profiling)'이란 본래 '자료수집'이라는 말이다. 오늘날 이 용어를 가장 적절하게 잘 활용하고 있는 분야가 경찰의 수사 영역이라 하겠다. 수사론(搜査論)에서는 프로파일링을 '범죄유형분석기법'이라고 설명하고 있다. 이런 현상에 기인하여 프로파일링이라는 용어는 '수사에서만 적용(사용)되는 수사 전문용어'인 것으로 여기는 사람도 적지 않다. 이는 잘못된 인식이다. 누구든 어떤 영역에서건 자료를 수집하고 분석하는 일에 프로파일링이라는 용어를 사용하여 안 될 리 없다. 하지만 프로파일링의 선두는 수사상 프로파일링임이 틀림없다. 그런 측면에서 범죄자 프로파일링 기법에 대한 이해는 탐정업에서는 물론 다양한 영역에서의 프로파일링 적용과 응용에 도움이 되리라 믿는다.

1) 범죄자 프로파일링(범죄심리분석, Criminal Propiling)의 개념

'범죄자 프로파일링'이란 범죄현장에 유형의 증거물이 없더라도 범인은 무형의 증거물인 행동, 즉 범죄취향(Criminal Fashion)을 남기기 마련인데, 이것을 통하여 범인의 연령, 성격, 하는 일, 몸에 밴 습성, 성장과정 등을 추리하여 용의자를 추정하는 과학수사기법 중 하나다. 즉, 범죄자 프로파일링은 물증(Evidence)보다 '범죄자의 유형(Type)이나 취향(Fashion)'에 특히 관심을 갖는 과학수사 활동이라 하겠다.

2) 프로파일링의 대표적 유형

① 사건별 현장상태와 사건발생 일시, 장소, 피해자 등 제 요소의 특정성이나 우연성, 기회성 등을 놓고 프로파일러의 경험으로 범죄의 패턴을 추단하는 연역적 프로파일링 기법(임상 사례분석적 접근법)
② 범행과 관련된 각종자료나 통계, 용의자 프로파일링 등에 근거하여 범행취향을 설정하는 귀납적 프로파일링 기법(통계학적 접근법)이 주로 활용되고 있다.
③ 그 외에도 심리학적 프로파일링, 지리학적 프로파일링, 언어학적 프로파일링 기법 등이 있다.

3) 프로파일링의 적용 시기와 대상범죄

① 일반적으로 심증은 있으나 물증이 없을 때 또는 용의자가 묵비권을 행사하거나 진술을 번복하는 등으로 수사에 진척이 없을 때 프로파일러(profiler, 범죄심리분석수사관)를 투입한다.

② 프로파일링은 불특정인을 대상으로 한 가학적이거나 이상심리에 기인한 범죄들의 수사에 유용하다. 주로 사체 성폭행, 음부난행, 심각한 사체훼손, 연쇄살인, 연쇄성폭행, 연쇄방화, 여성이나 어린이학대, 동물학대 등의 수사에 주효하다.

③ 그러나 범죄의 동기나 과정이 일반적인 강도 단순절도, 폭력, 재산범, 과실범 등에는 프로파일링을 적용하기에 적절치 않다.

4) 프로파일링의 예시

① [어휘분석]전화나 편지, 메모 등에 사용된 언어(말씨나 방언)나 문장(전문용어나 특수용어)으로 어느 지역 사람인지와 나이, 하는 일(또는 경험한 일)이 무엇인지 등을 유추해 낸다.

② [행동패턴]평일 낮 시간대에 범행이 집중되어 있다면 무직자이일 가능성이 높고, 특정 시간대에 범행이 지속되었다면 생업(주야간 교대근무 등)과 연관성이 깊고, 특정지역에서 범행이 반복되었으나 흔적을 남기지 않았다면 주변환경을 속속들이 알고 있는 인근의 사람(지리감이 있는 사람)이 범인일 가능성이 높다는 점 등을 유추한다.

(4) 추리의 전개

구 분	이것을 관찰해 보면	이것을 유추 할 수 있다
(1) 「**범인**」이 어떤 사람일까? 에 관한 사항	지문, 장문, 족문, 혈액형, 정액, 질액, 토사물, 대소변, 걸음걸이(팔자 또는 안짱걸음 등), 보폭, 족장, 족폭, 모발, 과일 등에 남은 치흔 등	① 지문은 만인부동,종생불변의 특성으로 개인 식별에 결정적 단서가 된다. ② 보폭, 족장, 족폭 등으로 신장과 체격을 추정 할 수 있다. ③ 팔자 또는 안짱 등 걸음걸이나 치흔으로 용의자 특정이 가능하다(최근의 사례에서 입증) ④ 모발은 DNA감정, 성별, 연령, 혈액형 감정 등에 두루 사용된다.
	현장에 남긴 의류 및 그 부속물(단추, 실오라기 등), 모자, 장갑, 마스크, 손수건, 신발, 성냥, 담배 등 유류품으로 본 특징	범인의 평소 복장 상태나 성별, 연령, 직업, 신장, 체격, 하는 일, 생활상 수준 등을 유추할 수 있다

구 분	이것을 관찰해 보면	이것을 유추 할 수 있다
	현장에 유류된 낙서, 편지, 협박문서, 대화내용, 말투나 용어, 특수 지식(독극물, 의약품, 화공약품류)등에서의 특이점	범인의 교육 수준이나 특수지식 또는 연령, 성향(기질), 고향 등을 유추할 수 있다
	유류품, 족흔, 지문, 침입방법, 장물 운반 방법 등에서의 특이점	① 범인의 수(공범 유무)를 유추 할 수 있다. ② 사다리 없이 높은 담을 넘었거나, 각기 다른 족흔이 발견되면 2인 이상의 범행으로 추정 등
	범행 수법의 교묘성(위장·유인 등), 현금만을 찾아내는 목적물 선정의 요령성, 처분이 용이한 물건을 물색하거나 서랍이나 이불장의 경우 '아래 서랍장'을 먼저 뒤진 등 수법상 특이점	전과 또는 상습성이거나 내막을 잘 아는 사람의 소행으로 유추할 수 있다
	유류품의 냄새, 오염 정도(때나 땀 등), 품질 등에서 본 특이점	범인의 직업 또는 생활 상태를 유추 할 수 있다(유류품에서 나는 기름 냄새, 생선 냄새, 소독약 냄새, 페인트 냄새 등으로 생업을 유추해 볼 수 있다)
	'담뱃갑'을 뜯는 습관, 범죄 현장에 버려진 담배꽁초나 먹다 남은 음식물의 치흔, 구두의 마멸 상태 등에서 본 특이점	범인의 성격이나 습성을 유추 할 수 있다
(2) 「범행시점」이 언제일까? 에 관한 사항	배달된 신문, 우유, 우편물, 목욕물의 온도, 일기장, 메모, 가계부 기재 상황, 먹다 남은 음식의 부식 정도, 비나 눈을 맞거나 젖은 물건, 빨래 건조상태, 현금 수납일 전 후 등으로 본 특이점	'범행시점'을 유추 할 수 있다
	목욕이나 세면 상태, 잠옷 착의 여부, 피해자의 외출·귀가 시각, 식사상태(식기류 상태), 라디오나 TV프로, 일출일몰, 혈흔 또는 족흔의 선명도로 본 특이점	'침입 시간'을 유추 할 수 있다

구 분	이것을 관찰해 보면	이것을 유추 할 수 있다
	침입수단 방법, 실내 물색 상황, 피해품 반출 상황 등으로 본 특이점	'범행 소요 시간'을 유추 할 수 있다
	침입시간과 범행 소요 시간 등을 감안해 본 특이점	'도주 시간'을 유추 할 수 있다
	급여일, 현금 수납일, 부동산 매매일, 곗날 등이라는 점에서 본 특이점	피해자의 사정에 밝은 사람이 범행시점을 미리 정한 것으로 유추 해 볼 수 있다
(3) 「범행장소」에 관한 사항	① 접근과 도주에 용이한 주위 상황 (CCTV 미설치지역)을 물색한 점 ② 범행 후 어두운 산길이나 인적이 드문 이면도로를 도주로로 삼은 지리감 등으로 본 특이점	① CCTV를 피해 좁은 골목길이나 이면도로에서 단시간에 잠적한 경우 대개 지리감에 밝은 자의 소행이거나 인근에 연고를 두고 있는 자의 소행인 경우가 많다. ▷ 지리감(地理感)이란 범인과 범행지 및 그 주변지역과의 관계성을 말하며, 지리감은 연고감에 비해 조사대상도 많고 조사범위가 넓다.
	① 문의 시정 상태, 피해품의 보관 장소 등을 알고 있는 흔적 ② 다른 부잣집을 두고 별로 부유하게 보이지 않는 집을 골라 침입한 점 등으로 본 특이점	연고감을 이용한 범행 장소 물색 임을 알 수 있다. ▷ 연고감(緣故感)이란 범인과 피해자, 그 가족, 피해가옥과의 관계성을 말하며, 연고감이 있는 사건은 대개 지리감이 있는 경우가 많다(침입절도 등).

구 분	이것을 관찰해 보면	이것을 유추 할 수 있다
(4)「**범행동기**」에 관한 사항	①피해품의 유무와 종류로 본 특이점	일반적으로 살인 사건의 3대 동기는 재물(이욕), 원한, 치정 이다. ① 현장에서 물색 흔적이 뚜렷하고 물품 피해가 있는 경우 재물(이욕)이 동기라 유추 할 수 있다. ② 사건의 현장에서 물색 흔적이나 피해품이 없는 경우 원한 또는 치정일 가능성이 높다. ③ 피해품이 증서 또는 권리에 관한 문서라면 '이해관계인'의 채무면탈목적범죄 또는 원한일 가능성이 높다. ▷ 최근 범죄가 지능화·교묘화되면서 수사에 혼선을 주기 위해 치정이나 원한(또는 이해관계인)에 의한 범행을 재물이 동기인 것처럼 위장하는 사례가 많음에 특히 유의해야 한다.
	② 흉기의 종류와 공격 부위 등 신체적 피해 정도에서 본 특이점	흉기의 종류, 공격부위와 공격회수, 잔인성, 피해품의 종류, 피해자의 저항유무 등은 범행 동기와 결과 추정에 중요한 자료가 된다. ① 재물(이욕) 동기 살인의 경우 비교적 덜 잔인하고, 원한에 의한 면식범의 소행(살인)인 경우 공격 부위나 정도가 잔인(안면, 두부 등에 무차별 가격) ② 치정의 경우 유방이나 음부 손상, 나체, 성교, 나체 토막 등이 많다 ③ 신체 장기가 적출된 경우 장기밀매범 또는 미신범이나 정신이상자일 가능성에 염두를 둔다.

구 분	이것을 관찰해 보면	이것을 유추 할 수 있다
	③ 흉기의 준비 여부 및 현장 상황, 수단과 방법면에서 본 특이점	흉기의 준비 여부 및 현장 상황, 수단과 방법 등을 면밀히 관찰하면 우발 또는 계획적 범행여부를 추정이 가능하며 특히 계획적일 때 범인은 지리감, 연고감이 있는 경우가 많다. ▷ 최근에는 계획적 범행을 우발적 범행으로 위장한 사례가 많음에 유의
(5) 「**범행방법**」에 관한 사항	① 침입구와 도주로의 특이성	① 침입구가 불명인 경우 내부소행 또는 내부자와 외부인이 내통했을 가능성이 있고, 침입구의 파괴 등은 외부의 침입일 가능성이 높다. 침입의 교묘성과 침입구의 절단·파괴 수법 등으로 범인의 직업과 연고감, 계획성 등을 유추 해볼 수 있다. ② 침입구와 도주로는 대개 동일 하나 상습범이나 내부자와의 내통범은 도주로를 달리 정해두고 행동하는 경우가 많다.
	② 목적물을 특정 한 경우	현금털이 전문절도범은 주로 현금이나 환금성이 좋은 소형 고가품만을 노리는 경향이 있는데 이는 연고감이 있는 자의 소행으로 유추할 수 있다
	③ 특수한 행동을 한 경우	① 범행 전 개(犬)에게 수면제 투여, 돌을 던져 가족 부재 확인, 전화선 절단, 범행 후 대변을 보거나 방화를 한다면 대개 전과자나 상습범의 소행이다. ② 부녀자를 알몸으로 촬영하여 신고를 못하도록 위협하는 등의 행동은 전문절도범, 전과자일 가능성이 높다.

제6부

탐정업무의 전제와 줄거리

제6부 탐정업무의 전제와 줄거리

I 탐정업무 '시작부터 끝까지' 한눈으로 보는 진행 매뉴얼

탐정업무의 단계별 검토(착안) 사항을 살피기 전에 우선 「상담에서 수임업무 종결」까지의 흐름을 6단계로 구분하여 한눈으로 그 개관을 살펴두기 바란다.

단 계	요 지
(1) 의뢰자 인터뷰 (상담)	① 고객의 애로 및 요망사항 전반을 청취하고 의논 ② 자료를 필요로 하는 목적 등 의뢰 동기 간파
(2) 자료수집 수임 적정성 검토	① 실정법적 적정성 판단 ② 조리상 적정성 판단 ③ 상황적(기술적) 판단 ④ 활동목표설정(수임범위획정) 및 활동 진행순서 설명 ⑤ 수임료 설명 ▷ 일반적으로 '의뢰자 인터뷰(상담)' 및 '자료수집 대행 수임 적정성 검토'는 동시에 이루어진다.
(3) 수임계약 및 업무처리부 등재	① 계약서 작성 및 교부(의뢰자의 신원확인) ② 업무처리부 등재
(4) 수임활동 전개	① 고객의 요망사항 및 객관적 상황 최종 점검 ② 수임업무 착수 및 착수 보고 ② 활동사항 중간 보고(서면 또는 구두 보고)
(5) 수집된 자료 취합, 평가, 결과보고 등	① 수집된 자료 취합 및 자체 평가 ② 자료수집 결과 종합 보고(서면 또는 구두 보고) ② 수임료 및 실비정산
(6) 수집된 자료 보안조치 및 폐기	① 보존을 필요로 하는 자료의 보안조치 ② 그 외 수집된 자료(정보)는 파쇄 또는 소각

II. 탐정의 권리와 의무 (탐정업 표준화 10대 준칙)

[필자 주] 아래 탐정업의 준수사항은 '탐정업 업무의 적정화'를 위해 조리(條理)에 입각하여 마련된 준칙(의무사항)으로 탐정업이 법제화되어 있는 나라들의 운용 수준과 17대 국회부터 발의되었다가 철회 또는 회기 만료로 폐기된 탐정 법제화 관련 법안들이 추구했던 탐정(업) 건전화 방안 등을 주루 반영하였으며, 향후 '탐정업 업무 관리법' 등 한국형 탐정업의 법제화에도 반영될 수 밖에 없는 업무상 준수사항이라 하겠다(사실상 탐정의 권리와 의무에 해당). 이러한 업무상 준수사항을 지금부터 내실있게 체화(體化)해 두는 일은 탐정업에 있어 성공의 지름길이 되리라 확신한다.

준수사항	내 용
(1) 부당한 비용 청구 금지	① 탐정업자는 정당한 수수료 외에는 어떠한 명목으로도 의뢰인으로 부터 금품 또는 재산상 이익을 청구(請求)하여서는 아니 된다. ② 단, 실비(實費)는 별도의 계약으로 보전(補塡) 가능 ▷ **'보수(수수료)청구권'은 탐정업자의 유일한 권리이다. 그 외 업무상 준수사항은 공이 탐정업자의 의무에 해당하는 사항임**
(2) 업무처리부의 작성 및 보관	① 탐정업자는 업무처리부(業務處理簿)를 비치하고 의뢰받은 사항과 자료수집내용을 처리부에 작성, 이를 보관하여야 한다. ② 의뢰 접수 및 진행, 결과보고에 이르기까지 모두 문서화해 두면 유사한 다른 대행 업무에 응용할 수 있다. ③ 업무 처리부 보관을 통해 계약이행 사항을 증빙 함은 물론 수집된 자료에 대한 왜곡된 해석이나 평가에 대처할 수 있다.
(3) 의뢰인의 신원 확인	① 탐정업자가 자료수집을 의뢰 받은 경우에는 주민등록증·운전면허증등 법령에 따라 신원을 확인할 수 있게 작성된 증명서의 제출이나 제시 등의 방법으로 의뢰인이 본인이거나 그 대리인임을 확인하여야 하고, 그 확인방법 및 내용 등을 처리부에 기재하여야 한다. ② 자료수집 의뢰자의 실명제를 통해 수집된 자료가 범죄에 악용되는 일을 제어·차단

준수사항	내 용
(4) 계약사항 서면 교부	탐정업자가 의뢰인과 대행업무를 행하는 계약을 체결하는 경우에는 다음 각 호의 사항을 포함한 계약내용을 서면으로 작성하여 의뢰인에게 교부하여야 한다. ① 계약을 체결하는 탐정업자의 성명, 사무소의 명칭, 계약 연월일 ② 수집할 자료의 내용, 기간 및 방법 ③ 수집 진행상황 및 결과의 보고 방법과 기한 ④ 의뢰인이 지불하여야 하는 금전의 액수와 지급 시기 및 방법 ⑤ 업무의 위탁에 관하여 특약으로 정한 것이 있는 경우에는 그 내용
(5) 자료수집의 제한 준수 및 타직역의 고유업무 불가침	① 탐정업자는 '개인정보 등 법률이 보호하고 있는 영역의 자료'를 수집하여서는 아니된다. ▷ 예시 • 국가의 안보 또는 기밀에 관한 사항 • 기업의 영업비밀 또는 연구개발 사항 • 개인정보보호법, 신용정보의 이용 및 보호에 관한 법률 등에서 금지 또는 보호되고 있는 사항 • 그 밖에 법률로 금지 또는 보호되고 있는 사항 등 ② 개별법으로 정하고 있는 타직역의 고유업무를 존중하여야 한다(변호사법, 법무사법, 행정사법 등)
(6) 위법한 자료수집 거부 및 대행 중단	① 탐정업자는 대행을 의뢰받은 내용에 위법한 사항이 있는 경우에는 대행을 거부하여야 한다. ② 탐정업자는 의뢰받은 내용의 대행 결과가 범죄행위 등 불법행위에 사용되거나 사용될 것을 안 경우에는 해당 대행 업무를 중단하여야 한다.
(7) 비밀의 준수 및 자료(정보)의 보안조치	① 탐정업에 종사하거나 종사하였던 자는 정당한 사유없이 업무상 알게된 비밀을 누설하거나 다른 사람에게 제공하여서는 아니 된다. 다만, 의뢰인의 동의가 있거나 법률에 특별한 규정이 있는 경우에는 제공할 수 있다. ② 탐정업자는 조사업무와 관련하여 작성하였거나 취득한 문서, 사진, 그 밖의 자료(전자적·자기적 방식이나 그 밖에 다른 사람의 지각에 의해서는 인식할 수 없는 방익으로 작성된 기록을 포함한다)가 유출되거나 불법으로 사용되지 않도록 필요한 조치를 취하여야 한다.

준수사항	내　용
(8) 신의성실의 원칙 준수	① 탐정업자는 대행 업무를 효율적으로 수행하여야하며 의뢰인에게 거짓을 알려서는 아니 된다. ② 탐정업자는 자료수집대행사가 아닌 사람에게 대행업무를 수행하게 하여서는 아니 된다(전문성 결여의 문제). ③ 탐정업자는 의뢰인의 요청이 있을 경우 수시로 또는 업무완료 시에 조사결과를 서면으로 제공하여야 한다.
(9) 직무 범위 초과행위 및 등록민간자격증 대여 등의 금지	① 탐정업자는 그 직무 범위를 초과하여 업무를 행하여서는 아니 된다. ② 탐정업자는 다른사람에게 자기의 명의를 사용하여 대행 업무를 하게 하거나 등록증을 양도·대여하여서는 아니 되며, 누구든지 다른 자료수집대행업의 명의를 사용하여 대행 업무를 하거나 이를 양수·대여 받아 사용하여서는 아니 된다.
(10) 손해배상책임	① 탐정업자는 업무를 수행함에 있어 고의 또는 과실로 의뢰인 또는 제3자에게 손해를 끼쳤을 때에는 그 손해를 배상할 책임이 있다. ② 탐정업자는 손해배상 책임을 보장 할 수 있도록 손해배상책임보험 등에 가입 강구

「공익탐정」과 「영업탐정」 그 이동(異同) 등

1) '탐정활동의 결과물(結果物)'이란 탐정이 특정한 문제의 해결에 기여할 목적으로 수집·취합한 정보나 단서·증거 등 일련의 자료를 말한다. 여기에는 영업 차원의 수임에 따라 수집된 자료(유상자료, 영업탐정물)는 물론 사회적 공익 목적으로 탐정이 자발적으로 수집한 자료(무상자료, 공익탐정물)가 포함된다.

2) 우리나라에서는 그동안 탐정(업)의 존거(存據)나 그 활동 자체가 온당스럽게 평가되지 못했음은 물론 관련 분야의 학술이 지극히 미미했던터라 공익 차원이건 영업 차원이건 탐정활동의 결과물 대부분이 '빛'을 보지 못한 채 뒷전에 맴돌다 사라지기 일쑤 였다(일부 유용하게 활용되기도 하였으나 대개 부정적인 용도로 활용되는데 그쳤음을 부정 할 수 없다).

3) 하지만 이제 사정이 달라 졌다. 탐정(업)의 합당한 직업화 진행과 함께 탐정 활동의 결과물에 대한 평가 방법 및 활용 방안 등 관련 연구가 상당 수준 결실을 거두고 있다. 결코 가볍게 여길 성과가 아니다. 이에 필자는 탐정 활동의 결과물을 백배 활용 할 방안 몇가지를 간추려 소개해 보고자 한다.

1. '영업탐정'과 '공익탐정'의 사안별 결과물 활용 방법

구 분	사안별 결과물 활용 방법	참 고 사 항
(1) 영업탐정(營業探偵) (보수를 전제로 하는 수임 탐정)	① 수임 범위내의 활동 ② 반드시 의뢰자에게만 보고	① 영업상 수임한 탐정의 결과물은 반드시 의뢰자에게만 보고되어야 하고 의뢰자만이 사용권을 갖는다(정보의 수집자와 사용자의 분리). ② 의뢰된 사안과 관련하여 수집된 정보를 탐정이 임의대로 사용하면 민형사상 책임이 따른다. ③ 의뢰자가 탐정으로부터 보고 받은 결과를 검토한 후 그 자료를 공익 목적으로 사용해도 좋다는 명시적 의사 표시가 있으면 그에 따를 수 있다.

구 분	사안별 결과물 활용 방법	참 고 사 항
(2) 공익탐정(公益探偵) (비영리·사회적 공헌 탐정)	1) 수사 기관에 고발(또는 제보) 할 시안	① 사회 정의 실현 차원의 무보수·무수익 공익탐정은 특별한 경우 외에는 활동상 제약이 없다(무보수 등 댓가 없는 탐정활동인 경우 변호사법 등의 제약으로부터 자유롭다). ② 고발은 누구든지 할 수 있다(범인, 고소권자, 수사기관을 제외한 제3자를 의미). ③ 고발은 수사의 단서가 되며, 서면 뿐만 아니라 구두로도 가능하다. ④ 고발 사건의 처리는 고소 사건 처리와 동일하게 진행된다.
	2) 신문·방송 등 언론에 제보 할 사안	탐정의 결과물 중 사회 정의 실현을 위해 폭로 등 사회적(공개적)문제 제기가 필요한 것은 언론에 제보(취재 요청 및 자료 제공 등)
	3) 행정 및 감사 기관에 제보 할 사안	탐정의 결과물로서의 정보가 해당 부처에 제보됨이 긴요하거나 감사기관의 감사 등이 필요하다고 판단 될 경우 주무부처 또는 감사원 등에 제보
	4) 공익 신고 할 사안	① 탐정활동의 결과물이 '국민권익위원회' 소관의 '공익신고자보호법'에서 말하는 국민의 건강, 안전, 환경, 소비자의 이익, 공정한 경쟁을 침해하는 행위, 이에 준하는 공공의 이익을 침해하는 행위 등 6개 분야 '공익침해행위(284개 법률)'에 해당하면 공익신고를 검토한다. ② 탐정 등 외부 신고자는 '2억원을 한도로 하는 포상금'을 받게되고, 내부 신고자에게는 '30억원을 한도로 하는 보상금'이 지급된다.

구 분	사안별 결과물 활용 방법	참 고 사 항
		③ 공익침해행위 대상 법률은 '공익신고자보호법 제2조제1호 별표'에 열거되어 있으며, 법 개정으로 2020.11.20부터는 그 대상 법률이 467개로 대폭 늘어난다. 탐정업종사자들이 눈여겨 볼 대상이 많아진 셈이다.
	5) 정당에 정책 자료로 제보 할 사안	탐정활동의 결과물이 정당(정치인)들에 의해 정책에 반영하거나 국정감사, 대정부 질문 또는 청문회 등에서 언급되거나 처리됨이 필요한 사안
	6) 시민단체 등과 협조 (정보 제보·공유 등) 할 사안	탐정활동의 결과물이 그 성격상 조직적 활동이나 전문적 집단의 뒷받침 하에 지속적으로 심층 분석되어야 할 사안이라고 판단되면 적격 시민단체와 자료를 공유하는 방안
	7) 지역민에 대한 지식 기부 사안	① 수사·정보업무 유경험자들의 전문성 기부를 통한 정의 실현 ② 어려운 상황에 처한 지역민에 대한 자원 봉사
	8) 관련 자료 축적 사안	① 특정 업체나 특정 단체, 특정인 관련 세평·행적 등 축적 ② 지역내 특정 사건·사고·분쟁 관련 자료 축적

2. '영업탐정'과 '공익탐정' 그 업무의 패턴

(1) '공익탐정' 활동 부분은 법률로 금지 할 대상도 아니고 처벌 할 근거도 없다. 오히려 사회적 의인(義人)으로 표창과 감사(感謝) 받을 일로 권장 할 일이다. 즉, 업(營業)으로 하지 않는 탐정 활동은 면허나 허가 또는 등록이나 신고의 대상이 아닌 누구든 할 수 있는 일이라는 얘기다. 어떤 형태의 탐정법 하에서도 영리를 추구하지 않는 공익 탐정은 제재 대상이 되지 않음을 강조해 둔다.

(2) '공익탐정 활동'도 두 가지 형태의 활동으로 대별해 볼 수 있다. 첫째는 모든 생업을 제쳐 두고 장기간 '공익 탐정 활동'에 만 전념하는 경우이며, 둘째는 영리를 전제로 하는 '영업탐정'을 본래의 업으로 하되 경우에 따라 사안별로 보수나 수익을 전제하지 않는 '선별적 공익탐정 활동'을 행하는 경우가 있다.

(3) 하지만 탐정활동을 영업이나 공익 중 어느 한쪽에만 전념하고 어느 한쪽은 사양(거부)하기란 결코 쉬운 일이 아니다. 탐정이 공익 활동만 할 경우 생업에 문제가 발생 하게 될 것이며, 반대로 공익활동은 외면하고 영업탐정 업무에만 치중 할 경우 업체의 이미지 관리 등 탐정의 존재 가치가 훼손 될 소지가 있다(생업과 사회적 기여 등을 감안 할 때 영업과 공익의 비율을 7:3 정도로 유지함이 합리적일 것으로 보이나 이러한 비율을 인위적으로 조정하거나 유지하려 할 필요는 없다 하겠음).

Ⅳ 「명탐정」'실정법은 선택', '조리와 이익형량'은 필수

탐정은 법을 집행하는 관리가 아니다. 탐정이 실정법에 지나치게 얽매이거나 과도하게 함몰되면 탐정으로써의 존재 의미를 잃을 수 있다는 얘기다. 탐정업무를 수행함에 있어 최상·최선의 '행동 준칙'으로 삼아야 할 것은 몇 개의「실정법」이 아니라 모든 실정법의 재료이자 공동생활의 원리(도리)가 되는 '조리(條理)'라 하겠다. 이 조리의 정신에 충실 할 때 '언제나 정의의 편에서 슬기로운 검토와 판단(이익형량, 利益衡量)'이 가능해지리라 본다. 이에 이 장에서는 탐정 활동의 근원이 될 '조리'와 탐정활동의 '진수(眞髓)가 될 '이익형량'에 대해 살펴보기로 한다.

1. 조리

(1)「조리」의 의의

조리(條理, Natur der Sache)란 일반 사회의 정의감에 비추어 반드시 그러해야 할 것으로 인정되는 '자연적 이치' 내지는 '공동생활의 원리인 도리(道理)'를 말한다. 이 조리는 우리가 흔히 말하는 사회 통념, 신의의 원칙, 형평의 원칙, 비례의 원칙, 공익의 원칙 등으로 불리는 '일반 사회의 정의 관념'을 바탕으로 하고 있다는 점에서 '법의 일반 원칙'이라 불리기도 한다.

(2) 조리의 법원성(法源性)

1) '조리'는 어떤 분야의 법률이건 그 법률의 제정에 필요한 '원재료(原材料)' 내지는 '일반 원칙'으로 쓰이고 있음은 물론 애매 모호한 법문과 법리를 이해하거나 해석함에 있어 그 기준으로 기능하고 있으며, 성문법과 관습법 등 모두에 근거가 없을 경우 '최후의 보충 법원(法源)'으로 작용한다.

2) 특히 우리 민법은 '민사에 관하여 법률에 규정이 없으면 관습법에 의하고 관습법이 없으면 조리에 의한다'고 규정함으로써(1조), 민사재판에 있어서 성문법도 관습법도 없는 경우에 조리가 재판의 준거가 된다는 것을 명시적으로 천명하고 있다. 이러한 조리의 법원성(法源性)에 연유하여 조리를 아예 조리법(條理法)이라 부르기도 한다.

3) 조리에 의한 재판의 결과가 판례의 형태로 존재하는 경우 이는 판례법이 된다.

(3) 조리 위반의 효과

어떤 행위가 형식상 적법하더라고 조리에 위반하면 위헌 또는 위법의 문제가 발생한다.

2. 이익형량

(1) 「이익형량」의 의의

1) '이익형량(利益衡量)'이라는 말 가운데 '형량衡量)'이라는 말은 문자 그대로 저울로 무게를 재 본다는 의미다(저울 衡, 헤아릴 量). 여기에 이익이라는 말을 붙인 '이익형량'이라는 말은 일반적으로 어떤 분쟁이나 긴박한 사정 또는 상황이 있을 때 어느 편이 더 정당한가? 또는 누구 손을 들어 주는 것이 도리인가?를 가리는 것을 말한다. 이는 결코 재판과 같은 특정 영역에서만 적용되는 원리가 아니다. 정치, 경제, 행정, 치안, 언론의 보도(취재) 등에서도 긍정되고 있는 이론이다.

2) 즉, 여기서 말하는 '이익형량'이란 '어느 것이 그릇된 행위이고, 어느 것이 옳은 행위인지를 가리는 적·부 선별'을 의미하는 것이 아니라 '옳은 두가지 기본권(사안)이 서로 충돌하거나 양립되기 힘들 때에 그 옳은 두 가지 기본권(사안)이 각각 지닌 가치와 이익을 비교'하여 이익이 더 큰 쪽으로 결정하는 원칙임에 유의해야 한다.

(2) '이익형량'의 기준

'이익형량'하는 기준과 원칙에는 뭐니 뭐니 해도 '조리(條理)'가 그 바탕이 된다. 특히 조리를 형성하는 여러 원칙 가운데 '비례의 원칙'은 이 '이익형량' 이론의 근간을 이루고 있는 바, 이때의 '비례의 원칙'은 아래와 같은 요건을 필요로 한다. 즉, 판사가 서로 충돌하는 두 가지의 기본권을 '이익형량' 했을 때 이길 수 있으려면 어떤 요건이 필요한가?에 관해 살펴본다.

[이익형량 관련 비례의 원칙]

① 그 어떤 행위의 목적이 정당했는가? (목적의 정당성)

② 어떤 행위를 이룬 수단이 적정했는가? (수단·방법의 적정성)

③ 특정 대상에 대한 법익 침해가 최소한에 그쳤는가? (침해의 필요성과 최소성)

④ 공익과 사익간 균형 (상당성)

3. '조리'와 '이익형량' 외면하는 탐정은 존재 의미 없다

> ☞ 「조리」와 「이익형량」 관련 응용 1
>
> [問] 탐정은 법을 집행하는 관리가 아니다. 따라서 탐정이 실정법에 지나치게 얽매이거나 과도하게 함몰되면 탐정으로써의 존재 의미를 잃을 수 있다. 즉 탐정은 업무 수행 과정에서 법령을 준수하되 사안의 '실체적 진실 발견'을 향한 발걸음을 멈추지 말아야 한다. 전통적으로 탐정은 자신이 법률적인 제재 등 다소간의 불이익을 받는 일이 있더라도 '약자의 억울함이나 여럿 사람의 불안함을 씻어 주는 일' 또는 '정의로운 자'의 손을 들어 주는 일에 눈감지 않았다. 이러한 '탐정의 역할'은 탐정(업)의 존재 가치이자 국민들의 바람이며, 탐정(업) 관련 학술의 본류이다. 이에 따를 때 탐정 활동은 무엇을 기준 또는 원칙으로 삼아야 합당하다고 보는가?
>
> ① 법률과 원칙
> ② 개인의 이익
> ③ 공공의 이익
> ④ 조리와 이익형량(利益衡量)
>
> [한국민간조사학술연구소 주관, 탐정업 관련 등록자격 '탐정학술지도사' 자격취득 제1, 2, 3회 시험 기출문제]
>
> 정답: ④

☞ 「조리」와 「이익형량」 관련 응용 2 [자문자답 문제]

[問] 귀하는 탐정이다. 아래와 같은 경우 어떻게 판단하고 어느 쪽으로 행동 하시겠습니까?

충북 C지역에서 20년 가까이 사우나 매점을 운영했던 50대 A씨가 주변 100여명으로부터 40여억 원의 곗돈과 빌린 돈을 들고 2020년 5월 잠적, 그 일로 C지역은 말 그대로 쑥대밭이 됐다.

계주인 A씨와 가까이 지냈던 B씨는 벌써 5개월 째 밤잠을 설치고 있다. 내 집 마련을 위해 모아둔 2억 원을 고스란히 떼일 처지에 놓였다. '피 같은 돈이지, 우리 신랑 밤낮으로 일해서 번 돈을 갖다 차곡차곡 쌓아서 아파트 사려고 모아놨던 돈이에요(피해주민)', 또 다른 피해자 C씨는 A씨의 부탁과 2년 전의 친분으로 1,200만원을 빌려줬다가 돈을 돌려받지 못했다. 최근에는 무릎연골 수술을 받는데 치료비가 부족해 대출까지 받았다. '빌려주고 수술할 때 달라고 그랬는데 수술하기 전에 도망간 거에요. 그러니 내가 미치죠. 자식들 모르는데 알면 기절해요(피해 주민)."

일부 피해자들은 지난 7월부터 계주가 근무한 사우나 입구에서 피켓 시위까지 펼쳤지만 잠적한 지 5개월이 지난 현재까지 A씨 행방은 오리무중. 피해자들은 아직까지 A씨를 검거하지 못한 경찰 수사에 대해 분노하기도 한다. '40억 원이 넘은 돈을 잃어버렸다고 생각하면 정말 간절한데 한번도 신경을 안 쓰는 것 같고 4개월 가까이 되도 아무 소식도 없고 전화 한 통화도 없고...(피해주민)'. 경찰은 계주에 대해 사기 혐의로 지명수배를 내렸지만 주변 연락이 끊겨 소재파악이 쉽지 않다고 밝혔다.

* 이상은 동양일보 2020.5 및 mbc 충북 2020.8, 청주일보 tv 2020.10, HCV 지역방송 2020.10의 보도(기사)에 근거하여 학습용으로 재정리 한 것임.

[힌트]

1. '지명수배(指名手配)'란 수사기관이 관내 또는 관련지역이나 전국 수사기관에 범인을 추적·체포·인도할 것을 요구하는 의뢰이다. 즉, 수사기관 간 공조수사의 일환이다. 누구나 찾아 나설 수 있게 사진과 함께 수배된 '현상수배(懸賞手配)'와는 개념이 다른 수배이다.

2. 위와 같은 경우의 잠적자는 현행범은 아니다. 따라서 탐정이 체포하는 일을 하여서는 아니 된다. 그 소재를 피해자나 경찰에 알리는 일이면 족하다. 이런 잠적자의 소재를 탐정이 탐문만으로 알아낸 경우 개인정보보호법 위반으로 처벌되지 않고 프라이버시 침해 등으로 약간의 민사상 손해배상의 문제가 발생 할 수 있다고 보는 견해가 지배적이다. 탐정이 잠적자의 '잠적의 권리(?)'를 침해한 것이 비난의 대상이 될지 표창(감사)의 대상이 될지 조리상 검토와 판단이 필요하며, 이러한 연구를 통해 탐정의 역량이 일취월장 하리라 본다(현재 이런 유형에 대한 판례는 없음).

V. 탐정업 관련 일명 「8조 금법」에 대한 이해와 응용

이 장에서는 탐정(업) 활동 과정에서 고객의 상담 빈도가 비교적 높지만 개별법에 저촉되어 수임이 불가능한 사안이나, 개별법에 저촉되지 않더라도 업무 추진상 비교적 난이도가 높은 8가지 사안을 골라 탐정업 관련 「8조 금법(八條 禁法)」이라는 제목으로 법률상 저촉 근거 또는 법률상 가능성의 여지를 보다 명료히 해보고자 한다.

자제되어야 할 주요 위반행위	처벌 근거 및 예외, 극복방안 등
1. '성인가출인' 및 '잠적자' 찾기 (조리에 입각한 이익형량이 긴요)	['성인가출인' 및 '잠적자' 찾기 개인정보보호법으로 처벌되나?] 1) '성인가출인'이건 '잠적자(타인에게 불이익을 줄 요량으로 종적을 감춘자)'이건 탐정이 그의 '소재'를 알아내기 위하여 '거짓이나 그 밖의 부정한 수단이나 방법으로 다른 사람이 처리하고 있는 개인정보를 취득한 경우(개인정보보호법 제70조제2호)'가 아니거나, '개인정보처리자'나 '개인정보를 처리하였던 자'로부터 취득한 정보(제71조제5호)가 아닌 '탐문'을 수단으로 '소재만을 파악'했다면 그 '성인가출인'이나 '잠적자'로부터 자신의 소재를 알려도 좋다는 동의를 얻지 않고 보호자 등에게 그 '소재'를 알렸더라도 개인정보보호법으로는 처벌이 어렵다는 것이 지배적인 견해이다. 2) 경우에 따라 상대자가 프라이버시 침해를 사유로 하는 민사상(손해배상)의 문제로 다루어 질 일이다(만약 '성인가출인'으로부터 보호자 등에게 자신의 소재를 알려도 좋다는 동의를 받은 경우에는 민·형사 어느 쪽으로도 신경 쓸 필요가 없다). 3) '성인가출인'이 건 '잠적자(타인에게 불이익을 줄 요량으로 종적을 감춘자)이 건 탐정이 '탐문'을 수단으로 소재를 파악하여 의뢰자에게 '생사(生死) 여부'만 알리는 일은 '사실상의 법익(法益) 침해'가 없어 민·형사 어느 측면에서도 처벌의 대상이 되지 않는다('성인가출인'이나 '잠적자' 등의 동의 여부 불문).

자제되어야 할 주요 위반행위	처벌 근거 및 예외, 극복방안 등
2. '개인정보처리자'에서 나온 정보와 '탐문'으로 얻은 정보 구분이 필요하다.	1) 개인정보를 처리하거나 처리하였던 자는 업무상 알게 된 개인정보를 누설하거나 권한 없이 다른 사람이 이용하도록 제공하는 행위를 하여서는 아니 된다(개인정보보호법 제59조제2호·금지행위). ▷ 개인정보 누설자 및 영리 또는 부정한 목적으로 개인정보를 제공받은 자 동시 처벌 조항임 2) 위반 시 벌칙 제59조제2호를 위반하여 업무상 알게 된 개인정보를 누설하거나 권한 없이 다른 사람이 이용하도록 제공한 자 및 그 사정을 알면서도 영리 또는 부정한 목적으로 개인정보를 제공받은 자는 5년 이하의 징역 또는 5천만원 이하의 벌금에 처한다. 개인정보보호법 제71조제5호) ▷ 탐정이 평소 좋은 인간관계를 유지해 오고 있는 '개인정보처리자'나 '개인정보를 처리하였던 자'로부터 정보를 제공 받는 경우가 여기에 해당된다. (예) 주민센터에서 복무하는 공익요원이나, 통신사 직원, 공무원으로 재직하고 있는 친구나 친척 등으로부터 개인정보를 취득한 경우 이 법조에 따라 처벌 된다. 3) 논란 탐정이 탐문만으로 민감정보 및 개인식별정보 이외의 개인정보를 수집한 경우에는 프라이버시(사생활) 침해 등을 사유로 하는 민사소송의 대상이 될 뿐 개인정보보호법으로의 처벌은 어렵다(통설, 이 책 '탐정활동과 여러 개별법과의 관계성' 참조).
3. '계속(繫屬) 중인 형사소송' 관련 자료수집	1) 변호사법 제109조(벌칙 1호의 마) 위반 판례(대법원2015.7.9.선고, 2014도16204 판결) "용역계약을 받은 자가 계속 중이던 소송 또는 진행 중이던 수사와 관련하여 관계자들을 찾아가 진술을 녹취하고 그 녹취내용에 대한 녹취록을 작성하는 등의 사실조사와 자료수집행위를 한 것은 변호사법에서 금지한 '그 밖의 법률사무'에 해당한다".

자제되어야 할 주요 위반행위	처벌 근거 및 예외, 극복방안 등
	▷ '계속(繫屬) 중이던 소송'이란 '형사 사건이 특정한 법원의 재판 대상으로 되어 있는 상태'를 말한다. 2) 논란 '계속 중이던 소송 또는 진행 중이던 수사'와 관련 된 자료가 아닌 형사소송 준비 단계 및 수사 개시 이전의 단계인 고소나 고발을 위한 자료수집, 민사소송 관련 자료수집에 대한 가벌성 여부에 대해서는 위 판례에서 언급된 사항이 아니며, 이에 대해서는 이견과 논란이 존재한다. ▷ 현재 이와 관련된 판례는 존재하지 않음. 3) 변호사법 위반 벌칙 다음 어느 하나에 해당하는 자는 7년 이하의 징역 또는 5천만원 이하의 벌금에 처한다. 이 경우 벌금과 징역은 병과(倂科)할 수 있다(변호사법 제109조). [변호사가 아니면서 금품·향응 또는 그 밖의 이익을 받거나 받을 것을 약속하고 또는 제3자에게 이를 공여하게 하거나 공여하게 할 것을 약속하고 다음 각 목의 사건에 관하여 감정·대리·중재·화해·청탁·법률상담 또는 법률 관계 문서 작성, 그 밖의 법률사무를 취급하거나 이러한 행위를 알선한 자] ① 소송 사건, 비송 사건, 가사 조정 또는 심판 사건 ② 행정심판 또는 심사의 청구나 이의신청, 그 밖에 행정기관에 대한 불복신청 사건 ③ 수사기관에서 취급 중인 수사 사건 ④ 법령에 따라 설치된 조사기관에서 취급 중인 조사 사건 ⑤ 그 밖에 일반의 법률사건

자제되어야 할 주요 위반행위	처벌 근거 및 예외, 극복방안 등
4. 신용정보법상 채권과 사인간 대차(貸借) 채권 구분이 필요하다	[용어의 정의] 1) '채권추심업'이란 채권자의 위임을 받아 변제하기로 약정한 날까지 채무를 변제하지 아니한 자에 대한 재산조사, 변제의 촉구 또는 채무자로부터의 변제금 수령을 통하여 채권자를 대신하여 추심채권을 행사하는 행위를 영업으로 하는 것을 말한다(신용정보법 제2조10). 2) 채권추심회사'란 채권추심업에 대하여 금융위원회로부터 허가를 받은 자를 말한다(제2조10의2호) 3) 채권추심의 대상이 되는 '채권'이란 「상법」에 따른 상행위로 생긴 금전채권, 판결 등에 따라 권원(權原)이 인정된 민사채권으로서 대통령령으로 정하는 채권, 특별법에 따라 설립된 조합·공제조합·금고 및 그 중앙회·연합회 등의 조합원·회원 등에 대한 대출·보증, 그 밖의 여신 및 보험 업무에 따른 금전채권 및 다른 법률에서 채권추심회사에 대한 채권추심의 위탁을 허용한 채권을 말한다(제2조제11호) 4) '단순히 빌려 준 돈'은 이 법에서 말하는 채권이나 채권추심대상에 해당하지 아니한다. 따라서 '단순히 빌려 준 돈'에 대하여 탐정이 채권자로부터 위임장을 받아 빌려 준 돈을 받아 주는 일은 불가능하지 않다. 하지만 탐정이 '채권추심업무를 전문으로 한다'는 포괄적인 과대 광고는 아니된다. [벌칙] 1) 누구든지 이 법에 따른 신용정보업, 본인신용정보관리업, 채권추심업 허가를 받지 아니하고는 신용정보업, 본인신용정보관리업 또는 채권추심업을 하여서는 아니 된다(제4조, 신용정보업 등의 허가) 2) 신용정보업, 본인신용정보관리업 또는 채권추심업 허가를 받지 아니하고 신용정보업, 본인신용정보관리업 또는 채권추심업을 한 자는 5년 이하의 징역 또는 5천만원 이하의 벌금에 처한다. 제50조, 벌칙 2항)

자제되어야 할 주요 위반행위	처벌 근거 및 예외, 극복방안 등
5. 도청(불법감청) 및 타인간의 대화 녹음	[통신비밀보호법상 대화비밀의 보호를 위한 금지행위] 1) 공개되지 않은 타인 간의 대화를 녹음 또는 청취하지 못한다. 2) '대화에 참여한 자'라 할지라도 녹음한 내용을 참여자(모두)의 동의 없이 유출하는 행위는 위법한 행위가 된다. 3) 본인이 직접 불법녹음을 하지 않더라도 제3자로 하여금 특정인의 차량에 녹음장치를 설치하게 하는 등 불법 녹음을 하도록 하였다면 이는 통신비밀보호법상 교사죄에 해당하여 형사처벌 대상이 될 수 있다. [벌칙, 제16조] 불법감청(도청) 또는 불법녹취(비밀녹음)을 한 자는 1년 이상 10년 이하의 징역과 5년 이하의 자격정지에 처한다(법 제16조).
6. 정보통신망을 이용한 타인의 비밀 침해·도용· 누설(부정한 목적 취득)	1) '정보통신망'이란 「전기통신사업법」 제2조제2호에 따른 전기통신설비를 이용하거나 전기통신설비와 컴퓨터 및 컴퓨터의 이용기술을 활용하여 정보를 수집·가공·저장·검색·송신 또는 수신하는 정보통신체제를 말한다. 2) 누구든지 정보통신망에 의하여 처리·보관 또는 전송되는 타인의 정보를 훼손하거나 타인의 비밀을 침해·도용 또는 누설하여서는 아니되며(제49조, 비밀 등의 보호), 위반 시에는 5년 이하의 징역 또는 5천만원 이하의 벌금에 처한다(법 제71조제11호). 누설자 및 제공받은 자 동시 처벌. ▷ 타인의 휴대폰이나 이메일, 메신저 등을 훔쳐보는 행위나 속칭 '유흥탐정의 행위(컴퓨터에 저장된 특정인의 유흥업소 출입 기록 거래)'도 이 벌칙에 해당. 3) 누구든지 정보통신망을 통하여 속이는 행위로 다른 사람의 정보를 수집하거나 다른 사람이 정보를 제공하도록 유인하여서는 아니 된다(법 제49조의2제1항) 이를 위반하여 다른 사람의 정보를 수집한 자는 2년 이하의 징역 또는 2천만원 이하의 벌금에 처한다(법 제73조제7호).

자제되어야 할 주요 위반행위	처벌 근거 및 예외, 극복방안 등
7. '배우자 부정행위' 포착 활동, 어떤 류(類)의 상황을 어떤 방법으로 포착 할 것인지에 대한 연구가 필요하다	1) '배우자 부정행위'는 상간자와의 '성적결합' 만을 의미하는 것이 아니라 '성적(性的)인 순결을 위반 하는 모든 행위'를 말한다. 따라서 입증의 방법도 옛 간통죄 입증 때와 같은 '육체적 관계의 현장' 사진이 아니더라도 상간자와 모텔에 드나드는 사진 등 객관적인 정황만으로도 얼마든지 부정행위를 긍정 받을 수 있다(이런 류의 상황을, 이 정도의 수준으로 포착하는 탐정활동이라면 그리 문제될 게 없다). 2) 탐정이 부정행위 탐지 의뢰를 받고 그 업무를 신속·정확하게 풀어 볼 요량으로 '육체적 관계의 현장'을 덮치거나 대상자(바람난 배우자)의 휴대폰 사용내역을 알아내거나, 신용카드 사용내역을 알아내는 일, 도청을 시도하는 일, 배우자 차량내의 블랙박스에 담긴 음성과 영상을 열어 보는 일, 배우자 차량에 위치추적기 등을 부착해 두는 일 등은 모두 별개의 범죄가 된다. 즉 과욕이 범죄를 부른다는 얘기다. 이러한 행위로 잠시 한 번은 재미를 볼지는 모르나 이는 탐정 자신의 패가망신은 물론 의뢰자까지 범죄자로 전락시키는 낭패를 초래하게 됨을 명심해야 한다.
8. 위치 추적기 무단 사용	1) 누구든지 개인위치정보주체의 동의를 받지 아니하고 해당 개인위치정보를 수집·이용 또는 제공하여서는 아니 된다. (위치정보의 보호 및 이용에 관한 법률 제15조·위치정보의 수집 등의 금지) 2) 위반 시 벌칙 '위치추적기' 등으로 개인의 위치정보를 무단으로 수집·이용·제공한 경우 3년 이상의 징역 또는 3000만원 이하의 벌금(법 제40조제4호)

☞ 위 '8조 금법' 관련 이해와 응용은 이 책 '3부 Ⅱ탐정활동을 제어하는 여러 개별법 핵심 포인트' 및 '제5부 탐정활동 시 두루 적용되는 실행 수단', '제7부 유형별 탐정실무'를 참조해 주시기 바랍니다.

Ⅵ [칼럼] 시민이 탐정을 그리워하는 까닭은?

'선진국, 사설탐정을 民情기능 보강에 활용하기도'

세계적으로 탐정업(민간조사업)이 발전해 오는 과정에서 초기에는 개인의 행적이나 평판 등 사적 영역을 탐문하거나 관찰하는 일을 주로 해왔으나, 오늘날 사설탐정은 도피자나 실종자찾기, 소송에 필요한 증거수집, 국내외은닉재산추적 등 피해구제에 중점을 두는 한편 국민 다수에게 피해를 안겨주는 부정·부패와 같은 공익침해행위를 고발하는 대중적 측면의 일에도 크게 기여하고 있다.

특히 대개의 나라에서는 국가적 쟁점이나 사회적 혼란이 있을 때 국가기관이 탐정에게 특정정보의 수집을 의뢰하기도 한다. 이는 정형화된(관료주의적) 수사기관이나 민정기능의 편향성과 폐쇄성을 극복하기 위한 스스로의 보완책일 뿐만 아니라, 탐정(민간)의 전문성과 문제의식이 결코 공조직에 뒤지지 않음을 시사하는 일이기도 하다. 이에 탐정이 공적(公的)차원에서 활용된 몇 가지 사례를 통해 시민이 탐정에 환호하는 까닭을 음미해 보고자 한다.

1998년 미국 클린턴 대통령과 그의 여비서 모니카 르윈스키와의 스캔들 사건 수사를 담당했던 특별검사 케네스 스타도 검찰이나 경찰이 아닌 사설탐정에게 불륜 의혹을 뒷받침할 결정적 단서 수집을 의뢰하여 얻은 '내밀한 물증'을 클린턴에 대한 탄핵 소추에 활용했다는 얘기는 탐정의 역량이 경우에 따라 수사기관을 능가하거나 높은 객관성을 담보할 수 있음을 대변해 주는 좋은 예라 하겠다.

또한 1965년 대통령에 당선되어 1986년까지 21년간 필리핀을 통치하는 동안 민주시민에 대한 탄압과 부패로 권좌에서 쫓겨난 마르코스 대통령이 은닉한 비자금의 존재를 추적한 필리핀 정부는 국내 수사·정보역량만으로는 파악이 어려웠다. 궁리 끝에 스위스 금융계로 몰려드는 은밀한 돈의 흐름을 꿰뚫고 있던 호주의 한 금융전문 공인탐정에게 분석을 의뢰하여, 이로 부터 얻은 정보가 결정적 단서가 되어 스위스 은행에 숨겨둔 16조원 규모의 비자금이 세상에 알려졌다는 일화는 탐정의 전문성과 유용성을 세계에 입증한 일이었으며,

1500~1800년대 영국은 경제적 불안과 사회적 혼란이 지속된 가운데 치안대처능력 부족이 큰 문제로 제기되자 만연해 있던 기존 보안관의 무능과 부패를 척결하기 위해 지역별로 한시적인 치안판사직을 신설하였는데, 1748년 런던 보스트리트의 치안판사로 임명된 H.필딩 법관은 '보스트리트러너'라는 소수의 정예 탐정조직을 만들어 보안관과 관련된 각종 범죄의 첩보 및 증거를 수집, 이를 통해 공직사회를 정화하고 민생을 안정시킨 역사도 있다.

우리나라 예금보험공사에서도 저축은행 등 금융사를 파산시킨 주범들의 해외은닉재산을 찾아내기 위해 2007년부터 8년동안 140회에 걸쳐 외국의 사설탐정을 고용, 이들에게 7만6,357달러(8,900만원)를 지급하고 5,900만달러(689억원) 규모의 은닉재산을 찾아내는 개가를 올렸다. 1억원이 채 안되는 비용으로 689억원이라는 거액의 은닉재산을 추적해낸 셈이다.

이렇듯 사회의 고질적 병폐 척결에 '사립탐정의 눈과 귀'까지 활용해 온 각국의 간절함과 유연함에 감탄하지 않을 수 없다. 국가의 기강 확립을 위해 감사·감찰·수사·정보·민정기관 등이 존재하고 있음을 우리는 잘 알고 있다. 그러나 오늘날 복잡·다양한 사회구조 속에서 공식적인 시스템만으로 적폐(積弊)를 직감하거나 추적해 내기란 그리 쉬운 일이 아님을 우리는 여러 역사적 사건이나 사고를 통해 새삼 통감하고 있다.

(김종식 한국민간조사학술연구소장 헤럴드경제 2016.11.26., 2014.05.10.,
시민일보 2014.05.06. 기고 칼럼 중에서)

제7부

유형별 탐정실무

제7부 유형별 탐정실무

I. 가출인 등 실종자 찾기

1. 실종자의 개념과 양태

(1) 실종자(失踪者)의 정의

1) 넓은 의미(廣義)의 실종자

'간 곳이나 생사를 알 수 없게 된 사람을 포괄적으로 일컫는 말'이다.

2) 좁은 의미(狹義)의 실종자

'미아(迷兒)나 스스로 집을 나간 가출인, 의도적으로 종적을 감춘 잠적자를 제외한 사람 중 거소나 생사가 불명한 사람'을 말한다.

3) 일반적인 실종자 개념과 민법상 실종자 구분

위에 열거 된 '일반적 또는 수사와 관련된 실무상 용어로서의 실종자 개념'과 '민법상 실종자 개념'은 다르다.

[민법상 '실종자'란]

① 부재자의 생사가 5년간 분명하지 아니한 때에는 법원은 이해관계인이나 검사의 청구에 의하여 실종선고를 하여야 한다(제27조1항).

② 전지에 임한 자, 침몰한 선박 중에 있던 자, 추락한 항공기 중에 있던 자 기타 사망의 원인이 될 위난을 당한 자의 생사가 전쟁종지후 또는 선박의 침몰, 항공기의 추락 기타 위난이 종료한 후 1년간 분명하지 아니한 때에도 제1항과 같다(제27조2항).

③ 실종선고를 받은 자는 전조의 기간이 만료한 때에 사망한 것으로 본다(제28조).

(2) 넓은 의미의「실종의 양태」

① 길이나 집을 잃은 '미아((迷兒)'

② 스스로 가정을 버리고 집을 나간 '가출(家出)'

③ 의도적으로 종적을 감춘 '잠적(潛跡)'

④ 집 밖에서 뜻하지 않게 생긴 불행한 일을 당한 '변고(變故)'

⑤ 보호받지 않고서는 생존이 위험한 사람을 보호받지 못하는 상태에 버려 둔 '유기(遺棄)'

⑥ 폭력·협박 또는 꾀어내어 남을 자기 또는 제3자의 실력적 지배하에 두어 개인의 자유를 침해하는 행위인 '약취(略取)·유인(誘引)·매매(賣買)'

⑦ 기타 위에 열거된 유형외의 어떤 사정으로 사람이 있는 장소나 행선지, 소식, 안부 등이 끊긴 상태인 '행방불명(行方不明)'

2. 실종자 현황 및 '성인가출인' 문제의 심각성

(1) 경찰청 국감 자료(2020')에 의하면 매년 4만명을 웃도는 '아동 등 실종(18세 미만 아동 및, 치매환자, 지적·자폐성·정신장애인 등)'이 접수되고 있는 가운데 2020년 9월 현재까지 계속 실종 상태인 사람(누적 인원)은 145명인 것으로 확인됐다. 이는 '성인가출인의 수를 제외'한 수치다.

(2) '성인가출인'의 경우 형식상 경찰서에 실종신고를 하지만 자발적 가출이라는 점에서 수사상(통계상) 실종자로 분류되지 않는다. 하지만 성인가출의 심각성은 '18세 미만의 아동 등'의 실종보다 더 큰 사회적 문제로 대두 된지 오래다. 한 예로 2015년~2019년 2월까지 실종 신고된 후 사망에 이르러 발견된 사람 중에는 '성인가출인(18세 이상)'이 4737명으로 가장 많았고 뒤이어 치매환자 345명, 지적장애인 138명, 실종아동 72명 순이였다(경찰청 자료). 또한 같은 기간에 실종 신고가 됐지만 아직 발견되지 않은 사람(4,614명) 가운데에도 '성인가출인'이 4,380명으로 지적장애인 116명, 실종아동 94명, 치매환자 24명 등에 비해 월등히 많은 것으로 나타났다. 2019년 2월 기준 생사나 소재가 불명한 성인실종자의 수가 4,380명이라는 얘기다.

3. '실종아동 등' 사람 찾기 관련 법제

'실종아동 등' 사람 찾기와 관련된 대표적인 법규로는 '실종아동 등 의 보호 및 지원에 관한 법률(실종아동법)'과 '실종아동 등 및 가출인 업무처리 규칙(경찰청예규 제533호)'이 있다.

(1) '실종아동법'상 주요 용어의 정의

① '아동 등'이란 ㉠ 실종당시 18세 미만인 아동 ㉡ '장애인 복지법' 제2조의 장애인 중 지적장애인, 자폐성장애인 또는 정신장애인 ㉢ '치매관리법' 제2조의 치매환자를 말한다(제2조제1항).

② '실종아동 등'이란 약취, 유인 또는 유기 되거나 사고를 당하거나 가출하거나 길을 잃는 등의 사유로 인하여 보호자로부터 이탈된 '아동 등'을 말한다(제2조제2항).

(2) 신고의무 및 미신고 보호행위의 금지

1) 다음 어느 하나에 해당하는 사람은 그 직무를 수행하면서 '실종아동 등'임을 알게 되었을 때에는 경찰청장이 구축하여 운영하는 신고체계로 지체 없이 신고하여야 한다(제6조).

① 보호시설의 장 또는 그 종사자
②「아동복지법」제13조에 따른 아동복지전담공무원
③「청소년 보호법」제35조에 따른 청소년 보호·재활센터의 장 또는 그 종사자
④「사회복지사업법」제14조에 따른 사회복지전담공무원
⑤「의료법」제3조에 따른 의료기관의 장 또는 의료인
⑥ 업무·고용 등의 관계로 사실상 아동등을 보호·감독하는 사람

2) 미신고 보호행위의 금지(제7조)

누구든지 정당한 사유 없이 실종아동 등을 경찰관서의 장에게 신고하지 아니하고 보호할 수 없다 (위반시 5년 이하의 징역 또는 3천만원 이하의 벌금).

(3) '실종아동 등' 찾기의 근거

1) '실종아동 등 의 보호 및 지원에 관한 법률(실종아동법)'상 '실종아동 등'은 보호의 대상이기 때문에 우리 국민 누구나 그 소재(또는 생사)를 추적·수색·확인할 수 있다. 따라서 위 '실종

아동 등' 찾기에 대한 금지(처벌) 규정은 당연히 없다. 그에 반해 '미신고 보호'나 '경찰의 초동조치(현장 탐문·수색 등) 미흡' 등'에 대해서는 엄격한 책임을 묻고 있다.

2) '실종아동 등'이란 약취, 유인 또는 유기 되거나 사고를 당하거나 가출하거나 길을 잃는 등의 사유로 인하여 보호자로부터 이탈된 ①실종당시 18세 미만인 아동 ②'장애인 복지법' 제2조의 장애인 중 지적장애인, 자폐성장애인 또는 정신장애인 ③'치매관리법' 제2조의 치매환자를 말한다.

(4) '실종아동 등' 찾기 관련 보건복지부 및 경찰관서장 등의 책무

'실종아동 등 의 보호 및 지원에 관한 법률(실종아동법)' 소관 부처는 보건복지부인바, 보건복지부는 '실종아동 등' 찾기 업무의 전문화 차원에서 법 제5조에 따라 '어린이재단 실종아동전문기관(02-777-0182)'을 두고 업무를 위탁하고 있다. 이로 실종아동 등의 보호 및 지원에 관한 업무는 보건복지부와, 경찰청, 어린이재단 실종아동전문기관 등 3개 기관이 협업으로 진행된다. 이 장에서는 경찰관서장의 책무를 중심으로 살펴본다.

['실종아동 등' 찾기 관련 경찰관서장 등의 책무]

1) 실종아동찾기센터 설치(경찰청예규 제533호)

실종아동 등의 조속한 발견 등 관련 업무를 효율적으로 수행하기 위해 경찰청에 실종아동찾기센터를 설치하며, 실종아동찾기센터는 다음의 업무를 수행한다.

① 전국에서 발생하는 실종아동 등의 신고접수·등록·조회 및 등록해제 등 실종아동등 발견·보호·지원을 위한 업무
② 실종·가출 신고용 특수번호 '182'의 운영

2) 실종아동 등 및 가출인 신고 접수(경찰청예규 제533호)

① 실종아동 등 신고는 관할에 관계없이 실종아동찾기센터, 각 지방경찰청 및 경찰서에서 전화, 서면, 구술 등의 방법으로 접수하며, 신고를 접수한 경찰관은 범죄와의 관련 여부 등을 확인해야 한다.
② 가출인 신고는 관할에 관계없이 접수하여야 하며, 신고를 접수한 경찰관은 범죄와 관련 여부를 확인하여야 한다(경찰서장은 접수한 가출인 신고가 다른 관할인 경우 제2항의 조치 후 지체 없이 가출인의 발생지를 관할하는 경찰서장에게 이첩하여야 한다).

3) 수색 또는 수사의 실시 등(법 제9조)

① 경찰관서의 장은 실종아동 등의 발생 신고를 접수하면 지체 없이 수색 또는 수사의 실시 여부를 결정하여야 한다.

② 경찰관서의 장은 실종아동 등(범죄로 인한 경우를 제외한다)의 조속한 발견을 위하여 필요한 때에는 「위치정보의 보호 및 이용 등에 관한 법률」 제5조에 따른 위치정보사업자에게 실종아동등의 개인위치정보의 제공을 요청할 수 있다.

4) 현장 탐문 및 수색(경찰청예규 제533호)

① 찾는 실종아동 등 및 가출인 발생신고를 접수 또는 이첩 받은 발생지 관할 경찰서장은 즉시 현장출동 경찰관을 지정하여 탐문·수색하도록 하여야 한다. 다만, 경찰관서장이 판단하여 수색의 실익이 없거나 현저히 곤란한 경우에는 탐문·수색을 생략하거나 중단할 수 있다.

② 경찰서장은 제1항의 규정에 따라 현장을 탐문·수색한 결과, 정밀수색이 필요하다고 인정될 경우에는 추가로 필요한 경찰관 등을 출동시킬 수 있다.

5) 추적 및 수사(경찰청예규 제533호)

① 찾는 실종아동 등 및 가출인에 대한 발생지 관할 경찰서장은 신고자·목격자 조사, 최종 목격지 및 주거지 수색, 위치추적 등 통신수사, 유전자검사, 실종아동 등 프로파일링시스템 정보 조회 등의 방법을 통해 실종아동 등 및 가출인을 발견하기 위한 추적에 착수한다.

② 경찰서장은 실종아동 등 및 가출인이 범죄관련 여부가 의심되는 경우, 신속히 수사에 착수하여야 한다.

6) 출입·조사 등(법 제10조)

① 경찰청장이나 지방자치단체의 장은 실종아동 등의 발견을 위하여 필요하면 관계인에 대하여 필요한 보고 또는 자료제출을 명하거나 소속 공무원으로 하여금 관계 장소에 출입하여 관계인이나 아동 등에 대하여 필요한 조사 또는 질문을 하게 할 수 있다.

② 경찰청장이나 지방자치단체의 장은 제1항에 따른 출입·조사를 실시할 때 정당한 이유가 있는 경우 소속 공무원으로 하여금 실종아동 등의 가족 등을 동반하게 할 수 있다.

③ 제1항에 따라 출입·조사 또는 질문을 하려는 관계공무원은 그 권한을 표시하는 증표를 지니고 이를 관계인 등에게 내보여야 한다.

7) 장기실종자 추적팀 운영(경찰청예규 제533호)

장기실종아동 등에 대한 전담 추적·조사를 위해 경찰청 또는 지방경찰청에 장기실종자 추적팀을 설치할 수 있다.

8) 발견 통보(경찰청예규 제533호 16조4항, 신고에 대한 조치 등)

경찰서장은 가출인을 발견한 경우에는 가출신고가 되어 있음을 고지하고, 보호자에게 통보한다. 다만, 가출인(18세 이상)이 거부하는 때에는 보호자에게 가출인의 소재(所在)를 알 수 있는 사항을 통보하여서는 아니 된다.

4. 실종아동 등 조기발견을 위한 4대 중점 시스템

시스템	내용
사전(事前)지문등록제 보호자가 사전에 아동 등의 지문과 사진, 연락처를 경찰에 등록해 두면 자녀 등이 실종시 해당 자료를 통해 실종아동 등을 찾을 수 있게 하는 제도	1) 경찰청장은 실종아동 등의 조속한 발견과 복귀를 위하여 아동 등의 보호자가 신청하는 경우 아동 등의 지문 및 얼굴 등에 관한 정보를 등록하고 아동 등의 보호자에게 사전신고증을 발급할 수 있다(법 제7조의2) ▷ 실종자 찾기에는 지난 2012년 도입한 지문사전등록제가 주요한 역할을 하고 있다. 18세 미만 아동의 경우 지문 미등록 아동을 발견하는 평균 시간은 81시간인 것에 비해 지문등록 아동은 1시간에 불과한 것으로 나타났다. 2) 事前지문등록을 원치 않을 경우, 어린이 지문 自家채취 활용을 권장해 보세요. ▷ 주민등록증이 발급되기 이전의 어린이 지문은 데이터 베이스화 되어 있지 않기 때문에 어린이가 실종되면 신원확인에 결정적 단서가 될 수 있는 지문에 의한 신원수배는 사실상 불가능하게 된다. 따라서 어린이들의 지문을 평소에 사전에 자가에서라도 채취하여 보존해 두면 미아나 가출 등 실종이 되었을 때(또는 주민등록증 발급 연령이 되었을 때) 발견이 용이해 진다. 어린이의 지문을 미리 채취해 둔 경우가 아니라면 어린이가 평소 남긴 잠재지문을 채취하여 지문 대조 및 수배에 적극 활용토록 한다.

시스템	내용
DNA 등록제 보호자가 확인되지 않은 보호시설 수용 아동과 실종아동 가족에 대해 유전자검사를 미리 해 두게 하여 서로 일치 하는 사람을 찾는 유전정보 데이터베이스를 구축 한 제도	경찰청장은 실종아동 등의 발견을 위하여 다음 각 호의 어느 하나에 해당하는 자로부터 유전자검사대상물을 채취할 수 있다(법 제11조) ① 보호시설의 입소자나 '정신보건법' 제3조제3호에 따른 정신의료기관의 입원환자 중 보호자가 확인되지 아니한 아동 ② 실종아동 등을 찾고자 하는 가족 ③ 그 밖에 보호시설의 입소자였던 무연고 아동
코드아담(Code Adam) 대형 매장, 놀이공원 등 시설 운영자가 경찰보다 먼저 실종발생 초기 단계(한계시간, dead time)에 모든 역량을 집중해 조속한 발견을 위해 노력할 것을 의무화한 제도	보건복지부장관은 불특정 다수인이 이용하는 시설에서 실종아동 등을 빨리 발견하기 위하여 다음 각 호의 사항을 포함한 실종아동 등 발생예방 및 조기발견을 위한 지침을 마련하여 고시하여야 한다(법 제9조의3의1항) ① 보호자의 신고에 관한 사항 ② 실종아동 등 발생 상황 전파와 경보발령 절차 ③ 출입구 감시 및 수색 절차 ④ 실종아동 등 미발견 시 경찰 신고 절차 ⑤ 경찰 도착 후 경보발령 해제에 관한 사항 ▷ 미국의 예방교육전문가 켄 우드 교수는 '아이가 눈 앞에서 사라지는 데는 단 35초밖에 걸리지 않는다'고 지적하였다. ▷ 특히 미아는 현장에서 찾지 못하거나 대개 48시간이 지나면 미궁에 빠지는 경우가 많음으로 한계시간(골든타임) 내의 발견 노력이 무엇보다 중요하다.
앰버경보(Amber Alert) 역, 터미널 등의 전광판을 통해 '실종정보를 대중에게 신속히 공개'하는 경보	대통령령으로 정하는 규모의 시설·장소의 소유자·점유자 또는 관리자는 실종아동 등이 신고 되는 경우 실종아동 등 조기발견 지침에 따라 즉시 경보를 발령하고 수색, 출입구 감시 등의 조치를 하여야 한다(법 제9조의3의2항). ▷ '앰버경보'는 1996년 미국텍사스주 앨링턴에서 납치되어 살해된 앰버 해거먼의 이름을 딴 비상경보체계를 말한다.

5. 실종의 유형 분석

약취·유인·유기·변고 또는 가출하거나 길을 잃는 등의 사유로 간 곳이나 생사를 알 수 없게 된 사람을 포괄적으로 실종자라 하는데 그 유형은 일반적으로 다음과 같은 요소와 기준으로 판단한다.

[실종의 유형]

이런 경우에는 어떤 유형의 실종일까? (1차적 청취 및 착안 사항)	판단(추정)
① 실종자가 유아인지 취학 아동인지 등 연령은? ② 이사 등으로 지리부지(地理不知) 상태에 있지 않은지? ③ 원거리 자전거타기를 즐긴다? ④ 정박아 등 지능이 낮은 상태이다? ⑤ 군중이 모이는 백화점·행사장·관광지 등을 좋아 한다? ⑥ 성격상 겁이 없어 집안 구석구석 숨는 것을 좋아하거나 주변 빌딩승강기나 지하층 등 오르내리기를 즐기는 행동을 잘한다? ⑦ 혼자 놀기를 좋아하거나 홀로 군것질을 하러 다니는 경우 가 많다? ⑧ 절친한 친구의 현재 위치와 실종아동의 마지막 동선(행적)이 다르다? ⑨ 실종 직전 누구와 함께 있었으며, 동행자가 무엇을 하는 사이에 사라졌는지에서 오는 여러 가능성은? ⑩ 통계적으로 볼 때 부모 품으로 돌아온 미아들 대부분은 실종된 지 48시간 이내에 발견되고 있다. 현재 경과 시간은?	**1. 미아(迷兒)일 가능성** ▷ '미아'일 가능성을 검토할 시에는 반드시 아래 유괴(약취유인)의 가능성을 동시에 검토한다.
① 친·인척 및 생활주변 인물 중 최근 금전이나 실직 등으로 급격한 위기에 처한 자 유무 ② 재혼 등의 경우 어린이의 양육상황 ③ 사업상 분쟁 등으로 원한을 살 만한 일이 있는지 여부 ④ 가족의 생활수준, 자산유무, 사회적 지위 ⑤ 실종자의 용모, 성격, 이성교제상 특이점 ⑥ 최근 주거지 주변에서의 이상한 움직임 또는 전화, 방문객 등에 특이점은 없었는지?	**2. 유괴(약취·유인)일 가능성** ▷ '유괴'일 가능성을 검토할 시에는 반드시 위의 '미아'의 가능성을 동시에 검토한다.

이런 경우에는 어떤 유형의 실종일까? (1차적 청취 및 착안 사항)	판단(추정)
[유괴 여부 검토 시 추가 착안사항] [유괴의 일반적 유형] 유괴는 일반적으로 ① 몸값 요구형 유괴 ② 양육형(입적목적) 유괴 ③ 협박 이용형 유괴 ④ 매매·영리목적형 유괴 ⑤ 살해 목적형 유괴 등으로 나뉘며, 실종 발생 시 이를 기준으로 유괴의 가능성 여부와 그 유형을 신속히 추리하여 보호자 및 경찰과 공조해야 한다. [유괴의 일반적인 특징] ① 계획적 범죄가 대부분이며, 하루 중 하교시간 때인 정오부터 오후6시 사이에 많이 발생한다(60%정도). ② 유괴 수단으로 아동의 심리를 이용하거나 자극한다. ③ 범행의 주체는 여성이거나 여성이 공범으로 가담하는 경우가 많다. ④ 범행시 차량이 이용되고, 유괴장소·감금장소·전화를 이용한 협박 장소 등 범행현장이 여러 곳이다. ⑤ 범인에 결부되는 연고감과 지리감이 있는 경우가 많다. ⑥ 유괴후 인질을 관리하기 힘들거나 증거인멸을 위해 또는 변태성욕, 정신질환, 협상결렬 등으로 피해자를 살해하는 경우가 많다. [아동을 대상으로 한 범죄의 수법 들] 미국예방교육 전문가로써 '아이가 눈 앞에서 사라지는데는 단 35초밖에 걸리지 않는다'고 지적하여 많은 공감을 얻고 있는 켄 우든(Kenneth Wooden) 교수의 분석에 의하면 아동을 대상으로 한 성폭력이나 유괴 등의 아동 범죄를 저지르는 범죄자들은 대개 다음과 같은 10가지 행동패턴(특징)을 보인다고 한다.	

이런 경우에는 어떤 유형의 실종일까? (1차적 청취 및 착안 사항)	판단(추정)
<table><tr><td>유 형</td><td>수 법</td></tr><tr><td>① 애정을 표시</td><td>너 정말 귀엽게 생겼다. 너한테 잘 어울리는게 있는데 보러가자</td></tr><tr><td>② 도움을 요청</td><td>이 물건 좀 함께 들어 줄래</td></tr><tr><td>③ 애완동물을 이용</td><td>강아지가 아픈데 좀 돌봐 줄래. 저기 고양이가 있는데 같이 가보자</td></tr><tr><td>④ 선물을 이용</td><td>경품행사 중이야 이름과 주소를 좀 알려 줄래</td></tr><tr><td>⑤ 위급상황을 가장</td><td>지금 엄마가 아프시다고 널 빨리 데려 오래</td></tr><tr><td>⑥ 장난감과 게임을 이용</td><td>새로 나온 게임기가 있어 같이 보러 갈래</td></tr><tr><td>⑦ 친근한 이름을 이용</td><td>아저씨 알지 아빠 친구잖아 맛있는 거 사줄게</td></tr><tr><td>⑧ 자신이 놀이친구가 되어 줄 것을 자처</td><td>심심하지 우리 같이 놀자</td></tr><tr><td>⑨ 온라인 채팅을 통해 접근</td><td>지금 놀이터로 나와~ 놀이터에 있을게~</td></tr><tr><td>⑩ 권위를 사용</td><td>어른이 따라 오라면 오는거야 나 옆 학교 선생님이야</td></tr></table> (출처: EBS 아동성폭력예방 캠페인 5부)	
① 가출의 전력이 있는지?(일과성인지 습관성인지 여부) ② 가출이 병력(病歷)에 기인한 것은 아닌지? 　(정신지체인·발달장애인·정신장애인·치매환자 등) ③ 비행소년(범죄소년·촉법소년·우범소년)으로 홀로 생활수단을 강구할 수 있는 자로서의 가능성 ④ 여자(결혼 또는 이혼 목적 등)나 금전문제와 관련된 잠적일 가능성 ⑤ 가정해체위기 여부 및 가족 간 불화에서 오는 가능성 ⑥ 실종자가 '평소와 달리' 무엇을 지니고 집을 나섰는지(또는 어떤 물품을 두고 나갔는지)에서 오는 여러 가능성 ⑦ 생활고나 처지비관에 따른 현실도피 가능성 ⑧ 주민등록증과 같은 신분증명서, 신용·현금카드, 병원진료카드 등을 소지하고 나갔는지 여부 ⑨ 최근의 특이 언동이나 인터넷 '검색어' 등 관련 자료	3. 가출(家出)일 가능성

이런 경우에는 어떤 유형의 실종일까? (1차적 청취 및 착안 사항)	판단(추정)
[가출의 유형과 가출인 찾기의 골든 타임] ▷ 가출의 유형은 ① 시위성 가출 ② 도피성 가출 ③ 유희성 가출 ④ 추방형 가출 ⑤ 생존형 가출 ⑥ 반항성 가출 등으로 구분되는 바, 가출인 발생시 이를 기준으로 가출 유형을 추리해 본다. ▷ 일반적으로 가출인 찾기의 골든타임은 3일 이내로 보고 있다. 시간이 경과할수록 휴대전화를 바꾸거나 꺼두고 잠적하는 등 환경 변화에 적응하는 경우가 많기 때문이다.	
① 실종자에 대한 평소 부조(扶助) 내지 보호정도 ② 가족구성원의 생활상태 및 생계수단 ③ 가족구성원 간 정통성 및 도덕성 ④ 미아 또는 고령자가 보호시설 등에 익명으로 강제로 수용되었을 가능성 여부 ⑤ 실종자의 신체적 특징 및 질병의 회복(재활, 치유)가능성이 있었는지(없는 것인지) 여부 ⑥ 법적으로 실종선고가 될 경우 가족구성원 각각에게 미치는 득실 또는 영향 ⑦ 주거지 주변 탐문 자료 활용(실종된 자의 보호자가 하는 진술에 대한 신빙성 확인)	4. 유기(遺棄)일 가능성
① 항해, 등산, 수영 등에서 오는 조난일 가능성 ② 맨홀, 저수지, 교량, 공사장 등 위험개소에서의 실족 등의 가능성 ③ 교통사고의 가능성(치사상 유기) ④ 자살(투신)할 만한 일이나 음주 후 노숙 중 동사 등의 가능성 ⑤ 실종자의 생명보험 및 손해보험 가입내역(사고로 위장되었을 가능성) ⑥ 최종 통화위치, 내용 및 최종목격자와 당시 상황	5. 변고(變故)일 가능성

☞ 위 5개 유형의 '실종 상황 1차적 청취 및 착안 사항' 모두를 심층(교차) 분석해 보면 실종의 유형을 거의 추단이 가능하다.

6. '성인가출인' 및 '잠적자' 등 실종자 찾기의 법적 가능성

'성인가출인'이건 '잠적자(타인에게 불이익을 줄 요량으로 종적을 감춘자)'이건 탐정이 그의 '소재'를 알아내기 위하여 '거짓이나 그 밖의 부정한 수단이나 방법으로 다른 사람이 처리하고 있는 개인정보를 취득한 경우(개인정보보호법 제70조제2호)'가 아니거나, '개인정보처리자'나 '개인정보를 처리하였던 자'로부터 취득한 정보(제71조제5호)가 아닌 '탐문'을 수단으로 '소재'를 파악했다면 그 '성인가출인'이나 '잠적자'로부터 자신의 소재를 알려도 좋다는 동의를 얻지 않고 보호자 등에게 그 '소재'를 알렸더라도 개인정보보호법에는 처벌 규정이 없다는 견해가 적지 않다. 경우에 따라 상대자가 프라이버시 침해를 사유로 하는 민사상(손해배상)의 문제로 다루어 질 일이라는 얘기다(만약 '성인가출인'으로부터 보호자 등에게 자신의 소재를 알려도 좋다는 동의를 받은 경우에는 민·형사 어느 쪽으로도 신경 쓸 필요가 없다).

* 현재 위와 같은 사안으로 고소·고발 등 입건된 사례나 관련 판례는 존재하지 않으며 이론(異論)이 있을 수 있음

7. 실종자 소재탐지 착안(예시)

구 분	내 용
탐정의 실종자 찾기 대상	① 일반적으로 모든 유형의 실종자가 탐정의 사람찾기 대상이 될 수 있으나 현재 수사가 진행 중인 자 또는 개별법으로 특히 소재 파악이 제한되어 있는 자의 경우 탐정 활동 자제가 바람직하다. 따라서 이 장에서는 범죄에 연루되었다는 단서가 확보되기 이전의 실종자(비범죄형 실종자) 찾기를 중심으로 살펴본다. ② 단 법률로 소재 파악이 제한 된 경우라 할지라도 조리상 소재 파악을 함이 실종자나 사람찾기 의뢰자, 그리고 우리 사회 모두에게 득이 될 사안이라고 판단 될 경우 시행을 적극 검토한다.
실종자 관련 자료 확보 및 검토	<table><tr><td rowspan="8">가출인 등 실종자 찾기의 결정적 단서가 될 포인트</td><td>① 최종 목격한 지점</td></tr><tr><td>② 최종 통화자</td></tr><tr><td>③ 최종으로 남긴 말</td></tr><tr><td>④ 최종으로 남긴 글</td></tr><tr><td>⑤ 최종으로 접촉한 사람</td></tr><tr><td>⑥ 최종으로 가지고 간 물건</td></tr><tr><td>⑦ 최종으로 구입한 물건</td></tr><tr><td>⑧ 컴퓨터 최종 검색어</td></tr></table> ① 보호자 등 사람찾기 의뢰자로부터 실종자 사진 확보(여러 장) 및 인상착의, 말씨 등 실종자를 특정할 수 있는 특징적 자료를 확보한다. ② 보호자 등 사람찾기 의뢰자로부터 실종자의 취미, 특기, 경력, 평소 지녔던 장래의 희망, 교우 관계 등을 소상히 청취한다(가출 후 생존 기반 구축 여부 탐색에 중요)
관계 기관·단체와의 협조(공조)	① 탐정이 실종자를 찾을 수 있는 실효적 수단은 실종자와 관련된 프로파일을 토대로 펼치는 탐문과 현지 탐색이며, 대부분 경찰 등 유관기관·단체·시민 등과의 정보 교환 등 협업에 의해 이루어 진다

구 분	내 용
	② 보건복지부가 위탁 운영하는 '어린이재단 실종아동전문기관 (02-777-0182)'이나 전국 '시·군·구·읍·면·동의 사회복지과(계)' 그 외에 '미아·실종가족 찾기 모임' 등과 유기적 협조관계를 형성하여 관련정보를 수시 교환하면 업무를 효과적으로 수행할 수 있다.
원점에서부터 실종(잠적) 예상 동선(動線) 반복 탐색 ▷ 탐정의 사람찾기 활동에 있어 가장 최적한 활동임	① 실종자가 본래 위치했던 원점에서부터 배회 또는 이동이나 잠적이 가능한 모든 용의 코스나 용의지역 내의 직업소개소, 전·월세 중개업소, 유흥접객업소, 찜질방, 고시원, 식당 및 편의점, 공사 현장, 숙박업소, 노점상, 오락실, 친·인척이나 친구집 등을 중심으로 탐문과 잠복 등을 반복적으로 행하면서 단서를 축적한다(관할지구대 등과 협조하여 조언을 듣는다) ② 이때 탐색은 권역 내에서 동시 다발적으로 진행함이 바람직하다. 왜냐하면 가출인 등은 어느 한 장소에 쉽게 정착하지 못하고 이곳 저곳으로 머무는 장소를 옮겨 다니는 경향이 많은 바, 일정 지역을 순차적으로 탐색할 경우 탐정과 가출인이 서로 다른 지역으로 옮겨 다니는 현상을 초래할 수 있다. 하지만 이러한 맹점을 해소하기 위해 권역 내를 동시 다발적으로 탐색하려 할 경우 다수의 인원이 필요해지는 등 비용의 증가가 따른다(가출인 찾기에 있어 초기 탐색은 2인 2개조가 바람직 함).
해외 입양아 및 호적상 입적된 자 확인	장기실종아동의 경우 양육목적으로 해외에 입양되거나 무자녀 가정에 입적되어 있을 가능성이 있음으로 입양 및 호적관리 행정기관과 협조하여 최소 5~10년 이내에 입적된 사람에 대한 신원의 흐름을 추적·검색해 보면 의외의 성과를 거둘 수 있다.
보호시설에의 수용 여부 확인 ▷ 시설관리자들이 탐정 등에게 시설을 오픈	① 실종아동 및 정신지체인, 발달장애인, 정신장애인, 치매 환자 등은 무연고로 처리되어 국민기초생활보장법상 보장시설에 수용되어 있을 가능성이 높다. 하지만 시설관리자가 탐정 등에게 시설을 오픈(Open)하는 경우가 없다는 점이 한계다. • 장애인복지법에 의한 장애인생활시설 • 아동복지법에 의한 아동복지시설(종합시설) • 노인복지법에 의한 노인복지시설

구 분	내 용
(Open)하는 경우가 거의 없다는 점이 한계다.	• 사회복지법에 의한 부랑인보호시설 • 기타 보건복지부령으로 정하는 시설 • 이상의 보장시설 외에 순수 민간프로그램으로 운영되고 있는 인가 및 미인가 기도원, 보육원 등 사설 보호시설에 대한 탐지도 필요하다. ② 대개의 시설 관리자들은 수용된 사람들의 '인권 및 사생활 보호(정신보건법)'를 이유로 수용자들을 외부인에게 (심지어는 내부인들 간에도) 일체 보여주지 않는 등 민간의 접근과 확인을 원천적으로 차단하고 있어 관계기관과 시설주에 의한 특단의 협조와 노력 없이는(경우에 따라서 수색영장 없이는) 실종자 추적 지난(至難): 필요시 경찰에 자료 제공 또는 협조 요청
일정한 범위의 IP추적 ▷ 경찰의 실종자찾기 업무이며, 탐정은 이를 행할 수 없다.	실종·가출 청소년 발견을 위해서는 휴대전화 위치추적이나 이들이 주로 사용한 PC 등으로 접속한 인터넷주소(IP) 및 접속기록을 추적하는 것이 효과적이다. 그러나 2018년 4월 25일 이전에는 범죄 관련성이 소명돼야 통신영장이 발부되는 등으로 범죄 단서를 찾기까지 상당 시간이 소요되어 실종 청소년을 찾기에 어려움을 겪었으나, '실종 아동 등의 보호 및 지원에 관한 법률' 개정(2018.4.25.시행)으로 이제 경찰은 청소년 실종 사건 발생시 이동통신사 등 본인확인기관에 공문만으로도 실종자가 접속한 인터넷 주소 등을 확인이 가능하게 되었으며, 이어 해당 웹사이트 업체에 공문을 발송해 접속기록과 IP주소를 제공 받을 수 있게 됐다.

[**'범죄의 주체 또는 객체로 추정되는 실종자' 찾기는 탐정의 몫이 아니다**]

▷ 이상은 비범죄형 실종자(범죄에 연루되었다는 단서가 확보되기 이전의 실종자)를 찾기 위한 일반적 요령을 소개한 것이다.

▷ '범죄의 주체 또는 객체로 추정되는 실종자' 찾기는 경찰의 수사로 진행됨이 원칙이다. 이때에는 실종자의 동선 파악을 위해 법원의 영장을 받아 실종 상태에서 국민건강보험을 이용한 내역, 신용·현금카드 사용내역 확인, 휴대전화 사용내역 확인, 필요한 곳의 CCTV 추적·열람 등 강제수사가 병행되기도 한다. 즉, 범죄형 실종자 찾기는 탐정의 몫이 아니라는 얘기다. 하지만 탐정은 일상 업무를 통해 관련 정보가 획득되면 이를 곧바로 경찰에 제보하는 등 치안에 솔선 협력해야 함이 옳다. 탐정의 업무 가운데 경찰과의 협업이 가장 긴요한 분야가 바로 실종자 등 사람 찾기이다.

8. [칼럼] '성인가출인 찾기', '이렇게' 하면 뺨 맞을 일 없다

'성인가출인의' 소재를 알리는 일은 '본인 동의' 필요, '생사(生死) 여부'는 누구나 알릴 수 있어

> ▷ 결론부터 말하자면 모든 법의 원천이 되는 조리(條理, 사회통념)의 정신에 비추어 볼 때 '탐정(업)은 성인가출인 및 잠적자 찾기 불가'라는 단언보다 '타인의 권익을 실질적으로 침해하지 않는 범위 내에서 신중히 이루어져야 한다'고 지도(표현)함이 지금의 법제나 현실에 더 부합해 보인다.
> ▷ 이견(異見) 있을 수 있음

'가출인'이란 일반적으로 스스로 가정을 버리고 집을 나간 사람을 말하며, '성인가출인'이란 18세이상의 가출인을 말한다(경찰청 '실종아동 등 가출인 업무처리 규칙). 학술적으로 가출의 유형은 시위성가출, 도피성가출, 유희성가출, 추방형가출, 생존형가출, 반항성가출 등으로 대별되나 어떤 연유로 가출했건 그 소재나 생사를 확인하기 까지는 일단 범죄의 주체 내지는 객체로 전락될 가능성을 배제할 수 없다는 점에서 가정적으로나 사회적 '먹구름'으로 대두된지 오래다.

이와 관련 미국·영국·호주·일본 등 대다수 선진국에서는 '성인가출은 일반적으로 사적(私的) 이유에서 발생한 자의적 문제'라는 측면에서 그들을 찾는 일에 공권(公權)을 앞장세우지 않는다. 즉, '성인가출인 찾기에는 가족이나 보호자가 1차적으로 나서야 한다'는 얘기다. 이로 사람찾기에 전문성이나 시간적 여유가 없는 가족이나 보호자는 탐정(업)을 적극 활용하고 있는 바, 이는 탐정업이 치안에 협력하는 대표적이 케이스(case)로 평가 받기도 한다('사람찾기'를 탐정업의 포괄적 업무로 긍정).

이렇듯 선진국에서는 탐정(업)에 의한 '성인가출인 찾기'는 '용인(容認)'의 차원을 넘어 적극 '권장(勸獎)'하는 탐정업 제1의 업무로 등극해 있음은 주지의 사실이다. 그럼 여기서 우리나라에서의 '가출인 찾기'는 어떻게 이루어지고 있으며, 한국형 '탐정업'이 '성인가출인 찾기'에 기여할 근거와 방도는 없는지 살펴보기로 한다. 특히 최근 탐정(업)의 직업화 진행 및 법제화 논의와 때를 같이하여 일부 언론에서 탐정(업)의 '성인가출인 찾기 불가', '집나간 아내도 못 찾는다'는 등 이를 어기면 모두 개인정보보호법 위반으로 여기게 하는 '출처와 근거가 불명한' 단정적 기사를 거침없이 쏟아내고 있음은 탐정업에 찬물을 끼얹는 신중치 못한 일임을 지적해 두고자 한다.

우리나라는 '사람 찾기'와 관련하여 2005년 제정된 '실종아동 등의 보호 및 지원에 관한 법률'을 통해 '실종아동 등(실종 당시 18세 미만 아동과 장애인 복지법의 장애인 중 지적장애인, 자폐

성 장애인 또는 정신장애인과 치매관리법의 치매환자)'에 대해서는 누구나 추적 등 소재 파악이 가능하도록 허용하고 있으나, '성인(18세 이상) 가출인'에 대해서는 누구든(탐정 등 민간인은 물론 경찰도) 그들을 찾아 나설 근거가 희박함이 사실이다. 그렇다하여 성인가출인이의 소재를 파악한다하여 처벌할 법규도 사실 뚜렷하지 않다.

2020년 8월5일 이전에는 성인가출인이나 잠적자의 소재를 알아 내면 신용정보법 제40조('특정인의 소재나 연락처를 알아내는 행위' 금지)를 적용하여 처벌의 대상으로 삼았으나, 지난 2월 4일 법개정으로 탐정 등 자연인에게는 이 금지조항을 적용하지 않게 됐기 때문에 탐정 등 민간의 '사람 찾기'에 대한 처벌 근거가 사라진 셈이다. 그러자 일부에서는 가출인이나 잠적자의 소재를 무단으로 파악하면 이제 개인정보보호법 위반으로 처벌된다고 말하고 있으나 이 역시 천편일률적으로 판단(의율)할 일이 아니다(탐문을 수단으로 한 '가출인 찾기'를 개인정보보호법 위반이라고 고소했거나 입건 또는 그렇게 선고한 판례는 현재 존재하지 않음).

여기서 세 가지 주목할 법리와 사례를 통해 탐정(업)의 '성인가출인 찾기'의 가능성 여부와 절차 등을 살펴본다.

첫째, 성인가출인이나 잠적자의 소재를 파악하였더라도 '그 소재를 알리는 일'이 아닌 그들의 '생사(生死) 여부'만을 알리는 일은 일반적으로 처벌의 대상이 되지 않는다는 점이다(통설). 그들의 권리·이익 등 법익(法益)에 직접 침해를 주는 일이 아니기 때문이다. 경찰청 예규(제533호) '실종아동 등 및 가출인 업무처리규칙' 제16조제4항도 '가출인(18세 이상)이 거부하는 때에는 보호자에게 가출인의 소재를 알 수 있는 사항을 통보하여서는 아니된다'라고 규정하고 있는 바, 이는 가출인의 '생사 여부'를 알리는 일은 불가능하지 않음을 우회적으로 시사한 규정이라 하겠으며 실무상으로도 실제 그렇게 운용되고 있다. 가출인의 생사 여부를 파악하여 알리는 일은 누구나 언제든 불가능하지 않다는 얘기다.

둘째, 성인가출인의 '소재'를 본인의 동의 없이 보호자에게 알리는 일은 개인정보보호법 위반 등 법적시비를 야기할 소지가 있음은 부정할 순 없다. 실제 성인가출인 중에는 '나 돈 좀 벌어 자수성가 해보려고 집을 나왔는데 왜 나를 귀찮게 찾아 다니느냐'고 항의하는 경우도 있다고 한다. 이런 경우를 감안하여 성인가출인을 발견한 경우에는 ①'가족으로부터 가출인의 생사 여부와 소재, 귀가 의사 등을 알아봐 달라는 의뢰를 받았다'는 점을 고지하고, ②'가족에게 알려도 좋은지 묻는 동의 절차(소재 정보 활용 동의 절차)'를 갖추는 일이 긴요하며, ③이때 귀가 의사가 분명하면 보호자에게 알림이 문제될 것이 없다하겠으나, 귀가불원(歸家不願)의 명시적 의사가 있는 경우 그 가출인의 소재를 보호자에게 알리는 일은 위법성이 있음이 분명해 보인다.

셋째, '집나가면 개고생'이라는 말이 있듯 가출 후 위험과 곤경·궁핍 등 열악한 환경에 처해 있던 대부분의 성인가출인은 보호자 또는 가족이 자신의 소재에 대해 누군가에게 탐문을 의뢰하여 찾아 왔을 때 원망이나 반감보다는 감사와 회한의 눈물을 흘리고 있다는 현실을 간과해선 안된다. 이는 본인이 수긍하니(또는 가출인이 위태한 환경에 노출되어 있으니 본인 의사를 묻는 절차없이 일방적으로 가출인의 소재를 보호자에게 알리는 등) 실정법을 무시해도 된다는 논리가 아니다. 탐정(업)은 본래 실정법을 집행하는 관리(官吏)와 달리 무엇이 정의이고 어떻게 행동하는 것이 사회상규에 더 부합하는 것인지 조리법(條理法, 사회통념)에 비추어 판단하고 행동하는 존재 아닌가!

'조리(條理, Natur Der Sache)'야 말로 모든 법률의 원천이자 사법 선언의 토대임을 우리는 잘 알고 있다. 조리에 비추어 가출인의 소재를 파악하여 가족에게 알려 한 가정의 화평을 뒷받침했다면 누가 그를 지탄하겠는가. 이는 향후 '탐정업 업무 관리법(등록제 탐정법)'이 제정되건 '공인탐정법(공인탐정, 소수인원 선발 면허제 법률)'이 제정되건 공히 적용(응용) 될 법리이자 학술이라 하겠다. 이러한 조리의 정신에 비추어 볼 때 탐정(업)은 '성인가출인 찾기 불가'라는 단언은 너무나 졸속스러워 보인다.

여기서 우리나라에서의 '성인가출인 찾기의 중요성과 그 수요'가 어느 정도인지를 시사하는 통계 하나를 소개해 본다. 2015년~2019년 2월까지 실종 신고 된 후 사망에 이르러 발견된 사람 중에는 '성인가출인(18세 이상)'이 4,737명으로 가장 많았고 뒤이어 치매환자 345명, 지적장애인 138명, 실종아동 72명 순이였다. 또한 같은 기간에 실종 신고가 됐지만 아직 발견되지 않은 사람(4,614명) 가운데에도 '성인가출인'이 4,380명으로 지적장애인 116명, 실종아동 94명, 치매환자 24명 등에 비해 월등히 많은 것으로 나타났다(2019, 경찰청 자료). 이를 보면 우리 사회와 탐정업(민간조사업)이 '성인가출인 찾기'에 어떤 시각(時角)을 지녀야 할지 어렵지 않게 답을 얻을 수 있으리라 본다.

(김종식 한국민간조사학술연구소장 시민일보 2020.8.20. 기고 칼럼)

II 배우자 부정행위 파악

1. 민법상 「배우자」 및 「혼인 등」

(1) 배우자

1) 혼인으로 결합된 남녀의 어느 한쪽이 그 상대방을 가리켜 칭하는 말이다. 즉, '배우자'라는 용어는 결혼한 당사자 간의 관계를 대외에 표시 할 때 주로 사용되는 법률적 용어이다.

2) '배우자'라는 신분은 혼인(혼인신고)에 의해서만 취득되고, '혼인의 해소(민법 제815조, 제816조, 제840조)에 의하여 상실한다. 따라서 동거 등 사실상의 부부 관계를 유지하고 있더라도 혼인신고가 되어 있지 않으면 배우자가 아니다(내연관계).

   ▷ '내연 관계(內緣關係)'란 이미 동거 생활을 한 무효혼(無效婚)이나 공개적으로 알려진 축첩 관계를 말한다.

3) 민법상 배우자는 친족이지만 촌수는 무촌이며. 부부 가운데 어느 한쪽이 사망하였을 경우 사망배우자의 상대방을 생존배우자(生存配偶者)라고 한다.

(2) 「혼인 등」

구 분	요 지
약혼의 자유	성년(만19세)에 달한 자는 자유로 약혼할 수 있다.
약혼연령	만 18세가 된 사람은 부모 또는 후견인의 동의를 얻어 약혼할 수 있다,
약혼해제 사유 (제804조)	당사자의 일방에 다음 각 호의 사유가 있는 때에는 상대방은 약혼을 해제할 수 있다. ① 약혼 후 자격정지 이상의 형의 선고를 받은 때 ② 약혼 후 성년후견개시나 한정후견개시의 심판을 받은 경우 ③ 성병, 불치의 정신병 기타 불치의 병질(病疾)이 있는 때 ④ 약혼 후 타인과 약혼 또는 혼인을 한 때

구 분	요 지
	⑤ 약혼 후 타인과 간음(姦淫)한 때 ⑥ 약혼 후 1년 이상 그 생사가 불명한 때 ⑦ 정당한 이유 없이 혼인을 거절하거나 그 시기를 지연하는 때 ⑧ 기타 중대한 사유가 있는 때
약혼해제와 손해배상청구권 (제 806조)	① 약혼을 해제한 때에는 당사자 일방은 과실 있는 상대방에 대하여 이로 인한 손해의 배상을 청구할 수 있다. ② 전항의 경우에는 재산상 손해외에 정신상 고통에 대하여도 손해배상의 책임이 있다. ③ 정신상 고통에 대한 배상청구권은 양도 또는 승계하지 못한다. 그러나 당사자간에 이미 그 배상에 관한 계약이 성립되거나 소를 제기한 후에는 그러하지 아니하다.
혼인적령 (제807조)	만18세가 된 사람은 혼인할 수 있다.
동의를 요하는 혼인 (제808조)	① 미성년자가 혼인을 하는 경우에는 부모의 동의를 받아야 하며, 부모 중 한쪽이 동의권을 행사할 수 없을 때에는 다른 한쪽의 동의를 받아야 하고, 부모가 모두 동의권을 행사할 수 없을 때에는 미성년후견인의 동의를 받아야 한다. ② 피성년후견인은 부모나 성년후견인의 동의를 받아 혼인할 수 있다.
혼인무효 (제815조)	혼인은 다음 각 호의 어느 하나의 경우에는 무효로 한다. ① 당사자간에 혼인의 합의가 없는 때 ② 혼인이 제809조제1항의 규정을 위반한 때 ③ 당사자간에 직계인척관계(直系姻戚關係)가 있거나 있었던 때 ④ 당사자간에 양부모계의 직계혈족관계가 있었던 때
혼인취소사유 (제816조)	① 혼인이 제807조 내지 제809조 또는 제810조의 규정에 위반한 때 ② 혼인 당시 당사자 일방에 부부생활을 계속할 수 없는 악질 기타 중대 사유가 있음을 알지 못한 때 ③ 사기 또는 강박으로 인하여 혼인의 의사표시를 한 때

구 분	요 지
재판상 이혼원인 (제840조)	부부의 일방은 다음 각 호의 사유가 있는 경우에는 가정법원에 이혼을 청구할 수 있다. ① 배우자에 부정한 행위가 있었을 때 ② 배우자가 악의로 다른 일방을 유기한 때 ③ 배우자 또는 그 직계존속으로부터 심히 부당한 대우를 받았을 때 ④ 자기의 직계존속이 배우자로부터 심히 부당한 대우를 받았을 때 ⑤ 배우자의 생사가 3년 이상 분명하지 아니한 때 ⑥ 기타 혼인을 계속하기 어려운 중대한 사유가 있을 때

2. 「배우자 부정행위」의 개념

(1) 혼인의 본질상 부부간에는 서로를 위해 성적(性的)인 순결을 신의성실(信義誠實)에 입각하여 지켜나가야 할 의무를 지니게 되는 바 이를 '정조(貞操)의 의무'라고도 하며, 이를 위반하는 모든 행위를 '배우자 부정행위(配偶者 不貞行爲)'라 한다.

(2) 민법에서는 '정조의 의무'라는 용어를 직접 사용하지 않은대신 '부정한 행위(不貞行爲)'를 이혼의 원인으로 하고 있다는 점에서 '정조의 의무'를 간접적으로 강조하고 있는 셈이다(재판상 이혼 원인, 민법 제840조제1호).

(3) '배우자 부정행위'는 상간자와의 '성적결합' 만을 의미하는 것이 아니라 '성적(性的)인 순결을 위반 하는 모든 행위'를 말한다는 점에서 '정조의 의무 위반'이라는 표현보다 넓은 의미를 지닌다. 간통은 있을 수 있는 여러 유형의 부정행위 중 하나에 불과하다는 얘기다. '배우자 부정행위'는 일반적으로 '불륜' 또는 '바람'으로 불리고 있다.

3. 재판상 이혼원인 및 이혼 청구권의 소멸 등

(1) 재판상 이혼원인

부부의 일방은 다음 각호의 사유가 있는 경우에는 가정법원에 이혼을 청구할 수 있다(민법 제840조).

1) 배우자에 부정한 행위가 있었을 때

2) 배우자가 악의로 다른 일방을 유기한 때

3) 배우자 또는 그 직계존속으로부터 심히 부당한 대우를 받았을 때

4) 자기의 직계존속이 배우자로부터 심히 부당한 대우를 받았을 때

5) 배우자의 생사가 3년 이상 분명하지 아니한 때

6) 기타 혼인을 계속하기 어려운 중대한 사유가 있을 때

(2) 부정(不貞) 관련 이혼청구권의 소멸 등

1) 부부의 어느 한쪽이 부정(不貞)한 행위가 있었다 하더라도 다른 한쪽이 사전동의나 사후 용서를 한 때 또는 이를 안 날로부터 6월, 그 사유가 있는 날로부터 2년을 경과한 때에는 이혼청구권이 소멸한다(841조).

2) '기타 혼인을 계속하기 어려운 중대한 사유가 있을 때(제840조제6호)'는 다른 일방이 이를 안 날로부터 6월, 그 사유가 있은 날로부터 2년을 경과하면 이혼을 청구하지 못한다.

4. '배우자의 부정행위' 포착 지난(至難)과 탐정업

(1) 2015년 2월 간통죄 폐지로 배우자의 간통 등 부정행위(不貞行爲)는 형사처벌의 대상이 아닌 민사문제로 전환되었다. 따라서 배우자의 부정행위와 관련된 사안은 경찰에 도움을 요청할 수도 없고 공권력의 도움을 받을 수도 없다.

(2) 간혹 배우자의 부정행위가 소문이나 우연한 목격 등에 의해 의외로 그 실체가 쉽게 드러나는 케이스도 있으나 '부정행위'는 본래 '고도의 밀행성(密行性)'을 지닌다는 점에서 그런 경우는 기적에 가까운 일이라 하겠다.

(3) 대개의 경우 배우자의 평소 '의심스러운 언동'을 퍼즐 맞추기 하듯 하나하나를 연결지어 직접 추궁해 보거나, 비공개리에 탐문을 하거나 미행·촬영·녹음 등 다양한 방법으로 단서나 증거를 축적하는 방법으로 사실관계를 밝혀내야 한다.

(4) 이에 '피해배우자'가 '배우자의 부정행위' 포착을 위해 직접 이런저런 용의현장을 누벼 보려 하지만 생업으로 시간적 여유가 없어 직접 나설 엄두를 내지 못하고 있는 경우가 대부분이며, 직접 나선다 하더라도 미행·촬영 등에 대한 경험이 전무하여 미행 도중에 부정행위를 하

는 그들과 눈길이 한번이라도 마주치면 모든 추적은 허사로 끝남은 물론 향후 부정행위는 더욱 은밀해지게 될 것임이 분명하다.

(5) 이러한 여건 속에서 '피해배우자'가 '나를 대신하여 배우자의 부정행위를 포착해 달라'며 일을 맡기는 대상이 '변호사'이거나 '탐정'이라 하겠다. 이때 변호사는 부정행위 관련 자료수집을 위한 미행이나 잠복·촬영 등 의뢰 부분('현장중심의 사실관계파악')에 대해서는 시간과 인력 부족 등을 사유로 사양하는 경우가 다반사인데 비해 탐정들은 '저비용·고효율(전문성)'을 내세우며 흔쾌히 받아들이고 있다. 이러한 '편의성(便宜性)'에 연유하여 탐정의 '부정행위 사실관계 포착' 업무가 적법인지 불법인지에 대한 판단은 별론으로 하고 현실적으로 탐정업에서의 '부정행위 정황 포착' 업무에 대한 부정적 평가가 날로 개선되고 있음이 분명해 보인다.

5. '배우자 부정행위 포착 자료'는 4가지 쟁점의 승패 요소

'피해배우자'가 그 '배우자의 부정행위 자료'를 수집하는 궁극의 목적은 단순히 그와의 이혼을 청구하기 위함 만이 아니며, 이혼은 물론 그에 수반되는 재산 분할, 위자료 청구 및 양육권 분쟁 등에서 압도적인 근거와 증거로 삼기 위함이다. 따라서 모든 자료('배우자의 부정행위 관련 자료')는 그러한 목적에 부합하는 유의미 한 자료여야 한다. 물론 이혼을 목적으로 하는 자료수집이 아닌 경우(훈계나 자료축적용 등)도 있을 수 있으나 자료수집 수임자의 입장에서는 그러한 점을 염두에 두어선 안 된다.

▷ '피해배우자'가 '배우자의 부정행위 자료'를 수집하는 궁극의 목적': ① 이혼 ② 재산 분할 ③ 위자료 청구 ④ 양육권 소송 등에서 승소하기 위함이다.

6. 탐정업에서 '부정행위' 자료수집 시 착안사항과 주의사항

(1) '배우자 부정행위'는 상간자와의 '성적결합' 만을 의미하는 것이 아니라 '성적(性的)인 순결을 위반 하는 모든 행위'를 말한다는 점에 착안하는 일이 매우 중요하다. 이러한 개념이나 법리에 대한 이해가 부족한 일부의 탐정이 언필칭 '현장·현장' 운운하며 말썽을 일으키게 된다. '육체적 관계의 현장' 만이 부정행위의 증거가 되는 것으로 여기거나 그러한 현장을 촬영하는 일을 통해 역량을 평가 받겠다는 과욕이 탐정업에 대한 이미지를 더럽히고 있다.

(2) '성관계를 밀착 촬영한 사진'을 법원에 제출하게 되면 판사나 상대측으로부터 '이 사진은 어떻게 촬영되었나?'라는 문제가 제기되어 이혼청구 과정의 순수성과 절차상 적법성을 의심받는 역풍에 휘말리는 등 '그 사진 한 장'이 오히려 소송에서 불리하게 작용될 수 있다.

(3) 위와 같은 문제점과 '부정행위는 직접증거가 아닌 정황증거로도 충분히 긍정'되는 법원의 판례 등을 감안하여 '어떤 자료가 객관적으로 유용할 것이며, 탐정의 부정행위 파악은 어디에 그쳐야 할 것인가?'에 초점을 맞춘 몇 가지 최적한 자료수집 방안을 제시해 본다(수집상 위법성 여부에 대해서는 여러 견해가 있어 별론으로 함).

[부정행위 자료수집 활동 시 착안사항]

부정행위 자료수집 요령	참고사항
1) 모텔입구나 객실에 상간녀와 상간남이 함께 또는 약간의 시차를 두고 들어가거나 나오는 장면을 찍은 사진	▷ 사진촬영 만으로는 일시와 장소가 특정되지 않는 경우가 있어 어렵게 촬영한 사진이 무용지물이 되기도 한다. 명확한 증거 확보를 위해 촬영한 사진을 근거로 '피해배우자'가 상간녀와 상간남이 숙박업소를 드나든 장면이 찍힌 업소의 출입 CCTV(폐쇄회로)에 대해 법원에 증거보전 신청을 해두면 최상의 증거가 된다. ▷ 숙박업소의 CCTV 자료는 고객 출입사항 보안 유지를 위해 보통 1~2주 간격으로 폐기 되므로 증거보전에 실기(失期)하지 않도록 서둘러야 한다. ▷ 한번의 사진 촬영만으로도 정황을 인정 받을 수 있는 경우도 있겠으나 두 차례 정도의 촬영이면 심증을 형성함에 충분하리라 본다. ▷ 방실(房室) 앞에서(방안을 들여다 보면서) 사진을 촬영하면 주거침입죄가 될 수 있음에 유의해야 한다.

부정행위 자료수집 요령	참고사항
2) 배우자가 특정 이성과 그들의 생활권이 아닌 먼 외지에서 데이트나 여행을 즐기는 장면을 찍은 사진	▷ '부정행위'는 '육체적 관계' 만을 의미하는 것이 아니라 특정 이성과 애정관계에 기인한 동거, 동행, 동고, 동락하는 등의 '배우자에 대한 배신행위'를 포함하는 개념이다. ▷ 사진상으로 촬영 일시와 장소가 특정 될 수 있어야 한다.
3) 공개(개방)된 장소에서 키스·포옹 등 애정행각을 하는 장면을 찍은 사진	▷ 상대방이 감지하지 못한 미행이나 촬영 등은 처벌의 대상이 아니다(통설). 최악의 경우라 하더라도 형법에는 처벌 규정이 없으며 경범죄처벌법으로 10만원 이하의 벌금에 해당 한다. ▷ 공개된 장소에서 환담하거나 차를 마시거나 하는 등의 모습은 부정행위 입증 자료로서는 별 의미가 없다(키스·포옹 등 애정행각을 하는 장면을 포착해야 한다).
4) 노래방 또는 밀폐된 휴식공간, 사우나, 룸싸롱이나 칸막이가 설치된 주점, 식당의 룸, 승용차(內), 공원벤치, 놀이공원, 유원지 등에 배우자와 이성 단 둘이 머물고 있거나 출입하는 장면을 촬영한 사진	▷ 정황증거로 평가 될 수 있음은 물론 부정행위의 흐름을 읽을 수 있는 자료로 활용 된다. ▷ 미행과 잠복, 사진 촬영 등에 비교적 높은 기량이 요구된다.
5) 배우자가 이성과 함께 산부인과, 비뇨기과 등 병원에 드나들거나 생필품 또는 침구 등 가구류를 구입하는 장면을 찍은 사진	▷ 정황증거로 평가 될 수 있음은 물론 부정행위의 흐름을 읽을 수 자료로 활용 된다. ▷ 미행과 잠복, 사진 촬영 등에 비교적 높은 기량이 요구된다.

부정행위 자료수집 요령	참고사항
6) 상간녀 또는 상간남의 직장이나 거주지를 알아 두는 일	▷ 이는 배우자가 부정행위를 완강히 부인 할 때 또는 부정행위를 위해 종적을 감추거나 배우자가 불의의 변고를 당했을 때, 상간녀(남)에 대한 손해배상 소송 등에 대비하여 제한적으로 시행을 검토 할 수 있는 자료수집 활동이다. ▷ 이는 개인정보보호법위반 또는 개인정보 무단 수집에 따른 민사상 손해배상 등의 문제가 발생 할 수 있음에 특히 유의해야 한다.

[부정행위 자료수집 활동 시 주의시항]

▷ 위에 예시된 '부정행위 자료 수집 요령(착안사항)'은 비교적 법률적 제약이 가볍거나 제재로부터 자유로운 유형들이다. 탐정은 이러한 유형을 기초로 변호사의 자문이나 의뢰자의 요청 등을 적의(適宜) 감안(반영)하여 업무를 진행하는 신중함을 지녀야 한다.

▷ 탐정이 부정행위 탐지 의뢰를 받고 그 업무를 신속·정확하게 풀어 볼 요량으로 '육체적 관계의 현장'을 덮치거나 대상자(바람난 배우자)의 휴대폰 사용내역을 알아내거나, 신용카드 사용내역을 알아내는 일, 도청을 시도하는 일, 배우자 차량내의 블랙박스에 담긴 음성과 영상을 열어 보는 일, 배우자 차량에 위치추적기 등을 부착해 두는 일 등은 절대 삼가해야 한다. 이러한 행위로 잠시 한 번은 재미를 볼지는 모르나 이는 탐정 자신의 패가망신은 물론 의뢰자까지 범죄자로 전락시키는 낭패를 초래하게 됨을 명심해야 한다.

7. [칼럼] '부정행위 포착' 아직 옛 간통 살피듯 애를 먹고 있나요?

'과도한 밀착 파악'은 이제 필요하지도 않고 평가받지도 못할 것'

고조선 시대부터 형벌이 가해졌던 간통죄가 2015년 2월 폐지됐다. 최소한 간통했다 하여 쇠고랑 찰 일은 없어진 셈이다. '배우자가 모텔에서 간통하고 있다'는 신고를 받아도 경찰이 출동할 근거와 의무도 사라졌다. 이제 간통의 결과는 민사적(民事的)으로 해결 할 문제라는 얘기다. 이와 관련 탐정의 '부정행위(不貞行爲)' 파악 요령도 아래 두 가지 측면에서 대전환이 절실해 졌다.

첫째, 그동안 간통죄의 피해자와 경찰은 그 입증에 애를 먹었다. 성교(삽입)행위 유무 확인이 사건 처리의 관건이었기 때문이다. 실제 간통(성교)하는 장면을 목격(촬영)한다는 것은 하늘에 별따기 정도로 어려운 일이 아닐 수 없다. 배우자나 경찰이 어렵게 현장에 임하면 간통 직전이거나 상황이 끝난 경우가 대부분이었다. 고작 정액이 묻은 휴지나 모텔을 드나든 흔적 등을 발견하는데 그치기 일쑤였다. 형법상 간통죄의 주된 이론인 삽입설(挿入說)에 의할 때 이런 것만으로 간통으로 보기는 어렵기 때문이다. 이런 지난(至難)한 상황을 감안하여 법원은 여러 정황에 기초한 경험칙(經驗則)으로 어렵게 간통을 인정하기도 하였다.

이렇듯 간통죄의 입증에는 결정적 상황(삽입상황) 포착이 가장 중요하고 가장 어려운 일이었다. 그러다 보니 간통 피해 당사자는 그 순간을 용의주도하게 채증해 줄 전문인을 찾게 되었으며 그들이 바로 민간조사원으로 불리던 그 시대의 '탐정'이었다. 일부에서는 성과에 집착한 나머지 간통관계가 의심되는 남녀를 밀착 추적·촬영하거나 간통하는 방실에 난입하는 등 일탈도 적지 않았다. 이러한 채증 행태는 곧 탐정에 의한 대표적인 사생활 침해 사례로 적시되어 왔다.

이에 반해 민사 문제로 전환된 지금의 '배우자 부정행위(配偶者 不貞行爲)' 입증은 종전의 형사상 간통죄 입증방법에 비해 훨씬 쉽다. 왜냐하면 간통은 있을 수 있는 여러 유형의 부정행위 중 하나에 불과하기 때문에 굳이 현장을 덮쳐 사진을 찍을 필요까지 없다. 배우자가 간통 상대와 모텔을 드나드는 사진 한 장 만으로도 '부정행위'가 인정될 수 있기 때문이다. 예를 들어 남편이 실제 성교행위를 했는지 여부를 떠나 다른 여성과 모텔에 들어가 두어시간 머물다 나왔다면 그것만으로도 '부정한 행위'를 했다고 보기에 충분하다고 인정되는 경우가 대부분이다. 이렇듯 이제 '부정행위'에 대한 과도한 밀착 파악은 필요하지도 않고 평가 받지도 못할 일이 되었음을 강조해 두고자 한다.

둘째, 형법상 간통죄가 존재할 때에는 간통을 한 사람은 이혼소송을 제기 할 수가 없었지만(유책주의), 간통죄가 폐지됨으로써 간통을 한사람도 혼인의 사실상 파탄상태를 이유로 이혼을 청구 할 수 있는 여지(餘地)가 열렸다(파탄주의). 즉 파탄을 야기한 사람도 이혼을 떳떳하게 청구할 수 있게 된 셈이다. 이에 기인하여 보라는 듯 터놓고 간통을 한 후 마치 파탄에 대한 책임을 지려는 양심을 보이는 양 '가정이 돌이킬 수없는 상태로 파탄났다'며 스스로 이혼을 청구하여 배우자를 떠날 수밖에 없게 하는 형태의 파탄주의를 악용한 술책적 부정행위(각본에 의한 배우자 내쫓기 음모)가 등장할 가능성이 매우 높아졌다.

이는 위자료라는 명목으로 상당한 돈을 선뜻 내놓을 수 있는 계층에서 특히 나타날 개연성이 높은 행태이다. 한 마디로 '마음에 안들면 돈으로 아내 건, 남편이 건, 며느리 건, 사위건 다 바꿀

수 있다'고 여기는 황금만능주의 사조에 젖은 비인간적인 사람들의 발상이라 하겠다. 벌써 그런 악질적 사례가 들려오고 있다. 이는 한국의 사설탐정들에게 '배우자 부정행위' 파악 업무를 함에 있어 어떻게 임해야 할지 시사하는 바 적지 않으리라 본다.

(김종식 한국민간조사학술연구소장 브레이크뉴스 2017.12.19, 2015.03.02. 기고 칼럼 중에)

8. '이혼소송에서 '유책주의의 예외'를 인정한 판례 등

형법상 간통죄가 존재할 때에는 간통을 한 사람은 이혼소송을 제기 할 수가 없었다. 즉 혼인의 사실상 파탄 책임이 있는 배우자는 이혼 소송을 제기 할 수 없었으며 이를 '유책주의'라 한다. 하지만 2015년 간통죄가 폐지됨으로써 간통을 한사람도 혼인의 사실상 파탄상태를 이유로 이혼을 청구 할 수 있는 여지(餘地)가 열렸다(파탄주의).

[대법원이 '혼인 파탄의 책임이 있는 배우자는 이혼 청구를 할 수 없다'는 '유책주의'를 유지하면서도 예외를 인정한 사례(2015.11)]

A씨는 1970년 부인과 결혼해 3명의 자식을 뒀지만 잦은 다툼으로 10년만에 이혼했다. 3년 뒤 다시 혼인 신고를 한 뒤에도 A씨는 집에 거의 들어가지 않았고, 다른 여성과 동거해 아이를 낳았다. A씨는 지난 2013년, 이혼 청구 소송을 냈는데, 1심은 결혼 파탄의 책임이 A씨에게 있다며 받아들이지 않았다. 하지만, 2심은 원심을 깨고 이혼하라고 판결했다. 2심 재판부는 25년 동안이나 별거해 혼인의 실체가 없고, 남편의 혼인 파탄 책임도 경중을 따지는 게 무의미할 정도가 됐다고 판단했다. 남편이 자녀에게 학비 등 경제적 지원을 했고, 부인에게 경제적 여유가 있다는 점도 고려됐다. 재판부는 부인이 이혼을 원하지 않지만, 형식적인 혼인 관계를 강제하는 건 남편에게 고통일 수 있다고 밝혔다.

Ⅲ 「소송 자료」 등 「각종 자료」 수집 활동

1. 「자료」의 개념

(1) 자료(資料, Data)란

1) 넓은 의미로는 '유용성이나 가치를 불문한 삼라만상의 모든 것'을 말한다.
2) 좁은 의미(사전적 정의)로는 '어떤 연구나 조사 등의 바탕이 되는 재료'를 말한
3) 일반적으로는 '의미 있는 첩보나 정보, 단서, 증거 등을 통칭'하여 자료라 한다.

(2) 탐정업무에 유용한 자료의 유형

탐정업무는 권력없이 '어떤 문제를 해결(사실관계를 파악)함에 유용한 자료를 수집·취합하는 일'을 사명으로 하며 그러한 자료는 일반적으로 '첩보나 정보, 단서나 증거 등의 형태로 존재'한다.

1) 첩보(諜報, Information)

① 첩보란 '미확인 상태'의 부정확한 지식으로 다소 조잡한 경우가 많다(풍문, 루머 등)
② 정보의 前단계로 비교적 '기초적', '단편적', '불규칙적'이다.
③ 아직 분석이나 평가 등의 정보처리과정을 거치지 않은 것이라는 점에서 '生 정보' 또는 '1차 정보'라 하기도 한다.

2) 정보(情報, Intelligence)

① 정보란 '자료(data)'나 '1차 정보(첩보)'를 평가·분석·종합·해석하여 만든 '완전한 지식'을 말하며 '2차 정보', '가공정보'라고도 한다.
② 정보는 입수된 첩보를 특정의 목적이나 문제해결에 도움이 되도록 처리 및 가공함으로써 이용가치를 부가시킨 것으로 특정 상황에서 가장 적합한 행동을 선택할 수 있는 판단의 기준이 된다.

3) 단서(端緖, clue)

단거란 어떤 문제를 해결하는 방향으로 이끌어 가는 일의 첫 부분(어떤 일의 시초)를 말한다 (*결정적 단서).

4) 증거(證據, evidence)

증거란 소송법상 사실인정에 사용되는 객관적인 자료를 말한다.

2. 「사실관계 파악 자료」와 「소송자료」에 대한 이해

자료를 기능별로 나누면 정책자료, 소송자료, 보도자료, 학술자료, 연구자료, 청원이나 탄원자료 등 이루 셀 수 없을 정도로 다양하게 분류된다. 하지만 이 장에서는 탐정(업)과 직접 관련이 깊은 「사실관계 파악 자료」와 「소송자료」에 대해 살펴보기로 한다.

1) '사실관계 파악'과 '사실관계 파악 자료', '사실관계'의 개념

어떤 사건이나 사고 등이 진행된 과정을 순차와 논리에 따라 정리하는 것을 '사실관계 파악(事實關係把握)'이라 하고, 이러한 사실관계파악에 유용한 자료를 '사실관계 파악 자료'라 하며, 이러한 과정과 자료에 의해 얻게 된 결론을 '사실관계'라 한다.

2) '소송자료'의 개념

이렇게 도출된 '사실관계' 중에서 법률상 권리·의무의 판단에 필요한 것을 골라 소송에 사용되면 그것을 '소송자료(訴訟資料)'라 하는데 이때의 '사실관계'를 민사에서는 '요건사실'이라 하고, 형사에서는 '공소사실'이라는 말로 표현되기도 한다.

3) 탐정의 역할은 '사실관계 파악에 그쳐야 한다'

탐정(업)은 본질적으로 '문제 해결에 유용한 자료인 정보나 단서·증거 등'의 수집과 취합을 통해 '사실관계를 파악하거나 그러한 일을 조력'하는 기능까지가 그 역할이다. 탐정이 사실관계 파악 활동을 통해 도출된 '사실관계'에 법률적 평가를 내리거나 그 '사실관계'와 관련하여 의뢰자에게 행동방책을 제시하는 등의 행위는 변호사법에 저촉될 소지가 있음에 유의해야 한다[탐정은 오로지 사실관계 파악 활동(사실행위)에 그쳐야 한다. 거기에서 조금 더 나아가면 법률행위에 접근하게 된다는 얘기다].

☞ '탐정(업)은 문제의 해결에 유용한 자료(정보나 단서·증거 등)를 수집·취합하여 사실관계를 파악하거나 의뢰인의 사실관계 파악을 조력하는 역할을 본분으로 한다(세계 탐정들의 공통된 역할).

3. '탐정의 자료수집'과 '변호사의 자료수집' 그 논거와 실상

(1) 탐정의 '자료수집(사실관계 파악 활동)'에 대한 법이론 상 긍정론

1) 세계적으로 어떤 사건이나 사고 또는 분쟁의 옳고 그름을 밝히는 일에 일조하는 '사실관계 파악을 위한 자료의 수집과 제공'을 법으로 처벌하는 나라는 없다. 이는 다른 사람의 법익이나 사회적 이익을 해함이 없기 때문이다. 예외적으로 「국가의 안보」나 「국민의 신체와 생명의 안전」, 「개인의 프라이버시 보호」, 「영업비밀 보호」등을 위해 개별법을 통해 필요 최소한으로 이를 제한하고 있을 뿐이다.

2) 즉, '사실관계 파악을 위한 자료수집 활동'은 가벌성이 없다는 얘기다. 여기서 이해를 돕기 위해 장황한 설명대신 간단한 예 하나를 들어 보겠다. 다양한 분야의 의문에 대한 사실관계를 명료히 밝히기 위해 취재기자가 동분서주하며 자료를 수집·취합하는 모습을 보았을 것이다 (방송매체에서의 '그것이 알고 싶다'나 '팩트체크', '팩트맨' 등에서의 주인공). 이때 취재기자의 그 모습이 '탐정'의 모습이요, 이때 취재기자가 수집한 자료가 바로 '탐정이 수집을 추구하는 자료' 바로 그것이다.

3) 똑같은 100퍼센트 민간인 신분으로 그 어떠한 권력도 갖지 못한 채 합당한 임의적 자료수집 활동을 하고 있다는 측면에서 취재기자와 탐정의 활동상 수단은 별반 다르지 않다. 이러한 활동에 누가 문제를 제기 하겠는가? 이러한 사실과 진실을 쫓는 일에 누가 돌을 던질 것인가? 이에 취재기자나 탐정의 자료수집 활동의 당위(當爲)가 묻어 있다.

▷ 단 취재기자의 활동은 '국민의 알권리'를 충족시킨다는 공익적 측면이 강한 반면, 탐정(업)의 역할은 '사적 권익구현'에 중점을 둔다는 측면에서 그 궁극의 사명은 서로 다름에 혼동해선 안 된다.

(2) 변호사의 '현장 중심 소송자료 수집활동' 실상

1) 예나 지금이나 변호사업계에서는 '탐정의 역할을 변호사가 훌륭하게 수행하고 있다'고 주장하거나 자부하고 있다. 사실 그러한가? 우리나라에서 변호사사무실을 찾아가면 제일 먼저 듣거나 제일 많이 듣는 얘기가 '증거는 있느냐'이다. 고충을 헤아리기 전에 '자료(증거 또는 단서나 정보 등)를 가져와야 살펴 볼 수 있다'는 말부터 꺼낸다. 즉 '자료 없이는 찾아 오지도 말라'는 격이다. 마치 '변호사 사무실에 오기 전에 자료수집을 전업(專業)으로 하는 탐정업사무실을 거쳐 오라'는 말로 들릴 정도다. 사실 변호사는 '증거 등 자료'를 미처 확보하지 못한 사

건의뢰자를 대신하여 탐문이나 관찰·현장답사 등으로 사실관계 파악(소송자료 수집) 목적의 탐정활동이 예나 지금이나 불가능하지 않다. 하지만 한국의 변호사업계는 자료수집의 지난(至難)함 때문인지 민·형사 가릴 것 없이 '문제 해결에 필요한 자료 획득과 제출은 전적으로 본인의 몫'으로 치부하고 변호사는 그에 관여하지 않으려는 관행을 보이고 있음을 부정 할 수 없다.

2) 사정이 이렇다보니 '변호사와의 상담이나 선임 준비'를 위해서라도 소송자료 수집에 당사자가 직접 나서지 않을 수 없는 형편이다. 하지만 생업으로 시간적 여유가 없거나 자료에 대한 전문지식이 부족한 일반인들로서는 '문제 해결에 유용한 자료의 발견과 획득'이 결코 쉬운 일이 아니다. 하나의 자료를 얻기 위해 들판을 헤매야 하는 경우도 있고, 몇날을 뜬눈으로 밤을 새야 하는 경우도 있다. 이런 어려움으로 '자료수집'이나 '변호사 선임'을 포기하기 일쑤이며 나아가 '권익 포기'로 이어지는 경우가 허다하다.

4. 탐정의 '소송자료 수집활동'을 제어하는 법문과 판례 연구

(1) 변호사법 제109조(벌칙)

1) 변호사가 아니면서 금품·향응 또는 그 밖의 이익을 받거나 받을 것을 약속하고 또는 제3자에게 이를 공여하게 하거나 공여하게 할 것을 약속하고 다음 각 목의 사건에 관하여 감정·대리·중재·화해·청탁·법률상담 또는 법률 관계 문서 작성, 그 밖의 법률사무를 취급하거나 이러한 행위를 알선한 자

▷ 소송 사건, 비송 사건, 가사 조정 또는 심판 사건

▷ 행정심판 또는 심사의 청구나 이의신청, 그 밖에 행정기관에 대한 불복신청 사건

▷ 수사기관에서 취급 중인 수사 사건

▷ 법령에 따라 설치된 조사기관에서 취급 중인 조사 사건

▷ 그 밖에 일반의 법률사건

(2) 변호사법 제109조제1호마목(벌칙) 위반 판례 연구

1) 판례

> **1) 변호사법 제109조제1호마목(벌칙) 위반 판례**(대법원2015.7.9.선고,2014도16204 판결)
> "용역계약을 받은 자가 계속 중이던 소송 또는 진행 중이던 수사와 관련하여 관계자들을 찾아가 진술을 녹취하고 그 녹취내용에 대한 녹취록을 작성하는 등의 사실조사와 자료수집행위를 한 것은 변호사법에서 금지한 '그 밖의 법률사무'에 해당한다"

2) 판례 해석 상 2가지 착안사항

첫째, 위 벌칙은 '변호사가 아니면서 금품·향응 또는 그 밖의 이익을 받거나 받을 것을 약속하고 또는 제3자에게 이를 공여하게 하거나 공여하게 할 것을 약속'한 행위임을 전제로 하고 있다. 즉 금전적 이익을 전제로 하지 않은 '공익탐정 활동(무료 자료수집, 공익차원의 봉사)' 이였다면 위 벌칙 대상이 아니다.

둘째, 탐정업에서의 소송자료 수집은 일반적으로 위 벌칙(제1호마목) '그 밖에 일반의 법률사건' 취급 금지조항에 저촉되는 것으로 이해되고 있다. 하지만 '그 밖에 일반의 법률사건'에 해당하는 유형은 예시나 정형화되어 있지 않다. 따라서 어떤 행위가 '그 밖에 일반의 법률사건'에 저촉되는지는 그때그때 사안별로 판단하거나 판례에 따를 수 밖에 없다.

3) 판례에 대한 재해석과 탐정의 소송 관련 자료 수집의 가능성

'계속 중이던 소송'이란?	'계속(繫屬, 係屬) 중이던 소송'이란 '형사 사건이 특정한 법원의 재판 대상으로 되어 있는 상태'를 말한다.
'진행 중이던 수사'란?	경찰학(수사이론)에서는 '수사기관이 사건을 수리하여 개시한 상태부터 '진행 중인 수사'라 하며, 실무상으로는 사건을 접수하여 범죄사건부에 기재하고 사건번호를 부여함으로써 수사가 진행된다.

상세 검토	① [형사사건 관련 자료인지, 민사사건 관련 자료인지 여부] 탐정이 수집한 소송자료가 형사와 관련된 자료냐, 민사와 관련된 자료냐를 먼저 가려 보아야 한다. 위 '계속(繫屬, 係屬)'의 정의에 따를 때 민사사건은 위 판례의 '계속 사건'에 해당하지 않는다. 즉, 이 판례는 민사소송 관련 자료 수집의 가능성이나 불가 여부까지 논한 판결이 아니라고 보아야 한다. ② [자료수집의 시기] 위 판례는 형사사건이면서 '법원의 재판 대상으로 되어 있는 상태의 사건'에 관한 자료 수집에 관한 판결로 '아직 법원의 재판 대상으로 되어 있지 않은 '소송 준비 단계'에서의 형사 소송 관련 자료 수집에 대해 가능성이나 불가를 논한 판결이 아니라고 봄이 옳다. ③ [진행 중이던 수사와 관련된 자료인지, 수사를 요청하는 자료인지 여부] 위 판례는 용역업자에 의한 '진행 중이던 수사와 관련된 자료의 수집'은 변호사법 제109조(벌칙 1호의 마) 위반으로 보았으나, 수사가 진행(개시)되기 이전의 단계인 '고소나 고발을 위한 준비 단계에서의 자료수집'까지 불법이라고 본 판시는 아니라고 본다.
탐정의 소송 관련 자료 수집의 가능성	▷ '계속 중이던 소송 또는 진행 중이던 수사'와 관련 된 자료가 아닌 형사소송 준비 단계 및 수사 개시 이전의 단계인 고소나 고발을 위한 자료수집, 민사소송 관련 자료수집에 대한 가벌성 여부는 위 판례에서 언급된 사항이 아니며, 이에 대해서는 이견과 논란이 존재한다(현재 이와 관련된 판례는 존재하지 않음). ▷ 따라서 위 하나의 판례를 일반화하여 탐정의 민·형사 소송 관련 자료수집 활동 일체가 금지되는 것으로 단정하거나 그렇게 이해하는 자세는 옳지 않다. 탐정활동의 위법성 여부는 사안별로 구체적으로 따져봐야 함을 거듭 강조해 둔다.

5. 탐정(업)의 '민·형사 사건 증거수집' 불가능하지 않다

'탐정활동의 위법성 여부는 사안별로 구체적으로 따져봐야 한다'

1) 위 변호사법 제109조(벌칙 1호의 마) 위반 판례는 탐정(업)에 있어서의 '증거수집 활동을 변호사법 위반'으로 본 유일한 판례라는 점에서 법원이 위법을 선고하게 된 취지나 전제(前提)가 무엇이었는지에 주목하는 일이 무엇보다 중요해 보인다. 즉, 이 사건 심리에서 대법원은 "용역계약을 받은 자가 '계속 중이던 소송' 또는 '진행 중이던 수사'와 관련하여"라고 표현한 바, 이는 탐정(업)이 증거수집 행위를 한 시점에 문제가 있음을 중하게 지적한 것임을 알 수 있다. 바꾸어 말하면 이미 소송이 진행 중인 사건에 탐정이 개입했다는데 '비난 가능성(변호사법 위반 사항)'이 있음을 밝힌 것으로 풀이된다.

2) 사실 탐정은 '시민들이 변호사를 선임하려거나 소송을 준비(또는 수사를 요청하기 위한 고발이나 고소를 준비)하는 초기 단계'에서 자료수집 활동을 돕는 등 유용성을 발휘하고 있으며, 소송이나 수사가 개시되었거나 상당한 단계에 접어든 '계속 중인 소송' 또는 '진행 중인 수사'에 제공할 증거수집 활동을 하는 경우는 드물다. 그런 중반의 단계야 말로 변호사가 주력할 단계이지 탐정이 끼어들어 특히 해낼 일이 없는 단계이다. 실제 무슨 소송이건 관련 증거는 소송 준비 단계에 미리 확보하는 것이 상례 아닌가!

3) 이렇듯 탐정(민간조사업)이 일반적으로 자료수집에 나서는 시점과 대법원 판례에서 위법이라 적시한 자료수집의 시점과는 크게 비교된다. 자료수집의 시기와 개입의 정도에 따라 유·무죄 또는 죄책의 경중이 완연히 달라질 수 있다. 현실과 판례가 이러할진대 '하나의 판례를 일반화'하여 무턱대고 '탐정업의 민·형사 사건 증거수집 활동 불법'이라 설명하거나 그런 의미로 과장 표현하는 것은 탐정(업)의 근간을 흔드는 무책임한 처사라 여겨진다. 여러 혼란스런 보도를 감안한 듯 '탐정활동의 위법 여부는 사안별로 구체적으로 따져봐야 한다'고 밝힌 경찰청의 견해에 전적으로 공감한다.

6. '변호사법 제109조'는 70년 前에 제정된 '변호사 만능법'

(1) 대한변호사협회는 탐정이 아무리 사실관계 파악을 그 본연의 업무로 하고 있다거나, 탐정이 아무리 실체적 진실을 밝히는데 도움이 되는 자료를 수집했다 하더라도, '소송 관련 자료의 수집'은 변호사의 독점적 업무이기 때문에 탐정(업)에 의한 소송자료 수집은 변호사법 제109조에서 금하고 있는 변호사 아닌 자의 '그 밖에 일반의 법률사건 취급 금지' 조항과 판례의 취지에 저촉 된다며 직역 사수 의지를 줄곧 밝히고 있다. 법문 해석상 틀린 말은 아니다. 쉬운 말로 '법대로 하자'는 얘기다.

(2) 1949년 11월 7일 법률 제63호로 제정된 70년 넘게 지난 그 법문(제109조제1호)이 그렇게도 신성한가? 성경이나 불경처럼 만고불변이어야 하는가? 그동안 헌법도 아홉 차례나 개정되었으며, 수많은 법률들이 생활의 변화를 반영한 개정과 보완을 거듭해 왔지만 소위 '변호사의 밥그릇 지킴이' 역할을 해왔던 변호사법 제109조(벌칙) 1호는 변호사들의 찰떡같은 호위로 탄탄히 제자리를 지키고 있다.

(3) 탐정(업)은 물론 어떤 신직업이건 제아무리 정의를 실현할 단서나 증거 등의 수집에 기여할 역량을 지녔다 할지라도 또는 국민이 어떤 불편을 겪더라도 '소송 관련 자료'에 관한한 모두 변호사의 몫이니 누구도 손대지 말라는 지극히 실망스러운 이기적 모습이 이어지고 있다. '변호사는 사회정의를 실현함을 사명으로 한다'고 밝히고 있는 변호사법 제1조가 그리 감동스럽게 들리지 않음은 필자만의 느낌일까?

(4) 영국이나 프랑스, 미국이나 일본 등 선진국의 변호사들은 정의 실현을 위한 '최상의 소송자료 수집'을 위해 탐정사무소와 협업하거나 아예 변호사사무실에 탐정을 고용하고 있음은 널리 알려진 상식이자 역사이다. 그들은 왜 협업을 택했을까? 그들의 협업으로 더 큰, 더 많은 실체적 진실이 밝혀지고 있음은 어린애들 만화책을 통해서도 널리 알려진 일이다. 이렇듯 외국의 경우 '탐정의 주고객이 변호사'이고 변호사의 주고객이 탐정'이라는 사실을 우리나라 변호사업계에서는 정녕 듣도 보도 못했는지 묻고 싶다.

(5) 변호사가 법리 연구나 송무를 제쳐 두고 소송 관련 자료 수집을 위해 현장을 발로 뛰기란 그리 용이한 일이 아님은 어느 나라 변호사이건 별 다를 바 없을 것이다. 하기에 국민의 편익과 정의의 실현을 위해 탐정도 그러한(소송 관련 자료수집) 역할을 변호사와 함께 적정하게 수행할 수 있게 대한변호사협회가 솔선 법개정에 나서 줄 용의는 없는지? 변호사법 제1조제2항의 '변호사는 법률제도 개선에 노력하여야 한다'는 사명과 다짐에도 불구하고 '변호사법(제109조제1호) 개정은 70년 아닌 700년이 흘러도 언제나 제외되는 것'인지 한번 묻고 싶다.

7. [칼럼] 변호사와 탐정업 '자료수집 관련 업무제휴' 긴요

"변호사의 '자료수집 손 떼기'와 '자료 없는 사건 손 떼기' 탐정업 활용으로 개선돼야"

우리나라에서 변호사사무실을 찾아가면 제일 먼저 듣거나 가장 많이 듣는 얘기가 '자료(증거나 단서·정보)는 있느냐'이다. 고충을 헤아리기 전에 '증거를 가져와야 살펴 볼 수 있다'는 말부터 꺼내기도 한다. 즉 '이렇다 할 자료 없이는 찾아 오지도 말라'는 격이다. 마치 '변호사사무실에 오기 전에 자료수집을 전업(專業)으로 하는 탐정업사무소를 거쳐 오라'는 말로 들릴 정도다.

사실 변호사는 '증거 등 자료'를 미처 확보하지 못한 사건의뢰자를 대신하여 탐문이나 관찰·현장답사 등으로 사실관계 파악(소송자료 수집) 목적의 탐정활동이 예나 지금이나 불가능하지 않다. 하지만 한국의 변호사 대부분은 '자료수집 업무의 지난성(至難性)' 때문인지 민·형사 가릴 것 없이 '문제 해결에 필요한 자료의 획득과 제출은 전적으로 의뢰인의 몫'으로 치부하고 그에 간여하지 않으려 함은 물론 '합당한 탐정업'에 의한 자료수집 마저 부정적 시각으로 바라보고 있음이 현실이다.

이러한 변호사업계의 '자료수집 손떼기'와 '자료없는 사건 손떼기' 관행에 따라 적잖은 법률소비자들은 변호사를 찾아가기 전에 이런저런 자료를 스스로 확보하려 애를 써보지만 생업으로 시간적 여유가 없거나 자료에 대한 전문지식 부족으로 '유의미한 자료의 발견과 획득'에 성과를 거두지 못하는 경우가 대부분이다. 하나의 자료를 얻기 위해 들판을 헤매야 하는 경우도 있고 목격자를 찾기 위해 몇날 몇달 발품을 팔아야 하는 경우도 있기 때문이다. 이러한 어려움으로 '자료수집 포기 또는 변호사 선임 포기'라는 '권익 포기'로 이어지는 경우가 허다하다.

경제협력개발기구(OECD) 회원국 중 한국을 제외한 34개국의 경우 일찍이 '각종 의문과 궁금 해소에 유용한 자료수집(사실관계 파악)'을 주된 업무로 하는 탐정업이 '보편적 직업' 또는 '공인탐정' 등의 형태로 직업화되어 있음에 따라 자력(自力)으로 자료수집이 어려운 시민들은 이를 통해 문제 해결에 유용한 증거 등 자료를 획득하고 있으며 이렇게 확보된 자료로 변호사를 선임한다. 이때 변호사는 소송사건과 관련한 증거가 불충분하면 언제든 탐정사무소에 자료수집을 추가로 의뢰하는 등으로 실체적 진실 발견에 매진한다. 시민이 자료의 궁핍 때문에 직접 겪는 고통은 거의 없는 셈이다.

다행히 우리나라도 헌법재판소의 판시(2018.6.28)와 경찰청의 행정해석(2019.6.17)에 이어 신용정보법상 탐정(업) 관련 금지의 해제(2020.8.5.)로 '개별법과 타인의 권익을 침해하지 않는 탐정업무는 새로운 법률 제정이나 현행법의 개정 없이도 불가능하지 않음을 확연히 가름'했으며 이로 곳곳에서 보편적 직업으로써의 탐정업(민간조사업) 창업이나 겸업이 이루어지고 있다(한국민간조사학술연구소는 현재 8,000여명이 창업 또는 겸업으로 탐정업무를 수행하고 있는 것으로 추산).

이러한 법제 환경의 변화와 함께 국내 일부 변호사사무소와 로펌에서도 이미 자체적으로 "변호사와 탐정업무 경력자로 구성된 '탐정서비스 팀'"을 두거나 유능한 탐정업체 또는 탐정학술전문가 등과의 제휴를 통해 '사실관계 파악에 도움이 될 증거나 단서·정보 등 자료의 수집을 의뢰'할 뜻을 밝히고 있음은 국민생활의 편의와 권익 도모 차원에서 정말 바람직한 일이라 아니할 수 없다. '변호사가 탐정업의 유용성에 공감하고 탐정업이 변호사의 업무에 기여할 때 그로부터 창출되는 효용은 사실과 진실을 밝히는 또 하나의 빛'이 될 것임이 분명하다.

한편 '개별법을 침해하지 않는 탐정업무의 수행'은 판례와 주무부처의 행정해석 등으로 당장이라도 불가능하지 않음이 명료해졌지만 탐정업을 뒷받침할 기본법(일명 탐정업관리법, 약칭 탐정법)이 마련되어 있지 않다는 면에서 '탐정업의 직업화는 시기상조'라 말하는 사람도 있다. 하지만 분명한 것은 '모든 직업이 꼭 법제화되어야 한다는 법도 없고, 모든 직업이 관리법 제정보다 앞서면 안된다는 법도 없다'는 점이다. 그러한 연유에서 지금의 탐정업이 관리법 없이 이루어진다 해도 이를 불법이라 하지 않는다. 새로운 직업의 탄생에 있어 '직업화와 법제화는 별개의 문제'라는 얘기다.

(김종식 한국민간조사학술연구소장 시민일보 2020.3.1. 기고 칼럼 중에서)

Ⅳ 세평·소행·행적파악

1. 세평과 소행·행적의 정의

① '세평(世評)'이란 세상 사람들 사이에 오가는 평판이나 비평을 말한다. 즉 세평은 특정인이나 특정사안, 특정사물 등을 대상으로 내리는 '대중의 평판'이다.

② '소행(素行)'이란 평소의 행실(行實)을 말한다.

③ '행적(行跡·行績·行蹟)'이란 '행위의 실적(實績)이나 자취' 또는 '평생 동안 한 일이나 업적'을 말한다.

2. 세평과 소행·행적파악의 관계성

① 소행은 어떤 사람의 '실제의 행동 양태'를 일컫는 말이고, 행적은 '어떤 사람이 살아 온 실제의 행위 흔적'을 말하는 것으로 어떤 사람(특정인)이 지닌 품격이나 의문점을 이해하거나 파악함에 중요한 요소가 된다. 일본의 경우 탐정에게 소행이나 행적조사를 의뢰하는 비중이 전체 수임 건수의 50%를 차지 할 정도로 소행과 행적 파악에 관심이 높다.

② 하지만 소행이나 행적을 파악하는 수단이나 방법 역시 세평파악 요령과 특히 다를 바 없을 뿐만 아니라 세평과 소행 그리고 행적은 분리하여 판단하기 어려운 불가분의 관계성을 지니고 있다는 측면에서 이 장에서는 세평과 소행, 행적 파악을 '세평파악'이라는 하나의 주제로 다루고자 한다.

③ 소행과 행적파악을 편의상 세평파악 또는 행적파악 등 어떤 명칭으로 수임하더라도 실제(實際) 업무에 있어서는 세평과 소행·행적 가운데 어디에 중점을 두어야 할 것인가에 대해 의뢰자와 수임자 간에 충분한 사전 논의가 있어야 할 것이며, 보고 시에도 세평과 소행, 행적을 구분하여 보고하는 세심함이 필요하다.

3. 세평파악의 중요성

1) 세평은 자연스럽게 형성되거나 자연스럽게 표출되는 특징을 지니고 있어 특정인(또는 특정사안)에 대한 평가자료 가운데 객관성과 신뢰도 측면에서 높은 우월성을 지닌다.

2) '탐정'의 세평 파악은 '세평 파악의 대상(인물 또는 사안 등)'이 설정되면 그와 관련된 광범한 (제한 없는) 세상의 이야기를 파악(청취)한다는 측면에서 의도(준비) 된 질문(설문)에 따라 시민의 견해를 듣는 여론조사기관에 의한 '여론조사'와 비교된다.

3) '세평수집'으로 얻은 자료는 특정인의 소행(素行)이나 품행(品行), 행적(行跡) 추정 등에 유용한 자료로 활용 될 수 있으며, 기업(또는 근로자들)의 안전이나 특정 상품의 판매전략 수립 등에 크게 기여 한다.

4) 고위공직자 임명이나 공직선거후보 공천, 법령에서 규정한 공무원의 임용 관련 경찰의 신원조사, 기업 임직원의 성실성 파악, 주요 계약 시 상대방의 신용도 파악, 혼인대상자 품행 파악, 상품의 신용조사 등에 널리 응용된다.

4. 세평(소행·행적) 파악이 필요한 경우

[개인관련]

 1) 개인 신용도 파악

 2) 자녀의 이성(異性) 및 교우(交友)관계

 3) 결혼대상자에 대한 평판

 4) 신분세탁 여부(학·경력 등)

 5) 특정 범죄나 사고·비리 등에 연루 여부

[기업관련]

 1) 기업(거래처)의 현황 및 신용조사(기업은 개인정보보호법상 보호의 대상이 아님)

 2) 시장조사

 3) 기업체 임직원들의 외부활동상 문제점과 평판(기업으로부터 수임)

 4) 근무시간외의 취업유무

 5) 산업비밀유출 및 저작권 침해 관련 세평 자료

[사회적 문제]

1) 사회지도층이나 특정인물 등의 반사회적 비상식적 언동(사회적 고발)
2) 정치·경제·사회 등 모든 분야에 걸친 적폐 사례(관계기관 및 언론 등에 제보)
3) 입법이나 시책에 반영할 사항(관계기관 및 언론 등에 제보) 등

5. 세평·소행·행적파악 시 착안 사항

1) 先 과거행적·後 현재생활 파악

특정인의 소행이나 행적 등 평판 파악 시 옛 직장이나, 옛 거주지 등을 먼저 탐문한 다음 현재의 모습이나 세평을 살피는 순서가 되어야 한다(온고지신, 溫故知新).

2) 이해관계인의 과장·왜곡진술 경계

이해관계에 있는 사람들(경쟁 후보, 경쟁 업체, 사적 감정 포지자 등)은 주관적 생각을 일반화시키려거나 전문(傳聞)한 내용을 직접 경험한 것인 양 상황을 왜곡·오도하는 경향이 있으며, 심지어 경찰이나 탐정 등의 탐문을 악용하여 특정인을 응원 또는 음해하는 정보를 흘리는 경우가 있음으로 이에 휘말리지 않도록 유의해야 한다.

3) '이웃이 아는 것이 전부가 아니다'

'9살 딸이 계부와 친모로부터 고문 수준의 학대를 당하는 동안 이웃 주민들은 아무도 몰랐다'. 'OOO, 집중호우 수재민 위해 1천만원 기부…소속사도 몰랐다'는 등 이웃이나 동료도 모르는 악행이나 선행이 적지 않음에 유의한다.

4) '행적 은폐'를 위한 알리바이 조작 가능성 염두

용의자 등 '최근의 행적을 추적 당하고 있거나 숨겨야 할 행위를 저지른 사람'의 경우 경찰이나 탐정 등의 행적 파악에 혼선을 주기 위해 알리바이를 조작해 두었을 가능성을 진단해 본다. 최근에는 휴대전화(문자)나 CCTV를 이용한 알리바이 조작 행위가 다발하고 있음에 유의한다(*2016년 5월 30대 장교 출신이 20대 동거녀를 살해 암매장하고 범행 후 동거녀의 휴대전화로 가족에게 문자메시지를 보내 알리바이를 조작했던 사건 등 착안).

6. 탐정(업)에서 세평수집 시 유의해야 할 법조(法條)

개인정보 등 사생활을 탐지하는 세평은 개인정보보호법 위반 또는 사생활 조사에 다른 명예훼손 등으로 민사상 손해배상 청구소송이 제기 될 수 있으나 개별법을 침해하지 않는 '탐문'에 의존한 '세평수집'은 가벌성이 없다는 것이 통설이다.

> ☞ **탐정(업)에서의 세평수집 시 유의해야 할 법조(法條)**
>
> ① '개인정보처리자'나 '개인정보를 처리 하였던 자'가 제59조제2호를 위반하여 업무상 알게 된 개인정보를 누설하거나 권한 없이 다른 사람이 이용하도록 제공한 자 및 그 사정을 알면서도 영리 또는 부정한 목적으로 개인정보를 제공받은 자(제71조제5호, 5년 이하의 징역 또는 5천만원 이하의 벌금)
>
> ▷ 평소 좋은 인간관계를 유지해 오고 있는 '개인정보처리자'나 '개인정보를 처리 하였던 자'로부터 정보를 제공 받는 경우가 여기에 해당(주민센터에서 복무하는 공익요원이나, 통신사 직원, 공무원으로 재직하고 있는 친구나 친척 등으로부터 개인정보를 취득한 경우 등).
>
> ② 사상, 신념, 노동조합·정당의 가입·탈퇴, 성생활, 유전자검사 결과로 얻어진 유전정보, 범죄경력자료 등 '민감정보(법 제23조제1항)'와 주민등록번호, 여권번호, 운전면허번호, 외국인등록번호 등 '고유식별정보(법 제24조제1항)' 수집·제공·이용은 누구에게나 금지(위반시 벌칙 71조 3,4호에 의거 5년 이하 징역 또는 5천만원 이하 벌금)

7. 기업체 임직원 채용시 탐정에 세평조사 의뢰는 세계적 추세

1) 공무원임용예정자나 비밀취급인가예정자 등 국가안전 또는 이에 관련되는 업무를 하는 자에 대해서는 국가정보원법 제3조제1항제2호 및 보안업무처리규정(대통령령 28211호) 제31조와 제33조 등에 의거 국가정보원 또는 경찰청이나 군사안보지원사령부(軍事 관련 신원조사)가 국가에 대한 충성심, 성실성, 신뢰성 등을 파악하는 자료를 수집하며, 이를 신원조사라 한다. 이는 국가안보를 위하여 보안의 대상이 되는 인원에 대한 최소한의 대인적 자료수집활동이다.

2) 그러나 규모가 크건 작건, 일반기업체의 경우 임직원을 신규채용 할 때 그에 대한 성실성이나 신뢰성을 평가할 객관적 자료수집 채널은 전무한 실정이다. 사실 신규채용에 있어 가장 중요시 되는 것이 지원자의 인성(人性)이나 세평(世評)인데 이를 알 길이 없다는 것. 그러다 보니 소정의 시험과 제출된 이력서 그리고 간단한 면접만으로 적부(適否)평가가 이루어지고 있는 실정이다(*방산업체 등 특수한 경우 민간기업이라도 신원조사가 이루어지는 경우 있음).

3) 기업은 이러한 '채용자검증시스템의 한계'로 산업기밀 또는 영업비밀을 노린 사람이나 기업의 생산성과 이미지를 저해 할 소지가 다분한 사람 등이 지원해 오더라도 이를 발견하거나 대처가 어려워 불안을 떨치지 못하고 있다. 특히 확신하기 어려운 지원자가 있어 부득이 경찰에 신원조사를 의뢰해 보지만 역시 보안업무처리규정상 경찰의 신원조사대상이 아니라고 반려된다.

4) 세계적으로 사설탐정이 보편화(직업화)된 나라에서는 이러한 기업의 애로와 고충을 탐정이 메꾸고 있음은 공지의 사실이다. 미국, 영국, 프랑스, 호주 등 탐정제도가 성공적으로 안착된 나라의 탐정은 기업의 사원채용예정자의 세평(평판)은 물론 신빙성 여부를 평가 할 자료까지 수집하여 제공함으로써 기업의 인사검증시스템을 보완하고 있으며, 일본의 경우 기업의 채용예정자나 거래대상자의 평판조사는 중·소 탐정업체의 주 업무가 된지 오래다.

5) 우리나라 기업들도 (가칭) '평판 파악 팀'을 두거나 '신뢰할 만한 탐정'에게 세평 파악을 의뢰하는 방법을 강구해 볼 때라 하겠다. 단, 여기서 분명히 해야 할 것은 기업이나 탐정 공히 '신원조사'와 '평판(세평) 파악'은 그 대상과 수단·방법 그리고 목적과 범위가 확연히 다름을 인식하는 일이라 하겠다.

8. [칼럼] 탐정(업), '세평 수집' 가능 or 불가능, 그 논거는?

'사생활' 보호는 마땅하나 '사생활'과 '사생활 침해'의 범주 확장해석은 금물

"세상 사람들 사이에 오가는 평판이나 비평을 '세평(世評)'이라 하고 이를 수집하는 것을 '세평 수집'이라 한다". 정보론(情報論)에서는 '세평'을 대표적인 '공개(된) 정보'로 분류하고 있으며, '공개된 정보'에 대한 접근이나 수집(획득)에는 일반적으로 가벌성(可罰性)이 없다는 점에서 '세평 파악, 평판 수집' 등의 이름으로 민·관의 다양한 주체들이 정보 업무에 널리 응용하고 있음은 주지의 사실이다.

'세평 수집'은 주로 특정인이나 특정사안(또는 특정조직이나 상품 등)과 관련된 세간(世間)의 소문 또는 인식 등을 찾아 듣거나 묻는 일이라는 점에서 개별적인 면접이나 질문서 따위를 통하여 국가나 사회의 여러 가지 문제에 대한 사회 대중의 공통된 의견을 조사하는 '여론조사'와 비교되며, 수집된 세평은 사용자(의뢰자)에게만 제공되는 속성을 지닌다는 점에서 보도(국민의 알권리)를 위한 '기자의 취재'와 비교된다.

법률적으로 '세평 수집'은 누구에게나 허용되는 것일까? 공무원의 경우와 민간(탐정업)의 경우로 구분하여 살펴 보자. 만약 공무원이 특정인에 대한 세평을 수집한 경우 합목적성과 절차상의 문제 제기와 함께 직권남용권리행사방해, 개인정보보호법위반 여부 등이 쟁점이 될 소지가 있다. 그러나 법령에 근거한 직권과 관련된 최소한의 세평 수집이거나 개인정보보호법에서 특히 보호하고자 하는 개인정보와 무관한 세평을 수집하여 적정하게 사용되었다면 그 자체를 문제시(問題視) 하기엔 무리가 있다는 게 법률전문가들의 대체적 시각인 듯하다.

그럼 100% 민간인 신분인 탐정업종사자가 특정인에 대한 세평을 수집했다면 어떻게 될까? 당연히 개인정보보호법위반 여부 등이 검토될 수 있을 것이다. 하지만 '세상 사람들 사이에 오가는 평판을 듣거나 묻는 과정'에 '소재나 연락처 등 보호할 필요(가치)가 있는 사적 영역의 정보를 조사하는 언동'이 끼어들지 않았거나 수집된 세평에 자의적 가공이 없었다면 '세평 수집' 그 자체를 위법하다 할 논거는 어디에서도 찾아보기 어렵다. '사생활'은 보호되어야 마땅하나 '사생활'과 '사생활 침해'의 유형과 범주에 대한 확대 해석 역시 바람직하지 않다.

예를 들어 탐정업(민간조사업) 종사자가 'A는 주벽이 심해 강남 술집 ○○○에서 종업원과 여러 차례 다툼을 벌인 적이 있으며, 미국에서 ○○○ 박사 학위를 취득한 사람으로 알려져 있으나 평소의 저급스러운 언동으로 보아 박사 학위 소유자로 믿기지 않는다는 평판이 있다'는 세평을 수

집·제공했다면 이를 어떤 법률로 벌할 것인가? 이러한 형태의 세평 수집을 사생활 침해로 본 판례는 아직 나라 안팎 어디에서도 눈에 띄지 않는다.

'탐정의 세평 파악'은 권력을 바탕으로 하지 않는 임의적(비권력적) 행위라는 점에서 권력이나 권한을 배경으로 이루어지는 사찰이나 감찰과는 확연히 구분된다. 또한 사찰은 그 자체가 불법행위로 원천 금지의 대상이고, 감찰은 법률이 정한 범위 내에서 허용되는 것인데 비해 '탐정의 세평 파악'은 법률이 획일적으로 규율할 대상이 아니라는 점에서 비교된다. 예를 들어 탐정의 관찰활동으로 어떤 범죄가 예방되거나 범인이 검거 되면 그 선행이 표창의 대상이 되는가하면 '지나친 관찰'로 개인정보 등 사생활이 침해되거나 타인에게 불안감이나 불쾌감을 주는 행위를 하면 개별법으로 규제되기도 한다.

특히 개인의 프라이버시를 어느나라보다(그 무엇보다) 귀히 여긴다는 미국, 일본, 호주 등 선진국의 경우 '세평 수집'은 탐정업 업무 중 빼놓을 수 없는 소중한 업무로 자리매김한지 오래다. 혼인상대자에 대한 세평 수집에서부터 계약이나 투자처, 기업체 임직원 채용예정자, 정치지망생 등에 이르기까지의 다양한 인적 자원에 대한 세평 수집을 탐정업사무소에서 정당하게 의뢰 받아 수행하고 있음은 '세평 조사' 그 자체는 사생활 침해로 보지 않는다는 세계적 조류를 실증적으로 말해주는 좋은 예라 하겠다(*일본 탐정업의 경우 '결혼대상자에 대한 세평 수집 요금'은 15만엔을 기본으로 하고 상한은 계약에 따름).

(김종식 한국민간조사학술연구소장 시민일보 2020.2.6. 기고 칼럼 중에서)

Ⅴ 지적재산권 침해 탐지

1. 지적 재산권의 개념

(1) 지적 재산권의 정의

1) '지적재산(知的財産)' 이란 인간의 창조적 활동 또는 경험 등에 의하여 창출되거나 발견된 지식·정보·기술·사상 이나 감정의 표현, 영업이나 물건의 표시, 생물의 품종이나 유전자원(遺傳資源), 그 밖에 무형적인 것으로서 재산적 가치가 실현될 수 있는 것을 말한다(지식재산기본법 제3조·정의).

2) '지적 재산권이란' 법령 또는 조약 등에 따라 인정되거나 보호되는 지식재산에 관한 권리를 말한다.

3) '신(新)지적재산권(New Intellectual Property Right)'이란 첨단과학기술의 발달에 따라 새로운 분야의 지적재산권이 등장하고 있는데 이를 신지적재산권이라고 부른다. 신지적재산권은 기존의 지적대산권체계로는 보호하기 어려운 기타 지적재산권으로 분류되는 것들로서 나라마다 보호범위, 방식 등이 상이하여 세계지적재산권보호기구를 중심으로 통일규범 마련을 위한 논의가 진행되고 있다(ex 반도체집적회로배치설계, 생명공학의 산업응용, 컴퓨터 프로그램, 데이터베이스, 전자상거래 기술, 프랜차이즈 등).

2, 지적 재산권別 보호대상과 권리 존속 기간

지적재산권(=지식재산권=지적소유권)은 크게 산업재산권(특허권, 실용신안권, 디자인권, 상품권)과 저작권(협의의 저작권, 반도체집적회로의 배치설계권, 부정경쟁 방지 및 영업비밀보호권)으로 나뉜다.

지적재산의 대별	지적재산권 종류	보호대상 및 특징 등	권리 존속 기간
산업재산권 (=공업 소유권)	특허권 (특허법)	▷ 보호의 대상은 '발명(發明)이다' ▷ '발명'이란 자연법칙을 이용한 기술적 사상의 창작으로서 고도(高度)한 것을 말한다. ▷ 특허제도의 원칙: 권리주의, 등록주의, 심사주의, 직권주의, 도달주의, 수수료 납부주의, 1건1통주의, 서면주의, 국어주의	▷ 특허권을 설정 등록한 날부터 특허 출원일 후 20년이 되는 날까지(법 제88조제1항) ▷ 특허권 침해 범죄는 친고죄이다.
	실용신안권 (실용신안법)	▷ 보호의 대산은 '실용적 고안(考案)이다. ▷ 고안이란 자연법칙을 이용한 기술적 사상의 창작을 말한다(물품의 형상, 구조 또는 조합에 관한 것)	▷ 실용신안권을 설정 등록 한 날부터 실용신안등록 출원일 후 10년이 되는 날까지(법 제22조) ▷ 실용신안권 침해는 비친고죄이다(단, 이 법 제45조를 침해한 경우 친고죄로 함)
	디자인권=의장권 (디자인보호법)	▷ 보호의 대상은 '디자인(design)이다. ▷ 디자인: 물품 및 글자체의 형상, 모양, 색채 또는 이들을 결합한 것으로서 시각을 통하여 미감을 일으키게 하는 것	▷ 디자인권(의장권)을 설정등록한 날로부터 발생하여 디자인 등록출원일 후 20년이 되는 날 까지(법 제91조) ▷ 디자인권 침해는 친고죄이다.

지적재산의 대별	지적재산권 종류	보호대상 및 특징 등	권리 존속 기간
	상표권 (상표법)	▷ 보호의 대상은 '상표(商標)'이다 ▷ 상표란 상품을 생산, 가공, 증명 또는 판매하는 것을 업으로 영위하는 자가 자기의 업무에 관련된 상품을 타인의 상품과 식별되도록 하기 위하여 사용하는 것 ▷ 기호, 문자, 도형, 입체적 형상, 색채, 홀로그램, 동작 또는 이들을 결합한 것과 시각적으로 인식할 수 있는 것 ▷ 상표권의 효력은 속지주의 원칙에 따라 국내에서만 효력을 발생한다.	▷ 설정등록이 있는 날로부터 10년(법 제42조) ▷ 상표권의 존속기간은 존속기간갱신등록신청에 따라 10년씩 갱신할 수 있다. ▷ 상표권 침해는 비친고죄이다.
저작권 (광의)	저작권 (협의)	▷ 보호의 대상은 인간의 사상 또는 감정을 표현한 문학, 학술, 예술분야의 '창작물의 창작자 권리보호'이다 ▷ 저작권(Copyright)은 '저작인격권(공표권, 성명표시권, 동일성유지권)' 과 '저작재산권(복제권, 공중송신권, 전시권, 배포권, 대여권, 2차 저작물작성권)' 과 '저작인접권'(음반, 방송, 실연)으로 나뉜다.	▷ 저작재산권은 원칙적으로 저작자가 생존하는 동안과 사망 후 70년간 존속한다(제39조①) ▷ 공동제작물의 저작재산권은 맨 마지막으로 사망한 저작자가 사망한 후 10년간 존속한다(법 제 39조②). ▷ 저작권(著作權)은 저작물을 창작한 때부터 발생하며 또한 절차나 형식의 이행을 필요로 하지않음 ▷ 친고죄이다(일부 예외 있음: 법 제40조)

지적재산의 대별	지적재산권 종류	보호대상 및 특징 등	권리 존속 기간
	배치설계권 (반도체집적회로의 배치설계에 관한 법률)-신지식재산권	▷ 보호의 대상은 반도체 직접회로의 '배치설계권에 관한 창작자의 권리'이다. '반도체집적회로'란 반도체 재료 또는 절연재료(絶緣材料)의 표면이나 반도체 재료의 내부에 한 개 이상의 능동소자(能動素子)를 포함한 회로소자(回路素子)들과 그들을 연결하는 도선(導線)이 분리될 수 없는 상태로 동시에 형성되어 전자회로의 기능을 가지도록 제조된 중간 및 최종 단계의 제품을 말한다. ▷ '배치설계'란 반도체집적회로를 제조하기 위하여 여러 가지 회로소자 및 그들을 연결하는 도선을 평면적 또는 입체적으로 배치한 설계를 말한다.	▷ 배치설계권의 존속기간은 설정등록일로부터 10년 ▷ 친고죄이다
	부정경쟁 방지 및 영업비밀 보호권(부정경쟁 방지 및 영업비밀 보호에 관한 법률): 신지식재산권	▷ 보호의 대상은 '영업비밀'이다 ▷ 영업비밀이란 비밀로 유지된 생산방법, 판매방법 기타 영업활동에 유용한 기술상 또는 경영상의 정보	▷ 권리보호기간은 제한없음 ▷ 비친고죄이다

3. 지적 재산권別 침해 탐지 착안사항

구 분	착 안 사 항
공 통	1) 침해행위 탐지를 의뢰받은 해당 지적재산권에 대한 실제권리자 및 실정법상 보호의 대상, 권리 존속기간, 친고죄·비친고죄 여부 등을 관련 법규를 확인·숙지 한다. 2) 탐정이 지적재산권 침해 여부를 탐지하는 것은 원칙적으로 정보수집이나 단서확보를 위한 관찰(탐문) 행위이지, 체포·압수·수색 등 강제 수사 차원이 아님에 절대 유의하여야 한다 다만, 지적재산권 침해와 관련된 현행범 또는 준현행범으로써 도주나 증거인멸의 우려가 있는 자라고 판단되면 현행범 처리 기준에 따라 신병(身柄)을 확보 후 즉시 경찰에 인계하는 등의 방법을 강구해 볼 수 있을 것이나, 친고죄의 경우 신고·고소·고발 여부는 의뢰자의 판단과 결정에 따라야 할 것임
특허권 (친고죄)	1) 특허된 것이 아닌 물건을 허위표시 2) 특허출원 중이 아닌 물건 허위표시 3) 특허된 것이 아닌 방법이나 특허출원 중이 아닌 방법에 의하여 생산한 물건 또는 그 물건의 용기나 포장에 특허표시 또는 특허출원 표시를 하거나 이와 혼동하기 쉬운 표시를 하는 행위
상표권 (비친고죄)	1) 등록되지 않은 상표와 상호는 보호대상이 아니다 2) 등록된 상표의 위조행위(조사원은 정품을 소지하고 그 특징을 현장에서 대조·확인) 3) 위조품은 진품에 비해 가격이 낮고 보관상태가 비교적 정돈되어 있지 못한 경향이 있으며, 한 두개 정도만 내 놓고 필요시 대량으로 거래하는 경우가 많으므로 숨겨둔 곳을 추적 탐지해야 한다. 4) 위조품은 공휴일 또는 심야나 새벽시간대에 대형 재래시장을 중심으로 이루어지는 경우가 많으며. 용의처나 용의자에 대한 잠복·관찰을 통해 유통경로를 파악 할 수 있다. 5) 인터넷상에서 명품 브랜드 제품이라고 판매하면서 정품 가격 대비 50%이상 턱없이 싼 제품 6) 위조상품은 은어(이미테이션 AS·레프리카·스탁)로 표기·거래되는 경우가 많다

구 분	착 안 사 항
	7) 수입 대행이라고 광고하는 한편, 해외에서 물품을 직접 배송해 주기 때문에 반품·교환이 어렵다는 물품 8) 브랜드 이름이 누가 봐도 비정상적으로 표기된 제품(九찌백, 羅이key 등) 9) 지하철 구내나 도로변 등 정상적 상품 판매업소의 감시나 신고가 느슨한 장소를 이용한 '떳다방'식 판매
부정경쟁 방지 및 영업 비밀 보호권 (비친고죄)	1) 부정경쟁행위조사 ▷ 상품주체 혼동야기('NAIKI', 'Anycoll' 등 얼른 구별이 어려운 유사상표) ▷ 영업주체 혼동야기(유사도메인으로 영업행위) ▷ 상품의 출처지, 원산지 오인야기 행위(단, 농산물 원산지 허위표시는 농산물품질관리법, 수산물 원산지 허위표시는 수산물품질관리법으로 처리) 2) 타인의 상품사칭 및 허위광고행위 3) 영업비밀 침해, 유출, 누설 등(첨단기술 유출 등) 4) 아직 등록은 되지 않았지만 이미 널리 알려지거나 저명한 상표를 무단사용하는 행위 등 5) 상호를 도용하는 행위 등

Ⅵ. 기업이나 개인의 리스크 관리 및 안전업무 수행

1. '리스크'와 '리스크 관리'의 개념

리스크(risk)란 '위험(危險)'이라는 의미를 지닌 말이며 '위험의 요소'를 발굴하여 대응하는 것을 '리스크 관리(risk management)'라 한다. 특히 사람이나 기업 등과 관련된 인적·물적 위해요소를 사전에 감지하거나 발견 또는 파악하여 그 위험을 제거하거나 그에 적절히 대응할 수 있도록 하는 사람을 '리스크 관리자'라 한다. 리스크와 리스크 관리는 우리 생활 모든 분야에 걸쳐 절실한 문제이지만 '리스크 관리'란 용어는 주로 금융이나 재무 영역에서 많이 사용되거나 적용되고 있다.

2. 기업 또는 개인의 '리스크 관리' 수요의 증대

(1) 오늘날은 복잡·다양한 생활상(生活相)으로 수많은 사건이나 사고·분쟁·돌발상황 등 예기치 않은 일이 끊이지 않고 있다. 어디 누구든 안전을 장담하거나 담보하기란 그리 쉬운 일이 아니라는 얘기다.

(2) 이런 상황으로부터 기업의 안위는 물론 개인이나 가족(가정)의 안전을 지키기 위한 자구책의 일환으로 '인적·물적 위해요소(危害要素)'를 전문적으로 포착·파악해 낼 수 있는 전문가를 찾는 수요가 점증하고 있다.

　(예) '리스크 관리 전문탐정'과 '지역내 기업(또는 학교, 단체 등) 간 업무 협조 협약' 등.

3. '리스크 관리 업무' 대상

(1) 기업 관련 리스크 관리 업무

 1) 산업기술 및 영업비밀 부정한 유출 정보 수집(산업스파이 및 부정경쟁 탐지)

 2) 거래처의 갑작스런 부도 등 도산에 대비한 관련 첩보 수집

 3) 기업내 임직원과 경쟁사 임원의 유착·교류 상황 포착(갑작스런 이직이나 영업정보 누설 대비)

 4) 기업 내부자의 유언비어나 선동적 언동 등으로 임직원이 동요하고 있는 사례 포착

 5) 주주 총회 또는 기업 승계 등을 앞두고 경영진에 대한 의혹 제기 사례 포착

 6) 기업의 지적재산권이 침해되고 있는 사례 포착(짝퉁 등)

 7) 기업 소유나 관리 하에 있는 시설 및 장비 등에 대한 위해 사례 포착

 8) 기업내 문제 임직원의 이성관계, 도박, 낭비, 주벽, 횡령, 배임 등 일탈에 따른 기업 리스크 체크

 9) 기업 및 임직원 또는 제품에 대한 특이한 평판 등 포착

 10) 주식 시장에서의 자사주 매수·매도 특이점 및 투자자의 관심도

 11) 정당 또는 단체의 행사 시 인적·물적 안전 관리

 12) 지역내 학교 및 학원 등하교 시 안전 관리(특히 '왕따' 관리) 등

(2) 사적(개인 또는 가족) 리스크 관리 업무

 1) 미행자 또는 스토킹 차단 및 제지

 2) 자녀 등하교 및 학원 안전귀가 보호

 3) 생활공간에 대한 몰래카메라 등 안전 검측'

 4) 유실물 및 분실물 찾기, 집나간 애완견 찾기

 5) '가출 치매노인 또는 미귀가 정신질환자 찾기'

 6) 노약자 진료 및 여행 안전 동행

 7) '비지니스상 품위유지에 필요한 운전기사나 비서역 수행'

 8) 바쁜 직장인 또는 학술연구자 등이 요청하는 과제 수행상 유용한 자료의 수집

 9) 영세자영업자의 상품이나 점포에 대한 평판분석 및 PR 등 대행 등

4. 기업 또는 개인에 대한 리스크 관리 요령

(1) 기업이나 개인에 대한 리스크 관리에 적용되는 별도의 맞춤형 수단은 존재하지 않는다.

(2) 리스크 관리업무를 성공적으로 수행하기 위해서는 해당기업(또는 개인)으로부터 '지난 날 경험한 리스크'는 물론 '당면한 리스크', '예상되는 리스크' 등 관련 정보를 충분히 제공받아야 한다. 의문스럽거나 궁금한 사항에 대해서는 추가 자료를 요청해야 한다. 그렇게 수합된 자료를 파탕으로 '리스크 관리 파일'을 구축하는 일이 급선무이다. 그릇된 자료 또는 부실한 자료로 리스크 관리 파일을 구축하는 일 그 자체가 리스크로 존재해서는 안 된다.

(3) 그 다음(구축된 파일에 기초하여) 탐정활동의 중추 수단인 '탐문' 및 '조리상 용인되는 대인적 관찰(미행, 잠복, 녹음, 관찰, 세평·소행·행적조사 등)'과 '대물적 관찰', '합리적 추리' 등 복합적인 탐정활동을 전개한다.

Ⅶ '도품 및 유실물 찾기'는 전형적인 탐정업무(헌법재판소)

헌법재판소는 '도난품이나 유실물 찾기는 탐정업 업무 영역 중 하나이며, 지금 당장이라도 업무로 영위 할 수 있다'고 주문하였다(헌재2016헌마473, 2018.6.28.선고).

1. 도품 찾기

① '도난품(盜品)'이란 '도둑을 맞은 물건'을 말한다. 나아가 '도난품 찾기'란 일반적으로 도난품의 향방(向方) 등 그 소재를 파악하는 활동을 말한다.

② 탐정의 역할은 도난품을 직접 압수하거나 회수하는 일이 아니라 도난품의 향방(向方)을 추적, 그 소재를 파악(발견)하여 피해자 또는 경찰에 알리는 일이다.

③ 도난품 소재 파악 활동 중 절도범이라 여겨지는 사람을 발견했다하여 그를 탐정이 직접 조사 또는 체포하여서는 아니되며, 반드시 경찰에 신고하여 처리토록 해야 한다.

④ 절도범이 현행범인 또는 준현행범인에 해당하면 누구든지 체포 가능(형사소송법 제212조)

2. 유실물과 준유실물(습득자의 권리 등)

'유실물(遺失物)'이란 점유자의 의사에 반하여 그의 점유를 떠난 물건으로서 도품(盜品) 또는 무주물(無主物)이 아닌 것을 말한다(유실물법).

(1) 습득자의 신고

① 습득이란 유실물의 점유를 취득한 것이며, 점유를 취득하지 않은 단순한 발견은 습득이 아니다.

② 유실자에게 반환하거나 습득일로부터 7일 이내에 경찰관서에 신고하지 않으면 비용 및 보상금을 받을 권리 및 소유권을 취득할 권리를 상실하고(유실물법 제9조), 형법상 점유이탈물횡령죄(형법 제360조)로 처벌 받게 된다.

(2) 경찰관서의 습득물 공고

습득물을 제출 받은 경찰서장은 습득물을 반환 받을 자를 알 수 없어 공고 할 때에는 그 습득물을 제출 받은 날로부터 다음 각호(유실물법 시행령 제3조 참조)의 유실물에 관한 정보를 제공하는 인터넷사이트에 해당 습득물에 관한 정보를 상시 게시하여야 한다.

(3) 비용 및 보상금

① 습득물은 물권회복의 청구권이 있는자(유실자, 소유자 등)에게 반환해야 한다.
② 습득물을 반환 받는 자는 물건가액(物件價額)의 100분의 5내지 100분의 20의 범위 내에서 보상금을 습득자에게 지급해야 한다. 다만, 국가·지방자치단체와 그 밖에 대통령령으로 정하는 공공기관은 보상금을 청구할 수 없다.
③ 유실물 습득자의 비용과 보상금은 물건을 반환한 후 1월을 경과하면 이를 청구할 수 없다(유실물법 제6조).
④ 습득한 유실물이 문화재일 경우에는 습득자가 소유권을 취득하지 못하고 국유가 된다. 그러나 습득한 자는 국가에 대하여 적당한 보상을 청구할 수 있다(민법 제255조).

(4) 습득자의 습득물 취득

습득물 공고 후 6개월 내에 그 소유자가 권리를 주장하지 아니할 경우 습득물의 소유권은 습득자가 취득한다(민법 제253조).

(5) 원소유자가 찾아 갈 수 있는 기간

선의로 취득한 물건이라 할지라도 그 동산이 도품이나 유실물인 때에는 피해자 또는 유실자는 도난 또는 유실한 날로부터 2년내에 그 물건의 반환을 청구할 수 있다. 그러나 도품이나 유실물이 금전인 때에는 그러하지 아니하다(민법 제250조).

(6) 습득자의 권리 상실 등 국고귀속

물권회복 청구권자가 없거나 새로이 소유권을 취득한 자(습득자)가 3개월 이내에 그 물건을 받아가지 않은 경우에는 국고에 귀속된다(재산적 가치가 없는 경우 등은 폐기하거나 무상양여 할 수 있다).

(7) 선박, 차량, 건축물 등 내의 습득

① 관리자가 있는 선박 차량이나 건축물 기타 일반인의 통행을 금지한 구내에서 타인의 물건을 습득한 자는 그 물건을 관리자에게 인계하여야 한다(유실물법 제10조제1항).

② 보상금은 전항의 점유자(관리자)와 실제로 물건을 습득한 자가 반씩 나누어야 한다(유실물법 제10조제3항).

[준유실물]

'준유실물(準遺失物)'이란 ① 착오로 인하여 점유한 타인의 물건, ② 타인이 놓고 간 물건, ③ 잘못 배달된 재물이나 바람에 날려온 세탁물, ④ 일실(逸失)한 가축 등을 말하며, 습득물 공고 후 6개월 내에 그 소유자가 권리를 주장하지 아니할 경우 습득물의 소유권은 습득자가 취득한다(민법 제253조), 다만, 착오로 점유한 물건에 대하여는 비용과 보상금을 청구할 수 없다(유실물법 제12조).

3. 유실물 관련 '점유이탈물 횡령죄' 및 '절도죄' 판례

'점유이탈물횡령'이 되는 경우 (1년 이하의 징역 또는 300만원 이하의 벌금이나 과태료)	승객이 놓고 내린 지하철의 전동차 바닥이나 선박위에 있던 물건을 가지고 갈 경우 점유이탈물횡령죄가 성립한다(대판 1999.11.26., 99도3693).
	고속버스 운전사가 유실물을 현실적으로 발견하지 않는 한 승객이 잊고 내린 유실물의 점유개시를 인정할 수 없으므로 다른 승객이 영득할 경우 점유이탈 횡령죄가 성립한다(대판 1993.3.16. ,도3170).
	잔전사기(殘錢詐欺)의 경우 매수인이 초과지불을 미리 알지 못하고 잔금거래를 끝 마친 후에 알게 된 경우 점유이탈물횡령죄가 성립한다 (대판 2004.5.27., 2003도2531).
'절도'가 되는 경우 (일반 절도죄: 6년 이하의 징역, 1천만원 이하의 벌금)	당구장 같이 타인의 관리 하에 있는 장소에서 물건을 잃은 때에는 관리자의 점유에 속하므로 종업원이나 제3자가 취거하는 경우는 절도죄가 성립한다 (대판 2002.1.11., 2001도6158).
	휴대폰을 습득한 뒤 손님이 찾을 수 없도록 즉시 전원을 꺼버리면 점유이탈물횡령죄보다 처벌이 무거운 절도죄를 적용-손님이 두고 내린 휴대폰을 장물업자에게 팔아 넘긴 택시기사들이 무더기로 입건(경찰)

VIII. 주요 범죄에 대한 탐정의 관심과 공조

1. 방화 가능성 진단

(1) 불은 어떨 때 붙나?

물질이 연소하기 위해서는 ①가연물, ②산소, ③점화원을 갖추어야 한다. 즉, 불이 붙기 위해서는 이 세가지 조건을 지녀야 하며, 이를 '연소(燃燒)의 3각변(三角邊)' 또는 '불의 3요소'라고도 한다.

1) 가연물

가연물(연료)이란 불에 탈 수 있는 물건을 말하며 이는 고체, 액체, 기체연료의 3가지로 구분된다.

① 고체연료 : 연탄, 나무, 종이, 옷, 고무, 플라스틱 등

② 액체연료 : 석유, 휘발유, 알콜, 벙커C유 등

③ 기체연료 : 프로판가스, 메탄가스, 부탄가스 등

2) 산 소

산소가 없으면 불이 일어 나지 않는다. 연소하기 위해서 필요로 하는 산소의 농도는 가연물질의 종류에 따라 서로 다르다. 대부분의 액체류 가연물은 공기 중 산소 함량이 15% 이하이면 불이 붙기 어렵고, 고체류 가연물의 경우에는 산소의 양이 6% 이하로 줄어들지 않으면 불은 계속 붙거나 그을면서 타게 된다

▷ 담뱃불은 산소농도가 16% 이하일 경우에는 연소되지 않는다.

▷ 사람이 호흡할 때 들이 마시는 공기 중 산소의 농도는 약 21%이다.

3) 점화원

물질이 타서 불붙기 위해서는 반드시 열(점화원, 點火源)이 있어야 하는데 이 열은 높은 열이어야 하며 그 양도 적당히 있어야 한다.

▷ 점화원에는 전기 불꽃, 정전기 불꽃, 마찰 및 충격의 불꽃, 산화열, 고열물, 낙뢰 등이 있다.

[담뱃불과 연기의 특성]

[담뱃불]

▷ 담뱃불은 산소농도가 16% 이하일 경우에는 연소되지 않는다.
▷ 담뱃불은 무염화원의 대표적인 것이며, 다른 점화원(불씨)이나 전기기구와는 달리 출화부에 발화원으로 되는 것을 남기지 않는다.
▷ 담배의 연소성은 풍속 1.5m/s 일 때 가장 좋고. 풍속 3.0m/s 이상이 되면 꺼지기 쉽다.
▷ 담배(궐련)부분이 6cm인 담배의 경우 수평의 무풍상태에서 필터까지 연소되는데 13~14분이 소요되며, 필터를 위로하여 수직연소를 시키면 같은 조건에서 11~12분 정도 소요된다 (수직상태가 수평상태보다 약간 빠르게 연소된다).
▷ 담뱃불의 각 부분 온도는 표면온도가 200~300℃, 중심부가 700~800℃, 흡연시 840~850℃이며 적열상태에서 중심부 최고온도는 800~900℃이다.
▷ 담뱃불의 발화 매커니즘은 접촉 → 훈소 → 착염 → 출화에 이른다.

[연기]
연기는 자신의 열에너지에 의해서 유동·확산하며, 수평방향에서 0.5~1.0m/s, 수직방향에서 2~3m/s 속도로 이동한다. 화재 시 발생된 연기는 상부로 확산·이동 한 후 다시 아래부분으로 확산하는 특성을 보인다.

(2) 방화와 실화의 개념

1) 방화의 정의

방화(放火)란 고의로 불을 놓아 일반건조물, 현주 건조물, 공용건조물 또는 일반물건을 태워 버리는 행위를 말한다.

2) 실화의 정의

실화(失火)란 과실로 불을 놓아 현주건조물, 공용건조물, 일반건조물 또는 일반물건을 태워 버리는 행위를 말한다.

(3) 방화와 실화의 책임

방 화	실 화
1) 현주조건조물방화: 형법 제164조 2) 공용건조물 방화: 제165조 3) 일반건조물 방화: 제166조제1항 4) 일반물건 방화: 제167조1항 5) 연 소: 제168조(방화한 목적물은 아니지만 불이 옮겨붙어 태운행위) 6) 진화방해: 제169조	1) 단순실화: 형법제170조 2) 업무상실화·중실화: 제171조 3) 산림실화죄: 제120조
▷ 현주건조물등에의 방화(형법 제164조) ① 불을 놓아 사람이 주거로 사용하거나 사람이 현존하는 건조물, 기차, 전차, 자동차, 선박, 항공기 또는 광갱을 소훼한 자는 무기 또는 3년 이상의 징역에 처한다. ② 제1항의 죄를 범하여 사람을 상해에 이르게 한 때에는 무기 또는 5년 이상의 징역에 처한다. 사망에 이르게 한 때에는 사형, 무기 또는 7년 이상의 징역에 처한다.	▷ 실화(失火)의 경우 민법 제765조에 따라 손해배상책임을 지게되나, 실화로 인한 손해배상액은 실화자가 감당할 수 없는 큰 금액인 경우가 많다. 이러한 점을 감안하여 '실화책임에 관한 법률'에서는 민법 제765조에 대한 특례를 두어 실화자의 '중대한 과실(重大한 過失)'이 있을 때에 한해 그 책임을 인정하도록 했다(실화책임에 관한 법률 제3조·손해배상액의 경감)

(4) 방화의 일반적 동기(유형)

유 형	내 용
직·간접 이익취득목적	▷ 직접적 이익취득목적: 보험금 편취, 재고품 정리, 계약이행면탈목적 등 ▷ 간접적 이익취득목적: 사업경쟁자의 점포 등에 방화, 건축업자나 보험관계자, 설비나 용역제공업자 등이 계약건 성사(창출)를 위한 방화 등
복수·원한	특정인을 살해 할 목적, 악의적 방화로 다수의 피해자가 발생하고 대규모 재산손실이 따른다.
다른 범죄 은폐 목적	살인, 강도, 성범죄, 절도 등 범죄현장이나 증거 소훼 (완전범죄기도)

유 형	내 용
특정인에 대한 위협수단	특정인에게 공갈·협박 등의 수단으로 악용
악희(惡戱)	• 어린이들의 호기심이나 장난(4세~12세는 불에 대한 호기심이 가장 높은 시기) • 불꽃을 보면 희열을 느끼는 방화광에 의한 연쇄방화
묻지마 방화	인간성과 사회성이 비교적 결여된 사람 중에서 사회에 대한 좌절감이나 상대적 박탈감 등을 느낄 때 그 감정을 통제하지 못해 무차별·무조건적 방화 등으로 분노를 분출하거나 스트레스를 해소하려 하는 형태(목적불명, 대상불명)
테러리즘(Terrorism)	예전에는 주로 국가중요시설(하드 타깃)을 공격 대상으로 삼았으나 근래에는 극장, 공연장, 백화점, 공항이나 역, 지하철 등 다중이용시설에 대한 테러를 통해 공포심을 극대화 하기도(무차별 살상, 폭파, 방화 등)
선동목적	정치·사회적 쟁점화(과거 부산 미문화원방화사건 등)

(5) 발화부(방화지점) 추정방법

화재현장 관찰은 일반적으로 외부에서 내부로, 전체에서 부분으로, 좌에서 우로, 소훼(현상) 약소부에서 강소부 방향으로 이루어지며, 구체적 화인 규명은 ▷ 예비조사 ▷ 현장조사 ▷ 화원가옥의 인정 ▷ 발화부와 출화부 인정 ▷ 발화부 관찰(출화원인확인) ▷ 발화원인물의 조사 등으로 이루어 지나, 화인(방화 여부)조사에 있어 가장 핵심적인 과정이 '발화부 추정'이라 하겠다. 따라서 이 장에서는 발화부(방화지점)를 추정 할 수 있는 요소를 중심으로 살펴보기로 한다.

[발화부(방화지점)를 추정 할 수 있는 8가지 근거]

1) 도괴 방향법(가옥의 기둥 등은 발화부를 향하여 파괴되는 경향)으로 보아 목조구조물이 연소하게 되면 연소되는 쪽이 먼저 무너지게 되므로 도괴 부분이 발화부 일 가능성이 높다(불이 난쪽으로 무너지기 때문에 화재원인을 밝히는데 널리 활용 됨)

2) 수직면에서 연소의 상승성으로 보아 V패턴이 식별되는 부분이 발화부 일 가능성이 높다.

3) 목재 표면의 균열흔(龜裂痕, 탄화된 목재에 형성된 거북의 등처럼 생긴 요철과 홈의 폭이 넓고 깊은 곳)으로 보아 발화부에 가까울수록 잘고 가늘다. 즉 장시간 화염과 접촉된 균열흔아 식별되는 쪽이 발화부 일 가능성이 높다(목재표면이 고온의 화염을 받아 연소될 때는 비교적 굵은 균열흔을 남긴다. 즉 저온으로 장시간에 걸쳐 가열되어 연소될 때는 목재내부의 수분이나 가연성 가스가 목재표면으로 분출하게 되어 그 흔적이 가는 균열흔으로 남게 된다).

4) 벽면 마감재에 나타나는 박리흔(剝離痕, 목재나 콘크리트 표면이 강한 열을 받아서 탄화 결합력 상실로 떨어져 나가는 현상)으로 보아 밝은 흰색 부분이 발화부 일 가능성이 높다.

5) 불연성 집기류나 가전제품 등의 변색흔으로 보아 검은색보다 붉은색을 띠는 부분이 발화부 일 가능성이 높다.

6) 탄화심도 비교법(불에 탄 깊이) 으로 보아 탄화심도가 깊은 곳이 발화부 일 가능성이 높다(먼저 불에 타들어 가면 더 깊게 파이는 현상).

7) 화재시 발생하는 주연흔(走煙痕, 가연물이 탈 때 발생하는 그을음이 공간속을 흘러가며 물체 또는 공간 내표면에 남겨 놓은 흔적)으로 보아 발화지점에 가까울수록 옅은 색을 띠는 부분이 발화부 일 가능성이 높다.

8) 일반화재에서 나타나는 주염흔(走焰痕, 일반 화재에서 연기가 줄어들고 불꽃의 양이 커지면서 건물 등 불연성 구조물이나 재질에 남기는 흔적)으로 보아 연한 갈색, 상아색, 백색 등을 띠게 되는데 그 중 밝은색 부분이 발화부 일 가능성이 높다.

(6) 방화 가능성의 추정과 배제

일반적으로 발화의 원인은 크게 방화, 실화, 자연발화, 전기에 의한 발화 등 4가지로 나뉘는데, 여기에서는 사회적·경제적 위험과 부담이 큰 방화 혐의 탐지요령을 살펴보기로 한다.

구 분	발화원인을 추정해 볼 수 있는 요소들
방화일 가능성 (위장 실화일 가능성)	① 발화부가 평소에 화기가 없는 장소인 경우 ② 발화부가 2개 이상인 경우(여러 곳에서 발화) ③ 발화부 부근에 평소에 없던 가연물의 이동이나 반입한 흔적이 있는 경우 ④ 불을 피할 수 있는 출입구·창문 등이 열려있는 경우 ⑤ 화재가 발생한 건물 내에 있던 귀중품이 반출된 경우(중요서류, 기념물, 골동품, 성경, 안경, 수첩, 비망록, 다이어리 등이 소훼된 흔적이 없는 경우) ⑥ 노후건물이 과대한 화재보험에 가입되 있을 경우(재무구조로 보와 다른 비용보다 화재보험 지출비중이 큰 경우) ⑦ 화재 현장에 다른 범죄 흔적이 있는 경우-강도·살해 후 방화 등 ⑧ 화재가 발생한 건물 내에서 대피한 사람들이 대피시각, 복장, 언어 등이 지나치게 일치하거나 서로 부자연스러운 등 모순점이 발견되는 경우 ⑨ 화재가옥내 거주자가 잦은 폭력이나 언쟁이 있었거나 거주자에 대하여 치정·원한을 가질 만한 일이 발견되는 경우 ⑩ 스프링쿨러 등 소화시설이 작동하지 않았거나 활용된 정황이 없는 경우 ⑪ 화재건물이 노·사, 임대·차 등 이해당사자 간 충돌이나 마찰의 중심 또는 근거지가 되어 온 경우 ⑫ 자연발화는 지극히 제한된 조건에서 만 일어나는 일 임에도 용의자 및 그 가족들이 자연발화 일 가능성을 누차 언급하는 경우(실제화재에서 자연발화가 원인이 된 경우는 거의 없다) ⑬ 생명보험이나 고액의 상해보험 등에 가입되어 있거나 가입금액 및 가입동기, 가입 시기 등이 정상적이지 못한 경우와 생명보험가입자는 사망했는데 수익자는 건재한 경우 등 ⑭ 화재현장 또는 접점(接點)에 다른 범죄의 정황이나 흔적이 있는 경우 ⑮ 건물주나 입주자의 최근 경제상황 및 가족 간 불화 등 생활형편이 곤경에 처한 경우 ⑯ 매각절차가 진행 중인 건물 ⑰ 오래되거나 판매하지 못한 재고품이 다량 소실된 경우

구 분		발화원인을 추정해 볼 수 있는 요소들
		⑱ 가까이 있는 사람이 화재를 감지하기도 전에 현장에서 멀리 떨어진 곳에 있던 사람이 신고한 경우 ⑲ 화재의 확산속도가 비교적 빠르고 완전 소훼가 기도된 정황이 있는 경우 ⑳ 인화성 액체를 일정하게 살포한 자국을 따라 바닥에 연소흔이 보이는 경우 또는 화재현장 또는 인근에서 화재에 이용된 연장 또는 확산도구로 의심되는 물건이 발견되는 경우
방화가 아닐 가능성	실화 의심	① 평소 인화물질을 보관 또는 사용하는 장소에서 불이나는 경우 ② 거주자 중에 신체적(거동불편 등)·정신적(치매 등)장애를 가진자가 있는 경우 ③ 화재가옥 내의 귀중품이 평소상태에서 소실된 경우 ④ 발화부가 1개소이며 비교적 자연스러운 경우 ⑤ 화재보험이나 생명보험 등 가입사실이 전혀 없는 경우(화재발생으로 실질적 이득을 볼 수 있는 사람이 아무도 없는 경우) ⑥ 과거에도 실화가 있었던 장소이거나 같은 유형인 경우
	자연발화 의심	① 염산칼륨에 목탄가루가 섞이는 경우 ② 도금공장에서 주로 사용하는 무수크롬산이나 초산에 신나가 들어가는 경우 즉시 발화하며, 염산칼륨에 목탄가루가 섞이는 경우에도 발화한다. ③ 충격, 마찰, 낙뢰, 산화 등이 원이 될 수 있는 경우 ④ 폐유를 이용하여 제조한 복사용 카본지를 휴지통에 넣고 발로 밟으면 자연발화 하는 경우가 있다(특히 습기가 첨가되면 위험하다). ⑤ 가솔린, 신나, 벤젠 등도 정전기를 일으켜 발화하는 경우가 있다. ⑥ 식물성 또는 광물성 오일류에 의한 발화

구 분	발화원인을 추정해 볼 수 있는 요소들
	▷ 식물성 오일의 인화점과 자연발화점 　비누·양초제조용 야자유 또는 목화씨 기름의 인화점은 252°C, 아마씨 기름은 222°C, 올리브유 225°C, 대두유 중 땅콩은 282°C, 평지씨 기름은 162°C이며, 자연발화 온도는 변한다. ▷ 광물성 오일의 인화점은 135°C이고, 자연발화점은 260~371°C 이다 　*출처 : 한국산업안전공단 유해물질보건편람
전기에 의한 발화	① 전열기에 단락이 생기고, 단락부근에 융흔이 나타나면 전기합선에 의한 화재일 가능성이 높다. ② 과전류에 의한 전선은 손상된 부근과 손상되지 않은 부분의 경계가 명확치 않으며 내부에서 외부로 탄화가 진행된 흔적이 있다. ③ 누전에 의한 화재인지 여부는 누전점, 접지점, 발열점 중 두 가지 이상 입증되면 누전화재로 볼 수 있다. ④ 최근 전기요금이 급증하였거나, 휴즈가 자주 나갔거나, 감전사례가 있거나, 건물일부에 전기가 잘 들어오지 않았거나, 전등의 밝기가 고르지 않았다면 누전사고를 의심할 수 있다. ⑤ 전기용품 중 고장이 잦은 것이 있거나, 신제품을 구입하였는데 바로 고장이 난 경우 등

(7) 연쇄 방화범의 특징

1) 방화의 동기

범행의 동기는 분노표출·개인원한·사회적열등감·가정불화 등이 대부분이며(60.9%), 그 다음이 정신이상 및 정신질환·음주후 습관 등(20.3%), 욕구충족과 스트레스해소·호기심 (10.5%), 기타(8.3%) 로 나타났다(2016, 한국형사정책연구원).

▷ 방화범의 범행시 정신상태는 장애상태가 아닌 정상 심리상태인 경우가 더 많았으며(59%), 그 다음이 알콜에 의한 판단 및 이성적 사고의 둔화 상태(37%)였다. 진정한 정신장애 상태는 4%에 불과 했다.

2) 방화범의 성향

① 범인은 대개 말이 적고 남이 다니지 않는 곳을 잘 다니는 등의 반항적, 냉소적 성격의 소유자가 많다.

② 범인은 죄의식이 희박하고 애정결핍상태인 외톨이형 단독범이 많다.

③ 방화범의 대부분은 결손 가정에서 성장한 경우가 많았다. 홀어머니 밑에서 성장하였거나(13%), 재혼한 부모 또는 양부모 밑에서 자란 사람(11%), 대리가정에서 자란 사람(9%), 다른 친척 밑에서 성장한 사람(6%), 홀아버지와 산 사람 (4%) 등이 비교적 많았다.

3) 방화범의 연령·직업 등

① 방화범은 남성이 여성보다 많으며, 연령면에서는 30대가 가장 많고(28.3%) 그다음 20대와 40대가 비슷하며(각 23%), 미성년자도 8%정도에 이른다.

② 직업면에서는 무직자가 가장 많고(53.4%), 그다음 일용직(23%), 정규직(19.6%), 임시직(4%) 순이다.

③ 학력면에서는 대체로 낮게 나타났으며, 저학력 수준일수록 많다.

④ 전과자의 비율이 전체 방화자의 53%에 해당한다.

4) 방화범의 행동반경 등

① 연쇄방화범은 대개 자신의 생활 근거지(주거지)를 중심으로 도보이동 가능한 동일구역 2Km 정도 이내에서 방화하는 경우가 많다(방화범죄자의 프로파일링 연구에 따르면 연쇄방화범의 행동반경은 0.5km 이내가 20.3%, 1.6km 이내가 50%, 3.2km 이내가 70% 였음 (궁금한 이야기Y)

② 범행시간은 대체적으로 심야 또는 새벽을 택하는 경우가 많으며, 주택이 그 대상이 되는 경우가 많다(주거밀도가 높은 상가도 대상이 되는 등 대상불명성).

③ 방화재료(종이류나 목재류 등 불쏘시개)를 현장에서 바로 활용하는 경우가 많다.

2. 사체의 현상으로 보는 사망시간과 사인(死因)

(1) 사체의 변화 진행과정상 여러 특징

구 분	내 용
사체초기 현상	1) 사체의 초기현상은 사체냉각 → 사체건조 → 각막혼탁 → 사체얼룩 → 사체경직 현상으로 변한다. ① 사체냉각 　㉠ 대체로 사후 10시간 이내에는 시간당 1℃씩, 이후에는 시간당 0.5~0.25℃씩 하강하며, 사후 16~17시간이 경과하면 주위온도가 같아지게 된다. 　㉡ 남자가 여자보다, 마른사람이 비만인 사람보다, 소아나 노인이 젊은 사람보다, 만성소모성질환자는 건강한 자보다 체혼하강(냉각)의 속도가 빠르다. 　㉢ 습도가 낮고 통풍이 잘되면 냉각속도가 빠르다. 　▷ 사체의 체온은 일반적으로 직장(直腸) 내의 온도를 측정하는데 이는 직장의 온도가 다른 기관에 비해 비교적 안정적이고 측정 오차가 낮기 때문이다. ② 사체건조 　피부·입술·항문 등 외부에 노출되어 있는 부분이 가죽처럼 빳빳해지는 피혁상화(皮革狀化) 현상이 생긴다(외상부위는 더 빨리 건조한다). ③ 각막혼탁 　12시간 전후에서 각막이 안개가 낀 것처럼 흐리기 시작하여, 24시간 경과하면 각막, 동공 모두 흐리게 되고, 48시간이 경과하면 불투명하게 된다. ④ 사체얼룩(시반, 屍班) 　㉠ 혈액취하(血液就下)로 시체하부의 피부가 암적갈색으로 변하는 현상을 시반이라고 하는데 이 시반의 형성과정과 형태에 따라 사망시각추정과 사망당시의 자세를 확인 할 수 있다(시체얼룩은 일반적으로 암적색을 띠나 시체하방부의 피부는 암적갈색으로 변한다).

구 분	내 용
	ⓒ 시반은 사후 30분~1시간 정도면 나타나고, 사후 4~5시간 정도 지났을 때 지압을 하면 시반이 일시 사라지고 하얀색을 띠나 사후 10시간 이상 경과하면 적혈구가 조직내로 스며들어 지압을 가해도 색깔이 변하지 않는다. ⊃ 시반과 피하출혈은 외견상 혼동하기가 쉽다. 시반을 피하출혈로 오인하여 타살로 판단하거나, 피하출혈을 시반으로 여겨 타살을 간과하게 되는 경우에 유의해야 한다. ⑤ 시체경직 ㉠ 시체경직은 사후 2~4시간에 턱관절에서부터 시작하여 6~8시간이면 전체근육에 미치고 12시간정도면 온몸이 굳는다(경직순서는 통상 턱관절 → 목·어깨관절 → 팔·다리 → 손가락 → 발가락 순으로 이어짐). ⓒ 어린이와 노약자는 경직이 약하게 나타나고 빨리 풀리나, 건장한 사람일수록 경직이 강하게 나타나고 천천히 풀린다. 패혈증, 급성 열성질환, 인(燐)중독의 경우는 경직이 약하고, 급사체는 경직의 지속시간이 비교적 길다.
사체후기 현상	2) 시체의 후기현상은 자가용해 → 부패 → 미라화 → 시체밀랍화 → 백골화 현상으로 진행된다. ① 자가용해 세포가 지니고 있는 자가효소에 의해 세포간 결합이 분해·붕괴 되어 조직이 연화되는 현상 ② 부패 사망 후 일정한 시간이 지나면 체내외 미생물에 의해 질소화합물이 분해되면서 시체가 유기적 상태에서 무기적 상태로 변화하는 과정 ⊃ 부패에 영향을 미치는 여러 요소 ▷ 공기: 공기에 노출된 것일수록 부패의 진행이 빠르다(공기에 노출된 시체가 1주에 부패된다고 볼 때, 수중(水中)의 시체는 2주, 땅속의 시체는 8주에 부패된다. 이를 Casper의 법칙, 즉 주위 환경에 따른 부패진행 법칙이라 한다) ▷ 온도: 보통 10℃에서 부패는 시작되고 25~37℃사이 일 때 부패속도가 빠르다.

구 분	내 용
	그 이상의 고온에서는 수분 증발로 부패보다는 미이라로 급진행하게 된다(5℃ 이하 일 때는 부패가 거의 일어나지 않고, 0℃이하 일 때는 사체의 분해가 정지된다). ▷ 습도: 사체 내외의 습도가 높을수록 부패는 빨리 진행된다(60~66%일 때 부패에 최적이다) *공기·온도·습도를 부패의 3대 조건이라고도 한다. ▷ 미생물: 일반적으로 미생물이 많이 번식하는 곳에서 부패의 진행이 빠르다 ▷ 성별과 연령: 보통 여자가 남자보다 빨리 부패되며, 수분이 많은 젊은 사람의 시체는 노인의 시체보다 빨리 부패된다(신생아는 체내에 부패의 요인이 되는 특정 세균의 존재가 적어 거의 부패되지 않는다) ▷ 질병과 영양: 패혈증, 세균성 전염병으로 사망한 시체는 부패 진행이 빠르고, 탈수증에 의한 사체는 상대적으로 부패 진행이 느리다. 또한 비만의 사체가 마른 사체보다 부패가 빠르다. ③ 미라화 비정형적 부패의 일종으로 사체의 건조(乾燥)가 부패나 분해보다 빠를 때 나타나거나 수중(水中) 또는 수분이 많은 지중(地中)에서 나타난다. ④ 사체 밀랍화(蜜蠟化) 사체가 화학적으로 분해되어 밀랍(꿀벌의 분비 액질)과 같은 지방산 또는 그 화학물로 변한 상태를 말하며, 주로 수중 또는 수분이 많은 지중(地中)에서 나타나는 비정형적 부패의 일종이다. ⑤ 백골화 부패가 진행되어 뼈만 남은 상태를 말하며 상태에 따라 그 진행속도가 다르나 일반적으로 성인시체는 7~10년 후, 소아는 4~5년 후 완전 백골화 된다.

(2) 사체의 상태로 추정해 볼 수 있는 사망시간

사체의 변화 정도에 따라 사망시간을 추정해 볼 수 있는데 일반적으로 위장관(胃腸管)내 음식물의 소화상태, 혈액의 취하(就下)에 따른 시반(屍班, 얼룩)정도, 체온의 하강정도, 사체의 경직(硬直)정도, 사체의 부패정도, 각막의 혼탁정도, 시신에 발호하는 곤충의 성장 속도 등이 사망시간을 가늠하는 기준이 된다.

구 분	상 태	추정되는 사망시간
위장관(胃腸管)내 음식물	위에 음식물이 가득한 채 소화가 진행되지 않은 상태	식사 직후 사망
	위와 장에 음식물이 일부 남아 있으나 소화가 어느 정도 진행된 상태	식사 2~4시간 이후 사망
	소화가 완전히 진행되어 위와 십이지장이 비어있는 상태	식사 5~6시간 이후 사망
시반(얼룩)및 사체의 경직·이완	사체에 얼룩은 약하게 나타나 있지만 사체굳음은 아직 나타나지 않은 상태	1시간 전 쯤
	경미한 얼룩이 있고 아직 턱뼈와 목뼈관절에만 굳음이 온 정도의 상태	2~3시간 전 쯤
	사체의 얼룩진 자리가 이리저리 바뀌고, 사체 굳음이 팔관절까지 나타나며, 손으로 사체 굳음을 풀었을 때 다시 굳는 상태	4~5시간 전 쯤
	사체의 얼룩이 군데군데 뚜렷하게 나타나고, 다리 관절까지 굳는 상태	7~8시간 전 쯤
	사체의 얼룩에 압력을 가하거나 문질러도 퇴색되지 않고, 손가락 관절에까지 굳음이 나타나며, 각막이 안개처럼 흐려졌을 때(사체의 모든 관절이 굳은 상태)	10~12시간 전 쯤
	복벽(腹壁, 배 안 앞쪽의 벽)에 부패를 보이는 변색이 출현하기 시작하는 상태(이때 쯤 입, 코, 눈 등에 파리 및 구더기가 나타나기 시작한다)	24시간 전 쯤
	턱뼈관절의 굳음이 풀리기 시작할 때	30시간 전 쯤
	팔의 굳음이 풀리기 시작할 때	36시간 전 쯤
	각막(동공)은 불투명 하고, 다리의 굳음이 풀리기 시작할 때	48시간 전 쯤
	복벽(腹壁)과 배꼽, 사타구니 부위 등이 부패로 강하게 변색되고 여러 곳에서 부패성 수포가 생긴 상태	2~3일 전 쯤
곤충 발호	구더기가 번데기로 변했을 때	8일 전 쯤
	번데기가 허물을 벗을 때	3주 전 쯤
백골화	백골화(또는 시체 蜜蠟현상)	수개월 이상 된 사체

(3) 유형별 자·타살 구별

구 분	자 살	타 살
변사자의 경우	① 주로 누구나 이해 할 수 있는 장소에서 이루어진다((야산 등산로 주변, 불전, 묘지, 자가 등) ② 유서나 작별전화, 신변정리, 사후부탁 등 징후를 남기는 경우가 많다. ③ 비교적 깨끗한 의복을 착용하고 사후 자신의 모습에 신경을 쓴 흔적이 있다(목욕, 이발, 화장 등). ④ 창상부위가 자신의 손으로 자해할 수 있는 부위와 급소에 위치해 있고, 치명상이 하나 또는 둘 뿐이며, 규칙적인 주저흔(躊躇痕)이 있다. ⑤ 흉기는 대개 1개이고 변사자 주위에서 발견되는 경우가 많다. ⑥ 현장 주변이 잘 정리되어 있고 자물쇠는 내부에서 시정되어 있다.	① 사람의 왕래가 거의 없는 곳이나 쉽게 발견되지 않는 곳 또는 실내에서 이루어지는 경우가 많다 ② 유서가 없으나 자살로 위장키 위한 위장유서가 있을 수 있다. ③ 평상복차림에 의복이 벗겨져 있거나 용모, 복장 등이 매우 훼손된 경우가 많다. ④ 창상부위가 자신의 손으로 자해 할 수 없는 곳에 위치해 있고 여러 곳에 치명상과 불규칙적인 방어흔(防禦痕)이 있다. ⑤ 흉기는 수개인 경우가 많고 변사자 주변에서 발견되지 않는 경우가 많다(증거인멸을 위해). ⑥ 현장이 흐트러져 있으며 시체위에 이불, 옷, 수건 등이 덮혀져 있거나 사체와 그 주변이 더럽혀 진 경우가 많다.
손상사 (損傷死, 외상사)인 경우	① 흉기는 예리하며 1개가 보통이고 손에 쥐고 있거나 시체주변에서 발견된다. ② 대개 치명상은 1개정도이며 손이 닿는 부위에 존재한다(많이 사용하는 손의 반대측에 손상이 있다)	① 흉기는 주로 2개 이상인 경우가 많고, 범행 후 시체와 먼 곳에 버리는 경우가 많다. ② 치명상은 여러 곳이고, 등이나 목덜미, 뒷머리 등 손이 잘 미치지 않는 곳에서도 창상이 발견된다.

구 분	자 살	타 살
	③ 주저흔(躊躇痕)만 있고 방어흔(防禦痕)이 없다. ④ 손상이 집중(규칙적)되어 있으며 상호 평행한(일정한) 방향을 취한다. ⑤ 자살자는 주로 날이 있는 도구를 사용하기 때문에 베인 상처(절창), 찔린 상처(자창)가 발견된다. ⑥ 자살자는 대개 옷을 걷어 올리고 자해를 가하기 때문에 옷에는 손상 흔적이 없는 경우가 많다.	③ 주저흔(躊躇痕)은 없고 방어흔(防禦痕)만 있다. ④ 손상이 여러 방향(불규칙)을 이루고 있는 경우가 많다. ⑤ 둔기, 예기 등 사용한 흉기에 따라 여러 가지 다양한 형태가 나타난다. – 큰칼상처(할창)에 의한 사망은 대개 타살이다. ⑥ 타살의 경우 피해자의 방어에 기인한 난자, 난타의 특성상 옷을 입은 채로 손상되는 경우도 많다.
총기에 의한 사망인 경우	① 신체(피부)에 접촉하여 총기를 발사 : 접사(接射) ② 사체 손 주변에서 총기가 발견되고 사자(死者)의 손·소매 등에서 화약흔이 발견된다(주로 급소에 창상) ③ 피부에 밀착되지 않은 상태 (0.5~1cm 이내)에서 발사된 경우 일반적으로 총알 입구의 크기가 탄환의 직경보다 작게 나타난다. ④ 총기를 떨어뜨린 자국이 있거나 총구나 방아쇠 뭉치 등에서 흙 또는 먼지나 이물질이 발견되는 경우 자살일 가능성이 높다	① 신체와 접촉되지 않은 거리에서 총기를 발사 : 근사(近射, 소총 1~2m, 권총40cm 내외)) 또는 원사(遠射, 근사 이상의 거리) ② 사자(死者) 이외의 주변 물체에서도 화약흔이 발견 된다. ③ 급소·비급소 불문하고 창상이 발생한다. ④ 원사의 경우 상처 가장자리 피부에 '오물고리(화약잔사분말이나 기름, 녹 등 오물이 상처 가장자리에 부착되는 것)'와 '까진고리(피부가 함몰·박탈)' 현상이 나타난다. ⑤ 근사의 경우, 그을음 부착형상은 거리가 멀수록 직경은 커지고, 밀집도는 감소하기 때문에 사거리 추정에 도움이 된다.

구 분	자 살	타 살
질식사 (목맴, 끈졸림, 손졸림)	① 일상적으로 사용되는 것 중에서 피부 접촉시에 아프지 않은 끈을 선택하는 경우가 많다. ② 먼저 감는 것이 강하며 여러 번 감는 경우가 많으나 매듭이나 올가미 처리가 서툰 경우 이다. ③ 현장은 평상시 그대로 자연스러움을 유지 하고 있으나, 보조물이 발견되는 경우가 있다. ④ 저항흔(抵抗痕)이 없다. ⑤ 혀와 눈알이 돌출되는 경우가 많다. ⑥ 끈자국은 목의 윗부분에 위치하고 비스듬이 위쪽을 향한다 ⑦ 전형적 목맴의 경우 눈에 점출혈이 적고 얼굴은 창백하다. 또 발등은 암적색을 띠며 체액이 누출 되는 경우가 많다. ⑧ 사체얼룩이 체위에 합당하게 하반신에서 발견된다.	① 전기줄같은 완강한 줄을 사용하는 경우가 많다. ② 한 번에 강하게 감는 특징이 있고 매듭이나 올가미 처리가 특수한 경우 타살 가능성이 높다. ③ 현장은 자연스러운 듯 위장시켜 놓는 경우가 많다(보조물이 거의 발견되지 않으나 위장보조물에 유의하여야 함). ④ 저항흔(抵抗痕)이 있는 경우가 대부분이다. ⑤ 피해자의 목부위에서 손톱자국이 있거나 방패연골부위에 끈자국이 발견되면 타살(끈졸림사)로 볼 수 있다. ⑥ 대개 끈자국이 목맴보다 목의 아래쪽에 있고 수평으로 나타난다 ⑦ 눈꺼풀 결막에 점출혈이 많고, 얼굴은 일반적으로 암적색 부종을 보인다. ⑧ 시체얼룩이 체위에 합당하지 않은 부위에서도 나타난다.

(4) 시반과 피하출혈로 본 사인(死因)

시반 (屍班, 시체의 얼룩)	피하 (皮下, 피부 밑)출혈
① 시반은 사후에 누구에게나 자연적으로 나타나는 현상이다.	① 생존해 있을때 외부의 충격(타격)에 의해 생긴 현상이다.
② 사체의 혈액 취하(就下)로 사체 하반부에 나타난다.	② 외부로부터 타격받은 특정 부위에만 나타난다.
③ 사후 초기(사후 19시간 정도 까지)에는 마사지나 지압으로 잠시 퇴색 하기도 한다.	③ 지압 등으로 퇴색되지 않는다.
④ 둔기의 작용시 나타나는 종창(腫脹, 염증 등으로 부어 오름)의 흔적이 없다.	④ 둔기의 작용에 의한 종창(腫脹, 염증 등으로 부어 오름)이 있다.

▷ 피하출혈은 타살의 징표일 수 있다. 시반은 혈액 취하에 따라 모든 사체에서 나타나는 현상임에 반해, 피하출혈은 살아 있을 때 외부 타격으로 생긴 출혈이므로 피하출혈이 있는 사체의 경우 타살되었을 가능성이 매우 높다.

3. 마약류 남용 및 밀반입·유통 등 탐지

(1) 마약류의 정의

1) 세계보건기구(WHO)가 내리는 마약류의 정의

① 약물 사용에 대한 욕구가 강제적일 정도로 신체적·정신적 의존성이 강하고

② 투약 회수를 거듭 할수록 사용약물의 양이 증가하는 경향(내성)이 있으며,

③ 이를 중단할 경우 신체적으로 고통과 부작용이 따르는 금단현상 등이 나타나고

④ 개인에 한정되지 않고 사회에도 해를 끼치는 약물이라고 정의하고 있다.

2) 「마약류 관리에 관한 법률」상 정의

마약류란 마약, 대마, 향정신성의약품을 말한다(이하 분설 생략).

(2) 마약류 범죄의 위태성(특성)

1) 제조의 은밀성과 접선의 치밀성, 도마뱀식 점조직으로 이루어진다.

2) 조직의 안전(비밀)유지를 위해 내부 이탈자나 외부 접근자에게 잔혹함을 보인다.

3) 국제적 전문조직 범죄이다(제조·소비·돈세탁까지 범죄루트와 조직이 광역화 되어 있다).

4) 재범율이 높은 상습범이다

5) 피해자가 없는 범죄이다(직접적인 피해자가 없어 수사상 협조를 구하기 어렵다) - 위장조사(함정수사)의 필요성

6) 타범죄의 원인 제공과 연계성

7) 과거에는 일부계층이나 특수한 경우에 주로 사용되어 왔으나 근래에는 소득이나 직업 등과 무관하게 사용층이 확산되고 있음

(3) 마약류 규제 법률 및 단속 관련 기관

마약류의 오·남용과 제조·밀거래 등을 효과적으로 방지하기 위하여 종래의 향정신성의약품관리법, 마약법, 대마관리법을 폐지하고 '마약류관리에 관한 법률'로 일원화 하였다(형법상 '아편죄'는 존치되고 있으나 '마약류관리에 관한 법률'의 우선 적용으로 사실상 유명무실)

1) 마약류 관리에 관한 법률상 주요 벌칙

① 마약이나 임시마약을 수출입·제조·매매하거나 매매를 알선한 자 또는 그러할 목적으로 소지·소유한 자

▷ 무기 또는 5년 이상의 징역에 처한다(법 제58조①).

② 향정신성의약품 또는 그 물질을 함유하는 향정신성의약품을 소지·소유·사용·관리한 자

▷ 1년 이상의 유기징역에 처한다(법 제59조①).

③ 향정신성의약품을 사용하거나, 향정신성의약품과 관련된 금지된 행위를 하기 위한 장소·시설·장비·자금 또는 운반 수단을 타인에게 제공한 자

▷ 10년 이하의 징역 또는 1억원 이하의 벌금에 처한다(법 제60조①).

④ 향정신성의약품 또는 그 물질을 함유하는 향정신성의약품을 매매, 매매의 알선, 수수, 소지, 소유, 사용, 관리, 조제, 투약, 제공한 자 또는 향정신성의약품을 기재한 처방전을 발급한 자

▷ 10년 이하의 징역 또는 1억원 이하의 벌금에 처한다(법 제60조①).

⑤ 대마 또는 대마초 종자의 껍질을 흡연하거나 섭취한 자

▷ 5년 이하의 징역 또는 5천만원 이하의 벌금에 처한다(법 제61조①).

2) 마약류 단속 관련기관

① 검찰(지검 및 지청 마약수사반) 및 경찰청 수사국 마약지능수사과 등
② 국가정보원 : 국가 안보적 차원에서 마약정보센터 운영(마약퇴치업무)
③ 관세청 : 공항, 항만 등에서 밀수 단속
④ 보건복지부 : 마약관리 및 마약사범치료 등 사후관리
⑤ 국립수의과학 검역원, 국립식물검역원 등도 마약단속과 검역업무를 행하고 있다.

(4) 마약류의 분류

분 류		종 류	남용효과
향정신성 의약품	각성제 (흥분제)	메스암페타민(필로폰=히로뽕), 암페타민류, 펜플루라민, 암페르아몬, 엑스터시(MDMA, XTC, 도리도리), 야바(yaba), GHB(물뽕) 등	환시, 환청
	환각제	LSD, 페이요트, 사일로사이빈, 메스칼린	환각, 예측불허행위
	억제제	바르비탈염류제, 챠바르비탈염류제, 벤조디아제핀염류제류	기억손상, 호흡기장애
마약	천연마약	앵속(양귀비), 아편, 헤로인, 모르핀	도취감, 신체조정력 상실
		코카나뭇잎, 코카잎	흥분, 정신혼동
	합성마약	페치딘계, 메사돈계, 프로폭시펜, 벤조모르핀	도취감, 신체조정력 상실
대마		대마초(마리화나), 대마수지(해쉬쉬), 대마수지기름(해쉬쉬오일)	도취감, 약한 환각

(5) 마약류 투약자 증상(약물반응) 등

① 약물의 약리작용에 따라 구토, 설사, 복통, 현기증, 식은땀이나 떨림증이 나타나기도 한다.

② 특유의 냄새가 나고, 코를 킁킁거린다.

③ 시선을 한 곳에 두지 못하고, 몹시 안절부절, 횡설수설하는 등 주의가 산만하다.

④ 팔꿈치 등 피부에 혈관주사 흔적이 있거나 피부를 마구 긁어 온 몸에 상처투성이가 되는 경우가 있다.(이를 감추기 위해 여름에도 소매가 긴 옷을 입는다)
  - 결정적 단서가 되는 경우가 많다.

⑤ 같은 행동을 반복하며 말이 많아지고, 피해망상·폭력성을 수반한다(특히 필로폰)

⑥ 입이 마르는 현상으로 쩝쩝대며 물을 많이 마시게 된다.

⑦ 사람을 껴안고 싶은 신체적 접촉욕구와 강한 성욕을 보인다(특히 엑스터시).

⑧ 투약 작용으로 광란끼를 보이거나 지칠 줄 모르고 날뛰다가 약효가 떨어지면 비실거리며 몸을 제대로 가누지 못한다.

⑨ 마약 투약자는 일반적으로 신체기능 조정능력상실, 동공축소, 눈물, 콧물, 오환, 발한, 졸림, 식욕감퇴, 수면, 불안, 멍청함, 체중감소로 굽은 듯한 자세(히로뽕, 마약, 코카인) 등의 현상을 보이는 경우가 많다.

⑩ 마약류 사용자들은 동공의 확대, 축소를 감추기 위해 부적절한 장소와 시기에도 색안경을 쓴다(히로뽕, 환각제, 마약, 대마초 등).

⑪ 숙박업소에 입실 후 금방 퇴실한 사람의 방(쓰레기통)에서 1회용 주사기가 발견되거나 특유의 냄새가 나는 경우.

⑫ 약솜이나 1회용 주사기, 증류수 등을 소지하고 있는 사람.

⑬ 병원이나 약국에서 약품을 훔치기 위해 지하나 창고 등을 노리는 사람.

(6) 마약류 투약 감정

마약류 감정이 가능한 생체시료는 소변·모발·혈액·손톱·발톱·땀·타액 등이 있으나, 이 중 소변과 모발검사가 시료채취의 용이성과 함께 신뢰도가 높은 것으로 평가되고 있다.

소변검사	필로폰(히로뽕), 대마, 유해화학물질 등	① 마약류 복용 감정에는 일반적으로 30ml의 뇨량이 필요하다. ② 생아편과 모르핀·대마·히로뽕의 경우 72시간 이내, 페치딘·메사돈·LCD는 48시간 이내, 헤로인은 40시간 이내에, 메스칼린은 24시간 이내에, 본드는 16시간 이내에, 기타유해화학물질은 3일 이내에 채취해야 한다. ③ 소변검사를 통해 수개월 전에 투약한 것은 알 수 없다.
모발검사	필로폰(히로뽕), MDMA(엑스터시), 대마	① 모발은 수개월전(약6~9개월) 마약 복용 여부도 감정이 가능하나 감정에 약15일 이상이 소요된다. ② 모발검사는 현재 필로폰과 MDMA(엑스터시), 대마 복용자에 한해 신뢰도가 인정되고 있다. ③ 모발은 전·후 두부에서 모근이 붙은 30~50수 이상 필요하다.

(7) 마약류 밀반입 수법과 경로, 적발실적 등

1) 밀반입 수법의 교묘화

① 신체 은밀부위 이용(항문, 음부, 유방, 허벅지 안쪽 등) - 밀반입의 절반 가량이 이 수법에 해당

② 콘돔이나 포크카드, 엽서, 책 등 일상용품에 도포 또는 흡착시키는 방법

③ 대마류의 경우, 쌀 등 농산물에 혼합하여 컨테이너로 들여오는 수법

④ 완구류나 장식품의 볼트 등에 숨기는 수법

⑤ 다른 캡슐약을 이용하여 캡슐 속 내용물을 바꿔 넣기 하는 수법

⑥ 베게속이나 조미료캔, 서화, 족자, 연고 속에 숨기는 수법

⑦ 물건상자 아래 또는 청바지 제봉선 안에 숨기거나, 가방 또는 신발의 밑창이나 옆 부분에 숨기는 수법

⑧ 유아의 우유병이나 팝콘봉지 등에 숨기는 수법

⑨ 터번처럼 감는 옷이나 목도리 등에 숨기는 수법

⑩ 여성의 긴 머리나 퍼머 등 헤어 디자인을 이용하여 머리카락 속에 숨기는 수법

⑪ 마약을 표고버섯이나 작은 포대의 찻잎 등으로 위장하거나 양념 속에 숨기는 수법

⑫ 화물선 선원을 이용하여 중국에서 일본으로 갈 마약을 마약청정국인 한국을 통해 일본으로 보내는 수법

⑬ 원형 초콜릿을 잘라 그 가운데 넣어 낱개로 재포장 하는 수법(일명 가면 쓴 초콜릿)

⑭ 마약을 액체로 녹여 운반해서 액체를 증발시키면 정제된 마약이 남는 것을 이용한 수법 등

2) 밀반입 경로의 다양화

① 일반적으로 중국이나 홍콩 → 한국 → 일본의 경로가 대부분이었으나,

② 최근에는 아프리카(케냐, 남아공) → 아랍 에미리트·독일 → 한국 → 미국 경로와

③ 캐나다 → 한국 → 대만 루트가 적발되기도 한다.

(8) 주요 마약류의 개별적 특성

1) 아편(阿片, opium)

① 양귀비의 열매, 잎, 줄기 등에는 아편 성분이 다량 함유되어 있는데 가장 많이 함유되어 있는 부분은 열매이다. 이 열매가 익기 전에 열매 껍질에 상처를 내 백색 액즙을 채집하여 덩어리로 건조시킨 것(생아편)과 가공한 것을 아편이라 한다.

　* 양귀비 또는 양귀비의 열매를 앵속(poppy)이라고도 한다.

② 생아편(生阿片)은 주로 모르핀, 헤로인 등의 원료로 사용되지만, 그 자체로도 중추신경억제 작용이 강한 마약이다. 파이프에 의한 흡연이 일반적 사용방법이다(아편이 불에 탈 때 나오는 달콤한 향기를 흡입하면서 환각상태에 빠진다)

③ 앵속(양귀비 또는 양귀비의 열매) 그 자체의 액즙은 역거운 암모니아 냄새가 나나, 건조되거나 가공된 아편은 불에 탈 때 달콤한 향기를 낸다.

2) 모르핀(Morphine)

① 모르핀은 생아편을 화학적 처리를 통해 얻은 알카로이드물질로 헤로인, 코데인 등의 원료로 사용되기도 하나 그 자체로도 마약성이 높다.

② 모르핀은 암(癌)과 같은 말기질환자의 진통목적이나 지사제(설사약)로 많이 사용되고 있다.

③ 모르핀은 분말, 분말덩어리, 정제, 캠슐, 앰플 형태로 제조되며 일반인은 통상 앰플형태의 모르핀을 정맥주사로 남용한다(도취감, 신체조정능력상실).

3) 헤로인(Heloine)

① 헤로인은 모르핀을 아세트산 무수물로 특수 처리하여 얻는데 보통의 모르핀보다 4~8배나 강한 효과가 있으며, 독일 바이엘사에서 Heroin이라는 진통의약품으로 처음 개발되었다. .

② 헤로인의 가장 큰 특성은 정맥주사 후 몇 초 내에 무아지경의 상태를 맛보게 된다. 2~4시간 정도 이완과 만족감을 느끼며 가면상태에 빠진다. 헤로인의 독성은 모르핀에 비해 10배 이상 강하며 따라서 금단증상도 매우 심하다.

③ 헤로인은 통상 순백색, 우유색, 암갈색을 띠는데 순백색이 가장 순도가 높고 효과가 강력하며 물에 쉽게 용해되므로 고가로 거래되고 있다.

4) 코카인(Cocaine)

① 코카인은 주로 남미 안데스산맥에서 자생하는 관목식물인 코카나무의 잎에서 추출된 알칼로이드를 농축·결정시킨 마약으로, 효과가 강력하여 소량의 사용으로도 위험성이 높아 주로 미세한 분말을 코로 흡입하며, 코의 점막을 통해 흡수된 코카인은 15~40분 정도의 각성 및 가벼운 도취감을 느끼게 해준다(코카인은 신경과 눈, 코, 인후의 점막을 자극하는 것을 방해하기 때문에 마취제로 사용됨).

② 코카인은 코로 흡입하는 방법을 사용하기 때문에 코에 천공이 생길 수 있으며, 코카인 남용자들의 경우, 피부속에 기생충이나 뱀이 기어다니는 듯한 환촉현상(Cokebugs)으로 피부를 마구 긁어 온 몸에 상처투성이가 되기도 한다.

③ 황홀감의 상승과 연장을 위해 헤로인과 혼합하여 정제화한 스피드 볼(speed ball)과 함께 최근에는 반죽형태로 된 프리베이스(Free Base)가 증가하고 있다. 코카인은 강력한 중추신경계 흥분제로 각성효과가 뛰어나 운동선수들이 경기력향상을 위하여 복용하기도 한다.

5) 메스암페타민(Methamphetamine, 필로폰 = 히로뽕)

① 필로폰은 메스암페카민의 속칭으로서 1919년 피로회복제 Philopon에서 유래된 것이다. 미국에서는 아이스(Ice), 필리핀에서는 샤부(Shabu), 대만에서는 아이타민이라고도 불린다 (우리나라에서는 주로 필로폰 또는 히로뽕으로 불리고 있으나 화학명은 '메스암페타민'임).

② 투약방법은 정맥혈관에 주사(1회 투약량은 약 0.02~0.05g 정도, 심한 중독인 경우 0.1g 까지 사용), 음료수에 섞어 음용, 빨대 이용 코로 흡입, 가열하여 연기를 낸 후 파이프를 이용하여 코로 흡입하는 방법 등이 있다.

③ 필로폰은 각성제(흥분제)로 분류될 수 있다. 성교시 강한 쾌감과 함께 성교시간을 연장해 주나(중추신경흥분작용), 식욕이 감퇴하고 환시, 환청을 경험한다. 또 같은 행동을 반복하며 말이 많아지고, 피해망상·폭력성을 수반한다.

6) 야바(YABA, 신종 필로폰)

① 야바는 태국 등 동남아시아 지역에서 야마(YahMah : 미치게 하는 약)로 호칭되고 있다. 야바는 세계의 마약왕으로 군림했던 '쿤사'가 개발한 것으로 '말처럼 힘이 솟고, 발기에 좋은 약'이라고 하여 'horse medicine'으로 통용되고 있다.

② 대개 붉은 알약의 형태를 띠나 적갈색·오렌지·흑색·녹색 등 여러 가지 색으로 제조되어 유

흥업소 종사자, 육체노동자, 운전기사 등을 중심으로 급속히 확산되고 있다.(태국 등 동남아시아 지역에서 주로 생산)

③ 야바는 원재료가 카페인·코데인 등 화공약품이 관계로 양귀비의 작황에 좌우되는 모르핀이나 헤로인과는 달리 안정적인 밀조와 공급이 가능하다.

7) 엑스터시(XTC=MDMA, 도리도리)

① 1949년 독일에서 식욕 감퇴제로 개발된 후 유럽·미국 등지에서 주로 남용되어 왔으나 최근 우리나라에서도 유학생 등 젊은 층을 중심으로 확산되고 있다.

② 기분이 좋아지는 약, 포옹마약(Hug Drug), 클럽마약, 도리도리 등으로 지칭되고, 투약 후 20~60분 후 효과가 나타나며, 4~6시간 정도 지속된다. 그러나 약리작용으로 식욕상실, 혼수상태, 정신착란 등을 일으키기도 하며 과다복용 시 사망하기도 한다.

③ 투약 후 부작용(발한)으로 물을 많이 마시게 되며, 사람을 껴안고 싶은 신체적 접촉욕구가 강하게 일어나는 것을 대표적인 특징으로 한다.

8) GHB(물뽕)

① 무색·무취하며 주로 소다수 등 음료에 타서 복용한다하여 "물같은 히로뽕"이라는 뜻으로 '물뽕'으로 불리기도 한다.

② 미국, 캐나다, 유럽 등지에서 성범죄용으로 악용되어 '데이트 강간약물(Date Rape Drug)'이라고도 하는데, 사용 후 10~15분 후에 효과가 발현되고, 3~4시간 지속된다(알콜류에 타서 마시면 효과가 급상승함).

③ 약물효과는 기분이 좋아지고 취한 듯 하면서 몸이 쳐진다. 24시간 내에 인체를 빠져나가기 때문에 사후추적이 곤란하다.

9) L.S.D

① 잔디곰팡이인 맥각균에 의해 생성된 곡식이나 곡분에 기생하는 맥각의 주성분인 맥각알칼로이드를 분리·가공·합성한 환각제이다.

② LSD(Lysergic acid diethylamide)는 가장 강력한 환각제로 1온스(약 28g)로 30만회 투약가능, 1회 복용량은 100~200 마이크로그램이다. 효과는 30~60분 내에 작용하며 8~10시간 동안 지속된다.

③ 극소량으로도 효과가 발현하기 때문에 빵이나 과자류에 발라 두거나 우표나 종이 등에 묻혀 두었다가 뜯어(핥아) 먹는 방법을 쓰기도 한다. 복용 후 정신병(정신분열증)과 유사한 이상행동을 일으키는 경우가 있다.

10) S정(카리소프로돌)

① 중추신경계에 작용하는 골격근육이완제(치료제)를 처방받아 환각제 대용으로 남용하는 경우가 있다.

② 습관적으로 복용 시 온 몸이 뻣뻣해지고 뒤틀리며 혀 꼬부라지는 소리를 내는 등의 금단증상이 올 수 있고, 과다복용하면 치명적인 인사불성, 쇼크 등으로 사망에 이를 수도 있다.

③ 러미나와 함께 여성들에게 살 빼는 약으로 알려져 있다.

11) 러미나(덱스트로메트로판)

① 의존성과 독성이 없는 중추신경 억제성 의약품으로 진해거담(鎭咳祛痰)을 위해 쉽게 처방되나, 다량 복용 시 환각작용을 느끼게 된다. 진해제로 처방받아 환각제(코데인) 대용으로 남용하고 있는 경우이다.

② 진해거담제로 처방 받은 후 환각작용을 맛보기 위해 본래의 복용량보다 훨씬 많은 양을 복용 할 경우 호흡장애나 정신장애·혼수상태 등으로 사망에 이르는 경우도 있다.

③ 보통의 약처럼 소량의 물로 복용하나, 청소년들 사이에서는 소주에 타서 마시는 경우가 많다하여 '정글주스'라 불리기도 한다. S정과 함께 여성들에게 살 빼는 약으로 알려져 있다.

12) 대마(大麻)

① 「마약류관리에 관한 법률」의 적용을 받는 대마(大麻)의 범위에는 '대마초'와 '대마수지(해쉬쉬)', '대마수지 오일(해쉬쉬 오일)'만을 말하며, 대마의 종자, 뿌리, 성숙한 대마의 줄기와 그 제품은 제외한다.

② '大麻草(대마초)'는 대마의 잎과 꽃대 윗부분을 건조시켜 담배형태로 만들어 피우는 환각제를 말하며, 일명 '마리화나(marijuana)'라고도 한다.

③ '大麻樹脂(대마수지)'는 대마초 정상 꽃대부분의 수지성 분비물을 알콜로 채취 또는 솥에 고아서 건조·농축한 것으로 외국에서는 '해쉬쉬'라고 부르며 대마초보다 효과가 높다. '大麻樹脂오일'은 대마초 또는 대마수지를 원료로 증류공정을 통해 최고도로 농축시킨 것을

말하며, 대마수지보다도 10배가량 높은 다행감(多幸感, Euphoria, 짧은 시간 동안 매우 강한 행복감과 그에 따른 흥분)을 느낀다.

13) 클럽약물(Club drugs)

① '클럽약물'이란 나이트클럽이나 무대, 밤샘 파티 등에서 황홀을 맛보기 위해 주로 사용되는 마약류를 지칭하는 말이다.

② MDMA(엑스터시), GHB, 메스암페타민(필로폰) 등 다양한 약물이 클럽약물로 사용되고 있으며, GHB와 같은 약물은 무색·무취·무미하여 몰래 넣어 둔 것을 모르고 마시는 경우가 많다.

③ 클럽약물을 투약하면 그 흥분효과로 열광적인 춤을 추거나 장시간 광기에 빠져들게 되는데, 주로 10대나 젊은 성인층에서 복용하는 경우가 많다. 이 약물을 복용한 후 흥분효과의 급상승(또는 지속)으로 성폭행 또는 강도 등의 범죄를 야기하기도 한다.

14) 프로포폴(Propofol)

① 프로포폴은 수면마취제의 일종으로 수면 내시경이나 성형수술 등에 주로 사용되는 정맥주사용 마취유도제이다. 미국에서는 Diprivan이라는 이름으로 시판되고 있으며, 우리나라에서는 일명 '우유주사'로 알려져 있다.

② 프로포폴 주사시 일부에서 황홀감(euphoria)이나 피로 회복감, 무의식 상태의 안정감을 가지며 이로 인해 약물 의존성이 발생되기 쉽다(마이클 잭슨은 불면증으로 인해 프로포폴을 투여 받았으며, 과량투여로 인한 호흡중지로 사망한 것으로 알려짐)

③ 프로포폴의 부작용으로는 무호흡, 혈압저하, 착란, 기관지나 복부의 경련 등이 있으나 수술시 전문의가 용량을 적절히 조절해 사용하면 부작용이 거의 없는 마취제이다.

15) 졸피뎀(Zolpidem)

① 졸피뎀은 약효가 빠르고(15분 이내에 약효), 지속시간이 짧은(2~3시간 지속) 수면제이다.

② 수면유도제로 처방받아 영화나 드라마에서처럼 상대에게 술 등에 타 먹여 잠들게 하는데 악용되고 있다.

③ 졸피뎀을 먹고 난 후 한 행동들은 다음날 거의 기억이 나지 않는다. 성폭행을 당하고도 꿈인지 실제인지 구분 못할 정도로 잠에 취해 버린다. 과다(상습)복용하면 몽유병 증세를 보일 수도 있다.

(자료 : 검찰마약류사범 수사지침 참조)

(9) 양귀비·대마 재배 탐지

양귀비	① 식별이 용이한 생육 및 개화기인 5~7월에 집중 관찰(단속)한다. ② 산간오지나 외딴섬, 독립 가옥 등에서 밀경작하는 경우가 있음 ③ 특히 일반인의 출입이 뜸한 과수원이나 화원 등 꽃이 피는 다른 농작물과 혼합재배 ④ 양귀비를 화초용이나 가축의 질병치료 등의 목적으로 집주변, 산골짜기, 화단, 텃밭 등 자신만이 아는 장소에 몰래 파종하여 자라도록 방치(책임 면탈 의도) ⑤ 도시에서도 진통 및 지사제로 사용키 위해 가옥의 옥상이나 화단, 아파트 실내에서 1~2 포기 재배하는 경우가 있음(최근에는 아파트 실내나 비닐하우스를 이용하여 전문적으로 재배를 일삼는 경우도 있음) ⑥ 양귀비(앵속)의 경우 재배자체가 법으로 금지되어 있다(마약류관리에관한법률 제3조2항).
대 마	① 대마는 식별이 용이한 5~7월에 집중 관찰(단속)한다. ② 정상적인 궐련 담배 외에 풀잎을 건조 한 것 같은 봉초 담배나 말아 피는 담배는 대마초로 의심해 볼 필요가 있다. ③ 대마는 농업인으로서 섬유나 종자를 채취할 목적으로 시장, 군수의 허가를 받은 사람(지역)에 한해서만 재배가 허용된다(법 제6조제1항제5호).

[참고사항]

① 누구든지 보건복지부장관의 승인을 얻은 경우를 제외하고는 마약류를 소지, 사용, 수출·입, 제조, 매매, 매매알선, 수수가 금지된다.

② 양귀비와 대마는 농촌에서 관상용이나 상비약으로 사용하기 위해 재배하는 경우에도 단속의 대상이 된다.

③ 양귀비는 재배자체가 금지되어 있고 대마의 경우는 취급자가 아닌 자가재배, 소지, 운반, 보관 및 사용을 해서는 안 된다. 위반시 5년 이하의 징역 또는 5천만원 이하의 벌금에 처한다(마약류관리에관한법률 제4조제1항제2호 및 제61조).

(10) 마약류 관련 대표적 국제조직

골든 트라이앵글	미얀마, 태국, 캄보디아 3국 접경고산지대를 거점으로 하는 가장 대표적인 국제 마약조직	동남아시아의 '황금의 삼각지대 (golden triangle)'
골든 크레센트	이란, 아프가니스탄, 파키스탄 국경지대를 거점으로 한 조직	서남아시아의 '황금의 초생달지대 (golden crescent)'
화이트 트라이앵글	대만(원료), 한국(제조), 일본(소비)을 중심으로 한 필로폰 유통 조직	아시아의 '화이트 트라이앵글지역 (white triangle)'
나이지리아 커넥션	나이지리아를 근거지로 하여 인도, 파키스탄, 아프가니스탄, 태국, 미국, 아프리카, 전역을 대상으로 하는 마약조직	
콜롬비아 커넥션	세계적으로 코카인 주요생산국은 콜롬비아와 페루, 볼리비아 천국이며 세계 최대 소비국은 미국이다. 콜롬비아산이 미국 폴로리다와 마드리드항을 통해 미국의 소비량의 70%가 밀거래되고 있다.	
프랑스 조직	프랑스는 해로인의 주요 소비국이자 항구도시를 중심으로 전세계로 공급되는 대량의 해로인이 경유하는 거점이기도 하다. 주로 마르쉐유 주변의 범죄조직에 의해 가공·판매되고 있다.	

제8부

수임업무, '결과보고' 및 '평가' 등

제8부 수임업무, '결과보고' 및 '평가' 등

1) 수임한 탐정업무에 대한 평가는 '의뢰자가 요청한 자료가 수집되었느냐'가 최대 관건이 될 것임에는 이견(異見)이 없다. 이와 함께 탐정업무가 언제나 100% 목표를 달성 할 수 있으리라 기대하는 사람도 없다.

2) 따라서 탐정업무의 성패를 가름함에는 결과 못지 않게 과정에서의 신의·성실과 결과에 대한 명료하고도 진솔한 보고 여부가 탐정업무 전반을 평가하는 또 하나의 기준이 되고 있음을 부정 할 수 없다.

3) 이에 이 장에서는 수임한 탐정업무 활동 결과 보고를 어떻게 하는 것이 의뢰자에게 보다 도움이 되고, 의뢰자로부터 해당 탐정업무 전반에 대해 '긍정(肯定) 한다'는 평가를 받을 수 있을지에 대해 살펴보기로 한다.

I 결과 보고

1. 자료의 취합

(1) '수임 사항'의 성취를 목표로 수집된 제반 정보나 단서·증거 등 자료를 체계적(순차적)으로 정리·취합하여 보고서에 첨부(또는 구두 보고) 할 수 있도록 준비한다.

(2) '자료수집자'와 '자료취합자', '최종결과 보고자'는 가급적 '동일인(同一人)'이어야 한다. 탐정업무는 고도의 보안을 필요로 하는 자료가 많기 때문에 자료에 접근하는 인원이 여럿 될 경우 보안상 문제가 발생 할 소지가 크다. 의뢰자들도 '탐정활동의 결과' 못지 않게 이 점에 특히 예민한 관심을 지니고 있음에 유의해야 한다.

2. 보고방식 결정 및 보고 시 유의사항, 보고서 작성(양식)

(1) 보고 방법

탐정업에 있어 결과보고 방식은 정형화 되어 있지 않다. 따라서 '보고(報告)'라는 의미와 본질을 최대한 살릴 수 있는 것이라면 어느 것이건 방편으로 삼아 안될 리 없다. 하지만 '탐정활동의 의뢰'와 '탐정활동', '그 결과의 보고'라는 일련의 과정은 특단의 보안이 유지되어야 하는 상황이라는 점과 그에 수반하여 '보고를 하는 사람'이나 '보고를 받는 사람' 양측의 사정이나 형편이 특히 고려되어야 하는 특수성을 지니고 있음에 유의하지 않을 수 없다. 그런 측면에서 '서면보고' 또는 '대면구두보고(對面口頭報告)'가 적정할지, 문자나 전화보고가 좋을지 등은 상황과 의뢰자의 의향에 따라 결정함이 바람직하다.

최종 결과	서면보고 또는 구두보고	① 최초 수임 계약 시에 정한 방식에 따라 최종 결과를 보고하는 것을 원칙으로 한다. ② 편의상 결과보고 시에도 서면이 아닌 대면구두보고(對面口頭報告), 문자메세지, 전화 등의 방식으로 최종 보고에 갈음하기도 한다(서면으로 보고해 주기를 원하는 의뢰자가 비교적 많음).

(2) 보고 시 특히 유의 할 사항

1) 수집된 자료는 있는 그대로(본대로, 들은대로) 정리 보고하는 것이 원칙이다. 여기에서 탐정의 주관적 판단이나 다른 사람의 의견 등이 가감되면 의뢰자의 '사실관계 파악'을 도리어 혼란스럽게 할 소지가 있을 뿐만 아니라 탐정 본연의 역할을 벗어나는 형국에 이르게 된다. 탐정은 '사실관계 파악 또는 사실관계 파악에 유용한 자료의 수집'에 그쳐야 함이 탐정 학술의 본류이자 오늘날 법제 환경이 제시하고 있는 경계(境界)이다.

2) 탐정활동과 의뢰자에 대한 자문은 별개의 개념이다. 예를 들어 탐정이 '수집된 자료'를 분석하고 거기에 의뢰자에게 행동방책(소송사건에서의 대응책)을 제시하는 등의 일은 변호사법 109조(제1호의 마, 그밖에 일반의 법률사건)에 저촉 될 소지가 있다.

(3) 탐정(자료수집) 활동 결과 보고서 양식

탐정(자료수집) 활동 결과 보고서

보고일시	년 월 일 시
수신	홍 길 동
제목	가출인 ○○○의 생사 여부 및 소재파악 활동 보고
보고자	김박사 탐정사무소 대표 000 (날인) *최종보고는 반드시 대표가 함
요지	200자 내외
내용	▷ 육하 원칙에 입각하여 '이 칸'에 A4 1장 내외의 분량으로 서술(1면주의) ▷ '사안'에 따라 내용은 구두 보고로 갈음하거나 생략 할 수 있음 ▷ **수시 정보보고 차원의 중간보고 시에는 제목을 '자료(정보) 수집 활동 보고서'라 표기함이 적격하고, 최종 결과보고 시에는 정보는 물론 단서나 증거 등이 총망라되는 탐정활동(자료수집 활동) 전반에 대한 보고라는 측면에서 제목을 '탐정(자료수집) 활동 결과 보고서'로 표시함이 옳다.**

한국민간조사학술연구소 고안 양식(A4용지 1장 크기)

3. 수임료 및 실비 정산

(1) 탐정업자는 정당한 수수료 외에는 어떠한 명목으로도 의뢰인으로 부터 금품 또는 재산상 이익을 청구(請求)하여서는 아니 된다.

(2) 단, 실비(實費)는 별도의 계약으로 보전(補塡) 가능하며, 기타 비용은 약정(특약) 내용에 따른다.

(3) '보수(수수료)청구권'은 탐정업자의 유일한 권리이다. 그 외 업무상 준수사항은 공이 탐정업자의 의무에 해당하는 사항임

II 평가

1. 탐정업무가 실패로 끝나게 되는 일반적 요인

(1) 준비 과정 부실

 1) 의뢰내용에 대한 수임 적·부 검토 부실('나의 역량으로 성취 가능한가 여부')

 2) 의뢰(수임) 내용 전반에 대한 통찰과 요점 정리 미흡

 3) 활동 목표 설정 상 오류('선택과 집중'이 산만한 경우)

 4) '활동(탐문) 요원' 및 '탐문 대상자' 선정의 부적정

 5) 해당 활동에 필요한 법률 검토 및 실행자료 준비 부실

 6) 예행연습 또는 사전정찰 소홀

(2) 조사 기법상 문제

 1) 탐문의 비능률과 현장관찰(촬영·미행 등)이 허술한 경우

 2) 관련 자료 출처의 신뢰성과 가망성 검토 불충분

 3) 고정관념 또는 육감(六感)에 의존한 조사인 경우

 4) 타 자료와의 대비 소홀 등 가치부여에 선입견을 가진 경우

 5) '입증(立證)'과 '필요한 반증(反證)'을 소홀히 한 경우

 6) 수집된 자료의 활용·보존·증거가치유지 등 미흡

(3) 현장요원과 책임자의 무경험과 무능력

 1) 조사요원의 함량 미달(무경험)과 그에 대한 사전 교육훈련 부족

 2) 책임자의 조사업무 이해력 및 장악력 등 지휘·관리 능력 미숙(무능력)

2. 자료 폐기 등 최종 보안 점검

(1) 보존을 필요로 하는 자료의 보안조치

    탐정활동에 교훈이 될 자료 등 보존을 필요로 하는 참고 자료는 대외비로 보존하되, 특정인을 알아 볼 수 있는 내용(성명, 전화번호 등)이 담긴 자료는 탐정사무소 대표가(또는 대표 입회하에) 전량 폐기 처분한다.

(2) 그 외 수집된 자료(정보)는 파쇄 또는 소각하고, 의뢰자로부터 제공 받았던 자료도 반환해야 할지 여부를 물어 반환 또는 폐기처분 한다.

제9부

탐정업무에
접목해 볼 만한
정부 포상제 11선

제9부 탐정업무에 접목해 볼 만한 정부 포상제 11선

탐정업무는 소비자로부터 의뢰 받아 역할을 수행하는 '영업적 업무'와 사회적 공헌 업무로써 자발적으로 펼치는 '순수 비영리 업무', 사회적 이익에도 기여하고 나름 소득도 창출 할 수 있는 '포상제 참여 탐정업무' 등으로 나눌수 있다. 이 가운데 '포상제 참여 탐정업무'는 소비자에게 흡족한 서비스를 제공할 역량을 미처 갖추지 못한 탐정들이 탐정업에 대한 경험도 축적할 겸 포상에도 도전하는 '징검다리나 사다리'로 삼아 볼만하다. 역사적으로도 '걸출한 탐정'들은 '포상제 참여 탐정업무'를 통해 실력을 연마하고 명성을 날린 뒤 본격적 창업에 착수하는 '워밍업' 과정을 가졌음을 말하고 싶다. 이에 우리 사회의 골칫거리이자 주요 관심사를 대상으로 시행되고 있는 11가지 정부 포상제를 소개하면서 여러분들의 많은 관심과 참여를 기대한다.

[칼럼] '포상제'를 '탐정의 연습장' or '텃밭'으로 활용하는 지혜 필요하다

탐정의 신화를 남긴 아서 코난 도일의 추리소설에 등장하는 사설탐정 셜록홈즈나 실존했던 프랑스의 사립탐정 프랑수아 비도크(1775~1857)와 같은 명탐정(名探偵)들은 본래 의뢰인으로부터 돈을 받고 문제를 해결해 주는 탐정업자(探偵業者)가 아니었다.

그들은 불의(不義)나 범죄(犯罪)에 맞선다는 나름대로의 정의감과 사명감에 입각하여 주로 무보수(無報酬) 탐정활동을 했다. 사정이 딱한 개인으로 부터 돈(비용)을 받지 않은 대신 공적(公的)으로 지급되는 현상금(懸賞金)과 포상금(褒賞金)은 마다하지 않았다.

이러한 정통(正統) 사설탐정의 '비영리성'과 '공적 기여도'에 매력을 느낀 당시 많은 사람들은 스스로 탐정이 되기를 희망하거나 사설탐정에 대해 친근감과 신뢰감을 갖고 성원을 보내기도 하였으나, 1850년 앨런 핀커톤(미국, 1819~1884)이 시카고에 창설한 '핀커톤 내셔널 탐정사무소'를 시발로 탐정활동이 본격적인 영업체(기업) 형태로 변모하게 되었으며, 이러한 현상에 기인하여 '탐정'을 '영업인' 또는 '직업인'의 한 사람 정도로 여기는 분위기가 만연하게 된 것으로 보아 무리가 아닐 듯 싶다.

지금 우리나라에도 이루 헤아릴 수 없을 정도의 다양한 현상금, 포상금, 보상금制가 정부나 지방자치단체, 공공기관, 각급사회단체, 기업체, 개인 등으로부터 시행되고 있다. 일시적인 것에서부터 한시적인 것, 지속적인 것 등 줄잡아 800여개의 갖가지 현상금(포상금) 지급제도가 있는 것으로 추계(推計)되고 있으며 이런 류(類)의 것 만으로도 탐정의 일거리는 실로 적지 않다 하겠다.

사실 '초보 탐정'이 '개인으로부터 댓가를 받고 탐정 서비스를 제공하는 일'을 창업(겸업) 초기부터 독자적으로 수행함에는 엄청난 고난이 따르리라 본다. 고객이 처음 찾아 왔을 때의 '상담'에서부터 '업무 진행 전반'에 걸쳐 어느 한가지 뜻대로 되는 일이 없을 것이라 단언한다. 사실상 초보탐정의 독자적 업무 수행은 '불가능' 내지는 '기적에 가까운 일'이라는 얘기다. 이는 필자가 보아 온 적잖은 탐정이 그러했으며 정보나 수사형사 출신들이라 하여 별 다르지 않았다.

탐정업무도 다른 직업과 마찬가지로 일정한 매뉴얼과 패턴이 있으며 이를 바탕으로 업무 전반에 걸친 이해와 응용이 가능해질 때 비로소 '홀로서기(독자적 업무)'가 가능해지리라 믿는다. 특히 탐정업의 경우 비교적 다른 사람의 권익이나 개별법에 저촉되어 민형사상 책임이 따르는 경우가 많다는 측면에서 '연습 없이 출전(경험 없이 수임)'하는 것은 매우 부적절한 일이라 아니할 수 없다. 이러한 '연습'의 기회로 활용함에 최적한 일거리가 바로 '포상제 업무'들이다. 어느 누구로부터 돈을 받고 수임한 일거리가 아니기 때문에 성과를 내건 못내건 부담이 없다. '포상제 업무들'을 '나의 연습장 or 텃밭'으로 활용하는 지혜를 발휘해 주길 기대한다.

(김종식 한국민간조사학술연구소장 브레이크뉴스 2015.시민일보, 브레이크뉴스 칼럼 중에서)

'공익신고자보호법'에 의한 '공익침해행위' 신고

1. 「국민권익위원회」 소관의 '공익신고자보호법'에서 말하는 「공익침해행위」란

   ① 국민의 건강(56개 법률)

   ② 안전(79개 법률)

   ③ 환경(61개 법률)

   ④ 소비자의 이익(69개 법률)

   ⑤ 공정한 경쟁을 침해하는 행위(15개 법률)

   ⑥ 이에 준하는 공공의 이익을 침해하는 행위(4개 법률) 등

   6개 분야 284개 법률의 벌칙 또는 인·허가 취소, 영업정지 등 행정처분의 대상이 되는 행위를 말한다.

2. 공익침해행위 대상 법률은 '법 제2조제1호 별표'에 열거되어 있으며, 법 개정으로 2020. 11.20부터는 그 대상 법률이 467개로 대폭 늘어난다. 탐정업종사자들이 눈여겨 볼 대상이 많아진 셈이다.

3. 공익신고자 보호법 '이 2011년 9월 시행된 이후 2020년 8월까지 공익신고 보상·포상금은 총 101억원이 지급됐고, 신고로 인해 국가·지방자치단체가 회수한 금액은 보상·포상금의 13배인 1,370억 원에 달한다.

4. 공익신고자보호법 시행초기에는 일부 탐정업종사자들이 공익침해행위 신고를 전업(專業)으로 삼은 경우도 있었으나, '공익침해신고제도가 파파라치 직업으로 변질되고 있다'는 문제점이 대두되자 권익위는 두차례에 걸친 법개정을 통해 '30억원을 한도로 하는 보상금'을 받을 수 있는 대상을 '내부 공익신고자'로 한정했다(법 제26조제1항, 시행령 제22조제2항).

   따라서 탐정이 아무리 중요한 공익침해행위를 신고하여도 보상금을 받을 수 있는 대상에 들지 못한다. 이로 공익신고와 관련된 '파파라치' 논란은 점차 사라질 전망이나 시민 감시 기능으로서의 공익신고가 위축되지 않도록 하기 위해 '외부 신고자'에게는(보상금 지급 대상에서 제외하는 대신) '2억원을 한도로 하는 포상금 제도'를 적극 활용하고 있다(법 제26조의2제1항, 시행령 제25조의3제1항).

5. 공익신고의 방법(법 제8조): 공익신고를 하려는 사람은 아래의 사항을 적은 문서와 함께 공익 침해행위의 증거 등을 첨부하여 국민권익위원회 또는 수사기관 등에 제출하면 된다.

　▷ 공익신고자의 이름, 주민등록번호, 주소 및 연락처 등 인적사항

　▷ 공익침해행위를 하는 자

　▷ 공익침해행위 내용

　▷ 공익신고의 취지와 이유

　＊ 특별한 사정이 있는 경우에는 구술(口述)로 신고할 수 있다. 이 경우 증거 등을 제출하여야 한다.

[공익침해행위 신고 분야별 착안사항]

▷ **건강 분야**

제약회사의 리베이트 제공, 비의료인의 의료기관 개설 등 사무장 병원 운영, 불법 의료광고, 농축수산물의 원산지 허위표시, 부정·불량식품 제조·판매, 식품의 유통기한 허위표시, 무자격자의 의약품 판매 등

▷ **공정한 경쟁 분야**

입찰 및 가격 담합 등 부당한 공동행위, 불법 하도급, 제약회사 등의 부당한 고객유인 행위 등

▷ **안전 분야**

부실자재·부실시공, 무면허 건설업자의 불법 하도급 행위, 산업재해 미신고 및 산업안전보건교육 미실시 등

▷ **소비자 이익 분야**

정량미달 또는 유사 유류 제조·판매, 허위·과장 광고행위, 원산지 표시 위반, 개인정보 유출, 불법 신용공여 등

▷ **환경 분야**

폐수 무단방류, 폐기물 불법매립·무단방치, 비산먼지 등 대기오염물질 유발 및 억지시설 미설치 등

▷ '이에 준하는 공공의 이익' 분야

'이에 준하는 공공의 이익' 분야는 2018년 5월에 신규 추가되었으며 이로 공익침해의 개념 해석과 그 적용 범위가 종래보다 넓어졌다.

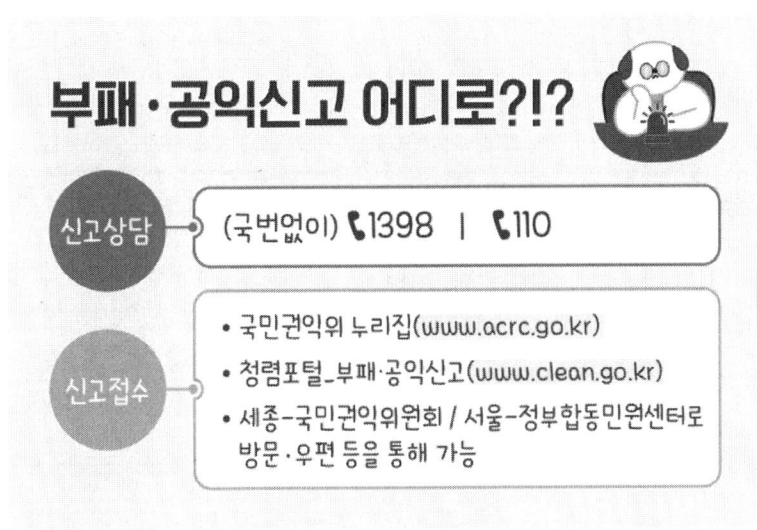

[공익침해행위신고서 양식]

신 고 서

신 고 자	성 명		주민등록번호	
	전화번호		직업	
	주 소			
피신고자 (신고대상)	성 명		주민등록번호	
	전화번호		직업	
	주 소			
공익 신고 취지 및 이유				
공익침해 행위 내용	※ 위반 법률, 구체적 위반 사항 등 해당 공익침해행위의 내용을 가급적 자세히 기재하여 주시기 바랍니다. (예시: 약사법을 위반하여 무자격자가 의약품을 판매하는 행위 등)			
증거자료 등 첨부서류				

위와 같이 피신고자(신고대상)의 부패행위를 신고합니다.

20 . . .

위 신고자 　　　 (인 또는 서명)

국민권익위원회위원장　귀 하

Ⅱ 악성 고액체납자 은닉재산 신고

1. 국세청은 거주지를 속이거나 집에 현금을 숨기는 등의 수법을 쓰는 악의적 고액체납자들을 대상으로 추적조사를 벌이고 있다(2020.10.10. 현재 812명)

2. 체납자 명단은 국세청 홈페이지와 관내 세무서 게시판에 공개되어 있으며, 이들의 은닉재산을 국세청 홈페이지나 국세상담센터(126)에 신고하면 최대 20억원을 받을 수 있다.

3. 악성 고액체납자 812명을 유형별로 살펴보면
   ▷ 재산을 친인척·지인 등에게 편법 이전한 경우(597명)
   ▷ 다른 사람 명의로 위장 사업을 벌인 경우(128명)
   ▷ 다른 사람 명의로 외환거래를 해 재산을 숨긴 경우(87명) 등이다.

[악성 고액체납자 재산은닉혐 관찰·추적 착안 사항]

(국세청자료 2020.10.5.)

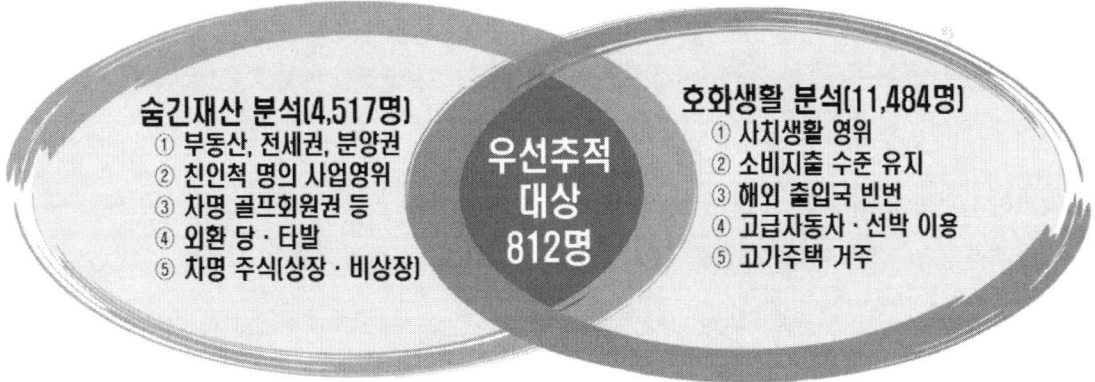

Ⅲ 공직선거법 위반 신고

1. 중앙선거관리위원회는 공직선거 중대범죄를 신고한 사람에게 최대 5억원까지 포상금을 지급한다.

2. 이 법은 대통령선거·국회의원선거·지방의회의원 및 지방자치단체의 장의 선거에 적용됨은 물론 동시조합장선거 및 위탁선거에도 적용되며, 포상금심의위원에서 선거범죄 신고 내용의 구체성이나 신빙성, 범죄 경중, 신고자 조사과정 협조 여부, 후보자 인지도, 선거 파급효과 등을 종합 고려해 포상금 지급액을 결정한다.

3. 선거법 상담 및 '위반행위신고(센터)'는 전국 어디서나 1390(유료)이다. 신고자의 신분이 밝혀지는 것을 원하지 않을 경우 포상금 지급 시 익명으로 처리하고, 포상금 지급 방식도 신고자가 원하는 방식으로 지급한다.

[공직선거 중대범죄 신고 착안사항]

▷ 금품·향응 제공 등 매수·기부행위

▷ 후보자 추천 관련 금품수수행위

▷ 비방·허위사실 공표 행위

▷ 공무원 등의 선거 관련 행위

▷ 불법 선거여론조사

▷ 불법선거운동 조직 설치·운영

▷ 공직후보자 공천대가를 포함한 불법정치자금수수 등

Ⅳ. '전국동시조합장선거' 위반행위 신고(농협·수협·산림조합)

[필자 주] '전국동시조합장선거'는 참여자의 특성 그리고 학습상 효율성 등을 감안하여 앞 3항의 공직선거와는 별개로 이 4항에서 다루기로 함

1. '전국동시조합장선거'란 '공공단체 등 위탁선거에 관한 법률'에 따라 중앙선거관리위원회가 전국의 농업협동조합, 수산업협동조합, 산림조합으로부터 선거사무를 위임받아 실시하는 전국 단위의 조합장 선거이다.

2. 2015년을 시작으로 매 4년마다 3월 둘째 주 수요일에 투표를 실시하고, 당선자의 임기는 3월 20일에 시작한다. 합병이나 임기보장 특례 등으로 인해 제1, 2회 선거에 참여하지 못한 조합도 있는데, 2023년까지 모든 조합장의 임기를 통일하여 제3회 선거부터는 전국 모든 조합의 조합장을 동시선거로 선출하게 된다(제3회 전국동시조합장선거일은 2023년 3월 8일이다).

3. '선거관리위원회'는 공정하고 엄격한 관리로 불법선거를 근절 시키기 위해 전국동시조합장선거 위반행위 신고자에게 최대 3억원의 '신고포상금'을 지급한다(선거법 상담 및 신고 : '위반행위신고센터' 전국 어디서나 1,390(유료)이다.

[전국동시조합장선거 위반행위 신고 착안사항]

▷ 제1회(2015) 전국동시조합장선거에서는 위반행위신고자 83명에게 4억9,800만원의 포상금이 지급되었으며, 제2회(2019) 선거에서도 위반행위 신고자 87명에게 6억4,000만원의 포상금이 지급되었다. 이중 '후보자 매수 및 기부행위'가 전체 선거법 위반행위 중 40%(349건)에 달하는 등 고질적인 '금품선거'가 근절되지 않고 있음이 여실히 들어났다(전국동시조합장선거의 기부행위제한기간은 임기만료일 전 180일부터이며, 금품제공 등 매수는 언제나 금지된다).

▷ 중앙선관위가 부정선거를 차단하고 선거 효율성을 높이기 위해 전국동시조합장선거를 위탁받아 실시하고 있지만 '후보자 매수 및 기부행위'와 '금품과 식사제공' 등 '진흙탕 돈선거 범죄'는 되레 은밀해지거나 늘어나고 있음에 탐정들의 사회 정의 실현 차원의 관심과 공헌이 기대된다.

Ⅴ 공공기관 등 채용 비리 신고

1. 국민권익위원회는 공공기관 채용비리 근절을 위해 '신고로 채용비리가 밝혀지는 등 공익에 기여가 크다'고 판단되는 경우에는 신고자에게 최대 2억 원의 포상금을 적극 지급한다.

2. 대상 공공기관은 '공공기관의 운영에 관한 법률'에 따른 공공기관 339개, 지방공기업법·지방출자출연법을 적용받는 지방공공기관 859개 및 공직자윤리법에 따른 기타 공직유관단체 277개 등 1,475개 공공기관이다.

3. 전국 어디서나 국번 없이 정부대표 민원전화 국민콜 110, 부패·공익신고상담 1398로 신고 상담 할 수 있으며, 청렴포털·국민신문고 및 권익위 누리집에서 온라인으로도 신고가 가능하다.

[채용비리 신고 착안사항]

▷ 임용·채용 등 인사청탁

▷ 시험점수 및 제출서류·면접결과 등 조작

▷ 승진·채용 관련 부당지시

▷ 인사 관련 향응·금품수수

▷ 비정규직 정규직 전환 과정 특혜 등

Ⅵ 불공정 거래(공정거래위반) 신고

1. 공정거래위원회는 '공정거래법 등 위반행위 신고자에 대한 포상금 지급에 관한 규정'에 따라 아래 불공정 사례를 신고한 사람에게 포상금을 지급한다.

2. 불공정거래 신고(접수)는 행정기관 민원서비스 통합에 따라 국민권익위원회에서 운영하는 '국민신문고'를 통해 서비스하고 있으며, 공정거래위원회(1670-0007)와 국민신문고 시스템(1600-8172)을 통해서도 문의와 상담이 가능하다.

3. 포상금은 신고인이 제보한 증거 또는 정보의 수준, 법위반의 중대성 등을 감안하여 지급 결정이 있는 당해년도 포상금 예산의 범위 내에서 지급하되, 포상금 지급대상 위반행위 유형별 포상금액의 산정기준은 '규정 제3조제2항 별표 1'에 따른다.

[불공정 거래(공정거래위반) 신고 착안 사항]

신고 대상은 '불공정거래', '하도급약관', '표시광고', '방문판매(다단계포함)', '전자상거래', '가맹사업거래'에 있어서의 법 위반행위 등으로 대별되며 다음과 같은 사례 등이 그에 해당한다.

① 정당한 이유 없이 특정 사업자에 대해 거래를 거절하거나, 거래관계에 있는 사업자에 대해 거래를 중단 또는 거래량을 제한하는 행위

② 부당하게 거래지역이나 상대방에 따라 현저히 유리하거나 불리한 가격으로 차별하는 경우, 특정 사업자에 대해서만 수량·품질·거래조건이나 내용에 관해 유리하거나 불리한 취급을 하는 경우

③ 자기 계열사를 위해 거래조건이나 거래내용을 유불리하게 적용시키는 행위

④ 경쟁사업자를 배제할 목적으로 상품이나 용역을 공급에 들어가는 비용보다 현저하게 낮은 대가로 공급하거나(부당염매=덤핑Dumping), 상품이나 용역을 통상적인 거래가격에 비해 높은 대가로 구입(부당고가매입) 하는 경우

⑤ 과다한 이익을 제공할 것을 제의하여 경쟁사업자의 고객을 자기와 거래하도록 하는 행위

⑥ 끼워팔기·사원판매 등과 같은 거래 강제행위

⑦ 기타 거래상 지위를 남용하는 행위 등

  * 2021.5.21.부터는 '대기업의 위장 계열사 신고'도 불공정거래신고 포상금 지급 대상에 추가된다.

Ⅶ 증권·선물시장에서의 불공정거래행위 신고

1. '증권·선물시장에서의 불공정행위'란 유가증권 등의 발행·유통과정에서의 공정성을 확보하기 위하여 존재하는 '증권거래법과 선물거래법'에서 요구하는 각종 신고·보고·공시 등의 의무(절차)를 위반함으로써 부당이득을 취하는 일체의 행위를 말한다.

2. 금융감독원은 증권 시장의 안정과 공정성 확보를 위해 '증권·선물시장에서의 불공정행위'를 명료하게 신고하는 사람에게 20억원 한도의 포상금제를 시행하고 있다.

3. 신고는 인터넷(증권불공정거래신고센터) 또는 '(우)07321 서울시 영등포구 여의대로 38 금융감독원 조사기획국 시장정보분석팀'으로 우편 접수를 하거나 FAX 02-3145-5544로 도 가능하다. 제보 관련 궁금사항은 '금감원 콜센터(1332)로 문의하면 된다.

[증권·선물시장에서의 불공정거래행위신고 착안사항]

▷ 회사의 임직원 등 내부자가 미공개정보를 이용하여 이익을 얻는 미공개정보이용행위

▷ 주가를 인위적으로 변동시켜 부당이득을 얻는 시세조종행위

▷ 유가증권신고서·사업보고서 등의 허위기재

Ⅷ 보험사기 신고

1. 보험사기행위란 보험사고의 발생, 원인 또는 내용에 관하여 보험자(보험사)를 기망하여 보험금을 청구하는 행위라고 「보험사기방지 특별법」(2016.9.30. 시행) 제2조에서 정의하고 있다.

2. 보험사기 신고는 금융감독원은 인터넷 홈페이지 보험사기방지센터(insucop.fss.or.kr) 이외에, 전화(국번없이 1332), 팩스(02-3145-8711), 우편, 직접방문 등을 통해 보험사기 제보를 받고 있다. 또한 경찰·검찰 등 수사기관과 각 보험회사를 통해서도 보험사기 신고가 가능하다.

3. 보험사기를 신고한 경우 지급하는 포상금은 보험사기 제보 활성화를 위해 보험업계에서 자율적으로 시행하는 제도이며, 신고 포상금은 생·손보협회 및 각 보험회사의 지급기준에 따라 지급되므로 지급 금액은 다를 수 있다. 보통 적발금액(보험사기 관련금액)을 구간별로 구분하여 정해진 금액을 지급하거나 적발금액의 일정비율을 지급한다.

4. 보험사기의 유형은 다양하나 탐정(업)이 특히 관심을 가져야 할 부분은 사회적으로 큰 이목을 끄는 '반인륜적 범죄(보험금을 타내기 위한 반인륜적 살상행위)'와 '보험사기단'의 암약(暗躍)을 포착·탐지 하는 일이라 하겠다.

□ 반인륜적 보험범죄 실례 및 탐지 착안사항

[반인륜적 보험범죄 實例]

▷ (애인을 다른 남자와 위장결혼 시켜 그 남편을 보험에 들게 한 후 살해) A씨는 애인 C모(25.여)씨를 옛 직장 동료인 P모(35.남)씨에게 소개하여 위장 결혼시킨 후 애인에게 P씨 명의로 운전자보험 등 5개 보험(최고 5억7,000만원 수령)에 들게 사주 한 뒤, 같은 해 공범자 1명과 함께 '낚시하러 가자'며 P씨를 유인, 살해해 교통사고를 당한 것처럼 P씨의 차량 안에 시신을 넣어 낭떠러지에 버린 사건.

▷ (여직원의 생명보험을 노린 사장) 중소기업 사장 김씨는 회사의 경영난과 사치스런 생활(요트, 스키 등)로 8억원대 빚에 시달리자 여직원에게 직원복지차원이라며 종신보험에 가입(자신을 상속인으로 몰래 지정) 시킨 후 수개월을 치밀하게 준비한 끝에 여직원을 창고로 불러내 둔기로 수차례 내리치는 등 잔혹하게 살해하고 26억 9,000여만원의 보험금 수령.

▷ (보험금 타려 배우자 유인 살인) A씨는 자신의 처를 피보험자로 하는 손해보험 및 생명보험

계약을 8개의 보험회사와 2~3개월 사이에 집중적으로 체결했다. 보험계약 체결시점으로부터 5~6개월이 경과한 후 배우자에게 약수물도 마실 겸 드라이브를 하자고 속여 자신의 코란도 승용차에 태운 후 강원도 춘천시 춘천호 호반에 이르러 고의로 4미터 아래의 호수 속으로 돌진했으나 배우자가 익사하지 않자 고의로 목을 졸라 살해한 후 교통사고로 인한 사망을 이유로 13억원의 보험금을 청구했으나 적발됨.

▷ (보험금 노려 잠든 부인을 목 졸라 살해) 평소 도박 빚에 시달리고 있었던 40대 남편 A씨가 본인의 집에서 부인이 마시는 술에 몰래 수면제를 탄 후 어린 딸 옆에서 잠든 부인의 목을 졸라 살해 한 사건. 부검을 꺼리고 진술을 번복하는 것을 수상하게 여긴 경찰이 부인의 시신을 부검한 결과 목뼈가 골절되고, 다량의 수면제를 복용한 사실을 수상히 여겨 수사를 벌인 결과 남편 A씨는 범행일 1년 전에 아내 앞으로 1억원의 생명보험에 가입한 사실과 수면제를 구입한 이력을 밝혀냈다.

▷ (보험금을 노린 남편 독살) A씨는 前 남편 B씨 집을 찾아가 맹독성 제초제를 섞은 음료수를 냉장고에 몰래 넣어 그를 살해하고 사망보험금 4억5천만을 편취하였고, 재혼 후 타살 의혹을 받지 않기 위해 국물에 제초제를 조금씩 혼합해 먹이는 수법으로 새 남편 C씨를 살해하여 5억3천만원을 편취.

▷ (보험금 노린 촉탁살인) D씨(44세, 무직)는 아내와 함께 식당을 경영하다 거액의 빚을 지고 도산하자, 채무를 변제할 목적으로 자신의 처(34세)를 피보험자로 하는 6건의 생명보험 및 손해보험계약(사망시 29억원 수령)을 체결한 후, 채권자인 A씨에게 교통사고를 위장해 자신의 처를 살해 해줄 것을 제안, 홀로 걸어가는 피해자를 추돌하려 했으나 A씨가 마음이 약해 실행하지 못하자 재차 남편인 자신이 처를 추돌해 살해한 후 보험금을 청구하다 적발됨.

▷ (보험금 타내려 친구에게 존속살해 부탁) 부모와 갈등을 빚던 아들 K군은 부모를 살해하고 부모가 가입해 둔10여개의 상해 및 생명보험금(6억여원)을 타낼 생각이었으나 자신이 직접 부모를 살해할 경우 경찰에게 금방 들통날 것이라고 보고 자신의 친구에게 '거액의 보험금을 받으면 큰 돈을 주겠다'고 제의, 이를 받아들인 친구는 K군의 부모가 잠든 사이 벽돌 등으로 가격하며 살해를 시도하였으나 K군 부모의 반격으로 존속살해 기도가 들통 난 보험범죄.

▷ (보험금 노린 방화 살인)평소 친남매처럼 지내던 내연남에게 큰 돈을 빌린 K(여)씨는 내연남 S의 명의로 생명보험을 가입해 주면서 수혜자를 자신의 명의로 설정했는데 어느날 밤 내연남 S의 집에 원인 모를 불길이 솟았다. 빌린 돈을 갚을 길이 없던 K(여)가 내연남의 사망으로

받게 될 보험금까지 노린 것. S씨와, S씨의 어린 세 남매에게 수면제를 먹인 후 방화를 해 세 남매는 목숨을 잃었다. 집에 불이 나자 아이들을 구해야 한다며 불길에 뛰어드는 연기까지 한 사람이 바로 K(여)였다는 점에서 시민들에게 더한 실망과 충격을 준 보험범죄였다.

▷ (보험금노린 피살 자작극) A씨(남)는 '실종신고 뒤 3개월이 지나도록 찾지 못할 경우 가족들이 1억원을 받을 수 있는 생명보험 2개에 가입'한 뒤 자신이 누군가에 의해 살해된 양 자작극을 벌였다. 아내 B씨는 '빌려준 돈을 받기 위해 승용차를 몰고 나간 뒤 돌아오지 않는다고 신고하는 역할을 맡았다. 피살된 정황을 연출하기 위해 자신의 몸에 스스로 상처를 낸 뒤 피를 승용차 유리창과 운전석 등에 뿌렸고 차용증과 배터리가 분리된 휴대전화를 승용차 내에 두고 사라졌으나 이후 부부의 자작극으로 밝혀짐.

▷ (보험금 타려 다른 사람 죽여 놓고 자신이 죽은 것 처럼 조작) 무속인 언니, 내연남, 보험설계사 등이 공모하여 사망시 총 34억원이 지급되는 보험에 가입, 이후 39일 만에 불상의 여성을 집으로 유인하여 살해 한 후 자신이 사망 한 것처럼 꾸며 보험금 청구.

▷ (보험금 타려 아버지와 여동생 살해) 인터넷도박에 빠져 살던 S모씨(25)는 이돈 저돈 모두 탕진하고 여러 가지를 궁리 하던 중 자신의 가족들이 사망할 경우 최소 수천만원에서 억대의 보험금을 받을 수 있는 보험에 가입되어 있다는 정보에 군침을 삼켰다. S모씨는 이때부터 인터넷도박이 아닌, 가족의 목숨을 건 도박을 시작 한 것. 보다 확실하게, 목돈을 쥐어보자고 생각한 신씨는 지인을 통해 청산염을 구입했고, 먼저 아내에게 독극물을 탄 감기약을 먹여 살해하려 했지만 이상한 맛을 느껴 곧바로 약을 뱉어낸 아내는 가까스로 목숨을 건졌다. 다음 범죄 타깃은 자신을 낳아주고 길러준 아버지(당시 54세)였다. 마찬가지로 독극물을 먹게 된 신씨의 아버지는 충북 제천 자신의 집에서 피를 토하고 온몸을 웅크린 모습으로 숨진 채 발견됐으며, 아버지의 목숨과 바꿔 S씨가 얻어낸 것은 7,000만원의 보험금이었다. 범행은 여기서 그치지 않고 같은 해 울산에 사는 여동생(당시 23세)을 찾아가 독극물을 먹여 살해했다. 그러나 S씨의 계획과 달리 여동생 명의 보험의 수탁자는 법정상속인이 어머니(아버지의 사망으로 어머니)로 되어 있어 2억원에 달하는 보험금을 손에 쥐지 못하자, 이제 어머니까지 살해할 계획을 세웠다. 하지만 S씨의 가족들이 잇따라 사망하거나 크게 다친 사건을 수상하게 여긴 경찰이 신씨를 검거하면서 어머니 살해는 미수에 그쳤다.

□ 반인륜적 보험범죄 탐지 착안사항

① 사망자의 보험가입동기 탐문(자진가입 또는 권유, 대리가입 여부)
② 사망자의 생활형편(소득)과 계약자, 수익자, 사건·사고 용의자와의 관계성 분석(보험사와 협조)
③ 사망자의 집 이웃과 직장동료 등으로부터 사망자의 평소 행적, 유언·유서 등의 존재여부와 관련 내용 탐문
④ 사망자의 가족관계(가족구성원 간 유대와 분위기) 및 피해자의 사망으로 득실이 있는 자 분석
⑤ 사건·사고 관련 부자연스런 점 분석(경찰과 협조)

□ 최근의 '보험사기단' 실례 및 탐지 착안사항

[보험사기단 實例]

경기 ○○경찰서는 2020.10.26. 주행 중 차선 변경을 하려는 차량에게 직진 급과속해들이받는 수법을 써서 총 1억5,000만원의 보험금을 편취한 보험사기단 35명을 보험사기방지특별법위반으로 입건했다(2020.10 경기 ○○경찰서 보도자료). 일당은 차선이 다소 일정하지 않고 휘어지는 구간을 골라 총 11회 고의 사고를 내 보험금을 타낸 혐의를 받고 있다. 이들은 19세부터 21세로, 경기 ○○시내 동네 선후배 사이인 것으로 알려졌다. 이들은 주로 배달업, 편의점 아르바이트를 하거나 일정한 직업이 없었다. 주범인 A씨는 동네 친구와 후배들에게 자신이 소지한 금목걸이와 팔찌, 승용차량, 5만원짜리 현금다발을 과시하면서 '쉽게 돈 벌 수 있는 방법이 있다'고 제안했다. 이들은 사고가 나면 무조건 ○○ 지역의 한 '한방병원(한의원)'에 입원했다. 이 한방병원은 일반 의원에 비해 진료비가 7~8배 비싼 것으로 알려졌다. 이 때문에 보험사들은 이들의 입원 치료비가 부담돼 서둘러 합의를 해줬다. 일당은 승용차에 항상 5명을 꽉 채워서 범행했다. 차에 탑승하지 않은 인물도 탄 것처럼 꾸며 명의를 도용한 혐의도 받고 있다. 보험금을 타내면 A씨는 운전책에게 100만~200만원, 동승자 4명에게 30만원씩 분배하는 등 성과별로 차등 지급했다. 주범 A씨는 혼자 5,800만원가량 챙긴 것으로 드러났다. 이들이 귀신같은 수법으로 돈을 잘 번다는 소문이 ○○ 지역 또래들에게 나돌아 탐문에 나선지 6개월여 만에 35명이 보험사기에 가담한 것으로 조사됐다.

[보험사기단 탐지 착안사항]

① 조직적·계획적·상습적·지능적으로 교통사고를 야기한 후 보험금을 편취하고 형사합의금을 갈취하는 수법

② 보험사기단은 ㉠고의로 사고를 야기하는 '충돌차량조', ㉡차로상에 정차하여 중앙선 침범을 유도하는 '유도차량조', ㉢보험처리 및 형사합의를 주도하는 '합의조', ㉣역주행 차량을 신호하는 '신호조', ㉤목격자임을 자처하고 나오는 '목격조' 등으로 역할을 분담, 고의로 교통사고를 야기

③ 이들은 '사고시 상대운전자 앞에서 허리 및 목 등을 만지며 다친 것 처럼 행동하라', '병원에서는 전신을 다친 것처럼 3주 이상의 진단을 받고 입원 하라'는 등의 행동강령에 따라 '상당한 상해를 입은 듯 한 행동'으로 가해 운전자로부터 형사합의금 갈취

④ 최근 인터넷 등을 통한 보험청약 등으로 보험설계사에 대한 사회적 기대가 그리 높지 않음에 따른 이직 또는 실적부진 등으로 도태된 일부가 체득한 보험지식으로 보험사기단을 자문하거나 결탁하는 등으로 가담하는 사례가 있음에 유의해야 한다.

IX 정부 복지·보조금 부정수급 신고

1. '부정수급'이란 중앙 및 지방정부의 예산·기금을 재원으로 지원되는 복지혜택이나 사회복지시설, 의료기관 등에 주는 보조금 등 더 받기 위해 수급자격을 속이거나 수혜대상자를 거짓으로 늘리는 등의 부정한 방법으로 국가의 예산을 낭비하는 행위를 말한다.

2. 국민권익위원회는 '복지·보조금 부정수급 신고'에 의하여 직접적인 공공기관 수입의 회복이나 증대 또는 비용의 절감 등을 가져온 경우' 신고자에게 30억원을 한도로 하는 보상금을 지급한다(신고로 인해 직접적인 수입회복 등이 없더라도 공익의 증진을 가져온 경우 3억원을 한도로 하는 포상금을 지급한다).

▷ **복지·보조금 부정수급 신고방법**

전국 어디서나 국번없이 110 또는 1398을 이용하여 전화상담 받으실 수 있습니다. 세종특별자치시 도움5로 20 정부세종청사 7동, 국민권익위원회로 우편 접수 또는 방문하거나 팩스(044-200-7972)를 이용할 수도 있다.

* 부정수급 신고는 부정수급 의심대상자의 기본정보인 성명, 거주지, 나이(또는 생년월일)와 부정수급 내용을 구체적으로(언제부터 언제까지, 어디서, 어떻게 등) 기재하여 제출해주셔야 하며, 신고내용이 구체적이지 않은 경우 내용 미비로 인하여 조사를 진행하기가 어려워 자체 종결될 수 있음에 유의해야 한다.

[복지·보조금 부정수급 신고 착안사항]

▷ 중앙 및 지방정부의 복지·보조금은 사회보장보험(국민연금·국민건강보험·산재보험·고용보험)'과 '공공부조(국민기초생활보장, 의료급여, 기초노령연금)', '복지시설보조금(지원금)' 등으로 대별된다.

▷ 복지·보조금 부정수급의 유형에는 ① 고용지원금 부정수급 ② 산재급여 부정수급 ③ 의료급여 부정수급 ④ 사무장병원 부정수급(비의료인이 의료인을 고용하여 운영하고 요양급여를 청구하는 행위), ⑤ 사회복지시설 보조금 부정수급 ⑥ 노인 장기 요양 보험 부정수급 ⑦ 사회적 기업 지원금 부정수급 ⑧ 어린이 집 보조금 부정수급 ⑨ 실업급여 부정수급 ⑩ 국가장학금 부정수급 ⑪ 임대주택 부정거주 등이 있다.

불법 사금융 신고

국세청은 서민과 저신용자들의 고통을 가중시키고 탈세를 일삼는 불법 고금리업자 일소를 위해 '불법 고금리업자 신고 포상제'를 시행하고 있으며, 신고 내용에 따라 최대 20억원의 포상금을 지급한다(국세청 홈페이지를 통해 접수 받고 잇으며, 포상금을 받으려면 실명으로 신고해야 한다).

[불법 사금융 신고 착안사항]

1) 예나 지금이나 영세상인, 직장인, 아르바이트생, 가정주부 등이 주 대상이 되는 '불법 고금리 대부업'이 코로나19 등으로 인해 경기가 침체된 틈을 타 더욱 극성을 부리고 있다. '전국에서 가장 싼 대출', '편한 일수', '최저금리' 등 시선을 끌기 위해 상가에 던져지거나 길거리에 흩어져 있는 유인물들이 그들의 영업 수단이다. 뿐 만 아니다. 서민들의 휴대폰에는 그들이 보내는 수백만원에서 많게는 수천만원까지 즉시 대출해주겠다는 문자가 수도 없이 날아든다. 급전이 필요해 금융권에서 대출을 요청하지만 사정상 대출을 받을 수 없는 농민과 상인들은 이러한 문자에 '혹'하고 눈을 돌릴 수 밖에 없다.

2) 심지어 일부 유인물에는 '공식등록업체'라거나 '금융감독원' 마크까지 넣어 합법적인 대출업체인양 광고하기도 하지만 대부업 등록번호나 정확한 연이율 등을 제시하지 못하고 있다. 이는 모두 불법이다.

3) 일부 불법 사금융업자들은 상인을 상대로 돈을 빌려주고 살인적인 이자율을 적용해 폭리를 취하며, 피해자에게 추심과정에서 협박과 폭언을 일삼고, 돈을 상환하지 못하면 가족 등에게 폭로하겠다는 등 협박까지 일삼기도 한다.

4) 신고 대상은 ①사업자등록을 하지 않은 대부업자 ②법정 이자 상한을 넘는 이자를 수취하는 등 탈세 소지가 있는 대부업자 ③폭행이나 협박, 허위사실 유포 등의 방법을 통해 불법 채권 추심 행위를 하면서 탈세를 하는 대부업자다.

5) 현행법상 법정 최고금리는 연 24%이다(이자제한법 제2조제1항과 동법 시행령 제2조제1항). 단, '무등록 대부업자(사채시장)'의 경우 '등록 대부업자'에게 적용되는 최고 이자율 '연 24%'가 적용되지 않고 민법 제379조와 상법 제54조를 의율하여 연 5% 또는 연 6%의 이자가 적용되어야 함이 원칙이나 이는 '지하금융'으로써의 성격을 띠고 있어 그 현황조차 제대로 파악되지 않고 있다.

6) 정부와 여당은 '한국은행 기준금리가 0.5%인 저금리 시대에 최고금리를 24%로 두는 것은

시대착오적'이라는데 의견을 모으고, 서민들 이자부담을 줄이고자 2021년 하반기부터 법정 최고금리를 연 20%로 4% 낮추기로 했다(2020.11.16.). 이로 대부업체들이 대출 규모를 줄이게 될 가능성이 점쳐지고 있는 가운데 일부 전문가들은 저신용자들이 사채시장으로 몰리는 현상이 일어 날 것으로 우려하고 있다(사채시장의 이자는 등록된 대부업체에 비해 매우 높다).

7) 2019년 피해가 접수된 불법사금융(1천600여 건)의 평균 금리는 1천170%에 달했다. 법정 최고금리(24%)보다 48배 높은 수치다. 미등록 대부, 불법 중개 수수료, 채권 추심, 유사 수신 등 형태별 피해도 전년보다 20~40%씩 증가했다.

8) 한편 금융감독원은 국세청과는 별도로 서민생활침해사범 단속 차원에서 '불법 사금융 피해 신고센터(금융감독원 통합 콜센터·1332)'를 운영하고 있다.

XI 불량·부정식품 신고

[필자 주] 불량·부정식품의 제조·수입·유통은 '국민의 건강'과 직결되는 중차대한 문제라는 점을 감안하여 앞 1항의 공익침해행위 6개 분야와 분리하여 이 10항에서 중점적으로 논하고자 함(타 공익침해행위 신고와 동일한 '2억원을 한도로 하는 포상금 제도' 적용, 신고 요령은 일반 공익침해행위 신고와 동일, 공익침해행위신고건수 중 불량·부정식품 신고 비중이 가장 높다)

[불량·부정식품 식별 착안사항]

(1) 무허가 식품

① 포장지에 중요사항(제조원, 소재지, 유통기한 등)의 미표시

② 등록 또는 특허출원 등의 애매한 표시

③ 허가관청 이외의 기관으로부터 허가를 받았다는 내용의 표시

④ 외국기관의 승인(인증) 사항을 포장지에 표시

⑤ 가격이 동종의 타제품보다 현저히 저렴하거나 고가인 경우

(2) 허가식품의 변조·위조

① 유통기한 표시를 스티커 등을 이용하여 다시 표시하였음

② 유통기한 표시가 조잡하거나 글씨체가 틀림

③ 제품의 중요사항을 유성펜 등을 이용하여 수기로 표시하였음

④ 유명 제품의 명칭 또는 제조회사명과 비슷하게 표시하였음

⑤ 겉모양은 거의 비슷하나 자세히 살펴보면 내용물이 다름

⑥ 맛, 냄새, 색깔 등이 원품과 다름

⑦ 주성분의 함량이 지나치게 적음

⑧ 제품의 명칭 및 제조회사명이 비슷함

⑨ 표시된 기호나 도안, 문자 등이 원품과 차이가 남

⑨ 표시된 기호나 도안, 문자 등이 원품과 차이가 남

(3) 변질 식품 또는 유해물질 사용

① 색깔이 유난히 짙거나 고움

② 이상한 맛이나 냄새가 남

③ 유난히 부풀어 있음

(4) 불법 수입식품

① 한글표시가 없음

② 한글로 표시된 스티커 등을 이용 원래의 표시 사항을 가렸을 경우

③ 제품의 중요사항이 한글로 표시되어 있지 않음(수입원, 소재지, 원산지, 유통기한 등)

(5) 식품, 허위·과대 광고

① 질병의 치료에 효능이 있다거나, 의약품으로 혼동할 우려가 있는 내용의 표시 광고

② 체험사례를 이용하였거나, '주문쇄도', '단체추천' 등의 표현을 표시

③ 외국어 사용 등으로 외국제품으로 혼동할 우려가 있는 표시 광고

④ 타 제품을 비방하거나 '최고', '가장', '특' 등을 표현하였음

⑤ 미풍양속을 해치거나 해칠 우려의 저속한 도안, 사진을 이용한 광고

(6) 기타 불량식품

① 불결하거나 광물성 등의 이물질이 혼입된 제품

② 다른 회사의 표시가 있는 용기사용 제품

③ 원료명 미표시 제품

④ 제품에 표시된 방법대로 진열, 보관되어 있는지 확인(냉장, 냉동보관 등)

(출처 대한민국정부(www.korea.go.kr))

제10부

탐정업 창업·홍보
그리고 '전문탐정'으로
도약

제10부 탐정업 창업·홍보 그리고 '전문탐정'으로 도약

I 창업과 홍보

1. 창업

(1) 탐정업 창업 '누구나' 할 수 있나요?

1) 어느 나라건 '소수인원을 선발하여 그들에게만 탐정업을 허용하는 면허제(공인제)'로 하면 '탐정자격증'이란 것이 등장하게 되나(미국의 공인탐정), 신고만으로 탐정업을 가능케 하는 '보편적 관리제(등록제)'로 하면 '탐정자격증'이란 것은 존재하지 않게 된다(일본의 탐정법).

2) 지금 우리나라의 탐정업은 '탐정자격증'이나 '신고·등록' 어느 것과도 무관하게 누구나 '개별법 준수'와 '실력'만으로 탐정업 창업이나 관련 업무 수행이 가능한 '보편적 직업(자유업)' 상태에 있다. 탐정업을 허용한다는 명시적인 법률(일명 탐정법)은 아직 제정되지 않았지만, 그동안 탐정(업)을 금지해 왔던 법문이 모두 사라졌기 때문이다(2020.2.4. 신용정보법 개정 등 '금지의 해제').

3) 한가지 분명한 것은 탐정업의 '직업화'와 '법제화'는 별개의 개념으로, 법제화가 되지 않았거나 법제화를 하지 않는다 할지라도 탐정업을 직업으로 삼는 일은 이제 불가능하지 않다는 점이다 (제21대 국회에서 가칭 '탐정업 관리 법률' 제정 등 법제화가 추진되고 있는 바, 향후 탐정업을 어떤 방식으로 관리하게 될 것인지 그 귀추가 주목되고 있음).

(2) '탐정업 관련 등록자격'이란 것 창업 필수 아냐

'탐정업 관련 등록자격'이란 한마디로 '탐정업에 있어 필수가 아닌 임의적으로 취득한 역량 평가 자격'이라 하겠다(민간등록자격). 현재 탐정업을 영위함에는 그 어떤 자격도 필요 없고, 누구든 빈손으로도 하고 싶은 탐정업을 두루 할 수 있으나. 나의 탐정업 관련 '역할과 역량'을 알릴 수단이 용이치 않다는 점에서 '나를 알릴 매체'로 '주무부처(경찰청)의 적격 심사를 거쳐 한국직업능력개발원에 등록된 민간자격'이 널리 선호되고 있다(자격기본법에 의한 등록자격). 바꾸어 말하면 '탐정업 관련 등록자격'은 탐정업의 가부를 정하는 자격은 아니되 '나의 탐정업 관련 열정과 수준을 알리는 소개장'으로써의 유용성을 지니고 있다 하겠다.

(3) 창업 모델 결정

1) '사무실'을 업무 거점으로 할 것인지, 사무실을 별도로 두지 않고 '집(재택, 在宅)'을 업무 거점으로 할 것인지를 먼저 결정한다.

   일본의 경우 6만여명의 탐정이 다양한 형태로 존재(활동)하고 있는데 그중 2만여명에 이르는 탐정들이 무점포(無店鋪, no store) '재택(在宅)탐정'들이다. 이들은 주로 '지역사회를 영업권'으로 소규모 업체들이라 하겠다. 이에 반해 4만여 업소는 다양한 명칭으로 개인 또는 합동사무소 형태를 취하고 있는데 이 중 8,000여 업소는 대형 탐정업체를 중심으로 하는 프랜차이즈 형태의 탐정업으로 비교적 고소득을 추구하고 있음이 특징적이다. 이러한 현상에 기인하여 일본의 탐정업은 다른 나라에 비해 업체 간 '부익부 빈익빈' 현상이 두드러진다는 평가를 받고 있다.

2) '사무실'을 두기로 결정했다면 그 다음에는 '개인 사무소'로 운영 할 것인지, '합동 사무소'로 운영 할 것인지를 결정 한다.

   탐정업 또는 유사 직종에 종사한 경험이 있는 사람이거나 관련 학술과 실무에 자신감이 있는 사람이라면 개인사무소 운영을 적극 검토해 볼 수 있겠으나, 스스로 자신을 판단해 보아 홀로 서기가 아직 불안한 상태라면 1년 정도 2~3인의 합동사무소 운영을 통해 경험을 쌓는 것이 바람직하다.

3) 지금하고 있는 업(業)이 변호사, 변리사, 법무사, 행정사, 공인중개사 업무라면 겸업을 적극 검토해 볼 만 하다.

   이러한 업은 공히 '사실관계 파악'을 그 업무의 요체로 삼고 있다는 측면에서 일맥상통하는 등 시너지 효과가 매우 크다. 특히 실무상 적응과 교차 응용이 용이할 뿐만 아니라 별도의 창업(겸업) 비용이 들어가지 않는다는 면에서 매우 매력적이다.

4) 세법상 '개인사업자'로 할 것인지, '법인사업자'로 할 것인지를 결정한다.

   일반적으로 신규 창업 시 법인으로 설립하면 세제 등 여러 정책적 지원이 확대됨에 따라 처음부터 '법인기업'으로 출발하려는 경향이 높아졌으나, 탐정업은 그 업무의 특질상 제조업이나 일반서비스업과 달리 창업자 스스로가 학술적·기술적 역량 등 노하우를 갖추지 못한 채 법인화 되면 당장 외화내빈의 부실을 면할 수 없게 된다. 하지만 충분한 자본과 유능한 인력을 바탕으로 중장기적으로 승부해 보겠다면 도전해 안 될리 없다 하겠다. 하지만 개인사업자로 출발 후 적정한 시기에 법인기업으로 전환하여도 결코 늦지 않을 것임을 강조해 둔다. 탐정업 창업자 절대 다수가 개인사업자로 출발하고 있음이 시사하는 바는 실로 크다.

(4) 상호 결정

[칼럼] 탐정업 실명화 어떤가? "탐정업 실명화는 문제의 해결에 '성심·성의'를 다하겠다는 대고객 약속이자 표상"

(중략) 여기에서 필자는 탐정업사무소 명칭의 실명화(예: 홍길동 탐정업사무소)를 통해 탐정업의 건전성을 제고함이 어떨까 제언해 보고자 한다. 세계 일류 탐정기업으로 성장한 핑커톤 탐정사무소나 불후의 명작 '셜록홈즈' 시리즈의 주인공 셜록이 '왜' 탐정사무소 상호(간판)에 '자신의 이름(實名)'을 내걸었을까? 만약 그들이 상호에 '자신의 실제 이름'을 내걸지 않았다면 고객들의 기대와 업무의 질(質)이 과연 최상을 유지할 수 있었을까? 또 탐정사무소 간판에 '자신의 이름'을 밝히지 않았다면 과연 오늘날까지 그들이 기억될 수 있었을까?

자신만이 갖는 '자신의 고유한 이름'을 상호에 떳떳이 내거는 일은 변호사나 회계사·법무사·행정사 등의 사무소 명칭에서 보듯 '나의 이름이 지니는 존귀함'을 걸고 문제의 해결에 '준법과 성심·성의'를 다하겠다는 대고객 약속이자 표상으로 기능하게 될 것 임에 틀림없다. '탐정업의 투명성 제고와 책임성 강화' 등 탐정업에 대한 국민적 신뢰 획득 방안의 일환으로 '탐정업 실명화(實名化)'를 적극 추장(推獎)하는 동시에 향후 '(가칭)탐정업 관리법' 제정 때 '탐정업 실명제'가 포함될 수 있기를 적극 제안해 본다.

(김종식 한국민간조사학술연구소장 시민일보 2019.12.1. 기고 칼럼 중에서)

(5) 사업자 등록 요령(업태 및 종목 등)

1) 사업상 독립적으로 재화 또는 용역을 공급하는 사람은 사업자등록을 하여야 한다.

2) 사업자는 사업장마다 사업 개시일부터 20일 이내에 사업장 관할 세무서장에게 사업자등록을 신청하여야 한다.

3) 신규로 사업을 시작하려는 사람은 사업 개시일 이전이라도 사업자등록을 신청할 수 있다.

> ☞ 사업자등록 시 주요 항목 기재 요령

[사업자 등록증]

1) 사업자 분류 : 부가가치세 면세사업자

관할 세무서 민원실에 비치된 개인사업자 사업자등록 신청서를 통해 '부가가치세면세사업자'로 신청한다.

2) 상호 : 홍길동 탐정사무소(예시)

상호는 사업자가 결정한다.

3) 사업의 종류 :   [업태] 서비스업   [종목] 탐정업, 자료수집

탐정업 사업자등록은 위와 같이 하면 간단히 끝난다. 이미 다른 사업자등록증이 있는 사업자는 탐정업 사업자등록을 별도로 신청할 필요 없이 기존 사업자등록증 '업태'와 '종목'란에 '서비스', '탐정업' 을 추가 하면 사업자 등록이 완료된다.

2. 홍보

(1) 홍보(판촉 활동) 착안 사항

1) 현판 등 간판물 활용

2) 명함 활용

3) 사업(탐정업무 등) 소개 인사장을 겸한 판촉물 활용

4) 홈페이지 및 블로그 활용

5) 지역 생활정보지 등 활용

6) 언론 기고 등을 통한 신뢰도 및 지명도 제고

7) 지역내 변호사, 법무사, 법무사, 공인중개사 등 인접직역과의 유대 강화

   * 특히 변호사와의 '사실관계파악 자료수집 업무 제휴' 적극 추진

8) 지역내 기업체, 학교, 보호시설, 취약시설 등과 협력방안 강구

9) 지역내 이산가족, 미아, 가출인, 실종자 찾기 모임과의 업무 공조 방안 강구

10) 지역내 언론사(취재기자) 및 사회단체(특히 NGO)와 정보 교환

11) 지역내 정당, 지방의회의원 및 정치지망생 등과 유대 강화

  * 특히 지방의회 의원들의 의정활동에 필요한 자료의 수집·제공 등

12) 지역내 통(리)장 및 부녀회, 청년회, 노인회 등과 협력 방안 강구

13) 지역내 종교단체와의 유대 강화(山中에 있는 사찰 방문 등)

14) 지역내 방범단체 및 봉사단체(JC·로타리클럽·라이온스 클럽 등)와 유대 강화

15) 지역내 친목회, 동호회 등 사조직과 유대 강화

16) 지역내 업종별 이익단체 등과의 공조방안 강구

17) 지역내 각급 기관의 자문단체 등과 유대 강화

18) 지역내 전직 군·경단체(재향군인회·경우회·해병전우회·특전사전우회 등) 및 직종별 전직 공무원 모임 등과의 유대 강화

19) 기타 인적·물적 위해요소 포착이 필요한 시설이나 행사 주관자와 공조

☞ 위 15개 항목 가운데 10개 이상의 항목에서 '협력이 진행되고 있거나 기대가능성이 있다'면 업태와 업황 측면에서 비교적 '우량 탐정사무소'라 할 것이며, 5개 항목 정도 활용되고 있다면 대체로 부진을 면치 못하는 탐정업체라 하겠다.

(2) 명함 '품격 있게' 제작하는 요령

1) 명함은 나의 얼굴이다. 지저분하게 보여서는 안 된다. 이는 명함이 간결하면서 명료하게 제작되어야 하는 이유이기도 하다. 대개 사회적 지위나 대중의 지명도가 높은 사람일수록 명함이 간결함을 보아 왔을 것이다. 그 까닭이 무얼까? 명함은 '나'를 소개하는 매체이지 '나의 업'을 광고하는 전단이 아니기 때문이다.

2) 특히 명함의 전면(前面)에 '취급업무'나 '장황한 프로필'을 수록해두면 그것이 잠시 광고 효과를 거두는 경우도 있겠지만 오히려 자신의 '밑천'이나 '한계'를 드러내는 등 부정적 평가 요소로 작용 될 수도 있음에 유의해야 한다. 영업 초기 자신의 업무나 프로필을 명함을 통해 꼭 알리고 싶다면 반드시 명함의 뒷면을 활용하되 대표적 업무와 주요 프로필을 선별적으로 품격 있게 표현해야 한다.

[명함 전면, 예시 1]

홍길동 탐정사무소

(사업자등록 000-00-00)

대표탐정 **홍 길 동** (탐정학술지도사)

＊ 하단에는 사무실 주소, 전화, e메일, 홈페이지·블로그 등 수록

[명함 전면, 예시 2]

홍길동 탐정사무소

(사업자등록 000-00-00)

대표탐정 **홍 길 동**

K-탐정단 대전지부장·실종자소재분석사

＊ 하단에는 사무실 주소, 전화, e메일, 홈페이지·블로그 등 수록

[명함 전면, 예시 3]

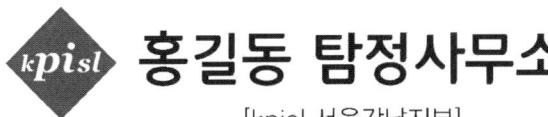 **홍길동 탐정사무소**

[kpisl 서울강남지부]

대표탐정(지부장) **홍 길 동**

탐정학술지도사·실종자소재분석사

* 하단에는 사무실 주소, 전화, e메일, 홈페이지·블로그 등 수록

II. 분야별 '전문탐정'은 시대적 요청

1. 탐정 '1人1技 갖기(분야별 전문화)' 긴요

'분업과 전문화'는 오늘날 조직 편성의 원리이자 사회발전을 추동하는 중추가 되고 있다.

(1) 어떤 사람이건 한 사람이 모든 영역의 일에 만능 일 수는 없다. 세상사(世上事)에는 분야마다 전문가가 있기 마련이며, 어떤 문제를 해결함에는 무엇 보다 해당 전문가의 진단과 처방이 일의 성패를 결정짓는 중요한 요소가 된다. 흔히 얘깃거리가 되는 '찍새와 딱새의 역할 분담론'이 바로 '분업과 전문화'의 필요성을 말해주는 좋은 예라 하겠다. 대학에는 경제학과가 있으나 같은 듯 다른 경영학과도 있으며, 하나였던 의·약이 분업된 것도 전문성 강화를 위한 변화였다.

(2) 대한변호사협회도 분야별로 전문화된 법률서비스를 제공하기 위해 2009년부터 61개 분야에 걸쳐 전문변호사 등록제를 적극 시행 중이다. 탐정업계에서도 머지않아 '가출인 찾기 전문', '배우자 부정행위포착 전문', '민사소송자료수집 전문', '공직선거 불법행위탐지 전문', '뺑소니추적·탐지 전문', '보험사기 포착 전문'이라는 등의 분야별 전문탐정이 줄이어 탄생할 것으로 전망된다.

▷ 탐정업도 탐정의 역량 전문화와 서비스품질향상 등 실질과 능률 제고를 위해 70여개 분야 정도로 '전문탐정'을 분류할 수 있으리라 본다.

2. [참고] 변호사 전문분야 등록제

(대한변호사협회 변호사 전문분야 등록에 관한 규정 제80호)

▷ 대한변호사협회는 '변호사 업무와 관련하여 전문분야를 등록·관리함으로써 각 업무 분야의 전문성을 극대화하여 변호사들의 직역확대에 기여할 뿐 아니라 변호사의 전문분야에 대한 국민의 신뢰를 높이기 위함'을 목적으로 2009년부터 변호사별로 전문분야 등록제를 시행하고 있다.

▷ 변호사는 자신의 전문분야를 2개까지 등록할 수 있으나, '전문분야별 요구되는 사건수임 건수'가 충족되어야 전문분야 변호사로 등록된다.

[변호사 전문분야 등록신청 분류 : 2020. 11 현재 61개 분야]

1. 민사법	2. 부동산	3. 건설
4. 재개발·재건축.	5. 의료	6. 손해배상
7. 교통사고	8. 임대차관련법	9. 국가계약
10. 민사집행	11. 채권추심	12. 등기·경매
13. 상사법	14. 회사법	15. 인수합병
16. 도산	17. 증권	18. 금융
19. 보험	20. 해상	21. 무역
22. 조선	23. 중재	24. IT
25. 형사법	26. 군형법	27. 가사법
28. 상속	29. 이혼	30. 소년법
31. 행정법	32. 공정거래	33. 방송통신
34. 헌법재판	35. 환경	36. 에너지
37. 수용 및 보상	38. 식품·의약	39. 노동법
40. 산재	41. 조세법	42. 법인세
43. 관세	44. 상속증여세	45. 국제조세
46. 지적재산권법	47. 특허	48. 상표
49. 저작권	50. 영업비밀	51. 엔터테인먼트
52. 국제관계법	53. 국제거래	54. 국제중재
55. 이주 및 비자	56. 해외투자	57. 스포츠
58. 종교	59. 성년후견	60. 스타트업
61. 학교폭력		

첨부. 형법상 주요 죄목별 공소시효 (형사소송법 제249조~제252조)

죄 명	공소시효	조문
◇ 공무원의 직무에 관한 죄 ◇		
직무유기죄	5년	122조
직권남용죄	7년	123조
불법체포감금죄	7년	124조
특수공무원의 폭행가혹행위죄	7년	125조
피의사실공표죄	5년	126조
공무상비밀누설죄	5년	127조
선거방해죄	10년	128조
단순수뢰죄	7년	129조1항
사전수뢰죄	5년	129조2항
제3자뇌물제공죄	7년	130조
수뢰후부정처사죄	10년	131조1, 2항
사후수뢰죄	7년	131조3항
알선수뢰죄	5년	132조
뇌물공여죄	7년	133조
◇ 공무방해에 관한 죄 ◇		
공무집행방해죄	7년	136조
위계에 의한 공무집행방해죄	7년	137조
법정 또는 국회의장(國會議場) 모욕죄	5년	138조
인권옹호직무방해죄	7년	139조
공무상비밀표시무효죄	7년	140조
부동산강제집행효용침해죄	7년	140의2
공용서류등의 무효죄	7년	141조1항
공용물의 파괴죄	10년	141조2항
공무상보관물의 무효죄	7년	142조
◇ 도주와 범인은닉의 죄 ◇		
도주, 집합명령위반죄	5년	145조
특수도주죄	7년	146조
도주원조죄	10년	147조
간수자의 도주원조죄	10년	148조
도주원조죄의 예비음모죄	5년	150조
범인은닉죄	5년	151조

죄 명	공소시효	조문
◇ 위증과 증거인멸의 죄 ◇		
위증죄	7년	152조1항
모해위증죄	10년	152조2항
허위의 감정·통역·번역죄	7년	154조, 152조2항
모해 허위의 감정·통역·번역죄	10년	154조, 152조1항
협의의 증거인멸죄	7년	155조1항
증인은닉죄	7년	155조2항
모해증거인멸죄	10년	155조3항
◇ 무고의 죄 ◇		
무고죄	10년	156조
◇ 신앙에 관한 죄 ◇		
장례식등의 방해죄	5년	158조
사체등의 오욕죄	5년	159조
분묘의 발굴죄	7년	160조
사체등의 영득죄	7년	161조1항
분묘발굴 사체등의 영득죄	10년	161조2항
변사체검시방해죄	5년	163조
◇ 방화와 실화의 죄 ◇		
현주건조물등에의 방화죄	15년	164조1항
현주건조물방화치상죄	15년	164조2항
현주건조물방화치사죄	25년	164조2항
공용건조물등에의 방화죄	15년	165조
일반건조물등에의 방화죄	10년	166조1항
자기소유일반건조물등에의 방화죄	7년	166조2항
일반물건에의 방화죄	10년	167조1항
자기소유일반물건에의 방화죄	5년	167조2항
연소죄	10년	168조1항
연소죄	7년	168조2항
진화방해죄	10년	169조
실화죄	5년	170조
방화죄등의 예비음모죄	7년	175조
◇ 유가증권, 우표와 인지에 관한 죄 ◇		
유가증권의 위조등 죄	10년	214조
자격모용에 의한 유가증권의 작성죄	10년	215조

죄 명	공소시효	조문
허위유가증권의 작성등죄	7년	216조
우표, 인지의위조등 죄	10년	218조
위조우표, 인지등의 취득죄	5년	219조
소인의 말소죄	5년	221조
◇ 문서에 관한 죄 ◇		
공문서등의 위조, 변조, 및 동행사죄	10년	225조, 229조
자격모용에 의한 공문서 등의 작성 및 동행사죄	10년	226조, 229조
허위공문서등의 작성 및 동행사죄	7년	227조, 229조
공전자기록위작·변작죄 및 동행사죄	10년	227조의2, 229조
공정증서원본등의 불실기재 및 동행사죄	7년	228조1항, 229조
공정증서원본등의 불실기재 및 동행사죄	5년	228조2항, 229조
공문서등의 부정행사죄	5년	230조
허위진단서등의 작성 및 동행사죄	7년	231조, 234조
자격모용에 의한 사문서의 작성 및 동행사죄	7년	232조, 234조
사전자기록위작·변작죄 및 동행사죄	7년	232조의2, 234조
허위진단서등의 작성 및 동행사죄	5년	233조, 234조
사문서의 부정행사죄	5년	236조
◇ 인장에 관한 죄 ◇		
공인 등의 위조, 부정사용 및 동행사죄	7년	238조
사인 등의 위조, 부정사용 및 동행사죄	5년	239조
◇ 성풍속에 관한 죄 ◇		
간통죄(2015.2 폐지)	5년	241조
음행매개죄	5년	242조
음화반포등 죄	5년	243조
음화제조등 죄	5년	244조
공연음란죄	5년	245조
◇ 도박과 복표에 관한 죄 ◇		
도박, 상습도박죄	5년	246조
도박개장죄	7년	247조
복표발매죄	7년	248조 1항
복표발매중개죄	5년	248조 2항
복표취득죄	5년	248조 3항
◇ 살인의 죄 ◇		
살인, 존속살해죄	25년	250조

죄 명	공소시효	조문
영아살해죄	10년	251조
촉탁 승낙에 의한 살인등 죄	10년	252조
위계등에 의한 촉탁살인 등 죄	25년	253조
살인죄의 예비음모죄	10년	255조
◇ 상해와 폭행의 죄 ◇		
상해죄	7년	257조1항
존속상해죄	10년	257조2항
(존속)중상해죄	10년	258조
특수상해죄	10년	258조의2
상해치사죄	10년	259조1항
존속상해치사죄	15년	259조2항
폭행죄	5년	260조1항
존속폭행죄	7년	260조2항
특수폭행죄	7년	261조
폭행치상죄	7년	262조, 257조1항
폭행중상해, 존속폭행중상해죄	10년	262조, 258조
폭행치사죄	10년	262조, 259조1항
존속폭행치사죄	15년	262조, 259조2항
◇ 과실치사상의 죄 ◇		
과실치상죄	5년	266조
과실치사죄	5년	267조
업무상과실, 중과실에 의한 치사상죄	7년	268조
◇ 낙태의 죄 ◇		
낙태죄	5년	269조1항, 2항
촉탁·승낙낙태치상죄	5년	269조3항, 전단
촉탁·승낙낙태치상죄	7년	269조 3항, 후단
의사등의 낙태, 부동의낙태죄	5년	270조 1항, 2항
◇ 유기와 학대의 죄 ◇		
유기죄	5년	271조 1항
존속유기죄 및 존속유기로 인한 생명에 위험을 초래한 죄	10년	271조2항, 4항
단순유기로 인한 생명에 위험을 초래한 죄	7년	271조 3항
영아유기죄	5년	272조
학대죄	5년	273조 1항
존속학대죄	7년	273조 2항

죄 명	공소시효	조문
영아혹사죄	7년	274조
존속(제271조 내지 제273조)유기등 치사죄	15년	275조 2항, 후단
◇ 체포와 감금의 죄 ◇		
체포감금죄	7년	276조 1항
존속체포감금죄	10년	276조 2항
중체포, 중감금죄	7년	277조 1항
존속중체포, 존속중감금죄	10년	277조 2항
특수체포, 감금죄	7년	278조, 276조 1항
존속특수체포, 감금죄	10년	278조, 276조 2항
특수중체포감금죄	7년	278조, 277조 1항
존속특수중체포감금죄	10년	278조, 277조 2항
체포감금치상죄	10년	281조 1항, 276조 1항
존속체포감금치상죄	10년	281조 2항, 276조 2항
체포감금치사죄	10년	281조 1항, 276조 1항
존속체포감금치사죄	15년	281조 2항, 276조 2항
◇ 협박의 죄 ◇		
협박죄	5년	283조 1항
존속협박죄	7년	283조 2항
특수협박죄	7년	284조
◇ 약취와 유인의 죄 ◇		
미성년자의 약취유인죄	10년	287조
추행 등 목적 약취, 유인 등 죄	10년	288조
인신매매 죄	7년, 10년	289조
약취, 유인, 매매, 이송 등 상해·치상	10년	290조
◇ 강간과 추행의 죄 ◇		
강간죄	10년	297조
유사강간	10년	297조의2
강제추행죄	10년	298조
준강간, 준강제추행죄	10년	299조
강간등에 의한 상해·치상죄	15년	301조
강간등 살인죄	25년	301조의 2전단
강간등 치사죄	15년	301조의2 후단
미성년자에 대한 간음죄	7년	302조
업무상위력등에 의한 간음죄	7년	303조

죄 명	공소시효	조문
미성년자(13세미만)에 대한 간음, 추행죄	10년	305조, 297조
미성년자(13세미만)에 대한 간음, 추행상해, 치상죄	15년	305조, 301조
◇ 명예에 관한 죄 ◇		
명예훼손죄	5년	307조 1항
허위사실적시명예훼손죄	7년	307조 2항
사자의 명예훼손죄	5년	308조
출판물등에 의한 명예훼손죄	5년	309조 1항
허위사실적시출판물등에 의한 명예훼손죄	7년	309조 2항
모욕죄	5년	311조
◇ 신용, 업무와 경매에 관한 죄 ◇		
신용훼손죄	7년	313조
업무방해죄	7년	314조
경매입찰방해죄	5년	315조
◇ 비밀침해의 죄 ◇		
비밀침해죄	5년	316조
업무상비밀누설죄	5년	317조
◇ 주거침입의 죄 ◇		
주거침입, 퇴거불응죄	5년	319조
특수주거침입죄	7년	320조
주거·신체수색죄	5년	321조
◇ 권리행사를 방해하는 죄 ◇		
권리행사방해죄	7년	323조
강요죄	7년	324조 1항
특수강요죄	10년	324조 2항
점유강취, 준점유강취	7년	325조
중권리행사방해죄	10년	326조
강제집행면탈죄	5년	327조
◇ 절도와 강도의 죄 ◇		
절도죄	7년	329조
야간주거침입절도죄	10년	330조
특수절도죄	10년	331조
자동차등 불법사용죄	5년	331조의2
강도죄	10년	333조
특수강도죄	15년	334조

죄 명	공소시효	조문
준강도죄	10년	335조, 333조
준특수강도죄	15년	335조, 334조
인질강도죄	10년	336조
강도상해, 치상죄	15년	337조
강도살인죄	25년	338조 전단
강도치사죄	15년	338조 후단
강도강간죄	15년	339조
강도죄의 예비음모죄	7년	343조
◇ 사기와 공갈의 죄 ◇		
사기죄	10년	347조
컴퓨터등 사용사기죄	10년	347조의 2
준사기죄	10년	348조
부당이득죄	5년	349조
공갈죄	10년	350조
특수공갈죄	10년	350조의 2
◇ 횡령과 배임의 죄 ◇		
횡령, 배임죄	7년	355조
업무상의 횡령과 배임죄	10년	356조
배임수뢰죄	7년	357조 1항
배임증뢰죄	5년	357조 2항
점유이탈물횡령죄	5년	360조
◇ 장물에 관한 죄 ◇		
장물의 취득, 알선등 죄	7년	362조
상습장물의 취득, 알선등 죄	10년	363조
◇ 손괴의 죄 ◇		
재물 또는 문서의 손괴죄	5년	336조
공익건조물 파괴죄	10년	367조
중손괴죄	10년	368조 1항

☞ **기타 범죄의 공소시효의 기간**

☐ 장기 5년 이상의 자격정지에 해당하는 범죄의 공소시효는 3년
☐ 장기 5년 미만의 자격정지, 구류, 과료 또는 몰수에 해당하는 범죄의 공소시효는 1년이다.

참고문헌

대한민국헌법, 대한민국 정부24(www.klac.or.kr) 자료
대한법률구조공단(www.klac.or.kr) 자료
행정안전부, 한국정보화진흥원 개인정보보호법 교육자료(2020)
경찰청 경찰백서(2020) 및 민간조사업 도입 필 정책자료(3)
국가법령정보센터 판례·해석
식품의약품안전처(http://www.mfds.go.kr) 자료실
김종식 탐정학술요론(2019, 한국지식개발원), 탐정학술편람(2016, 한국지식개발원)
김종식 민간조사제도의 實際(2015, 한국지식개발원), 민간조사학 개론(2010, 예응)
김종식 경찰학개론(2) (2010 예응, 2011 미래가치), 정보론·경호학(2014 예응, 2013 범론사)
김종식 민간조사제도 도입에 대한 우려와 발전 방향(2011, 국회대토론회 주제)
정수상 명경찰 명탐정(2016, 서원각)
손상철 민간조사학개론(2005, 백산출판사)
한덕수 탐정의 역할과 테러리즘 대응론(kpisl 고문, 학술지도자료)
한승희 지문의 특성·효용·종류 및 지문현출(승앤장 문서감정원장 자문자료)
이소영 탐정실무의 정석과 응용 해설(k탐정단 경북지부장, 탐정학술지도사 지도교안)
벽헌영 한국형 탐정(업) 법제화 4대 과제(kpisl 부소장, 저널논문)
곽용귀 탐정실무 가이드(Detective News 발행인 칼럼, 2010~2020)
김중식 탐정의 역할과 직업윤리(kpisl 세종·대전권지부장, 실종자소재분석사 지도교안)
정충기 보험사기탐지 실무 교안(kpisl, 수원권지부장)
김창수 탐정(업) 이렇게(k탐정단 포항지부 실무지도교안)
최중한 탐정의 직업윤리(k탐정단 천안지부장, 자료수집대행사 지도교안)
박세장 민법(채권법 총론·각론, 2013 삼영사)
윤황채 경찰, 검찰, 법원 형법판례 때려잡기(2015, 배움)
Richard Safererstein 저 박성우·홍성욱 역 수사와 과학
강동욱·윤현종 탐정학개론(2019, 박영사)
이상원 민간조사제도 도입의 필요성과 함의(2011, 국회대토론회 주제)
박동균 미국의 민간경비와 민간조사시장의 흐름(2012, 대한민간조사연구학회 세미나)
한상암 민간조사업 관리감독의 실효성 제고 방안(2015, 민간조사연구학회 세미나)
신형석 민간조사업 도입법안 논의와 입법대안(2015, 민간조사연구학회 세미나)
나영민 민간조사업 관리정책의 왜곡현상과 관리 방향(2016, 한국법경제학회 세미나)
장석현 한국민간조사제도 도입에 관한 연구(2008)
손병호 한국탐정제도 교육 및 자격제도도입에 관한 연구(2008)
이승철 일본탐정제도의 고찰과 시사점(2010)
조현빈 민간경비산업에서 민간조사제도의 전망(2010)
최선우 영국탐정제도의 고찰과 시사점(2010)
探偵業の業務の適正化に関する法律(平成十八年六月八日法律第六十号)